中文社会科学引文索引(CSSCI)来源集刊

南京大学法律评论

NANJING UNIVERSITY LAW REVIEW

主编 解亘

2018年
春季卷
总第49卷

南京大学出版社

《南京大学法律评论》编辑委员会

名誉主任　苏永钦

主　　任　叶金强

委　　员　（以汉语拼音为序）

　　　　　　李友根　宋　晓　肖泽晟　严仁群

　　　　　　叶金强　张仁善　周安平

《南京大学法律评论》编辑部

主　　编　解　亘

编辑成员　艾佳慧　宋亚辉　吕炳斌　张　华

　　　　　　尚连杰　徐凌波

主　　办　南京大学法学院

衷心感谢张金全先生对本刊的友情支持!

总 编 寄 语

《南京大学法律评论·2018年春季卷》终于面世了。从栏目设计上看，与近年的几期《南京大学法律评论》相比，2018年春季卷也许没有明显的差异，但实际上，这一期的编选由改组后全新的编辑部操刀。2017年秋，因《南京大学法律评论》编辑部发生了人事上的变化，由过往的主编全权负责制变换成为由编辑部团队集体负责的新体制。新的编辑团队也许在经验上还有些稚嫩，不过，团队成员在整体上偏年轻，也许更能确保编辑团队的朝气和热情。但愿读者可以透过本期刊载的稿件体察到我们的用心。

《南京大学法律评论》是我国最早的法律评论，具有辉煌的历史。我们这个团队之所以愿意接过这副重担，完全是出于对学术的热爱，出于对学术共同体的敬意。在当下的评价体系之中，我们依然坚信，文章的良莠，决不依赖于其载体是否华贵。大浪淘沙，经过时间的洗礼，最终留在学术史的长河中能够长久夺目的学术成果，一定是因为其本身的质地优异。而且，我们更加乐观地相信，广大的学人也秉持着同样的信念。正是基于这样的共识，我们愿意通过《南京大学法律评论》这个载体，继续为学术中坚提供宣传其辉煌思想的阵地，同时我们也会通过这个载体，以热切的目光见证年轻学子的成长。

今后，我们将尝试在栏目上作新的探索。或许会就某一个主题设定专栏，围绕主题组稿，或者围绕一篇核心论文邀请学术批评。此外，我们还设想设置判例评论的栏目，以鼓励这种更接地气的努力。

我们承诺，仅以来稿的质量作为唯一的选稿标准。

请与我们同行，为了法学的进步！

解　亘
2018年5月

目 录

· 法学理论 ·

背光下的大教堂:找寻失落的交易规则 …………………………… 简资修(3)

权威问题:重访服务性权威观 ………… [英]约瑟夫·拉兹 叶会成 译(14)

苏格拉底之审及柏拉图之反思 ………………………………… 郭俊义(48)

· 民商法学 ·

错误与行为基础理论
——对《澳门民法典》第245条的解释所引发的思考
………………………………………………… 唐晓晴 马 哲(65)

物、所有权与对人物权:《奥地利普通民法典》中被忽视的教义学宝藏?
——对未来法典编纂所提的值得深思的建议
………………………… [奥]赫尔穆特·考茨欧 冯洁语 译(111)

隐名出资型善意取得之规范诠释与理论回应 ………………… 王湘淳(126)

有限责任公司股权善意取得之否定 …………………………… 李 辉(144)

· 刑事法学 ·

暴恐犯罪防控中的大数据适用问题研究 ……………………… 舒洪水(171)

论我国刑法中涉罪财物之没收 ………………………………… 姚 杏(186)

· 法津史学 ·

论清代逃兵律例的发展变化 …………………………………… 郭瑞鹏(203)

论古希腊罗马没有"宪政" ……………………………………… 杨 莹(220)

· 行政法学 ·

美国规章制定的规范体系 ……………………………………… 阳 李(235)

政府规制的基本原理研究:基于法治的视角 ………………… 丁芝华(254)

·经济法学·

韩国《垄断规制法》对滥用市场支配地位经营者的规制
………………………………………………[韩]李奉仪　陈　兵译(281)

·诉讼法学·

论互联网电子证据的保管……………………………………冯　姣(297)

·国际法学·

论领土争端解决中主权行为与条约的关系…………………宋　岩(319)
美国单边主义税收措施域外管辖的运行机理及其启示
　　——以 FATCA 法案为例……………………………葛　辉(332)
论联合国军事维和人员犯罪的刑事管辖与豁免……………蒲　芳(349)

法学理论

背光下的大教堂:找寻失落的交易规则

简资修*

[摘　要] 卡拉布雷西与梅拉米德,在其1972年的名著《大教堂一景》中,以应配分之交易为核心,提出自愿交易之财产规则、强迫交易之补偿规则以及禁止交易之禁易规则。不同于经济分析对于法律单向入侵的法律之经济分析,此文展现了法律与经济分析双向沟通的法律与经济分析,值得赞许。但不幸地,其将交易规则视为国家达成目的(政策或价值)之手段,令其与往后的分析,虽然看似理论俨然,但实无法律之解释力。之所以如此,是其于经济模型建构之始,未将法律之经验考虑其中,从而非(实证)科学了。其后论者因此也无定锚的将其不当地衍生,例如补偿规则甚至被选择权化,法律更是失去其权利厘定功能,成为各种政策或价值之工具,法治尽失矣。

[关键词]　应配分;财产规则;补偿规则;禁易规则;实证经济学

一、前　言

卡拉布雷西与梅拉米德(以下简称卡梅二氏),在其1972年的名著《大教堂一景》中,①以应配分(entitlement)之交易为核心,提出自愿交易之财产规则(property rules)、强迫交易之补偿规则(liability rules)以及禁止交易之禁易规则(inalienability),系法律经济分析之经典,光彩夺目。② 不过,也由于其强烈光芒,对其内里的交易规则反而形成背光效果,令人眼盲了。一如科斯在《公司的本

---

*　简资修,台湾"中央"研究院法律学研究所研究员,台湾大学法律学系合聘教授。河南大学法学院吴义龙老师催促出了此文。

①　Guido Calabresi & A. Douglas Melamed, *Property Rules, Liability Rules and Inalienability: One View of Cathedral*, 85 Harv. L. Rev. 1089-1128(1972).

②　参见James E. Krier and Stewart J. Schwab, *The Cathedral at Twenty-Five: Citations and Impressions*, 106 Yale L. J. 1997, 2121-2148(1997);Fred R. Shapiro & Michelle Pearse, *The Most-Cited Law Review of All Time*, 110 Mich. L. Rev. 1483, 1489(2012).

质》①一文指出,作为经济学基础的市场交易,如果被假设为完美,作为市场经济不可或缺甚至是核心的公司,是不可能存在的;《大教堂一景》一文异曲同工地指出,交易规则不是只有自愿的财产规则,还有强迫交易的补偿规则与禁止交易的禁易规则。此文展现了法律与经济分析双向沟通的法律与经济分析(law and economics),而不同于经济分析对于法律单向入侵的法律之经济分析(economic analysis of law)。② 但不幸地,卡梅二氏将交易规则视为国家达成目的(政策或价值)之手段,令其与往后的分析,虽然看似理论俨然,但实无法律之解释力。这不足为奇。诚如弗里德曼在其《实证经济学的方法论》中③指出,在理论建构之始,其理论语言或逻辑,即须是经验性的,则法律之所以是法律,是由于其系统规范性,因此有关法律理论之建构,若以国家目的之工具为之,注定是要失败的。

在进入本文实质探讨前,有必要先就几个翻译名词作说明。entitlement 我译为"应配分",liability rules 译为"补偿规则"。如此译法,不是标新立异,也不是可有可无,而是(实证)科学理论之要求。理论或假说的语言面向,必须是清楚而无矛盾,如此才能归类管理经验资料,从而理论或假说才有验证可能。④ 首先,卡梅二氏在其第一阶之定分阶段,为何舍一般的 right 一词不用,而用 entitlement? 其原因应是,卡梅二氏将纷争解决视为国家给予而非(个人与个人间或个人与国家间)权利之厘定。卡梅二氏是法律现实主义者,其视法律为法官(国家之代表)之政策工具,而 right 作为实体权利(尤其是针对国家而来的防卫性权利),将约束法官的政策决定。反之,福利法上的给付 entitlement,则合其义——一方面,这是国家基于政策给予的,另一方面,国民是基于国民此一身份而受领,因此可借用继承法上的继承人对于遗产享有"应继分",将 entitlement 译为"应配分"。为其译名正名,不表示卡梅二氏的二阶分析是对的(参见本文第五节),而是要揭露其真实,此为理解之开始。

又多数中文译者将 liability rules 译为责任规则或原则,同样在实证理论之语言面向,也是不清楚的,有碍理论之可验证性(此即相对于英美普通法之中文法学

---

① R. H. Coase, *The Nature of the Firm*, in *The Firm, the Market and the Law*, The University of Chicago Press, 1988, pp. 33 – 55.

② Guido Calabresi, *Of Law and Economics and Economic Analysis of Law: The Role of the Lawyer*, *The Future of Law and Economics: Essays in Reform and Recollection*, Yale University Press, 2016, pp. 1 – 23.

③ Milton Friedman, *The Methodology of Positive Economics*, in *Essays in Positive Economics*, The University of Chicago Press, 1953, pp. 3 – 43.

④ 参见 Milton Friedman, *The Methodology of Positive Economics*, in *Essays in Positive Economics*, The University of Chicago Press, 1953, pp. 7 – 8.

研究的可适用性)。单字 liability 的确有时是可对应于中文的责任,但在 liability rule 连用时,一定是相对于 injunction(强制行为或不行为)之金钱补偿,译为"责任规则"不但完全无法传达此义,还可能令人想入非非,例如刑事、行政还是民事责任?增加理解之困难。另外,卡梅二氏与其后来论者往往混淆了补偿规则(强取)与补偿(支付金钱)(参见本文第四节),这只有补偿规则之译法,才可以显示出来,若以责任规则与补偿对照,会使人觉得这些论者为何犯这么低级的错误。最后,不称规则而称原则,①也不好,因为原则意味着标准,是要被适用的,去比较财产规则或补偿规则何者有效率,即是此之害;规则只是经验分类的,各得其所,无所谓效率比较问题(参见本文第二节)。

二、补偿规则之效率

卡梅二氏说,以财产规则为基础的市场交易成本过高,所以才有集体决定之补偿规则。② 这是定义性的,如科斯所说,由于市场有交易成本,才有公司之出现。③ 但这不等同于市场交易成本高时,就采用补偿规则,而市场交易成本低时,就采用财产规则,否则就犯了否定前件的逻辑错误(the fallacy of denying antecedent)。④ 克莱尔与史瓦伯(James Krier & Stewart Schwab)即指出,如果市场交易成本低,不管是补偿规则或财产规则,当事人都可以交易调整到最好,但如果市场交易成本高,法院采用了补偿规则,当事人即无法交易调整,其意味了法院评估补偿数额的成本是低于市场交易成本,而此是昧于事实了。⑤ 其又说,由于探求完全(主观)补偿的成本太高,客观市价被采用,使得补偿规则看起来比较有利,但这种假装为何不也适用至财产规则,此即当事人的任何交易结果(包括交易不成功)都可视为其真实价值之显现?⑥ 其再指出,市场交易成本与法院评估成本之变动,往往是同一方向:一方变高,另一方也变高;一方变低,另一方也变低;如此即难计算比较(这个

---

① 参见张永健:《物权法之经济分析(第一册):所有权》,元照出版社 2015 年版,第 66—73 页。
② Guido Calabresi & A. Douglas Melamed, *Property Rules, Liability Rules and Inalienability: One View of Cathedral*, 85 Harv. L. Rev. 1089, 1106-1110(1972).
③ R. H. Coase, *The Nature of the Firm*, in The Firm, the Market and the Law, The University of Chicago Press, 1988, pp. 33-55.
④ https://en.wikipedia.org/wiki/Denying_the_antecedent,访问日期 2018 年 3 月 9 日。
⑤ James E. Krier & Stewart J. Schwab, *Property Rules and Liability Rules: The Cathedral in Another Light*, 70 N.Y.U. L. Rev. 440, 455(1995).
⑥ James E. Krier & Stewart J. Schwab, *Property Rules and Liability Rules: The Cathedral in Another Light*, 70 N.Y.U. L. Rev. 440, 457-459(1995).

工作是法院的)。① 不特此也,克莱尔与史瓦伯继续论道,即使市场交易成本高,法官也可以不心软,不做补偿决定,则当事人只好做中学,交易技巧即改善了,交易成本也就降低了;②其再指出,规则 4 在受害方人数众多时,由于其集体决策成本高,无法再经由市场去调整法院的无效率的补偿判断,而想象上可行的反向—反向补偿(reverse-reverse damages or the double reverse twist),在现实上,则是不可能的,因为其对当事人之双方都是不利的,根本无人会提起诉讼。③ 最后,克莱尔与史瓦伯说,在司法程序看来是怪异的补偿规则,在立法或行政程序不会发生,但公共选择问题将成为新的困扰,则财产规则与补偿规则的正确划分,仍是遥遥无期的。④

不同于克莱尔与史瓦伯对于补偿规则之质疑,卡普洛与夏维尔(Louis Kaplow & Steven Shavell),⑤提出占有利益(taking of things)之保护,以财产规则为原则,而非占有利益(harmful externalities)之保护,以补偿规则为原则。不过,这里的问题是,以财产规则或补偿规则之架构,去分析占有或非占有利益法律应如何保护之,其效益几近于零,甚至可能是负效益。例如在非占有利益之工业污染,⑥卡普洛与夏维尔自己也指出,财产规则以及行政管制,仍占优势,但其认为污染税作为补偿规则,才是最好的法律。令人质疑的是,防治工业污染,一定不是只有污染税一种,至于其他防治规范,也不都是财产规则(当然也不是补偿规则),如此贬抑财产规则而大张补偿规则,又是何必? 另外,其将行政管制以财产规则视之,显然错了,因为如果违反管制的处罚是罚款,其是比较接近补偿规则。再者,其认为环境侵权赔偿不是补偿规则,因此较诸补偿规则之污染税无效率,是先射箭再画靶了。最后,其仅因污染许可交易类似财产规则,就认为其比之补偿规则之污染税无效率,也是奇也怪哉。

---

① James E. Krier & Stewart J. Schwab, *Property Rules and Liability Rules: The Cathedral in Another Light*, 70 N.Y.U. L. Rev. 440, 459 - 462(1995).

② James E. Krier & Stewart J. Schwab, *Property Rules and Liability Rules: The Cathedral in Another Light*, 70 N.Y.U. L. Rev. 440, 462 - 464(1995).

③ James E. Krier & Stewart J. Schwab, *Property Rules and Liability Rules: The Cathedral in Another Light*, 70 N.Y.U. L. Rev. 440, 470 - 475(1995).

④ James E. Krier & Stewart J. Schwab, *Property Rules and Liability Rules: The Cathedral in Another Light*, 70 N.Y.U. L. Rev. 440, 475 - 479(1995).

⑤ Louis Kaplow & Steven Shavell, *Property Rules Versus Liability Rules: An Economic Analysis*, 109 Harv. L. Rev. 713 - 790(1996).

⑥ Louis Kaplow & Steven Shavell, Property Rules Versus Liability Rules: An Economic Analysis, 109 *Harv L. Rev.* 713, 748 - 752(1996).

在汽车意外事故之例，①卡普洛与夏维尔说，既然是意外，就意味着侵害人与受害人无法进行市场交易，因此只能采用补偿规则了，但其又说，行政管制与过失责任（而非严格责任），也占有重要地位。其自圆其说，行政管制也是补偿规则；但这里其论理矛盾：为何在上述工业污染，行政管制就不是补偿规则而是财产规则呢？至于过失责任，卡普洛与夏维尔认为其类似财产规则，因此比较无效率；但若依照其推理，其应比较类似禁易规则而非财产规则，因为过失责任引导行为人不为过失行为，此一行为限制，虽然类似财产规则之禁制令（injunction）效果，但其法律定性应从受害人应配分被保护的方式来看，此即因为无过失行为之发生，根本无损害赔偿（其为交易之一种），则交易即被禁止了。但其实，将意外事故放在财产规则与补偿规则架构分析，只是剪不断、理还乱。意外事故之（事后）侵权赔偿，必须是放在私法自治架构下去理解——侵害人与受害人约定：过失为赔偿意外损害启动之停止条件。②

在占有利益之保护，卡普洛与夏维尔甚至说，其要展现所有权的排他权能特征。③ 这是将财产与财产规则画上等号了。财产规则作为应配分的保护方式（此即交易规则之一），其不同于财产；财产比较接近应配分，但其不是国家（法院是其代表）裁量决定的，而是法律之定分，换言之，其本身即意味了排他（纷争之胜诉）；以保护方式的财产规则去证立财产（权能），一者，根本没有必要，二者，财产定分是市场交易之基础，比起仅作为保护方式的财产规则重要多了。这里即显示了卡梅二氏的应配分与其保护方式的二阶分析之谬了。得出规则4应该是此二阶分析的亮点，但规则4在普通法中，除了 *Spur Industries* 那个案例外，可说前无古例、后无来者，单一个案无法证立一般架构，甚至应该反过来说，其之稀有，否证了此一般架构。事实也是，规则4多出现在公法领域中，④其之证立直接来自公法，根本不须诉诸此二阶分析。换言之，财产规则、补偿规则与禁易规则，应该实体法化，此即这些（交易）规则有法（规范）效力，而从人民角度看，此财产（权利）也！

---

① Louis Kaplow & Steven Shavell, *Property Rules Versus Liability Rules：An Economic Analysis*, 109 Harv. L. Rev. 713, 752 - 754(1996).

② 参见简资修：《过失责任作为私法自治之原则》，载《北大法律评论》2014年第15卷第1辑，第155—173页；《侵权责任的私法性质》，载《北大法律评论》2016年第17卷第1辑，第122—141页。

③ Louis Kaplow & Steven Shavell, *Property Rules Versus Liability Rules：An Economic Analysis*, 109 Harv. L. Rev. 713, 758(1996).

④ A. Douglas Melamed, *Remarks：A Public Law Perspective*, 106 Yale L. J. 2209 - 2213(1997).

三、补偿规则之政治

在《大教堂一景》一文中,三类交易规则是被作为目的之手段来分析的,但卡拉布雷西作为法律现实论者,最终还是将此三类交易规则价值化了。多数的规则(rules)被单一的体制(the rule)取代。财产规则成为市场体制(market),补偿规则成为补偿体制(the liability rule),而禁易规则成为命令体制(command)。卡拉布雷西说:补偿体制体现的是社会民主价值(social democratic),其补偿(assessment)因此不是模拟的市场价格(price),其可能低于市场价格,因此促进应配分移转;其也可能是高于市场价格的惩罚(penalty),因此延缓应配分移转。[1]

不过,这种理论的隐形脱胎换骨,其弊轻者,其理论成为套套逻辑,无法律解释力;其弊重者,令补偿规则无法无天,不受限制了。《大教堂一景》以交易成本高低作为财产规则或补偿规则之选择基准,虽然是错的,但至少让人有验证的机会,其理论一旦(社会民主)价值化,即排除了此可能。在无法挑战的社会民主价值下,补偿规则的结构,是无足轻重的。侵权赔偿与公共征收是毋庸区分的,因为都是金钱补偿,虽然侵权赔偿是在私人间而公共征收是在政府与私人间;为何有惩罚性赔偿,也不值得问;陪审团给予过度赔偿,也不是问题,等等。但这些都是重要问题啊!事实是,侵权赔偿是以过失责任为原则,其不是社会民主的补偿规则;公共征收有严格的程序与实体补偿规定,此也非社会民主价值可涵盖;侵权赔偿以损害填补为原则,例外的惩罚性赔偿,不是理所当然;而陪审团给予过度赔偿,可能是其使用范围无法扩张或甚至萎缩的原因。

四、交易规则之异化

艾尔斯与包尔金(Ian Ayres & J. M. Balkin)进一步以选择权之行使为基础说:[2]财产规则其实是补偿规则之特例,所谓财产规则是因为行使补偿规则之(强买)选择权的价格太高,因此无法强买,交易只能是自愿了,不特此也,财产规则与补偿规则,甚至是拍卖法制下的两个类型罢了;其之所以如此,因为更高阶的补偿规则之拍卖法制容许不断而互惠的强取,可以去除信息不对称所产生的无效率。

---

[1] Guido Calabresi, *Of the Relationship of Markets and Command in the Liability Rule*, in Future of Law and Economics, Yale University Press, 2016, pp. 117 - 130.

[2] Ian Ayres & J. M. Balkin, *Legal Entitlements as Auctions: Property Rules, Liability Rules, and Beyond*, 106 Yale L. J. 703 - 750(1996).

不过,诚如艾尔斯自己也承认,现实世界不是其理论所描绘的补偿规则占优,而是财产规则。①

在卡梅二氏的原始分类中,财产规则与补偿规则之区分,在于自愿或强取,金钱给付,纯粹是其外观,因此其定性为财产规则或补偿规则,应视其目的为维持自愿交易或补偿强取而定,此所以刑事上的罚金或惩罚性赔偿,虽是金钱给付,其是财产规则而不是补偿规则;另外,补偿规则既然是强取,其即意味了不可(自愿)交易。艾尔斯与包尔金错将(金钱)补偿当为补偿规则,才有上述所谓更高阶补偿规则与选择权化之说法。张永健也指出,财产法不适用此选择权化的应配分交易分析。②

不同于艾尔斯与包尔金创设出更高阶的补偿规则去统摄财产规则与补偿规则,凌斌在原始三类型交易规则上外加两个规则——管制规则与无为规则。③ 管制规则与无为规则,的确是现代社会之重要法律规范,但此一附挂,有何实益? 首先,原本自愿、强迫与禁止交易之分类,是有统一之逻辑,管制与无为之附加,显得非常唐突,不知逻辑何在。次之,管制规则如果是强行性的,其是禁易规则——他人因为无损害,就无赔偿,意味交易被禁止了;管制规则如果是强制性(行政罚款),其就是补偿规则。再者,原始三类型的理论发展,诚如艾布斯丁(Richard Epstein)所说,④其是要探讨各类型的体制,则无为规则自在其中矣。

五、模型建构作为法律科学

卡梅二氏说:"法律学者就因为其不做模型建构,不系统地做,而只看法院裁判,希望类型自显。但这种方法只能看到大教堂的一景,其可能忽略了模型建构之分类始能呈现的议题间之关系。"⑤卡梅二氏的此一模型建构法学研究取向,刚开始虽被高度质疑,但如今已成为主流。⑥ 不过,模型建构只是科学研究的起点,其可验证的实证性(positive)才是科学核心。卡梅二氏在此所提出的交易规则之模

---

① Ian Ayres, *Optional Law*, The University of Chicago Press, 2005, pp. 199 - 200.

② 参见 Yun-chien Chang, *Optional Law in Property: Theoretical Critiques and a New View of the Cathedral*, 9 N.Y.U. J. L. & Bus. 459 - 512(2015).

③ 凌斌:《法律救济的规则选择:财产规则、责任规则与卡梅框架的法律经济学重构》,载《中国法学》2012 年第 6 期。

④ Richard A. Epstein, *A Clear view of The Cathedral: The Dominance of Property Rules*, 106 Yale L. J. 2091 - 2120(1997).

⑤ Guido Calabresi & A. Douglas Melamed, *Property Rules, Liability Rules and Inalienability: One View of Cathedral*, 85 Harv. L. Rev. 1089, 1128(1972).

⑥ 卡拉布雷西说,此文之模型分析,在当时的法学研究界根本不为人知,差点还刊登不了。Guido Calabresi, *Remarks: The Simple Virtues of the Cathedral*, 106 Yale L. J. 2202(1996).

型,是规范性的(normative)或政策性的,因此人人皆可侃侃而谈,言之成理。从法律观点来看,①交易规则模型之实证性,应该来自各类交易规则之法律特征,而不是其价值或目的。② 这是艾布斯丁所言的制度脉络(institutional setting),③罗斯(Carol Rose)所言的普通法的历史分类,④或者笔者所言的法律作为合意减少租值消散的系统规范。⑤

实证科学有两个面向:形式语言与实质假说。弗里德曼在《实证经济学的方法论》一文中说:"实证科学的最终目的在于发展理论(theory)或假说(hypothesis),有效或有意义(此即非形式真值)推测尚未被观察到的现象。一般而言,这种理论是两种要素的复杂渗透。其一,一种语言(language),意在促进有系统与有组织的推理。其二,一组实质假说,意在抽象出复杂现实的核心特征。"⑥

何谓模型之语言?弗里德曼说:"作为语言之理论,是没有实质内容,其只是一组套套逻辑。其是一个归档系统,在于帮助我们组织与了解经验资料,因此判断归档系统的好坏,也是判断作为语言之理论好坏之标准。分类是清楚精确的吗?全面无遗漏的吗?个别项目都可精确归类还是模棱两可?这些分类与再分类,可以令我们很快找到我们要的,还是我们要到处找?我们想要的项目是被合并归类吗?这个归档系统避免了繁复的互相参照?"⑦

在此模型语言面向,卡梅二氏所提出的应配分与其保护方式之二阶分析,其实是不清楚的,逻辑混乱。首先,卡梅二氏自己即称,应配分与禁易规则往往是无法分开理解的,则此二阶分析显然未被贯彻;⑧再者,应配分既然不是抽象的权利,例

---

① 此即哈特所言的内部观点。

② 卡梅二氏虽说,其之所以不谈不同法律的各自特征,是要先探讨为何有此不同交易规则之存在,但从此模型之实证要求来看,此二问题是合一的,不可分开处理。Guido Calabresi & A. Douglas Melamed, *Property Rules, Liability Rules and Inalienability: One View of Cathedral*, 85 Harv. L. Rev. 1089 n.2(1972).

③ Richard A. Epstein, *A Clear view of The Cathedral: The Dominance of Property Rules*, 106 Yale L. J. 2091, 2111–2120(1997).

④ Carol M. Rose, *The Shadow of The Cathedral*, 106 Yale L. J. 2175–2200(1997).

⑤ 参见简资修:《权利之经济分析——效率或定分》,载《法令月刊》2017年68卷9期,第24—46页。

⑥ Milton Friedman, *The Methodology of Positive Economics*, in Essays in Positive Economics, The University of Chicago Press, 1953, p. 7.

⑦ Milton Friedman, *The Methodology of Positive Economics*, in Essays in Positive Economics, The University of Chicago Press, 1953, p. 7.

⑧ Guido Calabresi & A. Douglas Melamed, *Property Rules, Liability Rules and Inalienability: One View of Cathedral*, 85 Harv. L. Rev. 1089, 1093(1972).

如物权或债权,而是针对个案的裁决,其如何可分离于自愿或强迫交易之判断?①事实也是,卡梅二氏与其往后的论者,也都是在财产规则或补偿规则之间选择打转,而不是应配分归谁;三者,普通法的确有类似二阶的救济(remedies),但典型的违约救济——强制履行或金钱赔偿——多不在其讨论之中,②反而是(实体法)侵权之损害赔偿一直是论争中心;四者,如罗斯指出,卡梅二氏与其往后的论者,往往以明例偷渡暗例为补偿规则之推论。③ 以上这些理论语言的问题,使得言人人殊,理论根本无从验证。

模型建构更重要的是,其自始即须将经验纳入其中。弗里德曼如是说:"经济理论若不只是要去描述行动的后果,而是要去预测,则其不能只是套套逻辑的结构,数学仅是伪装罢了。套套逻辑的有效性最终是建立在实质假说的接受性上——其分类是可以归整零碎的经验现象。"④其又说:"经验证据在两个不同但相关的阶段:假说之建构与假说之有效验证非常重要。有关假说解释对象的全面广泛证据,除了明显地在于提出新假说的作用外,是要确保该假说是要解释其解释的——假说的意涵不与现有的经验相冲突。"⑤

卡梅二氏模型建构的最大问题是,其将实体法律权利完全手段化,因此不是法律的模型了。卡梅二氏所提出的二阶分析,其原型应是英美普通法的救济措施(remedies),但其在始阶分析,却舍权利(right)而用了应配分,偷天换日了。救济之所以名为救济,就是其前提之受损,一定是实体之权利,则在模型建构中,以国家施予的应配分取代法律的权利,已不是法律的实证分析了。这是卡梅二氏与其往后论者分析混乱之源。艾瑞克·波斯纳(Eric Posner)即指出,这些所谓(契约)法律的经济分析,一方面,其模型若是简单清楚,往往解释是错的,另一方面,其模型若是复杂正确,其信息要求又过高,根本不现实。⑥

---

① 卡梅二氏说,对于多数财物而言,其应配分是混合的,例如私人的房子,在一般买卖时,是财产规则,在政府征收时,是补偿规则,而在房主酒醉或失能时,其则是禁易规则。Guido Calabresi & A. Douglas Melamed, *Property Rules, Liability Rules and Inalienability: One View of Cathedral*, 85 Harv. L. Rev. 1089, 1093(1972).

② 参见 Samuel L. Bray, *Remedies, Meet Economics; Economics, Meet Remedies*, 38(1) Oxford J. Legal Stud. 71-89(2018);简资修:《一物二卖——有效率之不履约或债权之侵害?》,载《人文及社会科学集刊》2001 年第 13 卷第 1 期,第 65—88 页。

③ Carol M. Rose, *The Shadow of The Cathedral*, 106 Yale L. J. 2175-2200(1997).

④ Milton Friedman, *The Methodology of Positive Economics, in Essays in Positive Economics*, The University of Chicago Press, 1953, pp. 11-12.

⑤ Milton Friedman, *The Methodology of Positive Economics, in Essays in Positive Economics*, The University of Chicago Press, 1953, p. 12.

⑥ Eric A. Posner, *Economic Analysis of Contract Law After Three Decades: Success or Failure?* 112 Yale L. J. 829(2003).

六、结 论

克莱尔与史瓦伯在巨细靡遗地检讨过有关财产规则与补偿规则区分之理论、发现这些理论的有效性几乎为零后,很悲观地说:"也许参与这个博弈并不值得,但是我们已在其中。作为学术中人,我们领薪水被赋予去思考或担忧其实不那么值得思考或担忧的事。虽然史瓦伯说,有些好东西,不管是理论或事实,的确有时会出现,但我们付出的代价太高了。不过,这无关紧要。就好像莫内持续画大教堂,学者也会不断地画,不管是否值得。学术本是如此,其中多是无用的,少数可能有用。我们需要的是运气,当好东西出现时,能看出来。这是本文可能的贡献。如果连此也达不到,也无所谓;这就是身为学术中人的我们之所为。"①反之,艾尔斯则很乐观地说:"理论与现实的差距甚大——我已经展示其效率与公平的理论(尤其是简洁的数学模型),是补偿规则应该占优,但真实世界的事实却是,财产在法律上与人们的认知上占优的。本章或本书并未解决此一理论与现实之不符,也不解决此财产规则与补偿规则何者为优的争论,而是试图将争论深化。我们现在知道更多如何调校补偿规则,虽然仍无一个一般理论。也许一个优美、简洁且清晰的理论,永远不可得;也许财产最终的证立还是在人类生活的不规则;但是本书至少展示了,补偿规则的多样多工是如何令人释放出其原本不为人知的信息。"②

财产规则与补偿规则何者为优之争论之所以如此纠缠,根本是在卡梅二氏之理论之始即已埋下。卡梅二氏以应配分着手分析法律,但应配分的性质是国家恣意(名为政策或裁量),从实证经济学的角度而言,此经验与理论之分离,注定了其理论之无效。类似艾尔斯之沉迷于单纯理论建构而无视现实的法律经验,系法律经济分析之殇。补偿规则作为一个分析概念,只有在财产规则之对照下,才有意义,艾尔斯怎可说其补偿规则内的分析自有其意义?

卡梅二氏以模型建构取代了普通法之逐案分析,但其模型建构却是(价值)规范的或政策的而非(法律)实证的,而此不但无助益我们了解作为交易规则之法律规范,并且助长了价值混乱与模型灌水——政治分配被引进了补偿规则、补偿规则被认为比较有效率、补偿规则甚至被选择权化以及三规则被扩至五规则等等。诚如艾布斯丁评说:"卡梅二氏将会对法学有重大贡献,如果其只是指出这些救济途

---

① James E. Krier & Stewart J. Schwab, *Property Rules and Liability Rules: The Cathedral in Another Light*, 70 N.Y.U.L. Rev. 440, 482-483(1995).
② Ian Ayres, *Optional Law*, The University of Chicago Press, 2005, pp. 199-200.

径如何重复出现于非常不同的实体法领域。"①

其实,与其如卡梅二氏以自愿、强制与禁止为分类去探讨交易规则,不如回归到传统的私法自治、公法限权与公私调和。例如卡梅二氏将侵权责任归为补偿规则,其一方面与财产权利分离了,另一方面又与公共征收等同视之,此不但使得作为侵权法原则的过失责任,被去私法化,而且也使得公共征收去公法化,令两者都失去了法律灵魂——私法的自治、公法的限权与公私法之调和!②

Cathedral In The Shadow: Finding Lost Trade Rule

Jian Zixiu

Abstract: In the article entitled "Property Rules, Liability Rules and Inalienability: One View of Cathedral", Calabresi and Melamed pointed out that legal rules governing transactions consist of not only voluntary property rules but also forced liability rules and prohibited inalienability. However, they did not investigate the characteristics of relevant laws concerning these rules. Instead, they based the distinction of rules on transaction costs and goals pursued. This has led analysis in wrong direction of pure modelling without taking account of law. Positive economics requires that the experience should be the built-in element in the model building from the beginning. Entitlement as the courts' arbitrary decisions is not law, therefore the analysis is not law relevant any more.

Keywords: entitlement; property rules; liability rules; inalienability; positive economics

(责任编辑:艾佳慧)

---

① Richard A. Epstein, *A Clear view of The Cathedral: The Dominance of Property Rules*, 106 Yale L. J. 2091(1997).

② 参见简资修:《过失责任作为私法自治之原则》,载《北大法律评论》2014年第15卷第1辑,第155—173页;《寇斯定理与私法自治》,载《月旦民商法杂志》2015年第49期,第78—88页;《侵权责任的私法性质》,载《北大法律评论》2016年第17卷第1辑,第122—141页;《权利之经济分析:定分或效率》,载《法令月刊》2017年第68卷9期,第24—46页。

权威问题:重访服务性权威观[*]

[英]约瑟夫·拉兹[**]著　叶会成[***]译

[**摘　要**]　权威问题是要追问让一个人的意志服从于另一个人的意志能否得到证立,以及要求人们如此行动的命令处于什么样的规范性地位,前者是权威的道德问题,后者是权威的理论问题。服务性权威观对道德问题的回答是通常证立命题与独立性命题,对理论问题的回答是主张权威指令具备一种优先性地位。对权威的一般性哲学解释既要有助于对实践权威的理解,也要有助于对理论权威的理解。理论权威与实践权威的共性在于其目的都是帮助人们更好地遵从理由,差异在于要想成为正当的实践权威,它要能够有效地对我们的行动施加义务,而成为理论权威却只需要足够的专业知识和经验即可。因此,"资格性反驳"是失败的。同意、尊重、信任与认同等要素只可以在证成权威的正当性上发挥一些次要的和辅助的作用。

[**关键词**]　服务性权威观;权威;自治;同意;集体身份

我所考虑的问题是这样一个问题:让一个人的意志服从于另一个人的意志能

---

[*]　本文译自 Joseph Raz, *The Problem of Authority*: *Revisiting the Service Conception*, 90 (4) Minn L. Rev. 1003-1044(2006). 后收入于作者的文集 Joseph Raz, *Between Authority and Interpretations*: *On the Theory of Law and Practical Reason*, Oxford University Press, 2009, pp. 126-165. 感谢作者约瑟夫·拉兹教授和《明尼苏达法律评论》杂志社的授权。

基金项目:国家留学基金委资助;中国政法大学博士研究生科研创新实践项目(2016BSCX29)。

[**]　[英]约瑟夫·拉兹(Joseph Raz),牛津大学法哲学教授、哥伦比亚大学法学院教授。本文的写作中我受益于难以数计的对我观点或口头或出版的评论。其中,我很感谢 Jules Coleman, Ronald Dworkin, Lesley Green, Hebert Hart, Scott Hershovitz, Heidi Hurd, Michael Moore, Stephen Perry, Donald Regan, Philip Soper, Jeremy Waldron——他们中的大部分人将会发现我对其评论的回应仍旧是不充分的。

[***]　叶会成,中国政法大学中欧法学院博士研究生,美国亚利桑那大学哲学系访问学者。北京:100088。在本文的翻译过程中,Steven Wall 教授、葛四友教授、王琳博士、王昱博、张峰铭等师友均对译文提出了宝贵的修订意见,在此一并向他们表示真诚的感谢! 当然,译文的疏漏仍旧由我个人负责。

否得到证立,以及要求人们如此行动的命令处于什么样的规范性地位。许多年以前,①我提出的一个权威理论处理了这个问题,其名为服务性权威观,并且我认为所有关于权威的其他问题都可以涵摄在此之下。许多人认为我的解释并不合理,认为它只是依赖于很少数的观念,所以很"薄"(thin)。它看起来可能是太"薄"了,而且与历史上盛行的许多反思权威的观念都相距甚远。

有的批评很彻底,拒绝了整个服务性权威观。有的要更加温和一些,接受了服务性权威观或者它的一些核心特征,尤其是通常证立命题,认为其确立了权威正当性的必要条件,但否认其构成了充分条件。最常见的情况就是,温和的批评者们认为,正当权威,至少是正当的政治权威,都在统治者与被统治者之间预设了一个特殊的关联,一个被服务性权威观所忽视的特殊纽带。我这篇文章的目的就是重访权威问题,检视温和的批评主张,或者仅仅检视其中的一部分。在第一部分,我将先解释一些方法论的背景性要点。第二部分将简要重述服务性权威观和它处理权威问题的方式。第三部分将通过处理一系列只是松散关联在一起的问题和它们所面临的一些质疑,而进一步发展服务性权威观,并详细阐述它的一些内涵。第四部分将一般性地检视如下主张:任何政治权威都在统治者与被统治者之间预设了一个特殊的关联,而服务性权威观忽视了这个关联。第五部分将考虑由同意来塑造这样一个关联是否可能。而第六部分我将会评论由对政治共同体(或者一些其他群体)的认同(identification)或其成员身份来构成这个关联的可能性。

一、一些方法论观察

首先,谈一些有关总体进路的观察。

第一,权威、政治义务和守法义务

一些学者认为,所谓的政治义务(political obligation)就是服从法律,并且,当且仅当法律或者法律制度拥有正当权威时,我们才负有守法义务(obligation to obey the law)。这是一个错误的观点,即使我们把注意力仅仅限定在法律权威上,它也错了。政治义务是这三个概念中最为宽泛的,它表示一个政治共同体的成员们,鉴于他们的成员身份而对政治共同体或者其制度与政治秩序所负有的义务。这与守法义务相比,既是包含过多也是包含过少。一方面是过多——因为政治义务以各种方式包含了一些成为良好公民的义务,而这些方式几乎与法律毫不相关。它们可能是一些反抗由共同体或者以共同体名义所实施的不正义的义务、促进共

---

① 其中的一些基本想法见 Joseph Raz, *The Authority of Law: Essays on Law and Morality*, Second Edition, Clarendon Press, 1979;服务性权威观的主要元素开始于 Joseph Raz, *The Morality of Freedom*, Oxford University Press, 1986.

同体良好运行的义务(例如,通过投票和通过各种其他方式发挥作用)以及一些其他义务。但另一方面,它们又比服从法律要求得更少,因为许多法律与政治共同体没有任何关联。如果我摘了邻居的苹果而且吃了它,我可能违反了法律,但是我不可能对政体造成任何伤害。守法义务并不取决于法律权威的正当性。有可能存在着各种不同的理由服从一个法律权威并不正当的国家之法律,包括道德理由。稳定性的考虑和保护既有的利益就经常被视为提供了这些理由。① 最后,值得提及的是,我们有一些政治义务既不取决于政治共同体的成员身份,也不取决于作为守法主体的身份。罗尔斯的维护和支持正义制度的义务就是其中的一种,适用于我们所有人,涉及任何正义制度,不论这些制度在什么地方。② 本文只处理权威的性质问题。

第二、权力与权利

在我们的通常用法中,权威的概念、权力和对某物的权利是混淆在一起的。任何试图分离它们的努力必然有点人为的成分。然而这种区分却是必须要做的,因为它们似乎以一些系统性的方式互相关联在一起,这就使得要描述出它们各自对权威概念所做的独特贡献。一方面,我认为即使一个**纯粹的**事实权威概念(也即,对其受众[subjects]实施权力但却缺乏如此做的权利之人)也包含了正当性。纯粹的事实权威会宣称其有权利统治那些受众,以使得受众服从他们的权力,而那些拥有赤裸的权力的人却并不这么宣称,这使得纯粹的事实权威不同于运用赤裸的权力的那些人或群体(例如,通过恐吓或操纵人群)。事实权威是宣称正当性的。正如我所说的那样,他们是在正当性的名义之下行动的。③

另一方面,我认为正当权威并不总是事实权威。可以说,在1940年,波兰的正当政府是流亡在伦敦的政府,它对波兰民众并不享有权力。④ 由此得到的这个方

---

① 各式各样的法律制度通过给予事实权威以法律效果的原则承认了这些理由。

② See John Rawls, *A Theory of Justice*, Revision Edition, Harvard University Press, 1999, pp. 293-294.

③ 即使那些不宣称统治权利的人确实——特殊情形除外——宣称他们可以做那些他们宣称的事,宣称他们的行动是可辩护的。但是他们并不宣称那些受其行使权力的人要服从于他们,也即有服从他们的义务。他们满足于能够通过有力的威胁或者以其他的方式迫使他们服从。

④ 很可能流亡政府还有一些事实权力(有一个波兰军队——也在流亡之中——认可这个政府,等等),但是它的正当性并不依赖于它对权力的占有。不过,它的正当性依赖于一个非规范性的事实,依赖于被大量波兰人民和一些其他国家承认是正当的。在另外一些情况中,正当性可能依赖于政府取得实际控制的几率。这一点使得我们可以始终区分没有有效行使权力的权威(比如说,被正当选举出来的权威)与某个有资格拥有权威但却没拥有的人(比如,因为他无法入职被选举的职位)。可以和这个情形做个对比:一个对其孩子拥有权威的父母,即使其对孩子没有权力。

法论也可以适用于其他概念的澄清:存在一类规范性概念,它们既有首要的用法,也有次要的用法,当它们的使用者或者其中某一些使用者将次要用法所表示的主张在其首要的、规范性的意义上使用时,这个主张就有可能是错误的。这类概念中最重要的一个就是(规范性的)理由。① 行动理由是一个使得它的选择能够让人理解和支持这个选择的考量。但是,当我说"我离开的理由是我怕错过最后一班公交车",我表明的是,我离开的理由是我此时所认为的理由(也即,如果我不离开我将会错过最后一班公交车这个事实),尽管我并不认可实际上存在这样一个理由。

如果这一点是对的话,那么正当权威的概念相比于纯粹的事实权威,就有了解释上的优先性。后者预设了前者,而不是前者预设了后者。从这里开始,"权威"一词指代的都是正当权威。

第三,概念的拥有(possession)及其适用

认为"权威"是一个只适用于那些认为适用于他们之人的概念,这是不完全正确的。因为可能存在一些权威,他们并不宣称权威。然而,正如刚刚所解释的,事实权威确实宣称拥有正当权威,而且正如下文将会看到的,政治权威通常都是这么做的。问题在于,那些拥有权威的人至少隐含地接受这个解释是正确的,这是否为说明权威概念的一个恰当条件。(或者说,我们可以接受一个效力有限的概念解释——只适用于这些至少隐含地把它作为一个真正的解释的人,这些人有可能自己是权威,也有可能是服从权威的人——吗?)

不是的。如果人们对一个已经被接受的权威解释存在争议,那么他们就犯了一个错误。服务性权威观是对权威的一个解释,包括解释拥有权威与服从权威意味着什么,解释某人何时拥有权威或者服从权威,以及诸如此类的问题。这个解释不是关于人们认为可能拥有权威或者服从权威是什么样子的,而是关于拥有权威或者服从权威意味着什么。服务性权威观与那些认为人们对这些问题持有不同信念的主张是相容的,尽管它意味着人们持有的那些信念是错误的。但它可以意味着人们犯了一个概念混淆的错误吗? 或者更甚,它意味着人们根本不知道他们自己的语言吗? 当然不是。如果他们对权威(不仅仅是实际拥有权威之人的权力)持有错误的信念,那么他们还是有一个权威的概念的,他们对权威所包含的内容也有了一些理解。但是,他们的理解是片面的和不完全准确的。我们对于概念的理解通常都是如此。这也就为错误与分歧留下了足够的空间。②

---

① 我将它们限定为"规范性的"(normative)是为了将其与解释性理由(explanatory reasons)相区分,解释性理由只是一些解释事情如何或者为什么发生的事实或事件。

② See Joseph Raz, *Two Views of the Nature of the Theory of Law: A Partial Comparison*, in Jules Coleman (eds.), *Hart's Postscript*, Oxford University Press, 2001, Chapter 1.

第四,中立性的希望

一些学者将他们的任务看作是为规范性概念提供解释,比如"权威",这种解释是规范性中立的,与任何可能的规范性观点都可以保持一致。① 但我们不清楚是否存在某种情形能够使得这种解释成为一个合理的要求。如果这个要求只能通过用非规范性的(或非评价性的)词语解释规范性的概念而满足的话,那就等同于要求将其适用的所有规范性概念做一个语义学还原(semantic reduction),而如果是这样的话,就没有任何理由接受其作为一个一般性的方法论要求。另一种理解是,尽管规范性概念的解释可能依赖于其他的规范性的或评价性的概念,但这些概念必须是任何人都坚定地接受其有可能②存在真正的(或有效的)实例的概念,不论他们的规范性或评价性信念是什么。这么理解的话,这个要求就是一个从"厚"的规范性或评价性词语到"薄"的规范性或评价性词语的语义学还原。然而,我们不清楚多少规范性词语满足了这个要求。我们也怀疑有多少"厚"的概念能够被还原为"薄"的概念。

或许这种中立性要求应当被视为一个程度问题:同等条件下,一个解释越是满足这个要求,它就越好。毕竟,满足这个要求的解释,或者更准确地说是它们成功解释的概念,能够被持有任何规范性信念的人们所接受和使用。

一些人认为,权威的解释应当是另一种意义上的规范性中立。他们认为权威的解释应当是这样:命题形式"X 对 Y 拥有权威"可能存在真正的实例,某人要真的有可能对别人拥有正当权威。我将第一种类型的规范性中立称为"解释性中立"(explanatory neutrality),而将这第二种称为"存在性中立"(existential neutrality)。

存在性中立所拥有的优点是,它与"可能存在正当权威"这个观点并不矛盾,而"可能存在正当权威"这个观点得到了广泛的认可,并且贯穿整个历史,不论什么地方的人们,只要他们在这个话题上有看法,那么就都会持有这个观点。人们可能会犯错,包括规范性的错误,但是,对这两者的解释——人们在广泛使用、几乎普遍认为其有应用实例的一个概念,加上那些没有应用实例的真的规范性信念——肩负了一个艰巨的任务,也即解释人们为何错得如此离谱。

有可能我们夸大了这个任务的困难。第一,解释人们如何在正当权威的可能性这个问题上普遍犯错,但却并不认为他们对这个概念有严重的误解,这是有可能做到的。他们的错误,如果他们的确犯了错误的话,可能是错在他们的一些规范性

---

① 例如,如果对耻辱的正确解释意味着(a)应当杀死那些做出耻辱行为的人;和(b)任何背弃信用的人都是做出了耻辱的行为,那么这个解释就是与我的规范性观点不相一致。

② 在一种非认识论意义上的"可能"。

信念，而不是他们对概念的理解。① 第二，概念有一个历史，而且随着时间的推移，它们的一致性或同一性的条件充其量也是非常模糊的。因此，正当权威的不可能，或许是指不可能存在我们当前权威概念的实例。或许在我们先前的权威概念条件下，正当权威是有可能存在的。相反情况也有可能，而且可能性更大。概念变迁的一个动力来源，可能就是不断要求实现那个普遍不存在实例的概念（例如，如果曾经权威的概念是这样的：它必须派生于神圣权威，那么认识到神圣权威的不可能或许就推进了这个概念的变迁，这个变迁使得权威的概念至少在当时人们的眼里能够存在实例）。

我提供的这个解释是有例子支撑的，但是或多或少与流行的观点相悖。例如，我的解释带来的结果就是，政治权威所拥有的权威，可能既比他们当中很多甚或是全部所宣称的权威要更加有限，也比人们普遍认为他们所拥有的权威要更加有限。尽管这个错误产生的影响并不那么深远，也少了许多解释的负担，但是仍旧需要解释人们为何错得如此离谱。②

我先前的评论说明了我在解释性中立和存在性中立这两者身上都能发现的优点。但是，它们都无法作为一个方法论原则。我觉得解释性中立的要求是不可能实现的（也即，如果存在满足这个要求的解释，那也是错误的），因为这个要求本身就没有什么合理性。例如，我们并不期待所有的科学概念在这种意义上是解释性中立的，即他们的实例能够与所有可能的科学理论保持一致。有些科学概念有可能是先验理论（theory-transcendent），或者多多少少是先验理论，但也有许多科学概念并非如此。将其稍作修正，我觉得对于规范性概念同样也是如此。类似的考虑也将排除存在性中立的要求。除非特殊情形，我们通常不会对其他概念的解释提出这种要求，而且，似乎也没什么理由对普遍的规范性概念或者"权威"这个特定的概念提出这种要求。

中立性的希望将自身表达成了这样一个要求：权威的解释应当说明当某人拥有权威时意味着什么，但却不包括任何有关在什么条件下某人可以获得或者拥有权威的内容。如果要让这个要求变得合乎情理，那么唯一的情形就是：无论是谁提供的解释，都不能涉及有关在什么条件下某人确实拥有权威的内容；而且，从使得某人成为一个权威的那些条件的解释中，无法得出任何结论。这个要求似乎是不

---

① 出于谨慎起见，容我在这里详述：上述的要点并不蕴含以下观点，即一个概念的解释要想正确的话，就必须能够为那些拥有这个概念的人所普遍使用。一个概念有许多方面是它的使用者可能没有意识到的，这些使用者可能也会为此犯很多错误。上述的要点仅仅是说需要一个很好的解释，解释一个关于概念实例可能性的错误信念（用我们的例子来说，就是关于正当权威可能性的信念）如何变得这么流行。

② 这一点是 H. L. A. Hart 私下跟我说的。

可能得到满足的：证成某人拥有权威这一主张的方式却不受证成内容的影响（甚至都不受其指引），也即不受拥有权威的结果的影响，这怎么可能？

当然，权威的这两种解释之间仍旧存在差异。我们完全有理由期待，一种对权威的解释能够具体阐明拥有权威的全部或者至少最为核心的结果，不管它多么抽象。然而，除了说某人拥有权威的条件就是那些能够证成权威归属的条件——也即，将某些结果归属于某人的行动，而从这个结果可以得出其拥有权威——我们并不清楚是否完全有理由期待对这些条件的完整说明。如果有谁提供了一些拥有权威的充分条件，那么问题就来了：这是否意味着没有其他的条件使得某人成为权威了？证明一个否定性的存在是极其困难的，而且，尽管我试图使这个陈述穷尽所有可能，但我仍然无法论证情况就是如此。

第五，概念的拥有及其适用限度

对于权威概念的历史性评论，仍旧需要一些简短的解释。它蕴含着两种可能性：第一，曾经有个时间段里，权威概念根本就不存在；第二，我们的概念是派生于早期的概念。我们有理由认为这两种可能性都可以实现，这也解释了我们是如何使用词语的：有时候用其指代我们当前概念的整个系列的早期概念（ancestors of our concept），有时候则只指代我们当前的概念。

那这不是意味着存在一个更为宽泛的概念（a wider concept），也即不论什么时候，我们以第一种方式使用它时，它都被用来指代我所讲的整个系列的早期概念吗？而且，它不也是真正的权威概念吗？答案是既是也不是。是，是因为存在这样一个一般性概念。不是，是因为完全（*simpliciter*）用权威概念识别一般性的概念是会误导人的。其主要原因在于，这个一般性概念能够被识别的方式，而且我认为是唯一方式，就是正如我之前所识别它的那样，也即，通过历史的方式，就如识别那个概念——适用于我称之为"我们的"权威概念的所有实例以及它的那些早期概念——一样（而不是通过它的非历史性特征）。"我们的"概念之所以是权威的概念，只是因为它是我们了解它的所有早期概念（识别方式是通过其与"我们的概念"的关系）的通道。

我们也的确需要这个更宽泛的概念，或者更准确地说，我们要经常依赖于它。例如，至关重要的是，在那些没有权威概念的人群中，有可能就不存在事实权威，因为要拥有事实权威，其中有个条件就是必须宣称正当权威。这意味着，当我们谈论存在于中世纪或15世纪的日本或古代的波斯时，我们要依赖于某些类似于更宽泛的概念的东西：那个时候就存在着对民众拥有权力、主张权威的人群或机构，使用着派生出我们的概念的早期概念，或者囊括了所有早期概念的宽泛概念。

如果后期的概念以某个概念的修正版本出现，而且与这个概念还保持了（要么是在特征上，要么是在功能上）足够的相似性，那么这个概念就是一个早期概念。

一方面,这种关系不单单是一种典型的相似性关系,它还包含了一个偶然的因果成分。通常而言,当这个因果成分不存在时,正如当我们在一个不同的文化里发现了一个没有因果关系但是却很相似的概念时,我们就会这样识别它:我们会说,"他们也有个像(或者类似于)我们的概念 X 的概念"。另一方面,相似性只是派生关系的一部分,因为,否则我们就没有标准区分以下这两个概念:一个是被后期概念修正过的概念,另一个是为了选择其他概念而被抛弃的概念。

既然这个宽泛概念是通过其与我们的概念及其早期概念的关系而识别的,而且"我们的"概念会随着时间变化而有更多的早期概念,那么自不用说,当"我们的"概念曾经或者将来变得不一样时,我们现在所拥有的整个概念与我们之前所拥有的或者我们将要所拥有的概念,也会不一样。

第六,解释与辩护

我一直在提"我们的"权威概念,但是存在这样一个事物吗?难道不是几个概念,它们全部都派生于同样的早期概念吗?事实极有可能就是如此。每个人在使用权威概念的时候,都在使用他自己的概念,而且也应当允许存在几个概念的可能性。但这并不会导致概念的激增。理由很简单:在概念的使用中,我们允许我们对于它们的许多方面是无知的,允许我们可以错误地使用它们,而且它们的特征是由共同体中调整使用它们的规则所决定的,而完整理解这些规则或许会让我们当中的一些甚至是全部人都感到困难。在允许对我们的概念的性质存在至少是片面无知的可能性时,我们认识到了概念是社会的产物,它们的特征取决于一个言说者的共同体,这些特征的使用方式可能会让他们当中的任何一个甚至是全部的人都感到困难。这意味着,我们的概念并不是什么很特别的概念,还存在一些普通概念,虽然我们也不知道它们的所有特征。

如果在一个单独的社会中流行着大量的权威概念,那么自不用说,它们可能就是互相的竞争者。它们之间的界限是处于变动之中的,那些使用每个有利于各自概念主张的人也是处于变动之中的,而且(当意识到——只要模糊地意识到——其他概念的存在时)找理由支持各自的概念而不是其他的概念的人也是如此。这意味着,在这样的概念之间存在竞争时,概念的各个解释可能也被用到了竞争当中,也即,这些解释可能被用到了某个概念是优于它的竞争者们的辩护当中。

概念的不确定性,是迫使所有的解释进入到(如果可以成功的话)这个辩护事业当中的另一个因素。这些解释可能会努力复制它们所解释的那个概念的不确定性,但是,想要完完全全复制是几乎不可能的。而且,一个解释的成功不可避免地会产生一些影响,也即让概念产生变化,使得其与这个解释保持一致。

二、服务性权威观简述

服务性权威观由两个问题所驱动,一个是理论问题,一个是道德问题。我们从"权威是一种统治的权利"这个常见的看法开始,这个看法流传很广,经过我适当地限定与扩充后,理论问题就是:如何理解一个权威指令(因为我将其称为实施统治权利的产物)的地位。如果一个指令被某个拥有统治权利的人所发布,那么它的受众就必须要服从。这个指令对他们是有约束力的,他们有服从它的义务。[①] 但是一个人这么说就构成了另一个人的理由、义务,这怎么可能呢?就这么容易凭空制造出义务吗?

道德问题是指一个人负有义务让自己的意志和判断服从于另一个人的意志与判断,这怎么可能呢?当然,我们可以被其他人和其他人的行为以无数种方式所影响。我们经常采取行动让别人帮助或者不要妨碍我们,让其与我们在共同的事业上合作,让其不要伤害我们或者做出对我们有利的行动。但是权威的情况很特殊。权威发布指令目的在于让这些指令构成受众服从他们的理由,约束受众的行动,因为权威的意图正在于此。如果我们承认了服从他们的义务,我们就承认了他们有命令我们的权利,而不仅仅是对塑造我们道路上的机会与障碍的环境产生影响。权威告诉我们要做什么,其目的是通过对我们的意志施加命令而获得他们想要实现的任何目标。一个人可能对另一个人拥有这样的规范性权力吗?承认一个人对另一个人有这样的权力有可能是对的吗?

理论问题与承诺(以及所有的自愿保证)所呈现出来的问题很相似。通过承诺,我们对我们自己施加了之前所没有的义务,而且我们只是简单地通过表达一个这么做的意图就实现了它。在实施权威的过程中,我们对其他人施加他们之前所没有的义务,而且我们只是简单地通过表达一个这么做的意图就实现了它。[②] 表达创造理由或者义务(为我们自己或者其他人)之意图的那些行动,如何只是因为它们表达了这些意图就可以实现此目的呢?

[①] 权威所做的要远远多于施加义务。但是可以说,不论他们做什么——赋予权力或权利、授予许可或豁免、改变地位、创造和终止法律人格(公司及其类似的组织)、调整法律人格机构之间的关系,以及很多其他的——他们都是通过实际的或有条件的施加义务来做的。所以,正如研究权威的学者们通常所做的那样,我将继续从施加义务的权利这个方面讨论权威问题。

[②] 在两种情形中,有时候某个被置于义务之下的人之前就已经有了同样这么做的义务。"一个他之前所没有的义务"并不意味着他没有义务做那些之前就没有义务做的事情。即使已经存在一个同样这么做的义务,这个义务也是个新的义务"。

回答这个问题的第一步是要注意到,从本质上讲,在这样的情形中并没有什么特殊之处。我们各种各样的行动都可以产生义务。怀孕和生小孩就经常被认定为是这样一个情形。另外一个情形是侵犯他人的权利(它产生了赔偿的义务等等)。"因为我们所做过的行为或者我们做的方式,所以我们就有了一个义务"这些主张之所以是对的(如果它们是对的话),是出于"任何人以特定方式行动都将产生特定的理由和义务"这样的一般性理由。它假定了存在这样的一般性理由,即任何有小孩的人都要照顾他/她,任何侵犯别人权利的人都要赔偿别人,等等。

承诺与权威也不例外。但不是每一次某人向另外一人表达了一个承担义务的意图时,他或她就做出了一个有约束力的承诺。只有当承诺的行动是一类关于有充分理由使得承诺者受他所承诺的行动约束时,一个承诺才是有约束力的。这意味着,承诺要想有约束力,就必须满足许多条件:承诺者必须能够知道他行动的意义,他必须对行动的可能结果有一个恰当的理解,而且最重要的是,(a)所承诺的行动必须属于这样一种类型,即能够做出这样的承诺是为了提升人们对他们自我生活的控制;(b)这个行动不能是极其不道德的,等等。一个自愿成为奴隶的承诺是无效的,一个让别人成为奴隶的承诺也是无效的,而且类似的承诺都是如此。

有关权威性质的理论问题可以用类似的方式得以解答。只有当存在充分的理由使得一个人对另一个人的话语负有服从义务时,后者才能够对前者拥有权威。当然,尽管这一点很可能是对的,但它也并不能告诉我们一个人对另一人何时拥有权威。它甚至都没有确定谁可能拥有权威,但是它陈述了如果一些人对另一些人拥有权威时所展现的情形。这就是我们对权威的一般性解释所能够期待的全部,也即它确定了要想成为正当权威必须具备的条件,而不是它应当去证明谁对谁在什么事情上拥有权威。后者的任务属于个案评估的问题。当然,尽管权威的一般性解释仍然无法确定谁拥有权威,但是它对于什么条件下人们要服从权威还能提供很多很多的帮助。尤其是我们期待它能解决权威的道德问题,也就是说,当一个人服从于另个一人的权威时他就服从了别人的意志,这如何与一个人作为人的地位相兼容呢?*

服务性权威观的意见是,当下述两个条件及与之相关的事务得到满足时,我们

---

* 因为现代道德理论所普遍认可的基本主张就是承认人是自由的主体,人与人之间拥有平等的道德地位,没有人生来就高人一等,也没有人生来就要接受别人的统治。而权威之所以引起道德问题,就是因为它要求服从的特性似乎与我们所认可的这种前提是相冲突的,是与人的地位相矛盾的。——译者注

就解答了道德问题:第一,如果受众打算①接受权威指令指引的话,那么相比于他不打算接受,他将更好地遵从于那些本来就适用于他的理由(也即,除了权威指令之外的理由)[我将其称为通常证立命题或条件(the normal justification thesis or condition)]。第二,满足第一个条件的事务是这样一些事务,即在这些事务之上,遵从理由相比于自我决定(没有权威的帮助)要更好[我将其称为独立性条件(the independence condition)]。

举些管控危险活动或危险物品的简单例子就可以证明这一点。通过遵循关于停用与使用医药产品的法律,我就能够最大限度地避免伤害自己和其他人。我还可以依赖专家,他们的建议显示了在这些事务上什么是危险的,这要好于我自己做判断。这个事实又通过我依赖于其他人对法律的遵循而得以强化,它使得我能够以原本无法做到的安全方式使用药物。当然,上述中的任何一种情形都不是必然的。法律或许代表的是医药公司而不是那些消费者的利益。如果是那样的话,它对我而言就缺乏权威,因为它无法满足通常证立条件的要求。② 但是如果它确实满足了通常证立条件,它也就很可能满足了独立性条件。有关医药产品安全的决定,不是那种我应当自己做主而不听从权威的个人决定类型。它们并不会要求我使用任何药物以及诸如此类的事,而且,因为它们也不像那些有关体验一节冥想课或者接受治疗的决定,这些我们完全感觉可以自我做主,而不是听命于权威。

我说过,这两个条件解决了权威的道德问题。但是它们在什么意义上做到的呢?我们可以预料到一些反对意见。独立性条件或许会遭到反驳,因为它只是重述了问题而没有能够解决问题。道德问题的全部要义就在于自我决定要比任何事情都重要。陈述只有当自我决定不如遵从理由重要时权威才是正当的,这对于解决道德问题有什么推进呢?

对独立性条件还存在另一个反驳,它表明了我们可以在不依赖权威的情况下比较遵从理由和自我决定两者的重要性。这个反驳会说,这是无法完成的:这两者是差异很大、无法通约的(incommensurable)关切。难道它们之间何者更重要从来就没有一个答案?我很怀疑这个反驳的有效性。它似乎是建立在这个思想前提之上,即支持我们应当遵循的理由的这些关切与那些支持独立于权威而行动的理由之关切,两者毫无关联。但情况并非如此。

---

① 或许我应当说"努力"(try)而不是"打算"(intend)以涵盖这些情形:即使一个人打算受到权威的指引,但由于意志软弱,他将无法做到这样,因此对其而言,更好的做法是忽视权威而努力遵从背景性理由。可能存在无数个像这种类型的细致论述,我就不打算说了,而且这些可能也是无法穷尽的。

② 仅仅出于举例,所以我搁置了法律的权威要远远大于有关医药产品的获取与使用这个复杂的事实。这会涉及在确定法律正当性时评估范围的问题,我将在下文讨论它。

支持依赖于某人自己判断的一些理由，来源于培养自立（self-reliant）能力的需要，这只是因为，通常情况下我们是没有人可以依赖的。最明显的例子就是，父母应当在越来越广泛的事务上给予他们的孩子自主决定的自由，尽管他们知道，如果由他们接管这些事情的话，他们将会为孩子做出更好的决定。这就是孩子学习如何自我决定和自立的方式。还有其他理由支持自我决定。从不同文化的社会形态可以看到，特定的事务是自我决定的。例如，尽管在某些婚姻的形式中由父母选择另一半，但在另一些婚姻形式中，不管是父母还是任何其他人都不会被期望在这件事有任何发言权。在这些情形中，某人要想能够拥有这种关系或参与这种价值或活动，他/她只有通过自我决定，而不是通过一个代理人或者遵从上司。

前面支持自立的理由（父母和孩子）是工具性的，其目的在于从长远角度确保与理由相一致；后面的例子（婚姻）取决于有一些理由只能够由独立行动所满足这一事实。① 这两个例子都是将独立性背后的关切追溯到了满足理由的关切。认为这两个关切从不会相遇且必定无法通约的想法是得不到证成的。我所说的独立性的作用这个问题，也包含了其他的甚或是更为根本的考虑。一方面，如果我们有太多的决定不是由我们自己做出的，而是由代理人、自动人偶或者上司做出的，那么我们就不完全是我们自己了。另一方面，有时候接受权威是我们的义务，我们的道德义务（如果你喜欢的话）。有时候——例如，在一个事故现场——如果我们想要救人的话，合作是必不可少的，而在这种情形下，合作就要求承认由某人领导救援活动。当有人能够承担这样的角色时，我们就必须服从权威。在政治领域也有很多这样不那么极端的类似情形，当一个实质的善——一个我们有道德理由为我们自己和他人而保障的善——处于利害攸关时，而在通过服从协调行动的权威这种情况下，可以最佳地保障这种善，这种情况就属于上述的情形。这些情形证成了放弃自我决定，而并不会给个人生活的本真性、过一种自立和自我实现的生活的能力带来任何威胁。但是，上述没有任何一种情形否认了这两个关切（一个是通过遵从理由而得到满足，另一个则是通过依据自我判断来行动而得到满足）可能是非常不同的，支持遵从的理由与支持独立性的理由可能是无法通约的，也由此带来了我们不确定是否要遵从权威这样的（棘手的）结果。

另一个对自治条件（the autonomy condition）*的反驳就无法这么简单地回应

---

① 我利用二阶理由这个概念表达了这样的情况。它们包含了为一个特定理由而行动的理由，当我们遵从那个二阶理由时，理性能力就履行了它的功能。

* 自治条件也就是前文提及的独立性条件，因为独立性条件的意思就是指当遵从理由的价值胜过自治时，服从权威才是必要的，所以拉兹又称其为自治条件。——译者注了。要成功回应它,应当是通过离题(deflection)*而不是通过一个反驳。确实,独立性条件无助于解决问题。这不是它的任务,它只是构造了问题。对所有权威的道德挑战,在第一个条件中有了部分的回答,它就是:如果服从权威能够使人更好地遵从理由,那么权威就是正当的。① 它为权威的证成提供了关键要素:权威改善了我们的理性能力,而理性能力的功能就是遵从理由。它让我们的理性能力能够更加成功地实现其目的。这些观察表达了一种对我们的一般性能力的理解方式,即通过我们自己的判断而指导我们的行为(更宽泛地说,包括我们的生活)的能力。这种一般性能力的意义是,使得我们遵从那些在每个特定时候适用于我们的理由。它是通过实施我们的判断而实现的。我们重视这种实施自我判断的能力,并在行动中依赖于它,但是我们重视它的原因在于它的目的,即其本性就是确保对理由的遵从。这个要点完全是一般性的。我们许多能力的价值都不应当化约到它们的使用价值之上。但是,即便当它们的价值也反映了是否自由运用我们能力的价值时,②它们的价值也只取决于成功使用的价值。

我们理性能力的价值——例如,我们形成一个关于我们在世界中的处境的观点并依照它行动的能力——来源于这个事实:存在一些我们应当满足的理由,而这个能力使得我们能够如此行动。然而,它不是我们遵从理由的唯一方式。例如,我们触电时会警觉到特定的危险,并不假思索地、直觉性地做出反应,就像我们对火或者身边突然的举动所反应的那样。在另一些情境中,我们遵从情感要比遵从理性能够更好地行动。这些例子表明,我们这种通过自我判断而行动的一般性能力的首要价值,来源于遵从理由的关切,而这个关切可以用各种方式来实现。所以我们发现,也可以通过其他一些近似于服从权威的方式实现它,这并不让人感到惊讶,诸如发誓、听取建议、在远远早于行动时间时就立下以特定方式行动的承诺而让自己受制于别人,或者依赖于技术设备"为我们做决定",比如在设定闹钟、限速器等等的时候就是这样。

存在一些本身就是有价值的活动和关系,它们既受到我们的情感指导,又受到

---

* 也即,拉兹认为对这个反驳(道德问题的全部要义就在于自我决定要比任何事情都重要)的回应无法直接给出答案,因为自治条件(独立性条件)只是构造了问题,而没有回答问题。进一步而言,独立性条件指出了人类的某些事务或活动的价值需要以自治的方式实现,而某些事务或活动的价值则需要服从权威来实现,至于这两类事务或活动的分界线及其价值的评判,独立性条件对此保持开放。——译者注

① 出于简洁性需要,我将使用这个和其他一些类似的不完全准确的表达重述第一个条件。

② 事实上,即使我们能够通过实质的滥用或其他方式,操纵我们自己在短期或者长期时间内丧失对我们理性能力的运用,这种理性能力也不会像我们的阅读能力那样,可以随意运用或者不予使用。

我们的判断指导(两者并不必然是互为排他性的条件),这导致了在一些情形中,正当性的独立性条件无法得到满足。同样地,也可能存在一些其他形式的本身就是有价值的活动、共享活动或事业,它们内在地需要服从其他人的决定。至于什么是有价值的和重要的、什么是没有价值的和不重要的,正当性条件对于这个问题上的不同观点是保持开放的。因为,正当性条件仅仅是陈述了这些问题的结论如何影响权威问题而已。

只有当权威的指令能够使得他们的受众更好地遵从理由时,权威才是正当的,设定这个前提后,我们会看到权威的真正目的:不是对人们理性行动能力的否认,而只是一个装置,也即一个方法,通过使用这个方法,人们能够获得他们理性行动能力的目标(*telos*),尽管并不是通过直接使用这种理性行动能力。这种理解事务的方式得到了如下这个事实的强化:就像通过听从建议或者受到任何一个技术设备的指引一样,通过服从权威,一个人最终的自立被保存了下来,因为是这个人自己的判断指示他承认了别人对他的权威,就像他自己的判断指示他信守承诺、听从建议、适用技术设备等等一样。

当然,权威的特殊之处在于,它限制了一个人独立行动的能力。服务性权威观正是通过这个命题表达了这个思想,即权威指令优先于那些反对他们所要求行动的理由,权威在决定发布其指令时已经将这些理由纳入了考虑。那些服从权威的受众不允许再次评估权威指令的明智性或可行性。简要描述一些典型的情形就可以解释这一点。有一些我们应当完全遵从的理由,比如说安全驾驶的理由。在没有法律(或者其他的权威指令)告诉我们应当如何驾驶(通过设置限速、交通指示灯和路标等等)的情况下,我们将会尽我们所能地努力安全驾驶。交通法就是旨在帮助我们更加安全地驾驶(也即,更好地遵从背景性理由),而它实现这个目的之方式,就是指引我们做一些我们可能本不会做的事情。在法律将驾驶决定权交由我们自己的情况下,我们仍然受到那些背景性考量的指引。但是当它介入,要求特定的驾驶方式时,我们就应当服从它而不允许去质疑它的效力,当然,尽管我们可以质疑它的智慧和呼吁它的改革。大体上,这就是当我说正当的法律和一般意义上的正当权威的指令优先于那些背景性理由(可能反对权威指令的理由和用它们自己的要求代替权威指令的理由)时,我所要讲的意思。①

权威的优先性力量是其本质不可或缺的一部分。如果权威不能优先于背景性

---

① 我不想过多地陷入对这些细节的分析,但值得提醒的是,优先性命题影响了两种类型的理由:第一,它优先于那些反对权威指令所要求的行动之理由。第二,它优先于那些并不必然影响赞成和反对权威所要求的行动、但却妨碍发布指令的可欲性之理由。这些可能是应当留给个人决定的事务,或者那个指令将会有一不可欲的副作用使得其变得不可欲,等等。

理由的话，它就不可能是一个成功的权威（也即成功地让我们更好地遵从理由）。权威的功能就是通过让我们遵从他们的指令而不是背景性理由，来帮助我们更好地遵从那些背景性理由。权威的指令有时候会指引我们采取不同于没有它们的时候我们本会采取的行动，如果缺乏这种最低限度的可能性的话，权威是无法成功的。尽管这要求权威的指令必须能够改变我们在全盘考虑后应当如何行动的决定，但就其本身而言，它并没有具体说明以什么样的方式影响我们最有理由做的事。优先性命题恰恰解释了这一点：它反映的思想是，权威能够以上述方式起作用是因为他们的指令是行动者——他们本身就是致力于决定什么是我们应当做的，以及指引我们这么做——决定的产物。当他们这么做的时候，事实上就获得了更好遵从理由（尽管关于其中哪些留作我们自己决定行动的理由是来自我们未受限制的判断）的结果，他们也就构成了正当权威。这就是他们的运作方式，而这个事实也意味着，当他们是正当的时候，他们的指令就应当取代背景性理由。权威指令优先于背景性理由。优先的程度有多大呢？什么算作背景性理由呢？这些都是权威在发布其指令时所要考虑的理由，当然，前提是在他的正当权力范围之内行动。

权威指令的优先性地位，表明了为什么有关法律的道德问题是个非常值得认真对待的问题。它表明了"在接受权威时，我们就是把我们的判断交给了权威"这句话中所包含的真理。与此同时，理论问题的解决方案表明，尽管权威有特殊的性质，但当其服从通常证立条件和独立性条件时，它就是在世界上让我们与行动理由相遇的另一种情形而已。理论的谜题是"人们如何通过意图创造理由的行动就能够创造出理由呢"？答案就是，当独立于人类意志的那些考量使得其能够的时候，人们也就能够创造出理由了。

然而，我们再次看到了权威与承诺之间的相似之处（和差异之处）。两者都是通过意图这么做就产生了理由，这个事实给予了两者令人疑惑的表象，而且两者之所以能够实现此目的，都是因为独立于人类意志的考量使得这样的理由创造是有效的。所以，遵从两者我们就遵从了理由，因此也实施了我们的判断——尽管在这两种情形中，我们都是间接地实现了这个目的——通过我们的判断，通过接受行动（承诺和指令）的约束力，这种约束力优先于我们出于一些背景性理由而行动的自由。毫无疑问，只有权威包含了接受他人的指令。但是，如果这两个条件是正确的话，那么就像承诺一样，即使是权威指令也是有约束力的，因为它们通过使我们相比没有它们时更好地遵从了理由，从而提升了我们的能力。*

---

* 也即理性的能力。——译者注

三、精炼与细化

目前为止，我已经努力勾勒出了服务性权威观的概貌，并解释了它如何应对权威的两个基本问题。对这两个问题的成功处理，是我们相信服务性权威观走在正确方向上的主要理由。但是为了确立这个理论，我们的论述就必须还要处理大量额外的难题。在这个部分，我将简要考察一系列的难题，对这些难题的反思将促使这些论述得以精炼，同时也展现出它的一些优势。

（一）我们能够同时服从几个权威吗？

我们当然可以。更难的问题是，在同一件事务上，我们是否能同时服从一个以上的权威。通常证立命题是建立在以下两者的对比之上：如果没有权威的影响我将如何行动与当试图服从权威时我将如何行动。从这个语境来看，它的意思模棱两可。它究竟意味着"当不受任何权威的影响时我将如何行动"还是意味着"当我不去服从特定的权威时我将如何行动"？第一个问题允许了我们在同一件事情上同时服从几个权威的可能性。这本来就应当如此。例如，在同样的问题上，我们可以同时服从我们父母的权威、学校的权威和法律的权威。

当在相似的或者重叠的范围内服从于几个权威的时候，有些事情可能是由某一个权威所调整，而其他权威则对此保持沉默。在这种情形下，我们应当服从那些在这些事情上发布指令的权威。当几个权威在同样的事情上都发布了指令且指令之间还互相冲突时，我们就必须尽我们的最大能力决定何者是更为可靠的指引。通常情况下，权威之间会有合作关系。例如，法律承认学校和父母的权威，而且会通过指示相关的人员服从他们或者通过法律程序实施他们的指示，从而赋予他们法律权威。但有些时候权威之间也会相互敌视，他们会指示受众不去服从其他权威，而且更为普遍的情形是，指示受众不要配合其他权威的工作。在这种情形下，对于一个特定权威的权力能否扩展到排除另一个权威这个问题，它的判断方式同我们判断其在任何事务上的正当性是一样的，也就是说，相比于不努力服从它的指令，我们努力服从了是否就将更好地遵从理由。

（二）优先性与最佳行动理由

我们做某事的充分理由经常不止一个。权威指令可能指示我们做一些无论如何我们都应当有单独的理由去做的事。例如，我可能对一个朋友承诺了我要慢点开车，而法律也指示我要慢点开车。如果我慢点开车的话，我可能只是出于承诺才这么做，而不是意识到法律或者服从法律；我也可能只是出于法律才这么做；也可能同时出于上述两种理由；还有可能是出于别的考虑，这个考虑看起来是个令人信服的理由,但也可能不是。

这些情形都没有问题。但是法律包含了一种不同类型的过度规定(overdetermination)。从法律上讲,我们不能杀人,但是我们也有一个单独的理由不去杀人,也即尊重人的生命。这是许多典型情形中的一个例子。另一种类型的过度规定则稍有不同。我们有一个独立于法律的理由来缴纳各自的份额,从而负担公共服务的成本。法律这么做的方式之一就是推行纳税义务。没有法律的话,我们并无理由缴纳像税款那样的准确数额的钱。但是我们可以说,一旦法律做了规定,我们就有了两个理由缴纳像税款那样的数额(此处我们暂且搁置税法也可能服务于其他目的这个问题)。一个理由是我们服从法律的义务,另一个理由则是我们负担公共服务成本的义务。

理想的情形是,我们完全是出于对人类生命的尊重才不去杀人,而没有一点是出于对法律的尊重。理想的情形是,我们应当缴纳税款既是因为像我们欠了公共服务成本的份额一样欠了这笔税款,同时也是因为法律的要求。这些与优先性命题相一致吗?

恰当地理解优先性,就可以消除在这个问题上的任何疑虑。一个有效的权威指令不仅仅是一个要求按照其所指示的那样而行动的理由,而且也是一个排他性理由(an exclusionary reason),也就是说,一个不要遵从那些与指示规则相冲突的理由(也即不要按照这些理由而行动)。这就是权威指令所要优先的东西。它们排除了对冲突性理由的依赖,但不是所有的冲突性理由,而是那些立法者在发布指令前打算排除的部分。当然,这些排他性理由并不排除依赖于一些与指令要求相同的行动理由。想想这个:权威通过推翻那些没有它我们本会去做的行动,从而使得我们更好地遵从了理由,因为按照我们本会去做的那样行动的话,我们将不能够遵从理由。所以,假设权威要完全成功地履行这个任务的话,它不需要也不禁止我们遵循赢了论证的那一方的理由。然而,如果它要让我们更好地遵从理由的话,那么它就必须要胜过我们遵从输了论证的那一方理由的倾向。因此,优先性排除的仅仅是那些与权威指令相冲突的理由。

所以,当一个行动被权威正当地要求时(也即,在没有权威的干涉下,有决定性的理由采取这个行动),我们可以(在两种意义上)像被要求的那样采取这个行动,既可以是出于我们被要求了,也可以是出于证成这个要求的理由,又或者两者都有。正如禁止杀人的情形那样,有时候,出于令人信服的理由做权威所要求做的事相比于出于权威要求了才这么做,是一个更好的选择。例如,也存在一些其他的情形,权威发布的指令是错的或者无法证成的。它要求一些行动,尽管它们得到了一些独立于权威的理由的支持,但是如果我们忽略掉权威指令要求它们这一点的话,那么支持它们的理由就并不足以要求采取这些行动。这是能够与权威指令对我们的约束相保持一致的。但即使是正当权威,也会犯错误。在这种情形下,我们也应当服从指令,而且理想的情形是,我们这么做是因为权威要求了我们而不是因为支持这个行动的其他理由。

税收的例子有所不同,因为,我们没有一个独立于法律的理由缴纳像法律所要求的那样的准确数额,以及缴纳给这个特定的权威,一旦法律做了规定,那么证成通过这个税法的理由就是支持按权威要求行动的理由,这与我们必须服从正当权威的一般性义务是不同的。在这些情形下,最佳的选择是出于两个方面的理由而行动,也即既出于法律也出于支持它的背景性理由。

那么,在什么意义上这些选择是最佳的呢?我们所被要求的一切都是为了遵从理由,而我们这么做是出于什么理由还是想象的理由*,这并不重要。然而,不仅仅是我们所做的行为,还有我们为什么做它,都揭示了一些关于我们的事情。所以,促使我们行动的实际理由所涉及的那些判断才是重要的,这些判断是有关行动者(agents)的判断,有关他是什么类型的人的判断,有关他是如何管理自己的判断等等。

(三)冲突性理由

权威的指令并不总是它们所要求行动的决定性理由(conclusive reasons)。它们可能被冲突性理由或者冲突性指令所击败。这些能够击败它们的理由,就是那些它们无法排除的理由。当我们思考法律时,这个问题尤其重要。通常情况下,一个法律规则并不排除另一个同样等级的(我是在宪法、基本法、授权立法、普通法这样不同等级的意义上讲的)法律。法律规则可以排除许多非法律的考量,尽管法律制度经常会授予其中一些以法律效力,以及有时候让其推翻法律要求。但是,法律规则无法排除其他的同等级的法律规则。我将这些法律规则称作为构成它们所规定的行动的初确理由(prima facie reasons)。

当法律规则之间产生冲突时,如何做出取舍呢?可以有很多种方式供法律选择。但是,当没有正式的方法可供选择或者不够选择时,问题就产生了。这个问题就是,背景性理由——那些支持和反对每个法律规则的理由——的相关价值能否在每个这样冲突的正确决定中发挥作用。忽视掉这些背景性理由似乎是不合理的,因为如果这么做的话,就是只能选择赋予所有同样宪法等级的规则,在决定结果中以同样的方式和同样的权重发挥作用。考虑到某个规则可能是无足轻重的,比如说一些次要的税法规则,而一些其他规则对于保护基本权利而言可能是非常

---

* 此处的"出于什么理由还是想象的理由"中的"理由"不同于前面"遵从理由"的理由,前面的理由是得以证成的、客观为真的理由,而后面的理由却不一定能够得到证成,它们是采取行动时的实际理由,也即动机性理由。——译者注

关键的,所以,如果赋予它们同样的重要性将是不合理的。然而权威指令排除对冲突性考量的依赖这个命题,不是意味着我们不允许评估一个规则的真正重要性(既包括了赞成和反对这个规则的理由,也包括了这些赞成和反对它所规定的行动理由)吗?

然而,对于上述两种方案,优先性命题都表示拒绝。正如前文所讲,优先性命题排除了对背景性理由的依赖,因此就排除了对规则重要性的适当评估。但是,它并不意味着处于同等级的所有规则都应当视为同样的重要。就好比权威制定了法律,它确实表示或者起码能够表示这个法律在其眼中的重要性。体现这一点的方式多种多样,其中大多数是含蓄的,而有一些则较为直接,比如说(法律)序言和其他的立法资料。其他的表现方式隐含在法律所表达的语言和立法的背景当中。某种程度上,司法实践指示了法庭要诉诸这些方式,它们是被承认了具备法律效力和权威性地位的。

毫无疑问,这些考量不可能决定有关每个法律规则重要性而产生的全部问题。也不可能通过给予一些规则以优先性,就能够解决因为法律规则之间的冲突而产生的一切问题。通常情况是,与其服从一个规则而不是另一个规则,实践冲突应当通过找到最大程度满足冲突规则所要求的选择而得以解决。这是源于实践合理性(practical rationality)的本质,它要求当理由得不到完全遵从的时候,那就应当在最大程度上遵从它们。这将会要求遇到这种类型冲突的法庭,找出这样一个包含了对冲突规则意义理解的最佳结果。我们已经看到,这与服务性权威观是相一致的。

即使如此的话,通常在不同的法律规则冲突的时候,法律也并不包含解决这个冲突的资源。它在这个问题上是不确定的,通常会将这些决定留给法官裁量,也即,留给法官们对不同规则真正价值的判断——一个已经超越了法律所能决定的事务之判断。

(四)理由与可知性(Knowability)

一些行动者不知道的事实,或者对于他们而言就是不可知的事实,还能否构成这些行动者的行动理由,对这个问题争议很大。不论在这个一般性问题上有什么真理,有一些单独的理由认为,只有其受众已经知道了两个条件都被满足了这个事实,某人或某机构才能够成为一个权威。服从一个权威的意义,是它打开了一条让某人更好遵从理由的通道。通过服从权威的指令,某人实现了这个目标,而且(特殊情况除外)只有当某人对于谁有正当权威和权威指令是什么有了可靠的信念时,他/她才能够可靠地遵从理由。如果一个人无法确信特定的机构满足了正当性的条件,那么其关于权威的信念就是危险的,而且肯定(再次,特殊情况除外)不是可靠的。所以,为了实现这个功能,一个权威的正当性对于其受众而言,必须是可知的。

  在阐述上述论证时,我假定无论何时一个人只要能够形成正当性的条件被满足了这些可靠的信念,那么这个人也就拥有了这些条件是被满足了的这些知识。一般而言,我也依赖于这个事实,即服从权威的唯一可靠方式,就是通过拥有这个可靠的信念:它是一个权威而且应当得到服从。这个预设有助于更加准确地定义正当性是可知的到底是什么意思。既然(服从权威的)意义就是改善对理由的遵从,那么至少就得有一个对这样的改善有多重要的大体评估。这个改善越是重要,就表明探究获得这个改善的方式越要广泛。这种探究的程度给可知性设置了界限:如果那种方式的探究将会产生知识,那么就是可知的。

  我们每天都在参与这样的评估。我们经常需要决定探究的进展程度,即希望对于在不同的场合中什么行为方式是正确的这个问题,得出更加可靠或者更加细致入微的结论。我们对重要问题所付出的探究和思考要远远胜过我们在相对琐碎的事情上所付出的。这样的考虑也适用于确定权威的存在。我们期待在多大程度上改善对理由的遵从和这个事情有多重要,决定了采取什么样的探究是合理的。当合理的探究无法揭示某个情形是否存在权威时,那么纵使权威的确存在,这个情形也是不可知的。它意味着人们在这些事务上不服从任何权威。

  这里用的这个论证,不仅是想证实持续探究特定理由的存在这件事既不理性,也不值得;而且还想证实这些理由——权威性指令——根本就不存在。在这件事上就没有权威,因为要使得权威存在的话,权威就必须是可知的。这个扩展论证完全是在情理之中。服务性权威观使得权威的正当性价值主要是奠基在实现一些超越其自身的事情之上,也即遵从那些独立于它们存在的背景性理由。一般而言,我们没有理由探究手段,除非它们本身值得探究,如果需要探究的话,依据就在于它们相对于目的的重要性。举一个简单的例子:如果给你十英镑你就返还我五英镑的话,我认为通过这个方式就能够让你给我五英镑。但是(特殊情况除外),我没有理由为了实现这个目的而去探究这个方式,毫无理由。这样的情形并不局限于探究手段的成本推翻了我的理由这一种。权威的情形虽然并不完全是这样,但也类似:比方说,服从简(Jane)将帮助我更好地遵从那些适用于我的理由。然而,除非我实施一个探究,否则就无法知道这一点,但实施这个探究本身就是不理性的。这意味着我没有理由服从简,而从这个可以推出,简对我而言也没有权威。

(五)最小范围(Smallest Class)

  在正当性的条件之上,还有一些其他的认识性限制(epistemic constraints)。它们限制了实质性条件的适用。例如,想象一下我们已经确定:如果我们在一个特定范围的事务上服从权威,那么我们将会更好地遵从理由,比方说关于管理工作安全这件事。权威的权力是扩及整个范围,还是只限于整个范围的一小部分呢?通常证立条件可能会主张,它在整个范围上都有权威。但这会遭到这样一个反对,即这个范围可能会被人为地扩张(比如说,将家庭安全也加了进去),除非有理由确信我们在这个扩张的范围里实际可以做得更好(例如,我们比任何在工作安全事务上的权威都能更好地判断我们在家中的安全)。这个被扩张的范围或许仍然会满足正当性的两个实质条件,只是因为原先未被扩张的范围满足了它们,而扩张的这个缺陷还未糟糕到足以取消掉权威的正当性。

我认为,这个难题的解决方案是:如果某个人或机构在某个范围事务上满足了正当性条件的话,那么这个人或机构就在这个范围里拥有权威,而在有关这个范围里的任何一个适当的部分,这个人或机构都不能被知道它没有满足正当性的条件。

(六) 探究与决定的负担

正当性的第二个条件独立性,是建立在这个思想前提之上:人们自我决定如何管理他们的生活非常重要,尤其是在一些领域,他们应当只能有限地依赖于直接的建议,更不用说来自其他人的命令。如果我们不能自我决定,那么我们就不是完全地作为一个自治的人在生活。当然,它并不意味着我们总是乐意这么生活。一些人会发现,决定的负担很难承受。他们慢慢吞吞,陷入抑郁,感到压抑和有负担,当然,还有为了能将自己从决定的负担中解放出来,就经常不明智地做决定,几乎经常性地任意做决定。

尽管大多数人感到有负担,但也不是每一个人都厌恶做决定和承担责任。我们倾向于认为,如果某人厌恶做决定和承担责任,那么这个人就不是一个负责任的行动者,因为它表明了这个人的行动缺乏严肃性。但如果真是这样的话,那么每个人都必须承担着探究的负担。这对我们的注意力、精力、时间和资源要求都很高。这可能会给我们与其他人的关系施加压力等等。毫无疑问,有意识地探究和努力做决定这个过程,就其本身而言也可能是很愉快和有回报的。但是,鉴于其首要目的与证成是促成一个好决定,一个人无法期待回报与负担相匹配,而且有时候负担是远远超出了回报。

有很多减少决定与探究负担的方式,而其中就包括将负担转嫁给别人。或许伴随着家庭在决策中作为建议和支持的来源越趋衰落,依赖于专家建议的实践则在近些年来开始流行。服从权威就是减少负担的一种方式。只有当其与正当性的独立性条件(尽管当面对负担心理极度脆弱的时候,可以适当降低条件以减轻负担)相一致时,服从权威才是能够得到证成的。然而,我们最好将通常证立条件宽泛地理解为权威能够带来诸多价值,而其中之一就是要足以承受决定与探究的负担。

(七) 尊重与其他理由

不论是通过对两个条件的适当解读,还是通过承认决定与探究的负担是影响正当性的额外因素——修正或补充两个条件的因素,我们都可以将决定与探究的负担纳入正当权威的解释当中。我认为,不可能穷尽所有影响权威正当性的考量因素,或者说,对任何其他在社会实践中得到广泛接受和推崇的规范性制度的证成而言,情况也是如此。这些制度有时候确实有核心的目的或意义,但是一旦它们在实践中得到了承认和遵守,它们就会与其他的实践和关切缠绕在一起,这会导致它们除了负担自己的基本证成之外,还要负担额外的目的与证成理由。

有这样一个的因素就产生于以下这个方式:在许多社会中,一些权威成为他们所属制度主要的外在体现,而且他们也以这些制度的名义运行。拥有法律权威的政治与法律制度就是典型的例子。在许多国家,最高的法律权威就是通过州、联邦或者国家来识别,而州、联邦或者国家也宣称最高的法律权威。在这些地方,对法律权威的尊重就是表达了对州、联邦或者国家的尊重与认同,而这反过来的形式(之一)就是信任这些制度,信任他们在他们所做的事情上拥有权威,而不是频繁质疑他们的行为是否超越了他们的权威等等。信任是尊重的一般性标志,而且是很自然的标志。如果对州、联邦或者国家的尊重是值得的——有时候的确是,如果鉴于社会的不同环境对州、联邦或者国家的尊重是适当的——因为其通过对自身法律制度的尊重与信任而表达了自身,那么对正当性的两个条件适当放松警惕也是可以接受的。也即在这些情形下,尽管正当性条件本身不受影响,但人们只是出于对政府的信任,而在并无充分的证据之下主张政府拥有权威,那么这个主张也是能够得到证成的。

我并不是主张,人们负有以那种方式信任和尊重他们政府的义务。这就像要求他们有义务把某人当作他们的朋友一样。我们此处所关心的尊重,不是我们对每个人所负有的基本尊重。这种尊重源于对国家的认同,而没有人有义务认同任何国家。上述的主张只是想说,这些态度有时候(也即,当满足特定的道德条件的时候)是妥当的。

这表明了有时候信任政府的人,在其没有权威的情况下却仍然认为政府拥有权威是对的吗?还是表明了有时候即使政府并不拥有权威,但它对这些信任它的人仍然拥有权威?还是表明了政府对那些不信任它的人,只有一个更加有限的权威?我们可以主张上述的任何一种观点。一方面,可以将认识性考虑与实质性考虑相分离,也可以主张倾向于让政府的权威独立于个体的变化因素(比如因为对国家的认同而信任政府的权威)。另一方面,正如我们所看到的,服务性权威观其实已经将认识性要素囊括到权威的条件当中了,而且正如我们将要看到的,它在政府权威——政府对人民所拥有的权威——的程度上容许了大量的变化性。所以更好的观点或许是,将认同当作影响正当性条件的因素,而不仅仅是将其作为"相信正当性条件被满足了是能够得到证成的"的适用场合。这样的话,上述解释就更加接近人们对权威的熟悉(和理性)态度了。

(八) 先前存在的理由与具体化

这种解释貌似过度狭隘了。它似乎排除了政府改善他们公民经济状况的一切权力。例如,权威可以通过征税继而使用这些收入补贴培训,以改善公民的经济状况,这将对充分就业和经济发展都很有裨益。无论是我还是其他居民,都没有理由在全国征税或者补贴培训。但这是一个误解。一定程度上,一个国家的居民有理由改善他们自己的经济状况,他们有理由通过那些事务上的共同权威而这么做,在那些事务上,权威比他们自己单独做更能够更好地实现那个目标。

这意味着我确实有理由征税吗?并不一定,问题出在忽视了以下这个事实:理由通常不是单个出现的,而是相互嵌套在一起的。通常而言,我们之所以有一个理由,原因是在于遵从它是促进另一个理由的方式。更为一般性的理由是被作为我们行动的标准性背景所适用,它们不太受变化的环境影响,而镶嵌在一般性理由之中的那些更为特定的理由,倾向于在更短的时间段适用,依赖于经常受影响而变化的环境。我有理由改善我的经济状况是一个属于相对一般性理由的例子,直到我退休或者甚至更晚,否则它不太可能会消失,尽管其紧急性和分量会随着时间而变化。换工作的理由就可能派生于它。为了改善我的经济状况,我可能就有了换工作的理由。但这是一个较为短期的理由,如果情况有变就可能消失,例如,我通过现在的老板或者其他一些情形得到了晋升。

通过遵从或者实现一些适用于我们的理由——我们自身所拥有的理由,人们承担了帮助我们如此行动的任务。这些理由之中也镶嵌了一些其他理由,它们为实现这些理由提供了许多方式,但是它们并不需要成为我们的理由。这些理由就是那些帮助我们有好的理由实现由适用于我们的理由所设定的目标之理由,而它们的适用方式却并不对我们开放。事实上,正如服务性权威观所表明,权威可能就是因为这个原因而承担了帮助我们的任务。通过他们的介入,我们获得了实现那些由一般性背景性理由所设定之目标的新方式和与之相随的采取如此行动的新理由。

服务性权威观的灵活性可能会以其他各种各样的方式被低估。下面给出的这些例子,我并不打算支持它们的说服力。我举它们为例,只是为了证明服务性权威观的解释力。例如,某人可能会认为人们(特定群体的成员)有一个义务——或许是源于一些历史环境的宗教义务或者忠诚义务——服从某个人或制度。那样的话,通常证立命题很容易就得到了满足。通过服从那个人或制度,某人就是履行了那个义务。或者想象一个特定群体的成员或许是一个民族,他们有一个义务——某种为了国家光荣的国家义务——服从某个能够要求这个民族之忠诚的人。如果有谁能够要求这个民族的忠诚,那么这个人将又会满足服务性权威观之下拥有权威的条件。或者想象某人有一个义务服从任何中了彩票的人;任何中了彩票的人都将又一次满足服务性权威观的条件。一些人认为,我们有义务服从任何只要是被大多数选举出来的人。毫无疑问,服务性权威观再次被满足了。如果是这样的话,它只是表明,任何被如此选举出来的人都将满足服务性权威观的条件。[①]

(九) 合作与元合作(Metacoordination)

建立政治权威正当性的一个重要(如果不是主要的话)因素,就是他们保障合作的能力。在评论这个事实时,一些学者又进一步主张:(a) 政治权威专有的(或者说唯一重要的)功能就是协调那些服从于他们之人的行动而获得一些善;(b) 通过一个刘易斯类型的惯习(a Lewis-type convention)*所保障的合作,并不要求一个具有统治权利的权威;它所需要的全部就是有能力确保特定的重要的合作结果;(c) 这意味着政治权威以及诸如此类的权威并不享有一个统治的权利。

这样的一些观点忽视了大量的事实,这些事实对于正当权威发挥作用而言至关重要。第一,他们满足通常证立命题的方式不仅可以通过保障合作,而且还可以通过拥有一些更加可靠的判断——在不同情境下什么是最佳的选择,在他们的通常活动中,专业知识与合作是密不可分地混在一起的。第二,政治权威所应当保障和经常保障的那些合作,很少是那种构成刘易斯类型惯习问题的解决方案的合作类型。协调许多行动者的行动,不过是使得或者能够让他们以这样一种方式行动:他们都在一个可能的行动计划中扮演不同的角色,而这个行动计划可能会产生一些广受欢迎的结果。这种类型的合作不可能通过刘易斯类型的惯习而得到普遍实现。第三,之所以如此的一个原因就是,合作的需要和实现合作的方式并不必然是众所周知的,而经常是一个有争议的事情。第四,既然人们实际所拥有的那些目标并不应当是可欲的,那么旨在实现这些目标的合作也不应当是可欲的。政治权威所应当追求的行动合作计划,是那些人们应当致力于实现的计划,或者是那些人们应当拥有而确需实现的目标,而这些目标并不总是他们实际所拥有的目标。第五,

---

[①] 当然,我的权威理论无意特别指代民主权威。我认为民主并不是唯一能够得到正当化的政体,也不是所有的民主政府都是正当的。这并不是说许多国家的民主政府既不能通过他们产生有利后果的能力,也不能因为他们反映了人们作为自由的、自治的行动者之地位或者他们服务的无论什么其他价值,而特别地宣称其享有一些合格的或有限的权威。然而,我认为重要的是:我们不应当受困于当前的而且是过度滥用的民主修辞,而要对民主制度的本质保持一个清醒的和批判的视角;我们应当保有我们识别民主政体之限度的能力,也应当认识到那些被认为是民主的政体但却有可能完全缺乏正当性。

* 此处指大卫·刘易斯所提出的惯习理论,David Lewis, *Convention*: *A Philosophical Study*, Harvard University Press, 1969. 中译本可参见[美]大卫·刘易斯:《约定论:一份哲学上的考量》,吕捷译,生活·读书·新知三联书店,2009年版。——译者注

通常而言,当政治权威是正当的和相当的成功时,他们也应当(至少在一些领域)被视为何时应当开展合作这个二阶问题上的权威。

四、资格性反驳(The Qualification Objection)

对服务性权威观的一个可能反应是认为它错失了目标。它描述了在什么条件下一个权威是一个足够好的权威。它明确表达了权威的成功性标准,但它并没有解释成为一个权威意味着什么。它描述了如果一个权威要能够成功履行它的任务就必须要具备的条件,但是,事实情况不是也不可能是任何能够很好履行这个任务的人都将有那个任务。不是每一个能够成为一个国家的好首相的人都是那个国家的首相,不是每一个能成为我家隔壁那所小学的好老师的人都是那个小学的老师。此外,没有人会只是出于他们能够很好履行这个任务的事实就成为一个首相或一个老师。必须有一些其他的东西给了他们这个任务,使得其成为他们的任务。

为了评价这个观点,我们应当比较一下理论权威与实践权威。理论权威是一些对事务的知识和理解都极其广博和非常系统与可靠的专家,这些知识和理解使得他们成为这些事务上的可靠的指导,他们在这些事务上是权威。他们的话是持有一些信念而放弃其他一些信念的理由。在这个方面,它很像证言:证人关于他们所见证的事件的报告。但是,专家意见与证人的证言差别很大。第一,通常他们的建议并不是报告他们感知的信念或者他们经历的内容。(这些情形是例外:我们所见到的东西很难理解,专家帮助我们了解我们和他们所看到的东西。)相反,他们报告的是推理的信念,以及他们从那些源于他们自身的经验或者其他东西的证据中推出的结论。第二,而且作为一个必然推论,他们的意见并不取决于他们在关于这些被讨论的事件上的有利位置:与证人的证词不同,他们不需要在恰当的地点恰当的时间看到或者见证他们所报告的事件。他们不是从观察得出他们的结论——这需要一个有利的位置,而是通过从证据(包括证词)推理出他们的结论,而这并不需要在关于他们所建议的事件上有一个特别的或者有利的位置。因此,尽管证词只能依赖于过去的事件,而专家却能够预测将来的事件。

这些差异解释了证人与专家之间的规范性差异。对于证人,我们所要做的一切就是评估他们报告的可靠性:他们的视力好坏、天气状况、他们出现的时间、他们与所报告事件的距离等等。对于专家,通常不涉及上述任何一个问题。真正要争论的是他们从证据得出结论的能力。通常而言,确立他们作为专家的凭证是理论知识,比如说一些科学理论,还有些时候是丰富的经验和理解的深度,也即正如那些能够从一件事情可靠地推出另一件事情的人。一旦他们作为专家的权威被确立了下来,那么它意味着我们对同样证据的非专业的评判就无法可靠地挑战他们的评判。我在肉店看到片肉，它的颜色让我觉得它不新鲜。但是我并没有经验或者理论支持我。我的专家朋友担保说那片肉是新鲜的，而我也就听了他的话。如果我接受了我朋友的专业知识，那么对我而言，就别无选择。理论意见优先于我本持有的信念理由。就好比任何实践权威一样，一个理论权威的意义就在于使得我相比于原本能够做的（比如这次的信念理由）要更好地遵从理由。这就要求听从专家的意见，允许它优先于我自己对证据的评判。如果我不这么做的话，我就无法从中受益。

理论权威与实践权威在其意义（更好地遵从理由）和优先性上都很相像，包括在关于谁必须将权威的话当做权威性的和权威管辖的事务这两者的相关性上也很相像：有可能我应当将专家的话当成权威性的，因为他比我知道的多得多，但是你没有理由也这样做，因为你在这些事情上知道的和他一样多。

尽管存在这些相似性，理论权威与实践权威之间仍旧有显著的差异。我已经指出，不同于证言，一些专业知识可以成为预测将来事件的基础。但是它无法改变任何事情。而实践权威改善合作的能力——一个在理论权威的活动中完全没有的要素——使得实践权威受制于保障先前目标的派生性理由[①]，否则的话它就无法帮助行动者实现先前的目标。也因此，他们可以改变世界上的事情。

此外，而且也几乎不用说，理论权威，也即专家，他们无法命令我们相信一件事或另一件事，也不能施加相信的义务——信念的性质和信念的形成排除了这样的义务。就像行动一样，信念的形成也是对理由的回应，但是只有行动包含了意志，而信念的形成则没有。只有当对理由的回应包含了意志时（即便存在，但也并不总是如此），义务才能够存在。

这些要点与习惯用语之间的重要差异是关联在一起的。例如，一些人是18世纪种植方式问题上的权威，但是他们并不对任何人拥有权威。我对18世纪的种植方式一无所知，所以我应当将他们所说的当作权威性的，但是他们对我并不拥有权威。相似地，正当权威的概念限定在实践权威。人们可能是也可能不是18世纪种植方式的专家或权威，但是他们无法成为这件事上的事实权威或正当权威。最后，只有在实践事务上我们才可以说，某人拥有权威或者缺乏权威。在理论领域中，某人要么是要么不是权威，但没有人拥有权威。

这些要点与对服务性权威观的批评有什么关系呢？与"将权威何时擅长于它所做之事的分析误作为成为权威意味着什么的分析"有什么关系呢？乍一看，它们

---

① 需要注意的是，权威不仅仅只会通过发布指令创造新的理由。对于理论权威而言，也是如此。他们本身的存在就打开了可能性，也因此将他们自己受制于新的派生性理由，也即以新的方式满足先前存在的理由的理由。

或许表明,这个批评在实践权威上是正确的,但是在理论权威上是错误的。

既然理论权威无法拥有或缺乏正当性,也不能施加义务(甚至是相信的义务),那么除了服务性权威观的条件之外,他们无法要求一个额外的条件。如果他们有作为权威的资格,那么他们就是权威。事实上,即使我们之前指出的认识性条件——他们对权威的拥有对于那些他们对其实施权威的人是可知的——也不适用于理论权威,理论权威对谁都没有权威。在18世纪种植方式上的最厉害的专家或许是个孤独的学者,不为学术共同体所知,也不被任何人所认可。但仅仅出于他在这个领域的知识,他仍然是个权威。无须更多的要求。① 所以,上述反对在理论权威上是失败的。

另一方面,实践权威可以对人们施加义务。他们对人们拥有权威,他们对人们拥有规范性权力。所以这个论证认为,为了成为权威,他们需要的不仅仅是很好发挥作用的能力。他们需要被变成权威,尽管他们承担这个工作并不必然是通过任命,但必须有一个类似于任命的东西。

然而在我看来,承认其在理论权威上的失败就是确定了其在整体上的失败。认为对什么是成为一个理论事务上的权威的成功分析,对权威概念的理解、什么是拥有实践权威毫无贡献,这是不合理的。可能的情况是,两种权威之间的差异意味着对于其中一个的成功分析只是对于另一个的不全面分析,但主张对于其中一个的分析与对另一个的分析毫无关联却是不合理的。还有另外一个理由质疑这个反驳,认为无论某个人作为权威做得多么糟糕都可能是一个正当权威,这看起来也是不合理的。如果权威的首要意义(包括实践权威)是更好地遵从理由,那么,没有道理会认为某个在这方面毫无帮助的人、某个事实上使得我们服从他反而比我们自己行动要更加背离理由的人都能够拥有正当权威。

因此,我们能够拒绝这个反驳;但是另一个更为温和的反驳就在眼前,它认为鉴于实践权威能够改变事情、施加义务和赋予权利的能力,服务性权威观只是提供了关于他们的部分分析。它陈述了成为一个权威的必要条件,但不是充分条件。

这个反驳更为合理。但是要想成功,它就需要面对一个质疑:对于正当权威而言,理论权威与实践权威之间的差异可能会导致在确认他们真的满足正当权威的服务性观念之标准的判断依据上也存在差异。难道这些差异不是充分表明了并非每一个能成为好的权威的人都能够拥有实践权威吗?

现在将讨论限定在政治权威,我们知道,他们的主要功能就是:改善公共服务、个人安全、保障合同和其他的商业交易,要求他们能够成功协调大规模人口的行

---

① 当然,除非其他的人证实了这一点,通常我们也无法知道他是一个权威。但是,最好将这个内涵赋予对话的语用学,也即一个完全不被认可的人不可能是一个权威。

动。下面的这种能力对于完成这些任务虽然是不够的,但却是必要的:它意味着,只有拥有实践权威(也即,实际上至少被人口中的绝大部分人所追随或至少是遵从)的机构才能在所有的这些事务上享有正当权威。因此,不可能存在一个不为人所知的政治权威。类似地,也不可能存在一个并不实施其权威的政治权威,也即,并不发布施加义务、赋予权利等等指令。我们可以将此与理论权威做个对比:我们的那个在18世纪种植方式上的专家,可能在其领域内从来没有给出过任何建议或表达过任何意见。但只要他有能力给出建议就足够了,因为他的权威取决于他的知识,而不是他对人们的权力和让人们调整行为以遵从他的指令的能力,这些都是决定政治权威的正当性的依据。

最后但却是最重要的一点是,鉴于我们这个世界中事情的运行方式,如果他们有权威对那些无视他指令的人使用和成功使用强制,那么我们所熟悉的那种政府就只能够通过满足正当性条件(即依照服务性权威观)才能成功做到这一点。现在没有必要确立政府正当使用强制的一般性条件是什么。就我们的目的而言,为了使得一个政府能够满足正当性的两个条件,就必须有这样一个权利存在,以及必须能够有效行使这个权利,这就足够了。这是实现拥有正当政府权威过程中的一个附加的、双重的阻碍。它是一个规范性阻碍:证成拥有使用强制的道德权利;也是一个事实性障碍:为了有效行使这个道德权利,就得成为事实权威。没有理论权威需要满足这样的条件。难道这些条件的存在还不表明服务性权威观解释的不是谁被赋予权威谁就是好的,而是谁被赋予权威谁就真的拥有权威吗?最起码它们表明了,服务性权威观承认有资格拥有权威和拥有权威之间的差异,还包含了一些对这些差异的解释。当然,问题是这些解释是否恰当,对此仍旧可以继续讨论。但是,认为服务性权威观只是将权威混淆成有资格成为权威的这个指责却并不成立。

五、同　意

现在让我们检验一个补充丢失要素的竞争主张:受众的同意。根据这个我们将要考察的观点,服务性权威观的条件需要同意赋予某人以权威才能满足。为了拥有权威,一个人或一个机构必须满足拥有权威的必要资格。服务性权威观的两个条件陈述了资格的内容,因此,任何有资格拥有权威的人必须满足它们。但实际上,为了对另一个人拥有权威,也需要那个人的同意。

然而,最常见的情形却是,"所有的权威都派生于同意"这个主张的支持者们将其建立在了其他的考虑之上,而这些考虑是独立于先前的论证的。用我们熟悉的口号来说就是,除非对权威的服从是通过自己的选择或者表达了同意,否则一个人是不可能——人们说——服从于另一个人的意志的。

一些人将这个观点视作为一个更为广泛的命题在权威情形上的应用,也即除非经由个人的意志,否则一个人不受任何义务的约束。我将不得不搁置这个观点,因为它与我们的当前讨论离题太远。我将聚焦于一个更为有限的观点:至少所有身为人的、身为自治的行动者的人们,不能受制于另一个人的意志,除非经由自己的选择。没有我们的同意,没有任何人可以对我们拥有权威和告诉我们应当做什么。

不过,我们先假设没有个人的同意,也可能存在约束个人的义务。我有尊重其他人的义务,这并不取决于我同意尊重其他人,更不用说我同意有一个这么做的义务。那么,同意对于什么而言是一个前提条件呢?一个论证路线是,除非经过个人的同意,否则他承担的任何影响他的义务都不可能是有效的。但这个论证看起来非常不合理。例如,其他人尊重我的义务、不杀我的义务以及他们保护环境的义务对我影响都很深,而不论我同意与否,他们都依然负有那些义务。认为我能够免除他们的这些义务也是不合理的。我无法免除他们保护环境的义务,因为这个义务对我的影响并非证成这个义务的核心。我也不能免除他们尊重我的义务,或者如康德讲的尊重我的人性的义务,即使我是证成这个义务的核心。不过可以确定的一点是,我的同意可以将一些原本违反义务的行为转变成无害的行为。例如,通过把我的车送给你做礼物,我可以将你开走我的车的这个行为从偷窃转变成对你自己财产的一种可允许的处理。但是,我同意所具备的效果预设了一个先前义务的存在,它的范围(我能够同意被杀吗?或者同意为奴吗?)是由那个义务所决定的,而这个义务本身的存在又独立于我的同意。

所以我们转到一个最为合理的建议:也即在没有一个人同意的情形下,没有人可以有意地给这个人施加义务。这个观念应当是与个人自治的理想紧密相连。是什么使得一个人有意创造出义务成了需要同意的一个特殊情形呢?不可能是这些义务的内容,因为对同意的需要并不取决于义务的内容。它取决于义务的来源。考虑到只有一件东西已知是来源,也即这个来源应当是一个权威,对同意的需要似乎取决于这里所指示的一般性关系:一种某人服从于另一人意志的关系。

你感觉到了我们转了一圈重回原地了吗?我们不是已经思考过这个点了吗?这不就是之前已经回答过的道德问题吗?如果那个回答是对的,也没什么可以再说的,为什么我们又回到这个问题上了呢?可能的情况是,仍旧有一种未完全了断的感觉,即早期的回答并没有囊括道德问题的所有方面。那么还剩下什么呢?我们如何找到它呢?获得答案的方式前面已经表明了。我们看到,只有当一些考虑——它们本身独立于同意——证实了同意作为这样一种来源的有效性的时候,同意才是义务的来源。而且,这些考虑也将决定了为了让权威得到正当化需要什么类型的同意和权威的管辖事务范围。

奇怪的是,我发现没有任何方式可以满足这个标准。道德问题是关于一个人服从于另一个人意志的正当性。但是这个问题不能够通过同意来解决。想象一下你对我说:"我对你施加了一个明晚来参加我家聚会的义务"(而且,你或许会补充道:"当然,假如你同意的话"),我回答道:"我同意"。毫无疑问,我同意了参加你的聚会。我甚至可能已经承诺了这么做。但是,显然无论你说什么,你都无法对我施加一个义务。这个义务完全是我自己创造出来的。你或许是以一种幽默的方式邀请了我,或者以幽默的方式表达了一个我应当到场的强烈愿望。但是,你无法使我负有到场的义务。

现在再让我们想象你这么对我说:"你将有一个无论我告诉你做什么你都要做什么的义务",或者:"不论何时,我根据我的判断告诉你做某件事,那么无论如何你都应当去做这件事,你将有一个这么做的义务,假如你现在同意这些的话"。如果你告诉我某件像这样的事,而我也同意了,那么直到我同意之前以及我同意的那一刻,我都不服从于你的意志;一旦我同意了,我就服从于你的意志。这类似于成为一个奴隶。我本来是自由的,而现在我失去了我的自由。此处,我本来独立于你的意志,而现在我服从于你的意志。当然,这个情形不是因为我想这样我才服从于你的意志。当我同意的时候,我或许是想这样。但是一旦我同意了,我想要什么已经变得无关紧要了。不论我想还是不想,我都服从于你的意志。难道这不是恰恰提出了道德问题而不是回答了道德问题吗?

正如我所讲的,我们仍旧有一种感觉,即先前给出的道德问题的解决方案还是没有回答我们的一些关切。这种感觉是将道德问题视为某人让别人为他做决定而不是他自我做决定。这里的重点是"没有自我决定"。它表明,我们并不反对这一点,当这一点使得我们更好地遵从理由时,我们也应当赞成这一点。这个论证将权威、代理人、机器建议等等做了类比。这才是这一点的不足之处。它没有注意到,尽管那些都是没有自我决定的例子,但是其他的例子和权威的例子之间存在着区别,因为只有权威涉及让我们的意志臣服于别人,而这就不仅仅是一个没有自我决定的事了。

让我们承认这个问题的存在,承认或许之前提供的解决方案一直忽视了这个问题。但同意无法解决这个问题仍旧是个事实。只有当约束我们的那些同意有理由支持时,这个问题才能解决,而这样的理由压根就不存在,除了某人可以通过同意免除约束这样的理由,但这样的理由却无法解释为什么一个同意的行为就能够使我们终生服从于别人的意志,也即无法解释权威将使得我们更好地遵从理由。应当注意的是,在否认同意是正当性的必要条件时,我没有否定它是有一些重要性的。我猜想一些国家的法律对待它的方式,表明了这些国家认为它很重要,但还没有重要到是权威正当性条件的程度。归化的公民和政府某些职位的任职者经常需要表达形式性同意,尽管这并不必然影响权威的正当性。虽然法律对我们所有人都主张权威,但是只须征求某些人的同意,它并不把同意当作其权威的必要条件。但是,同意的要求可能表明,它被当作是表达了一些较为特定的态度,而这些态度在一些情境中是尤为需要的。除法律之外,我们或许也会感觉到同意的重要性:我们有时候会说:"现在(已经表达了同意)只能怪你自己了"。这里我无法探究这样的可能性,但简要重申一下:出于上述给出的理由,它们还无法确定同意是权威的一个条件。

然而,或许将权威建立在同意之上的解释所受到的欢迎程度能够给我们一些启发。或许,尽管这种解释是错的,但是它指出了正确的方向。这个问题就是一个侵占(appropriation)* 问题。我们所要处理的道德问题的面向,不是法律或者其他权威指令直接对某个人自由施加的限制。它是有意施加的限制,而且这些限制是由别人施加的。它们不是由我所设定的限制。同意解释之所以有吸引力,就是因为它们想设法让这种限制变成行动者自己的限制。但它们是一种空想,因为它们无法实现这种转变。那些限制仍旧是有意施加的限制,由别人有意施加的限制。我之前对限制的同意没有那么重要;它无法使得这种限制成为我自己的限制。

你可能会认为,我们所需要的是另一种方式来解释剥夺、解释权威的命令如何能够摆脱让一个人服从另一个人意志的特征。这就需要开始探究集体身份(collective identities)了。

六、集体身份

同意解释的缺陷在于它们停留在了事实的表面。它们主张不是我的东西就不是我的,而不顾及这个明显的事实:不论我的意志是什么,它都能约束我,而且经常会与我的意志相悖。对同意解释能够说得最好的话就是,它们使得我们每个人都成为我们在年轻时候所做的决定的奴隶。但是还有另外一条路径,一个规则或指令可能既不是别人施加于我的,也不是由我自己所制定的。它可能是由"我们"制定的,由一个我所属其中的集体制定的。其最简单和最毫无争议的例子就是来自有限的集体事业。我们,六个朋友,可能一起去探险,或者一起组织一个聚会或研讨会。我们可以通过互相的协商决定如何实现我们的共享事业,这些协商后的决定对我们当中的每一个人和我们所有人都有约束力。然而,其中没有任何一个决定是由我做出的,没有任何一个决定是由别人施加于我的。它们是由我们一起做

---

* 权威指令是一个人对另一人有意施加的限制,而不是行动者对自己自愿的限制,所以近似于一种侵占,一个人对另一个人自由或意志的剥夺或侵占。——译者注

出的。它们是为了集体的需要,所以这些指令不是由群体中的成员们所施加的,而是群体成员们自己或通过他们的代理人或代表做出的决定,这难道不是权威正当性的一个额外的必要条件吗?

(一)权威是为了人们而行动吗:**集体与集体行动**

当我们说"我们(即牛津大学)做了这个或那个"或者"高举这些理想"等等的时候,这是一个关于集体、集体的身份与行动以及我们是如何与他们相关联在一起的对话。这是一个可理解的对话,因此它有真值条件,而且根据这些真值条件,类似于这样的陈述会呈现出对或错的状态。

我没有一般性的理由认为不存在这样的实践权威,即他们有统治或命令的权利,但与政府是国家或州的机构不同,他们不是集体的机构。或许通常情形是这样:他们为了集体而行动,而且是集体的机构。他们可能是关于我们所理解的所有权威的典范。所以让我们暂且承认这一点,承认它对于这个想法的成功是必要的,即道德问题的答案就是"权威的行动是我们的行动"。

此处并不探究关于集体行动的命题的真值条件。但是在这种探究中,有一个方面对我们的目的很重要:那就是一个大学、一个国家、一个政府或者无论其他什么集体,只有当我认同它时,它才是**我的**大学、国家或者政府吗?

认同这个概念既很重要也很模糊,但是毫无疑问,我认为对上述问题的回答是否定的。牛津大学是我的大学,不论我是否认同它。你的国家是你的国家,不论你是否喜欢它,不论你是否疏离它,而且这个政府是这个国家所有人的政府,不论他们有多讨厌它。曾经有段时间,许多盎格鲁-爱尔兰人都不认同爱尔兰及其政府。他们不把它当作他们的国家和他们的政府。但是爱尔兰仍旧是他们的国家,爱尔兰的政府仍旧是他们的政府。我们发现,一个国家中有部分人或群体不会也不能让他们自己认同他们的国家,或者把政府当成他们自己的政府,这种情况并不少见。他们不会像"我们刚刚改变了法律,使得寻求避难者们想留在这个国家变得更加困难了"那样,用"我们"这种语言。他们对这种表达方式的拒绝常常是无能为力,这一点非常重要,但却无法改变这个事实:这就是他们的国家、他们的法律和他们的政府。

(二)当权威的行动是我们的行动的时候,道德问题就解决了吗?

人们可能会与他们的国家相疏离,当谈论他们国家的时候,他们可能会拒绝说"我们"做了什么。这些事实对下述主张提出了严厉的质疑:道德问题的答案就是权威的命令,是我们的命令,即使我们是权威的受众。把这一点告诉给那些疏离他们的国家或者他们的政府的人吧,告诉他们正是他们自己通过了那些他们视为诅咒的法律等等。认为作为他们国家的权威使得权威的命令成为他们的命令完全解决了道德问题,是一个可悲的把戏。

对此的一个回应是,存在一种不同的归属感、不同的群体感和不同的集体行动感,这种感觉确实能够弥合我们所看到的裂缝。或许是吧。或许有一种对某个国家的归属感或对其政体(也即它的政治制度)的认同感,这种感觉能够使得人们确认他们所认同的权威的行动就是他们自己的行动——因此也就解决了道德问题。但问题是:这意味着权威的正当权力只局限于那些认同权威所代表的集体的人们吗?例如,它意味着那些不认同爱尔兰及其政府的盎格鲁-爱尔兰人就不受其权威的统治、不受爱尔兰法律的统治了吗?

国家权威的限度这个问题影响甚至更为深远。我们往往会相信国家有一些域外管辖权,在任何意义上他们都对所有在国家领土范围内的人们拥有领土管辖权,但是我们并不期待游客认同这个国家或政体。如果一个国家的人民认同它和它的政体,这或许是件好事。但是没有合理的论证能否认,在国家有完全正当权威的地方,它的权威并不局限于只统治那些认同它的人们。

在正当性理论中,认同或许是以另一种方式扮演着重要角色。可以说,认同是国家正当性和国家权威的一个要求,要求公民认同国家的正当性很合理。这个意思是,认同不是单纯的事实,而是一种态度,它就像信念、情感和欲望一样,是对理由的回应。认同和不认同都要有理由或者都可能要有理由。因此,有时候认同是合理的,而有些时候则不合理。① 所以,或许可以这么说,它是权威正当性的一个条件,即让权威的受众认同权威是很合理的。这或许的确如此,至少在某些权威的情形中是这样的。但我认为,服务性权威观提供了实现这个要求的条件(其他东西必须和个体与权威或者以权威之名行动的机构之间的关系相关联),这是情理之中的事。因此,这个思想对服务性权威观而言,既没有提供批评,也没有提供补充。

(三) 正当权威也必须是要为集体而行动吗?这点重要吗?

此处的简短论证依赖于这个事实:在许多具体的情形中,人们(包括我们这些认为政治权威能够是正当的人)对权威正当性所持有的观点与以下这个观点是冲突的,即政治机构只对那些认同他们的人或者认同他们为之行动的政体的人拥有正当权威。它对这个问题是开放的,即某些人主张我们应当修正我们关于权威的范围的信念。我觉得这将是个错误。认同是侵占问题的答案,而侵占问题却是一个被误导的问题。权威的行动是其受众的行动,这不是我们对权威的通常理解的一部分。相反,通常的理解是,权威包含了一个等级关系,包含了权威对受众的施加关系。服务性权威观解释了这样的权力如何以及何时能够得到正当化,至少在

---

① 有些人会说,有时候我们应当认同或者有义务认同,但我对这个观点持怀疑态度。

追求善的意义上来说是如此。探寻侵占问题的解决方案,或许最好被视为一个梦寐以求的理想:在政治权威统治的受众中,有大量的人认同权威为之行动的政体,这是好的和值得追求的。但是,不应当将认同看成是正当性的一个条件。

(责任编辑:艾佳慧)

苏格拉底之审及柏拉图之反思

郭俊义*

[摘　要]　苏格拉底的死不是雅典人基于政治原因的结果,而是雅典人法律思维的必然结果。虽然雅典人极为敬重他们的法律,也为他们的法律自豪,但雅典的法律形式主要是程序法,实体法由于内容极为简略而其强制力弱化,这让雅典民众法庭陪审员的自由裁量权大大增加。由于在制度上没有设置对这种权力的限制,导致了权力的滥用。这让柏拉图为之反思并由此开始了对雅典法律程序的改造。他否弃了雅典无论何人皆有可能当选为法官的可能性,也设置了一系列程序来限制权力的滥用,但他没有丢弃雅典原先法律对民众的尊重。

[关键词]　苏格拉底审判;雅典法律思维;修辞术;法律程序

要论对西方文化的影响,苏格拉底的影响可谓巨大,尤其是雅典对他的审判一事,甚至可与耶稣的审判相颉颃。[1] 但对为何要审判苏格拉底,后学的观念却是仁智之见,难见公断。皆因苏格拉底本人述而不作,有关他本人所作所为的资料都是他的学生、朋友及对手的著述。学生、朋友如色诺芬、柏拉图等认为他近似于圣人,而对手如阿里斯多芬等则把他看作雅典城邦的敌人。

但大体来看,学者们对雅典之所以审判苏格拉底持有两种观点。一是雅典人把苏格拉底看作是政治颠覆分子,其原因是他的学生之一是雅典人极为痛恨的三十寡头中的克里提亚斯(Critias),所以雅典人是出于政治原因而审判他;二是认为苏格拉底思想中含有寡头政治的理念,并且在青年中传播这种理念,因此雅典人基于其非正统的思想而审判他。[2] 这两种观点虽内容上有差异,但都是从政治的角度看待此事的。这种视角的好处是让我们看到了雅典城邦的法律并非铁板一块,它还与政治有着千丝万缕的联系;但其恶果是会夸大雅典政治在法律审判中的分

---

* 郭俊义,南京大学法学院讲师,博士,邮编:210093。邮箱:guojunyi@nju.edu.cn。

[1] See Emily Wilson, *The Death of Socrates*, Profile Books Ltd, 2007, p. 1.

[2] See Gregory Vlastos, *The Historical Socrates and Athenian Democracy*, in Richard O. Brooks (ed.), *Plato and Modern Law*, Ashgate Publishing Limited, 2007, p. 123.

量,认为政治主宰着雅典人的法律,这遮蔽了雅典人的法律观念。

萨拜因对雅典法律作过这样评析:"雅典的法院是其整个民主制度的基础。"① 也就是说,雅典法律决定其政体的走向,可见法律对于雅典城邦的影响之巨大。然而,萨拜因没有从雅典的制度层面深入到对雅典人自身的法律观念的探讨,这让他过度地关注雅典民主政体的法律,忽视了对雅典法律自身的认识。学者西利(Sealey)认为:"在雅典人的法律观念以及他们所采取维护法治的措施中发展出了一种与传统政治理论无关的思维方式。"② 即雅典人对法律的认识有着不同于其政治观念的独有的思维方式。那这种法律思维方式表现如何?西方学人尤其是法律学人在20世纪70年代以前对此并没有太多探讨,但自此之后,随着学者对希腊法兴趣的增加,有关希腊人尤其是雅典人的法律思维逐渐被揭示出来。③ 在此借用德谟克利特对陪审员的言辞来说明雅典人独有的法律思维:"法律因你而有力,你因法律而强大。"④ 也就是说,雅典公民尊重法律、相信法律是解决问题的主要手段;同时法律也给予了公民地位并保护其权利。然而这个倡导法治的城邦却把"在所有我们所认识的这一代人里面,他是最勇敢,同时也是最有智慧、最正直的人"⑤ 苏格拉底被推上了审判台,并判处死刑。这不得不让我们追问,以崇尚理性著称的雅典人究竟是怎么想的,竟然把这样一个人给杀了。接下来,本文尝试着以贴近规范实证的方法剖析苏格拉底案件的法律问题,并探讨雅典哲人对此法律问题的反思及改造,以期对我国的法治建设有所助益。

一、苏格拉底罪符其名?

色诺芬是苏格拉底的弟子,他在《回忆苏格拉底》一书中记载了他的老师于公元前399年被起诉并判为死刑一事:

他们对他的起诉书的大意是这样的:苏格拉底的违反律法在于他不尊敬

---

① [美]萨拜因:《政治学说史》(上卷),邓正来译,上海人民出版社2008年版,第37页。
② Raphael Sealey, *The Athenian Republic: Democracy or the Rule of Law*, The Pennsylvania State University Press, 1987, p. 3.
③ See David Cohen, *Introduction*, in Michael Gagarin and David Cohen (eds.), *The Cambridge Companion to Ancient Greek Law*, Cambridge University Press, 2005, p. 1.
④ Matthew R. Christ, *The Litigious Athenian*, The Johns Hopkins University Press, 1998, p. 23.
⑤ [古希腊]柏拉图:《斐多篇》118a,载[英]特里德尼克编译:《苏格拉底最后的日子》,谢善元译,上海译文出版社2007年版,第144页。

城邦所尊敬的诸神而且还引进了新的神;他的违法还在于他败坏了青年。①

可见,起诉他的罪名有三:(1)不敬神;(2)引进新神;(3)亵渎青年。

第一和第二个罪名事关宗教,希腊时代的宗教与我们现代对宗教的认识迥异,希腊人"根本不知道正统教义是什么东西。他们也没有神学家来为'永恒'和'无限'下一个神圣不可侵犯的定义"②。但这并不代表宗教对希腊人没有影响,相反"在希腊宗教对于国家是极为重要,与全体组织关系极有关系,无论在大体上还是细微处都是如此"。③ 可见宗教与雅典人的联系之紧密,这不可避免会对雅典人的思维方式产生影响。那雅典人又是如何看待不虔诚的行为对于城邦的危害呢?柏拉图在《欧绪弗洛篇》中借欧绪弗洛之口曾说出了这种行为的危害:

> 这种行为(虔敬)不仅保存了私人家庭,也保存了国家的公共生活。可是,做不讨众神喜欢的事情就是不虔敬;而做这种事就会搞乱和毁坏所有事情。④

精神认同是古代社会的主要特征,其展现的方式就是对本群体的人们共同认可的神灵顶礼膜拜,而如果有人否认本群体所认可的神灵,则会对群体造成莫大的伤害,因此要对之进行惩罚。欧绪弗洛的话揭示了在柏拉图时代雅典人仍然存有这种思维方式。但雅典人是否在法律上限制人们不信神的行为呢?帕克(Robert Parker)曾在《法律与宗教》一文中介绍过这样一个事实:在伯罗奔尼撒战争之前,先知迪奥佩特斯(Diopeithes)曾提出过一个法案,对那些不承认神或那些教授玄虚之事的人,雅典人有责任起诉其不虔诚的行为。⑤ 但这一提案是否通过,我们现今没有确切的资料来验证。虽如此,此一事件却说明了战争及国内局势的动荡让雅典人开始反思自身的行为,柏拉图在《拉凯斯》篇中曾道出当时人们内心的焦灼之情:

> 我们经常向孩子们讲述先辈们的高尚业绩,讲他们在战争年代和和平时

---

① [古希腊]色诺芬:《回忆苏格拉底》,吴永泉译,商务印书馆2007年版,第1页。
② [美]汉密尔顿:《希腊精神》,葛海滨译,华夏出版社2008年版,第258页。
③ [英]狄金森:《希腊的生活观》,彭基相译,华东师范大学出版社2006年版,第9页。
④ [古希腊]柏拉图:《欧绪弗洛篇》14b,载[英]特里德尼克编译:《苏格拉底最后的日子》,谢善元译,上海译文出版社2007年版,第20页。
⑤ See Robert Parker, *Law and Religion*, in Michael Gagarin and David Cohen (eds.), *The Cambridge Companion to Ancient Greek Law*, Cambridge University Press, 2005, p. 66.

期如何处理城邦联盟和各城邦的事务,但我们却没有什么光辉业绩可以告诉他们。①

由此可见,在苏格拉底审判之前的很长一段时间里,由于战争的失利、寡头统治及雅典人自身荣誉感的丧失使他们感到自身的一些疏远神灵的行为遭到了报复,因此这会让人们在心理上重新恢复对神灵的虔诚。而且,虽然没有资料来证实雅典人有法律规定不虔诚行为的内容,但雅典法律中却有针对这种行为的起诉程序:"如果有人不虔诚,那就让希望起诉他的人来起诉。"②

然而,不虔诚,这是苏格拉底被判死刑的原因吗? 要回答这个问题,就需要掌握雅典人是如何看待不虔诚行为的。虽然法律上对此没有具体规定,但这不代表现实中的人们没有共识。对此,19世纪的学者古朗士为我们解答了这个问题,他说:"我们今天对宗教的理解是,一整套教义、与上帝相关的学说以及与人类自身及其周围世界有关的信仰符号。这同一个词,对于古人(即古希腊人和罗马人)而言,却意味着仪式、节庆和种种外在的祭祀行为。教义不是他们所重视的,行为才是最重要的,这也是义务,且对人有'约束作用'。"③由此可知,雅典人表明自己对神灵的虔诚是通过仪式,即在节庆及祭祀活动中循规蹈矩。

那苏格拉底在这方面做得如何? 其弟子色诺芬介绍说:"他常常在家中献祭,也常常在城邦的公共祭坛上献祭,这是人们有目共睹的。"④由此可见,苏格拉底对神灵没有任何不敬的行为,但他经常说神明指教他,所以色诺芬认为对其引进新神的指控,"主要是由于这种情况推想出来的"⑤。"推想"两字说明了雅典人对苏格拉底的审判没有根据,但色诺芬没有说明雅典人为何要做这种"推想"。这使得后世学者由此展开了"推想",巴克认为,这些控告无论是基于宗教的还是道德的理由,可能都是"基于政治的理由"⑥。Allen 也认为:"苏格拉底的死,并非因为他做

---

① [古希腊]柏拉图:《拉凯斯篇》179c,载王晓朝编译:《柏拉图全集》(第一卷),人民出版社 2002 版,第 169 页。
② Robert Parker, *Law and Religion*, in Michael Gagarin and David Cohen (eds.), *The Cambridge Companion to Ancient Greek Law*, Cambridge University Press, 2005, p. 65.
③ [法]古朗士:《古代城市:希腊罗马宗教、法律及制度研究》,吴晓群译,上海人民出版社 2006 年版,第 196 页。
④ [古希腊]色诺芬:《回忆苏格拉底》,吴永泉译,商务印书馆 2007 年版,第 1 页。
⑤ [古希腊]色诺芬:《回忆苏格拉底》,吴永泉译,商务印书馆 2007 年版,第 2 页。
⑥ [英]巴克:《希腊政治理论:柏拉图及其前人》,卢华萍译,吉林人民出版社 2003 年版,第 131 页。

了什么,而是因他是何种人。他的审判实质上是一场政治审判。"①

本文认为这种基于政治原因的观点值得商榷。其原因有二:一从原告来看,指控苏格拉底的三个人中只有一个属于民主党人阿尼图斯,其余两人一个是不讨人喜欢的年轻人美雷特斯,一个是修辞学家吕孔。②但在《申辩篇》③中与苏格拉底辩论的主要是美雷特斯,民主党人阿尼图斯仅在辩护词中提到一次,④然后再也不曾出现,吕孔则一直不曾露面。如果雅典人是基于政治原因来审判苏格拉底,那最应该与之争论的是阿尼图斯,而且苏格拉底与阿尼图斯还有过过节,柏拉图在《美诺篇》中谈到过阿尼图斯对苏格拉底的恼怒,⑤但他在申辩中却隐而不显。即使阿尼图斯不参与辩论,那也可能是善辩的吕孔参与论辩,这三人中最没有可能的也许就是美雷特斯了,因为他没有任何政治理念,也不具备辩护能力,但却是这样一个人参加了辩论,可见政治原因并不是审判的主因。二从法院来看,审判苏格拉底的是由 501 人所组成的陪审法庭,如果他们具有强烈的民主观念,而且认为苏格拉底具有寡头理念,那么判决就可能是一边倒,但对苏格拉底是否有罪的判决却是微弱的多数取胜。⑥再者,依据学者 Todd 对雅典政治党派的认识,也不可能如此。他说:"政治团体确实(在雅典)存在,但这些是领袖之间而非大众成员之间的结盟。而且这种结盟本身是不固定的,因为它要依靠核心人物的个人荣誉维护其稳定性。"⑦也就是说,政治观念更可能是领导人物之间结盟的前提,而对于民众而言,即使有政治观念也难以参与到党派中去,因此他们不会依党派的身份在法庭上行事。而雅典民众法庭的陪审员一般都是雅典民众担任。从这两个方面来看,基于政治原因来审判苏格拉底的观点无理无据,它更多是现代学者对雅典人的一种政治偏见。

那么,苏格拉底的审判的决定性因素是什么呢?学者麦克道尔(MacDowell)

---

① R. E. Allen, *Socrates and Legal Obligation*, University of Minnesota Press, 1980, p. 29.

② 参见[古希腊]柏拉图:《申辩篇》23e,载王晓朝编译:《柏拉图全集》(第一卷),人民出版社 2002 版,第 35 页。

③ 《申辩篇》虽然有文艺加工的成分,但由于柏拉图就在审判现场,所以罗素认为它比较符合历史。参见[英]罗素:《西方哲学史》(上卷),何兆武、李约瑟译,商务印书馆 1997 年版,第 119 页。

④ 即苏格拉底提到美雷特斯说过对其的处理意见,参见[英]特里德尼克编译:《苏格拉底最后的日子》,谢善元译,上海译文出版社 2007 年版,第 42 页。

⑤ [古希腊]柏拉图:《拉凯斯篇》95a,载王晓朝编译:《柏拉图全集》(第一卷),人民出版社 2002 版,第 528 页。

⑥ 参见[古希腊]柏拉图:《申辩篇》,载王晓朝编译:《柏拉图全集》(第一卷),人民出版社 2002 版,第 49 页。

⑦ S. C. Todd, *The Shape of Athenian Law*, Oxford University Press, 2003, p. 158.

解释不虔诚的罪名时为我们提供了一种思路，他猜测雅典的不虔诚法与hybris（狂妄自大）法相似，两者在法律上都没有具体内容，是否定此罪主要依靠陪审员的个人判断。① 笔者认为，这种相似性可以继续推下去，hybris法主要不是针对具体的伤害行为，而是城邦中的权贵因罔顾法律的恣意行为而损害他人荣誉的行为。② 宗教是雅典人荣誉感的来源，因为希腊宗教是人们行为礼仪的精髓，而礼仪是人们保持与不可知力量联系的正确方式。③ 不虔诚行为是与这种传统思维相对抗的行为，苏格拉底就排斥雅典人所尊崇的神灵，他在《欧绪弗洛篇》中说："当我听到任何人谈到这些有关神的故事的时候，不知道为什么，我就发现我很难接受他们。"④这种观念足以损害雅典人对神灵所存有的荣誉感。

不仅如此，亵渎青年的指控更加深了雅典人对苏格拉底的这种认识。这项罪名主要针对青年人的教育。苏格拉底在《美诺篇》中曾就美德是否可教育的问题与阿尼图斯有过一番辩论，让阿尼图斯很恼火并警告道："苏格拉底，我认为你太容易得罪人了。如果你能听取我的建议，那么你还是小心点为好。我要大胆说一句，在所有城邦里要伤害一个人比对他行善要容易得多，此地也一样，我希望你能知道你自己。"⑤那苏格拉底得罪了谁呢？苏格拉底在《申辩篇》中道出了个中原委，即享有声誉的人。他说："我觉得，享有最高声誉的人几乎全部都有严重缺陷。"⑥而且他们的缺陷被年轻人知道了，因为有很多年轻人跟着苏格拉底学习交叉盘问法，他们又运用这种方法盘问别人，于是便发现了一些自认为聪明却什么也不知道的人。

苏格拉底曾把自己比喻为一只牛虻，但真实的牛虻只是对身体造成伤害，而这只牛虻伤害的却是雅典人的荣誉，这是雅典人起诉他的真实原因。苏格拉底在审判中并没有与阿尼图斯辩解，也说明他深知政治理念不是问题所在，而与愣头青美雷特斯辩论的目的就是他企图让陪审员能洞察到起诉他的本质是什么，但他失败了。

依据我们的法律观念，没有明确的罪名怎能起诉呢？其实，这种认识立基于罗

---

① See Douglas M. MacDowell, *The Law in Classical Athens*, Cornell University Press, 1986, pp. 199 - 200.

② Ibid., p. 129.

③ 参见［美］弗格森：《古希腊—罗马文明：社会、思想和文化》（上），李丽书译，华东师范大学出版社2012年版，第170页。

④ ［古希腊］柏拉图：《欧绪弗洛篇》6b，载［英］特里德尼克编译：《苏格拉底最后的日子》，谢善元译，上海译文出版社2007年版，第7页。

⑤ ［古希腊］柏拉图：《美诺篇》95a，载王晓朝编译：《柏拉图全集》（第一卷），人民出版社2002版，第528页。

⑥ ［古希腊］柏拉图：《申辩篇》22a，载［英］特里德尼克编译：《苏格拉底最后的日子》，谢善元译，上海译文出版社2007年版，第33页。

马法的思维方式,即只有知道自己有何法律权利才能走向法庭维护权利,但"希腊人从没有设计出任何与我们现今法律权利观念相似的东西"①。依据麦克道尔解读,雅典法律的基本特点是:"在雅典,通常一条法律就是命令做什么或不能做什么;或者它是一个附有条件的条款('如果某人……'),规定哪些行为会招致惩罚;或者它是一次有法律效力的判决。它的规定极为简明扼要,没有条款解说和情节规定。"②由此来看,雅典实体法并不是判决苏格拉底死刑的关键。起诉人阿尼图斯在《申辩篇》针对苏格拉底一案提出的解决办法也能说明这个问题。他认为要么就不让苏格拉底上法庭,要么就要让法庭判处他死刑。③可见,他对于苏格拉底是否有其罪并没有十足的把握,但他却在一定程度上确认法庭能判处苏格拉底死刑,最终苏格拉底被带上了法庭并被判为死刑。因为阿尼图斯深谙雅典人的思维方式,知道有损人的荣誉感将会带来什么后果。

二、苏格拉底罪当其罚?

由上文分析可知,苏格拉底因其损害了雅典人的荣誉感而招致憎恶,但这一定会让雅典人起诉他并判处死刑吗?这就需要我们探讨雅典法律的程序问题。

通常,我们认为纠纷双方只有在一方感到自己的法定权利受到侵犯了,才能到法院起诉对方以获得救济。这里的思维路径是法律上的实体权利在先,程序权利在后。但雅典法律与此迥异,有学者认为:"在雅典,程序法在时间顺序和逻辑上具有优先性。例如,雅典法律没有明确区分所有权和占有的概念,其原因就在于他们没有确认绝对所有权的程序;相反,他们仅仅是通过一系列的程序来确认你比对手更有资格拥有这个东西。总之,程序优先,实体权利当且仅当有程序创造此权利时才存在。"④可见,程序问题是理解雅典法律的关键。那苏格拉底案的法律程序如何呢?

按照雅典的法律程序,苏格拉底一案的基本程序如下:首先由一位抽签选举的

---

① J. Walter Jones, *The Law and Legal Theory of the Greeks: An Introduction*, Oxford University Press, 1956, p. 151.

② Douglas M. MacDowell, *The Law in Classical Athens*, Cornell University Press, 1986, p. 55.

③ 参见[古希腊]柏拉图:《申辩篇》29c,载[英]特里德尼克编译:《苏格拉底最后的日子》,谢善元译,上海译文出版社2007年版,第42页。

④ Stephen Todd and Paul Millett, *Law, Society and Athens*, in Paul Cartledge, Paul Millett and Stephen Todd, *Nomos: Essays in Athenian Law, Politics and Society*, Cambridge University Press, 1990, p. 5.

主管宗教案件的官员初步调查,自愿起诉人(ho boulomenos)把案件呈交给巴昔琉斯[①];然后巴昔琉斯传唤苏格拉底到他位于雅典广场(agora)的办公室进行预审;在对苏格拉底和美雷特斯进行交叉询问后,巴昔琉斯把这一案件的相关证据提交给雅典的民众法庭;依据法律由501个抽签选举的陪审员组成的民众法庭审判此案,陪审员首先聆听控方美雷特斯在特定时间里的控辞;然后聆听被告苏格拉底在特定时间里的辩护,最后陪审员通过秘密投票的形式做出是否有罪的裁断。如果裁定有罪,再由陪审员来定夺原被告双方提出惩罚措施。[②]

从审判环节来看,预审对案件的影响不大,巴昔琉斯仅仅是调查案件的相关证据以备在陪审法庭上应用。这里的主要环节是陪审员的裁断及原被告双方的法庭陈辞。首先我们看陪审员法庭。雅典的陪审员法庭亦称民众法庭,其希腊词汇是Eliaia,从词源上看,"其含义是'集会'"。[③] 不过这种集会的目的不为别事,而是为了化解纠纷。这说明雅典解决纠纷的权力已由享有权威的个体转入到民众手中。当然,依据雅典法律,民众当选陪审员是有资格限制的:一是年满30周岁;二是德馍[④]登记在册的享有完整公民权的人。[⑤] 民众法庭起初权力并不大,但随着雅典立法者对社会的改造,尤其是公元前482年埃菲阿特对战神山最高法庭议事会的改造之后,它逐渐取代了执政官以及其他行政官员的司法职能,把大部分的司法权聚拢于自己手中。[⑥]

虽然雅典民众法庭在城邦中的地位日隆,但从上述苏格拉底的审判程序看,陪审员的裁定权却被严格限定,他们的职责是,裁断是否有罪及选择由原被告提出的惩罚措施。然而,这只是表面现象,由于雅典的实体法没有对罪名的具体规定,再者陪审员也不是职业法律人,因此陪审员如何审判就会有相当大的自由裁量权。虽然法律规定陪审员在当选为预备陪审员的年初都要发誓,誓言的基本内容是他们会依据雅典民众大会与五百人议事会所制定的法律及敕令投票,在没有法律之

---

① 巴昔琉斯是原先雅典的国王,但这一职位在古典时期主要主管宗教事务。See Douglas M. MacDowell, *The Law in Classical Athens*, Cornell University Press, 1986, p.24.

② See Josiah Ober, *Socrates and Democratic Athens*, in Donald R. Morrison (ed.), *The Cambridge Companion to Socrates*, Cambridge University Press, 2011, p. 139.

③ Douglas M. MacDowell, *The Law in Classical Athens*, Cornell University Press, 1986, p. 30.

④ 德馍,是雅典古典社区最基本的行政单位。——作者注

⑤ See S. C. Todd, *The Shape of Athenian Law*, Oxford University Press, 2003, p. 83.

⑥ Martin Ostwald, *From Popular Sovereignty to the Sovereignty of Law: Law, Society, and Politics in Fifth-Century Athens*, University of California Press, 1986, p. 68.

处要依据正义,不偏袒任何一方。① 但他们的投票是单独的秘密投票,陪审员之间也不允许协商,因此法律难以对他们形成实际的拘束力。学者 Todd 就认为,诉讼双方可以依据相关法律来辩护,对法院而言,法律只具有说服力而没有绝对的强制力。②

由此来看,原被告双方的法庭陈辞与辩论就相当重要了,甚至有学者把陈辞与辩论看做是雅典法律诉讼的核心。③ 但雅典纠纷双方的法庭辩论往往不是针对案件本身,他们会应用各种修辞手段来说服陪审员,如陈述其家族对城邦公共事务的贡献、攻击对方的品格等。④ 亚里士多德曾对纠纷双方所用的修辞手段做过论述:

> 关于作为说服论证之躯干的推理论证他们只字不提,却大谈特谈种种题外的话。敌意、怜悯、愤怒以及灵魂诸如此类的激情并不切题,不过是意在影响陪审员的判断。⑤

这种脱离案件事实本身进行论辩的现象使得一些学者认为雅典法律还没有自治,仍处于外在因素尤其是政治的窠臼中。如科恩(Cohen)认为:"(雅典)法治理念如此:平等、公正与正义的观念存在于纠纷及裁判的政治意义与社会意义的对抗中。"⑥因此,他认为雅典诉讼的主要目的并不是在于解决争议和发现真理,相反,法院是为当事人提供了一个公开解释、争辩和评估其相互间社会关系和社会地位的场所。⑦ 这在某种程度上扩大了雅典政治对法律的影响。本文更为赞成约翰斯通(Johnstone)的观点,他认为上述观点把法律修辞学与政治修辞学混淆了,雅典

---

① See A. R. W. Harrison, *The Law of Athens: Procedure*, Oxford University Press, 1971, p. 48.
② Stephen Todd, *The Purpose of Evidence in Athenian Courts*, in Paul Cartledge, Paul Millett and Stephen Todd, *Nomos: Essays in Athenian Law, Politics and Society*, Cambridge University Press, 1990, p. 32.
③ See S. C. Todd, *Law and Oratory at Athens*, in Michael Gagarin and David Cohen (eds.), *The Cambridge Companion to Ancient Greek Law*, Cambridge University Press, 2005, p. 98.
④ See Adriaan Lanni, *Law and Justice in the Courts of Classical Athens*, Cambridge University Press, 2006, p. 1.
⑤ [古希腊]亚里士多德:《修辞术》,颜一译,载苗力田主编:《亚里士多德全集》(第九卷),中国人民大学出版社 1997 年版,第 333—334 页。
⑥ David Cohen, *Law, Violence, and Community in Classical Athens*, Cambridge University Press, 1995, p. 88.
⑦ Ibid., pp. 87 - 88.

法庭上的陈词更多是一种法律修辞术,于是他认为雅典法律虽不如现今法律具有自治性,但也有一定的自治性,他称之为半自治性。①

那苏格拉底了解雅典法庭的现状吗?看看《高尔吉亚篇》中苏格拉底的相关言辞就知道了,他说:"如果我没有弄错的话,你断定修辞学是说服的创造者,它所有的活动都与此相关,这就是修辞学的全部和本质。"②可见,他深知其中奥妙。但雅典的法庭辩论与现代不同,在现代法庭辩论人不是当事人,而是双方委托的律师,职业律师可以弥补当事人在法律知识上的欠缺,但雅典没有职业律师,因此法庭辩论由当事人承担。那苏格拉底是如何触怒陪审员以致判他死刑的呢?

在《申辩篇》的开篇,苏格拉底就表明了自己针锋相对的立场:

> 我对他们的虚伪陈述中的一点特别感到惊讶:我是指他们告诉你们的话,你们一定要小心别被我骗了——这句话的含义是:我是一个很有技巧的雄辩家。我觉得,当他们说那句话的时候脸一点没红,表示他们是特别的厚颜无耻,因为他们一定知道,当事实证明了我没有一丝雄辩家的技巧的时候,他们很快就会被驳倒。③

雄辩家即修辞学家,苏格拉底不想成为他们,他不想通过各种花言巧语来为自己来辩护。他要做的是一个"说真话的人"④。苏格拉底这么做并不是仅仅针对指控一方,也针对陪审员,因为这句话隐含着一个意思,即陪审员以前太容易受到修辞术的影响了。他提醒陪审员要对此进行反省,并担负起法律赋予他们的责任。可见,苏格拉底"把法律程序看做是对陪审员本人的道德测验或审判,看看他们是否有能力承担起法律所赋予他们的职责"⑤。这不是在为自己辩护,而是站在道德至高点上对雅典法律制度进行拷问。

苏格拉底并非不知道在审判中要获得陪审员的同情,他甚至说他本可以像其他被告人一样可以把自己亲友带到法庭上来:

---

① Steven Johnstone, *Disputes and Democracy*: *The Consequences of Litigation in Ancient Athens*, The University of Texas Press, 1999, pp. 126 - 128.

② [古希腊]柏拉图:《高尔吉亚篇》453a,载王晓朝编译:《柏拉图全集》(第一卷),人民出版社 2002 版,第 326 页。

③ [古希腊]柏拉图:《申辩篇》17b,载[英]特里德尼克编译:《苏格拉底最后的日子》,谢善元译,上海译文出版社 2007 年版,第 27 页。

④ [古希腊]柏拉图:《申辩篇》17b,载[英]特里德尼克编译:《苏格拉底最后的日子》,谢善元译,上海译文出版社 2007 年版,第 27 页。

⑤ Dougal Blyth, *Socrate' Trial and Conviction of the Jurors in Plato's Apology*, 33(1) Philosophy & Rhetoric, 2(2000).

我亲爱的先生们,我当然有几位亲戚。让我引用荷马确确实实说过的话,即使是我,也不是从"橡树或石头里蹦出来的",而是从活生生的父母那里生出来的,所以,结果呢,我有亲戚;是啊,而且也有儿子,先生们,一共有三名,其中一个已经长大成人,另外两个还只是孩子,可是我仍然不打算把他们叫到这里来求你们无罪释放。①

有学者认为,苏格拉底并不是不在乎受到别人的憎恨,也不是有意要激怒别人,而是他太在乎真理了。②但这种与传统相对立的展现真理的方式也许能让年轻人接受——这也许是他专门找年轻人谈话的原因,而对雅典陪审员来说则可能就是憎恶,因为他们都是30岁以上的公民,思想已趋于保守。他们更愿意维护现状,更愿意接受他们已经习惯的控告人谦恭的陈词。③而苏格拉底的言辞却让这一切荡然无存,这不可避免地会招致他们的愤怒。

Allen认为苏格拉底的辩护是一种"沉默",④因为他没有为自己辩护,而是在探求真理,是在谋划城邦的未来。但苏格拉底在追求真理时却视陪审员为无物,他在选择罪名时不仅没有要求民众法庭判其无罪,还要求奖赏,他说:"对待这样一个人,没有什么比用国家的钱来维持他的生活费用更合适的了。"⑤伯利克里曾言雅典的法律同情弱者,但他没有说雅典法律会容忍这种自视为牛虻的人。雅典陪审员的胸怀也没有博大到能宽容对他们指手画脚之人。坚持真理的苏格拉底最终也没有使他们反思自己行为,最后只能感叹:"我将去死,而你们将活着;可是,我们中间究竟谁有比较幸福的远景,那就是除主神之外谁都不知道的事了。"⑥

---

① [古希腊]柏拉图:《申辩篇》34d,载[英]特里德尼克编译:《苏格拉底最后的日子》,谢善元译,上海译文出版社2007年版,第48页。

② See R. E. Allen, *Socrates and Legal Obligation*, University of Minnesota Press, 1982, p. 14.

③ 雅典陪审员的心态在阿里斯多芬的《马蜂》中有极为形象的描述,参见[古希腊]阿里斯多芬:《云 马蜂》,罗念生译,上海人民出版社2007年版,第159—161页。

④ See R. E. Allen, *Socrates and Legal Obligation*, University of Minnesota Press, 1982, pp. 4-5.

⑤ [古希腊]柏拉图:《申辩篇》36d,载[英]特里德尼克编译:《苏格拉底最后的日子》,谢善元译,上海译文出版社2007年版,第50页。

⑥ [古希腊]柏拉图:《申辩篇》42a,载[英]特里德尼克编译:《苏格拉底最后的日子》,谢善元译,上海译文出版社2007年版,第56页。

三、审判程序之检视

法治社会即是尊重法律程序的社会,这是现代西方法学界的共识。但对于何以要有程序,当代法学家却有不同的认识。哈特的第二性规则是为了法律制度自身的正当性;德沃金法律整体性的目的是让法官在审判中容纳社区更多的建设性道德观念;富勒的程序自然法立基于法律的内在道德。

其实,对于程序问题,雅典哲人早就关注了。苏格拉底在审判中让陪审员审度自己的行为虽然没有得到回应,但却激起了在场的柏拉图对雅典法律程序的反思。与当今法学家以法律自身视角审视程序正当性不同,作为一个兼具法律思维的哲学家,他更多的是从法的外在角度看待程序的正当性。

柏拉图目睹了雅典法庭的失败,见证了法庭上各种的喧嚣和斥责。在他看来,法庭现在成了惩罚之地,失去了它应有的教育职能。于是他问道:

> 在这种场合下,你想一位年轻听众的心,如你们通常所说的那样,怎么会不活动呢?你认为在这种情况下,有什么样的个人教导能站得住脚,而不被众人指责或赞许的洪流冲走,在这种情况下他还能不随波逐流,大家说好他就说好,大家说坏他就说坏,大家做什么他就做什么,进而成为和大家一样的人吗?[①]

这体现了柏拉图对雅典现有程序的反思。首先,雅典法庭让"年轻听众的心"失去了沉思的机会,而这种沉思是需要具有高尚灵魂的人来指导的,他们灵魂的好和坏不仅对当下城邦有助益,而且也决定着城邦的走向;其次,雅典法官们[②]的做法会让具备教导职能的人难以生存,最终不得不随波逐流,人云亦云。柏拉图的追问让我们看到了他的忧虑,法官们这种不受限制的权力会使城邦趋于毁灭。这也是他在《法律篇》中用法律规制权力的出发点,他说:"我刚才把权力称作法律的使臣,这样说并不是为了标新立异,而是因为我深信社会的生存或毁灭主要取决于这一点,而非其他事情。"[③]

---

① [古希腊]柏拉图:《国家篇》492c,载王晓朝编译:《柏拉图全集》(第一卷),人民出版社2002版,第484页。
② 雅典的陪审员与现今西方的陪审员不同,他们既决定事实问题,也决定法律问题,因此雅典的陪审员就是现代的法官。
③ [古希腊]柏拉图:《法律篇》715c,载王晓朝编译:《柏拉图全集》(第三卷),人民出版社2007年版,第475页。

那城邦还需要法官吗？柏拉图认为这是肯定的,因为没有法官也不会有社会。①只是法官应具有基本的礼仪,他"不能像一名仲裁官那样大喊大叫,更不必说在那些预备性的程序中说话声音胜过那些党派争论了。"②不仅如此,法官还必须是一位有智慧的人,因为他们知道不能逾越的尺度即正确的法律,而且要在法律无明文规定时,能依据明智来裁断。③这是柏拉图对雅典陪审员"只根据听众对法庭发言的掌声或赞同来断案"④的改造。

柏拉图式的法官很容易让我们产生他想抛弃原先民众审判的格局。但并非如此,相反他让民众审判发挥了更好的功能。柏拉图认为纠纷双方的争议首先要由他们的邻居和朋友来审判,如果双方对裁决结果不满意,再到上级法院上诉。之所以如此,是因为邻居与朋友更为熟悉当事人情况,而当事人对他们也更为信任。这种设置使民众自身能够消化的案子化解了,也减少了依靠国家强制力判决案件的压力。同时,这也体现了柏拉图的法治理念,法律的权威来自公民的自愿服从而非强制。⑤

不满意裁定的当事人到上级法院上诉就是到民众法庭上诉,柏拉图对这些民众法庭的称呼不一,有时称之为"公共法庭",有时称之为"若干村民和同部落的人所组成的法庭",有时称之为"部落法庭"。⑥柏拉图对这些法庭的构建所谈甚少,但他所说的也能让我们知道他思考的是民众法庭。这揭示了柏拉图在一定程度上对雅典传统做法的认可。

雅典原先的民众法庭是终审法庭,纠纷双方没有上诉的机会。因为雅典是民主政体,陪审员的审判就是民众的审判,所以这是逻辑自洽的。⑦但这也是柏拉图

---

① 参见[古希腊]柏拉图:《法律篇》766d,载王晓朝编译:《柏拉图全集》(第三卷),人民出版社 2007 年版,第 522 页。

② [古希腊]柏拉图:《法律篇》766d,载王晓朝编译:《柏拉图全集》(第三卷),人民出版社 2007 年版,第 522 页。

③ 参见[古希腊]柏拉图:《法律篇》876de,载王晓朝编译:《柏拉图全集》(第三卷),人民出版社 2007 年版,第 638 页。

④ [古希腊]柏拉图:《法律篇》876b,载王晓朝编译:《柏拉图全集》(第三卷),人民出版社 2007 年版,第 638 页。

⑤ See David Cohen, *Law, Autonomy, and Political Community in Plato's Laws*, 88 Class. Philol. 302(1993).

⑥ See Glenn R. Morrow, *Plato and the Rule of Law*, 50 Philos. Rev. 112(1941).

⑦ 参见[美]萨拜因:《政治学说史》(上卷),邓正来译,上海人民出版社 2008 年版,第 37 页。

最为担忧的,因为"法律一旦被滥用,共同体的毁灭也就不远了"①。于是,他又专门设置了终审法庭。终审法庭的法官是从行政官员中选出,标准是"最称职的,最善于审理与他的同胞公民有关的案子,在将要到来的一年中最虔诚"②。雅典人之所以抽签选举年满30岁的人来担任陪审员,主要原因是他们有丰富的社会阅历,但这并不代表他们有解决纠纷的能力,而行政官员在这方面有优势。虽然,柏拉图并没有如我们现今一样要求法官具备法律知识,但选举具备解决纠纷能力的人担任法官在当时也是难能可贵的观念。不仅如此,柏拉图还规定法官们要接受许多考试和训练,③虽然考试的内容不见得就是法律知识,但这种考试与训练也在某种程度上提升了他们的法律素养,这也许法律走向职业化的开始。

柏拉图基于他对权力的认识对雅典司法进行了改革,有人认为这是"一项高度原创性的建构"④。依我们现今的观念来看,这种设置虽有其缺陷,如法官是非职业化的、法官的任期太短等,这不利于形成群体的法律思维方式,但这种设置在当时确实是一次极为大胆的理论尝试。

四、点滴启示

雅典人依其自身的法律思维判决苏格拉底死刑,这不能不说是一场悲剧,但也不能由此而对雅典法律全盘否定,毕竟雅典法律在长达二百多年的时间里涉及思想行为的审判仅有三例⑤,并且在很长时间里雅典法律一直确保雅典人是希腊社会的典范。当然,从这个事件中也看到了雅典法律潜藏着危机,柏拉图深谙个中缘由并以非凡的智力创制了他认为的正当程序,虽然现在看来其中有缺陷,但其中一些观点仍具有现实意义。

从另一个方面来看,苏格拉底本人行为方式也值得商榷,也许苏格拉底的述而不作是其最后结局的渊源。苏格拉底的谈话方式针对的是个体,而个体是有差异的,但他却用一套逻辑针对这些不同的个体,罗素认为,"任何一套逻辑上的一贯

---

① [古希腊] 柏拉图:《法律篇》715c,载王晓朝编译:《柏拉图全集》(第三卷),人民出版社2007年版,第475页。

② [古希腊] 柏拉图:《法律篇》767d,载王晓朝编译:《柏拉图全集》(第三卷),人民出版社2007年版,第523页。

③ 参见[古希腊] 柏拉图:《法律篇》876c,载王晓朝编译:《柏拉图全集》(第三卷),人民出版社2007年版,第638页。

④ Glenn R. Morrow, *Plato and the Rule of Law*, 50 Philos. Rev. 111(1941).

⑤ 这三人分别是阿纳克萨哥拉、普罗塔格拉及苏格拉底,See Douglas M. MacDowell, *The Law in Classical Athens*, Cornell University Press, 1986, pp. 200-201.

学说都必定有着某些部分是令人痛苦的,并且与流行的成见是相反的。"① 因此,这种做法导致雅典法院里有更多反驳他的人。柏拉图认识到这种差异性,于是他创办学院让真正对哲学有志趣的人进来,由此减少了群体憎恨他的机会。不仅如此,柏拉图还把这种认知贯彻到他对雅典法律的改造中去,他让公民中真正有能力的人来担任法官,他们有智慧、能容纳歧见,且受过训练,能独自审判。不过,他也没有把其余的人完全排除在法律之外,柏拉图认为在案件中,无论是私人案件还是公共案件,每个公民都应参加,因为"一个人若是不参与审判就会感到自己不是这个共同体的真正组成部分。"② 柏拉图这种在法律上既让具有特定能力的人担负起应有的职责,又让全体公民抱有归属感的观念对我们现代社会也具有借鉴意义。

Socrate's Trial and Plato's Reflection
Guo Junyi

Abstract:Socrate's death isn't the result of the Athenian polity, but the inevitable result of the Athenian law thinking. Although Athens extremely respect their laws, and take pride in their law, but the legal form of Athens is mainly the procedural law, and because of the simple content of the substantive law and weakening of the power to enforce it. It makes Athenian people court have broad discretion in trial, and the system is not set limits on the power, which led to the abuse of power. Plato began to the transform Athen's legal procedures and gave up the possibility of whoever is possible to be elected as a judge, and also set up a series of programs to limit the abuse of power, but he didn't discarded Athens original law of the people's respect.

Keywords:socrate' trial;Athenian law thinking;rhetoric;legal procedure

(责任编辑:艾佳慧)

---

① [英] 罗素:《西方哲学史》(上卷),何兆武、李约瑟译,商务印书馆 1997 年版,第 130 页。
② [古希腊] 柏拉图:《法律篇》768b,载王晓朝编译:《柏拉图全集》(第三卷),人民出版社 2007 年版,第 524 页。

民商法学

错误与行为基础理论
——对《澳门民法典》第245条的解释所引发的思考

唐晓晴* 马 哲**

[摘 要] 《澳门民法典》第245条规定,如错误涉及构成法律行为基础之情事,则适用有关情事变更的规定撤销或变更有关法律行为。本文的目的即是对这一虽然短小但包含多个法律概念的条文进行解释。为此,本文从与本论题相关的一些案例出发,探讨不同时期的法学家为解决有关问题所持的契约必须履行、善意、衡平等核心价值,在这些原则的不断斗争和妥协下所形成的诸如情事不变条款、前提假设论、不可预期论、行为基础、合同落空理论、共同错误、风险分配等命题和话语,尤其是行为基础理论,以及对澳门立法有重大影响的各国所作出的不同立法选择,最后在此基础上提出对《澳门民法典》第245条的解释建议。

[关键词] 《澳门民法典》第245条;错误;行为基础;行为基础障碍;解释

一、从一个必须解释方能理解的法条开始

(一)引起疑问的法条

促使笔者写作本文的法条是《澳门民法典》第245条,它是这样一个条文:
标题:"涉及法律行为基础之错误"
内文:"如错误涉及构成法律行为基础之情事,则可按照经作出必要配合之第四百三十一条之规定撤销或变更有关法律行为。"

---

* 澳门大学法学院教授。
** 深圳大学港澳基本法研究中心研究人员。
　本文分工情况如下:第一章,第二章,第三章中关于契约必须履行的部分,第四章中关于情事不变条款、前提假设论、动机错误、行为基础、风险分配的部分,第五章中关于《德国民法典》的部分,第六章以及第七章,由第一作者撰写;第三章中关于善意和衡平的部分,第四章中关于不可预期论、不可抗力、艰难情形和风险分配的部分,第五章中关于《葡萄牙民法典》和《澳门民法典》的部分,由第二作者在第一作者的指导下完成。全文的框架和思路由第一作者拟定。

在这样一个短短的句子中,立法者使用了大量专业用语(例如:"错误"、"法律行为"、"法律行为基础"、"撤销")。倘若直接将这些词语视为一般用语解读,整个句子基本上难以理解。

(二)解释的必要性(一个初步、直观的判断)

法律解释(释义)活动得以存在的前提是法律文本需要解释。[①] 问题是,法律文本真的需要解释吗?尽管对于以接近日常用语的词句表述的规范条文是否需要解释的问题很可能会有人提出异议,[②]然而当法律文本使用的词语背离日常语义或意在言外时(类似汉语写作中使用典故),则相信大部分人都会认同其有解释的必要性。笔者的初步判断是,《澳门民法典》第245条必须经过解释方能理解。

不过,从事法律解释活动的一般是法律工作者,因此绝对有理由推定其具备一定的法律知识。此外,"法律行为"、"撤销或变更法律行为"、"作出必要配合"等等表述在本法典的其他位置亦曾反复出现过,所以可合理假设它们的含义已为读者所熟知(或可转为从其他途径获知),故本文主要回答以下两个问题:什么是"行为基础"?"错误"与"行为基础"的关系是什么?

(三)解释的范围限定与假定

尽管仅仅解释一个法律条文从范围上看已经很集中,可是一如上文所示,这样一个条文就可能涉及法学的多个范畴,而每一个范畴又可能牵扯出更大的背景。倘若在一篇论文里处理所有这些范畴,则文章很容易失去焦点。另一方面,必须注意的是大部分法学论题都不是新的创造物或"发现"、不同的学者对同一论题从不同角度和深度剖析其实是一个寻求认同的过程,所以尽管本文将焦点集中于一两个概念,也不影响读者从其他渠道获取关联范畴的知识。

基于上述思考,本文主要处理"错误"与"法律行为基础"这两个概念,而且在两个概念中,更集中讨论后者,前者仅仅作为背景(背景当然不限于错误这个概念,

---

[①] 法条解释是法学或教义法学的主要内容、是所谓"法律技术"作为"技术"之所由是,因此也是法律人这个职业群体的共同工作方式。

[②] 确实存在这种观点:以解释为己任的"法学"没有专业性,即使没有受过专业训练的人(尤其语言能力强的人)也可以轻易掌握(尤其是当法条以接近日常用语的词句表达时,这种观点就显得更有说服力了)。无疑,不论从哪一角度看,法学和语言之间都有着紧密的亲缘关系(甚至可以直接将法教义学视为一门特种语言学);然而,正是由于功能上的特别要求,场景的不同、故事框架的不同,所以没有受过专业训练的人就很难掌握这门技艺,因为要掌握一门语言是需要训练和时间的。关于上述意见的介绍,参见唐晓晴:《法学、法学教育与澳门法律人的养成》,载汤德宗主编《2010两岸四地法律发展》,台湾地区"中央"研究院法律学研究所,2011年版,第262页。

只不过相比起其他共同构成背景的对象,"错误"与论题核心的距离最近)。之所以这样处理,是因为"法律行为基础"这个概念是上引条文的核心、是条文草拟者意欲突显的焦点(条文标题的命名就很好地反映了立法者的这一认知过程)。

(四) 解释的"方法"

上文明确指出,本文的讨论对象(《澳门民法典》第245条)是一个需要解释的条文,然而对于什么是解释以及如何解释才有意义的问题却不容易回答。例如在不追求目标的情况下,对于上述的每一个问题,任何人都可以只用几句话就给出一定的说明,并认为这就是解释。然而,这样给出的答案最多也只是答问者对自己的主观想法的直接陈述,而这样的陈述势必引来更多的追问(例如:答案是如何得来的?为什么这个答案可以被接受?除了这样的答案还有其他答案吗?)。当各种追问叠加起来的时候,整个话语就会变得杂乱无章、他人难以理解。当然,无论解释做得如何详细或逻辑,都不可能保证理解,因为理解本身是一种能力。①

现代哲学家认为,解释一定是语言内的。在自然科学的范畴,解释是经验的、理论的、可用事实证明的,而且会随着新发现而修正;可是在法学范畴,字词意义的解释则是规范性的。解释不是列出单词应用的习惯,而是指明词的正确使用规则。解释甚至不是理论性的,正如指明下棋的规则不具理论性一样。过去很多时候会将解释与定义混淆,但其实两者并不相同,定义只是解释的一种方法,而且不一定是最好的解释方法(例如我们不可能用意义的解释来教会孩子语言)。因此大部分的教育都不是通过意义解释来进行,而是通过举例来进行的。② 意义的解释属于语法的范畴,给出一个解释就是展示出语法之网内的适当联结。因此,解释是规则,解释具有规范性。说解释具有规范性的意义主要在于:一个可接受的解释将为判断一个词组的正确使用提供标准。于是,解释就是"应用的基础"、"替代的正当性"或"理解的准则"。③

尽管现代哲学指明了意义解释的意义,但是具体的意义解释作业却依然可能有不同的方式。"解释"方案之所以有多种可能性是因为在整个解释活动中,叙事

---

① G. P. Baker and P. M. S. Hacker, *Wittgenstein:Understanding and Meaning*—Vol. 1 of an Analytical Commentary on the Philosophical Investigations—Part Ⅰ—Essays, 2nd Edition, Malden, MA:Blackwell, 2005, pp. 358-383.

② 首先,列出特征只是分析性定义的一种类型,像数学定义(例如质数)、亲属关系等,就不是这样定义的。其次,定义只是意义解释的一种,而且没有优势。我们可以按属加种差定义大象,也可以指着大象说是大象。

③ G. P. Baker and P. M. S. Hacker, *Wittgenstein:Understanding and Meaning*—Vol. 1 of an Analytical Commentary on the Philosophical Investigations—Part Ⅰ—Essays, 2nd Edition, Malden, MA:Blackwell, 2005, pp. 30-43.

者永远站在主动的位置。叙事者的目的、态度、叙事能力甚至叙事习惯的不同都会影响解释方案的形态。

假定任何字词解释均旨在确立该字词的正确使用规则,那么解释活动的修辞特征即显露无遗:"解释(结果)"最终是否具有规范性或具有多少规范性以及对谁有规范性(成为字词的使用规则)取决于该解释究竟得到多少人以及什么人的认同。换言之,解释就是一项旨在寻求认同的修辞活动。

在这场修辞活动中,处于主动位置的叙事者对自身以及接收其叙事的受众的判断是极其重要的,它决定了叙事者的叙事策略,例如:

1. 当叙事者没有意识到其叙事(解释)的修辞本质,他很容易就会陷入一种不自觉的喃喃自语或者将叙事变成一种感情宣泄;

2. 有时,叙事者并不是没有意识到叙事的修辞本质,而是怀着以下一种信念展开修辞:确信自己与受众之间存在近乎先验的"能力"(其实更多是权威)差异,于是其叙事就是不可置疑的真理或不可抗拒的命令;

3. 当叙事者意识到其叙事的修辞本质,而又没有将自己预设在高人一等的台阶上的时候,他就会思考怎样的"语言"或语境才可能把他与受众连接起来;

4. 解释活动很少会以全世界作为其受众,因为现实中这样一个大群体不太可能在同一时点或时段内置身于同一语境;既然群体的成员处于不同的语境,叙事者就很难通过一次的语言使用对整个群体产生效果;所以,单次的解释活动总是针对特定群体而进行的。

上面针对解释活动所作的观察当然也适用于法律解释,然而现实生活中,法律解释活动的叙事者却未必会注意到其活动的一般特征,因而会堕入谬误。[①]

假定法律解释活动的叙事者有一定的意向性,则法律解释除具备解释的一般特征外还有以下特点:第一,法律解释是以职业群体为受众的;第二,在这个群体中,职业者共同使用一种脱胎于日常用语的职业语言;第三,语言符号一旦进入这一情境就很可能会发生变化;第四,职业群体对情境的预先设定是有一定了解的。

以本文所要解释的条文为例,在"如错误涉及构成法律行为基础之情事"一句中,出现了"错误"(Erro)与"法律行为基础"(a base do negócio)这两个民法学概念,它们即是本文解释工作的核心对象。在内容的安排上,本文将考虑澳门实证法

[①] 例如,在一些法律解释作品中,经常会见到一些作者不加论证就以这样的句式陈述:"我认为……;我觉得……;我的意见是……";又例如,在诉讼的场景中,辩护人不针对当事人的行为模式是否符合规范的默认进行辩论,而是抱怨现行建制落后;再例如,在培养职业法律人的情境中,叙事人毫无先兆毫无论证地以定义式的语句进行说教。

的体例安排与民法学科的教学次序:在《澳门民法典》内,第245条处于总则部分法律行为意思表示错误的大标题之下,因此即使阅读该条文而感到困惑的是法科学生,当学生学到这一阶段时,法律行为、意思表示、错误、撤销等概念基本上都应该接触过,而"作出必要配合"的表达方式也已经在其他科目中见识过,所以应有所理解。

(五) 思考进路与论述次序说明

经过仔细思考后,本文采纳的叙事体系(反映了作者的逻辑思路)如下:

1. 以案件事实带出问题;
2. 法学家处理这些问题时所抱持的价值;
3. 法学家在思考过程中归纳出的论题;
4. 立法者制定的规则;
5. 对《澳门民法典》中有关规定的解释。

这一顺序的逻辑在于:《澳门民法典》的相关条文无法按文义得出有意义(指导行为或作为判决标准)的解释,因此需要从其他途径找意义。无论从背景或者关键概念,澳门的法条所处理的都不是一个与澳门社会本身特殊性有关的问题,而是法律继受的结果。正确的解释必须要摸清法律继受的路径,这就意味着,对《澳门民法典》第245条的解释必然会引出整个关于行为基础理论的讨论!

下文将通过回溯相关词语产生过程以及比较相似现象的不同处理方式两个途径获取论题的素材。另外,又将以举例说明的方式摸索规则,尝试构建关于"错误与法律行为基础"的语法。

这一表达方案所构成的解释将保证其在特定语言环境下所获得的认同,但不保证正确性与完整性,而其是否有可能获得规范性则视乎读者的评价。[1]

---

[1] 维特根斯坦指出,"正确的解释"、"成功的解释"与"完整的解释"不是一样的。正确与完整是解释的内部规范属性;成功则是外部的属性。如果甲促使乙用它的解释去说明一些东西,他的解释就是成功的。"正确解释"是理解的判断标准。例如,我们可以说正义就是欠债还钱。显然,这个解释是正确的,但不是完整的。完整与否具有相对性。解释的完整与否不是解释的逻辑或形式特征。很多人都可以给出正确、但不完整的解释。正确解释不保证能使人理解;它只是理解的判断标准,但不是理解的充分条件。See G. P. Baker and P. M. S. Hacker, *Wittgenstein: Understanding and Meaning*—Vol. 1 of an Analytical Commentary on the Philosophical Investigations—Part Ⅰ—Essays, 2nd Edition, Malden, MA: Blackwell, 2005, pp. 36-37.

二、以案说法（带出问题的案件）

（一）概述

法是行为的规范、裁判的准则，只有当法被应用到生活上、案件上，它才具有生命力。生活和案件总是不断重复却又不尽相同的，所以规范生活的法以及法的表达方式总是不断调整。大致相似又不尽相同的案件在不同时空会被归纳到不同的概念体系和价值系统中，这就是法概念和制度的演化。正因为案件有相似性，寻找概念和制度的演化脉络就变得容易。下文将扼要介绍一些在不同时空出现但又与本文论题相关的案例，以让读者对文章所述之事有更直观的感受。

（二）古代案例群

早在 Digesto、Instituciones、Codex 等罗马法经典中，已经存在着大量关于错误理论的记载。①

例如，乌尔比安（Ulpian）曾经思索过，"如果不存在关于物（in corpore）的同一性的错误，但就物的实质（in substantia）存在错误，买卖是否有效"，并举出了把铜当做黄金或者把锡当做银出售作为例子，将这类错误称为关于"本质"的错误。②现代民法典或判例法的起草者或法官也持此观点，认为"实质性的"③、"本质性的"④或者"在交易中被视为根本性的"⑤错误可以获得救济。⑥

而对于意外情事导致契约效力受到影响的问题，罗马法中同样存在着大量的片段，⑦而且其文字表达更激发了后世法学家的灵感。例如，一些片段提示了默示条件：在文本 D. 46.3.38pr 中，阿富里坎提道："如果某人通过要式口约允诺可以向他或提兹（Tizio）给付，尤里安认为可以向提兹履行，只要他保持着与缔约合同时同样的身份；否则……就不能正确地向他履行，事实上，默示地认为有一个条件内在于要式口约中，'提兹应保持同样的身份'。"在敕答 C. 4.65.8 中，亚历山大·

---

① 唐晓晴：《意思表示错误的理论与制度渊源》，载《华东政法大学学报》2008 年第 2 期。
② Dig. 18.1.9，转引自［美］詹姆斯·戈德雷：《私法的基础：财产、侵权、合同和不当得利》，张家勇译，法律出版社 2007 年版，第 505 页。
③ 《法国民法典》第 1110 条。
④ 《意大利民法典》第 1428 条。
⑤ 《德国民法典》第 119 条第 2 款。
⑥ ［美］詹姆斯·戈德雷：《私法的基础：财产、侵权、合同和不当得利》，张家勇译，法律出版社 2007 年版，第 507 页。
⑦ 以下所陈述的片段均来自［意］阿尔多·贝特鲁奇：《罗马法学与现代欧洲法中的情事变更制度》，载《环球法律评论》2016 年第 6 期。

塞维鲁斯皇帝则指出:"你出租了土地并且每年收取一笔租金,对于暴风雨或者其他自然环境的损害问题,租赁合同中没有明确约定而地区的习惯法也没规定,你应该承担这一责任。如果坏年成的租金不能从丰收的年成中得到补偿……"

又例如,一些片段突显了善意:在文本 D. 19. 2. 35pr 中,阿富里坎提到了塞尔维·苏尔皮对已出租的未完工的多层建筑物因为损害需要重建从而阻碍了承租人的用益这一情况的论述:"这一区别是由塞尔维引入并且得到了所有法学家的支持。如果所有权人对已经出租房屋的最高几层进行全部重修,这妨碍了承租人的用益,需要衡量拆除是否必要……应该认为在土地出租给他人用益并且合同的缔结是基于诚信原则的情况下,我们认为可以利用这一区别……"

综上所述可以看出,早在罗马法时代,法学家们已经注意到突发情事可能对"合同平衡状态"产生影响的情况并寻求对此的解决办法,但是,对此的救济并非一味地牺牲合同的约束力,而是在坚守合同效力的基础上进行"平衡","来实现合同当事人缔结合同的目的"。[①]

(三) 法国案例

1. 兵役保险案(法国最高法院,1856 年 1 月 9 日)

在法国最高法院(Cour de cassation)1856 年的一个案件中,一家机构与保险公司缔结了兵役保险合同。当时征兵是以抽签方式征召的,所以合同当事人约定,假如受保人被征召服兵役,则保险公司应安排替代员工。然而,出乎所料的是,原本以为最多征召 8 万人的征兵活动最终征召了 14 万人,完全超出保险公司的估算。最终,法庭认为合同并没有对风险的承担作出保留,而案件也没有不可抗力的情况,所以合同必须执行。[②]

2. Craponne 灌溉水道案(法国最高法院,1876 年 3 月 6 日)

这是一个非常著名而且经常被引述的案件,案情如下:在 1567 年 6 月 21 日,Adam de craponne 签订了合同收取一定金额建造一条灌溉水道。在水道建成一段时间后,建造人可按每次灌溉三个 SOLS(法国旧辅币的名称)的价格向受益人收取使用金,但须负责水道的维修保养。然而,随着时间推移,这一价格变得越来越没意义。到 1778 年的时候,已经有报告指出按这样的价格收费的话,建造公司很快就不能维持水道的营运。到了 1873 年,案件终于被提到法院,下级法院埃克斯法院(C. App. de Aix)的判决是同意加价,理由是:"倘若说当事人依法缔结的协议

---

① 参见[意]阿尔多·贝特鲁奇:《罗马法学与现代欧洲法中的情事变更制度》,载《环球法律评论》2016 年第 6 期。

② CassFr 9 - Jan.- 1856,D. 1856,1,41 e 42,引自 António Menezes Cordeiro,*Da Boa Fé no Direito Civil*,Almedina,1984,p. 956.

在他们之间具有法律的性质,因而除双方同意外不得变更的话,则对于长期持续履行的合同而言就不一样了;对于这些以周期性报酬为基础的合同,当一方的付出与另一方的负担平等对应的情况不复存在,法律公认可基于公平正义而修订合同;……一旦这种平等关系消失,合同所建立的原始法律即崩塌,此时由法院重建原初的平等。"

被告上诉至最高法院,最高法院审理后,于1876年3月6日作出推翻原判决的决定。上诉法院法官给出的判决理由中,以下文字颇值得注意:"考虑到这里所遵循的规则(根据《拿破仑法典》第1134条,依法缔结的协议具有像法律一样的效力)是一般的、绝对的,它对执行期在长期间内延续发生的合同的规范与其他性质的合同并无差异;因此,无论法庭的判决看起来多么的公平,也没有任何可能由法院根据时间与情况的改变而修改及取代由当事人自愿接受的条款……"①

(四) 德国案例群

1. 货币贬值案(德意志帝国最高法院,1922年,RGZ,103,328(1922))

在一件发生在20世纪20年代的案件中,某公司的一位股东在解除了成立公司的合同后,承诺以特定价格将一项原属该公司所有、但在公司分割后将归他所有的不动产转让给一位第三人。该协议是在公司还没有作出财产分割之前,由于货币的贬值,按马克纸币计算,该股东结果以高于其转让给第三人之价格很多的金额获得该不动产的分配。法院的判决认为,给付与对待给付的等价关系不变是双方缔结合同的前提,而上述情况使得行为基础丧失。②

2. 指环案

假设一位父亲因女儿出嫁而购买珠宝,父亲确是因女儿要结婚而买的,卖主也明知这位父亲是为了这个目的而买珠宝,假如他女儿的婚事没有办成,父亲也不得撤销购买珠宝的行为。③

3. 股票交易案(德意志帝国最高法院,1918年,RGZ,94,65(1918))

在该案中,原告被其银行(被告)告知,某股票的交易所行情价格是340至342元,于是向银行下达了最高以342元买货的指令。可是交易行情实际是437又1/2元。银行按该行情买了货,但是又通知原告其买价是337又1/2元(低于原告的指

---

① CassFr 6 - Mar.- 1876, D. 1876, 1, 193 - 197, 引自 António Menezes Cordeiro, *Da Boa Fé no Direito Civil*, Almedina, 1984, p. 956.

② Karl Larenz, *Base del Negocio Jurídico y Cumplimiento de los Contratos*, traducción de Carlos Fernández Rodríquez, Editorial Comares, 2002, pp. 126 - 127.

③ Karl Larenz, *Base del Negocio Jurídico y Cumplimiento de los Contratos*, traducción de Carlos Fernández Rodríquez, Editorial Comares, 2002, p. 18.

令价)。帝国最高法院认为,被告的这一通知行为相当于作出一个声明,内容是其希望以卖方的身份参与法律行为,并根据这一报价向其客户交付有关股票;由于该银行本意并非作出这样的声明,故其声明是可被争执的。①

冯·图尔(Von Tuhr)曾对此案件进行过详细的分析。他认为,银行发出的想要以 337 又 1/2 的价格出售该股票的声明是"如此清晰和无异议,以至于关于其内容的错误绝对不能获得承认。银行确实是想以 337 又 1/2 的价格售出股票,并将此意思以正确的方式表达了出来。毫无疑问,假如银行知道该股票的行情价是 437 元,便不会作出以 337 又 1/2 的价格售出股票的决定。这是动机错误的一种典型情况"。冯·图尔接着继续论述道,这一错误是涉及合同基础的双边错误:假如知道真实的交易行情价,顾客绝对不会购买,银行也断然不会以 337 又 1/2 的价格出售。②

4. 啤酒案(德国联邦最高法院第八民事审判庭,1984 年 2 月 8 日,BGH NJW 1984,1746)

甲是德国啤酒供货商,在其销售往伊朗的一批啤酒中,部分在运送途中损毁。为此,双方达成一项协议:乙方在下一批订货中可按 2/3 价钱购买;当乙下订单购买下一批货时,将获 2 万马克赔偿金。然而,协议订定后不久伊朗即禁酒,因此原协议的交易变成不可能。乙方要求重新达成和解协议,但遭到拒绝,遂针对甲方提起诉讼,要求后者就其中前次运输中损毁的货物承担全部赔偿责任。

德国联邦最高法院的判决中指出:"诚然,不能处置所购买的货物的风险,通常须由买方承担;但是,正如下级法院所正确地指出的,这并不是一份买卖合同,而是一次和解,通过此,被告将就原告的损失向其进行赔偿。没有任何迹象表明,如果妥协所设想的赔偿未能实现,双方意欲损失由原告单独承担。"因此法院认为,最好的解决办法是判令被告向原告支付假如和解协议没有因为伊朗局势受到影响将获得的利润的一半。③

(五)英国案例群

国王加冕案(Coronation Cases):

著名的"国王加冕案"发生在英国,但即使是大陆法系教科书也经常会借用相

---

① Karl Larenz, *Base del Negocio Jurídico y Cumplimiento de los Contratos*, traducción de Carlos Fernández Rodríquez, Editorial Comares, 2002, p. 46.

② Karl Larenz, *Base del Negocio Jurídico y Cumplimiento de los Contratos*, traducción de Carlos Fernández Rodríquez, Editorial Comares, 2002, p. 47.

③ Basil Markesinis, Hannes Unberatha and Angus Johnston, *The German Law of Contract—A Comparative Treatise*, 2nd Edition, Oxford: Hart Publishing, 2006, p. 344.

关案件来展示法律行为基础错误。实际上,"国王加冕案"不是一个案件,而是由英国国王爱德华七世于 1902 年 6 月因病延迟举行早已公布的加冕礼这一事件引发的一系列案件。在这些案件中,大部分都因为情事变更而解除合同(英国法术语用的是 Discharge by frustration①)。例如,在 Krell v. Henry 一案中,被告人以书面方式协议于 6 月 26 与 27 日租住原告人位于 Pallmall 的住宅观看加冕礼,在知道典礼延期后,被告拒绝支付尚余的租金。又例如,在 Chandler v. Webster 一案中,另一份租赁合同也因为加冕礼的延期而解除。再例如,在 Blakeley v. Muller 一案中,一方建了一些观看典礼的站台,而他方则协议付款占用,最后亦因为加冕礼延期而解除。在案件的判词中,法官的理由是:"加冕典礼是合同的基础,它的未发生阻止了合同的履行。"②实际上,也就是 1863 年的 Taylor v. Cadwell 案所总结的原则③被扩大,从而合同目标不以有体物为限。

然而,在国王加冕案的案例群中,并非所有案例都是根据情事变更(Taylor v. Cadwell)而解除合同的;在一些案件中(例如 Griffith v. Brymer),当事人在缔结合同之时加冕礼早就被取消了,所以用上述原则解释并不妥当。英国法学者认为这种情况属于"错误与基础性的假设"(false and fundamental assumption)④,是"双方错误"(mutual mistake/common mistake)的一种情况。

---

① 以下为 Chitty on Contracts 对该理论的解释:"当合同成立后发生某些情事,导致合同的履行在实质上或商业上不可能,或使履行该合同的义务变得与订立合同时所设想者完全不同,得以落空为依据解除该合同"。引自 Joseph Chitty, *Chitty on Contracts*, in H. G. Beale & others (ed.), *The Common Law Library*, number 1, 27th Ed., London: Sweet & Maxwell, 1994, p. 1095.

② 全部参见 Joseph Chitty, *Chitty on Contracts*, in H. G. Beale & others (ed.), *The Common Law Library*, number 1, 27th Ed., London: Sweet & Maxwell, 1994, p. 1111.

③ 该原则的表述如下:"须遵守的一个**隐含条件**是,因物的灭失而使履行变为不可能,而当事人对此没有过错时,当事人应被免责……在我们看来,这一原则意味着,在履行取决于某人或某物的持续存在的合同中,存在着一个隐含的条件:因人或物的灭失而使履行成为不可能时,免除当事人履行的责任。在任何情况中,都没有关于人或物的失去使当事人获免除履行责任的肯定的承诺或明确的规定;但此时的免责是法律中所隐含的,因为从合同的性质来看,显然当事人是以特定人或财产的继续存在为基础订立合同的。"引自 Joseph Chitty, *Chitty on Contracts*, in H. G. Beale & others (ed.), *The Common Law Library*, number 1, 27th Ed., London: Sweet & Maxwell, 1994, p. 1097;黑体为本文作者所加。

④ "如从合同的条款或周边的情事中可得知,当事人达成的合意系以特定假设为基础,则如该假设不成立,可撤销合同",Bell v. Lever Brothers Ltd, 1932,引自 Joseph Chitty, *Chitty on Contracts*, in H. G. Beale & others (ed.), *The Common Law Library*, number 1, 27th Ed., London: Sweet & Maxwell, 1994, p. 304.

（六）小结

综上所述，合同缔结之后情事时常发生改变，甚至在合同签订以前，当事人亦可能对缔约当时的情事存在认识上的错误，在这些情形下，继续要求合同的严格履行往往会给一方甚至双方当事人带来极沉重的负担，产生明显的不公平，这甚至可能是双方当事人都不愿见到的局面。古往今来，法学家和裁判者们一直在探索对此的救济方式，并努力为之寻找和提供理论依据。这些依据的源头一般在价值层面，但在案件中，经常会出现几种价值观的冲突。而法学家所提供的解决方式时常要依赖于对不同价值之间"对立与平衡关系的持续考量"[①]。

三、核心价值的冲突

（一）概述

在处理上述案件的过程中，经常产生冲突的核心价值主要表现在契约必须履行、善意[②]和衡平。一方面，法律人不得不信守契约必须履行的古典原则，一方面又不断试图以善意原则、衡平原则作为工具来保护受害一方的合同当事人。在此过程中，法学家们不断对契约必须履行、善意、衡平等核心价值进行权衡，有时候偏向于此，有时则偏向于彼，甚至数次出现循环往复。在同一时期，不同的国家往往也有不同的价值选择。

（二）契约必须履行（Pacta Sunt Servanda）

对于合同法的大部分论题而言，倘若不承认"契约必须履行"（Pacta Sunt Servanda）原则作为基本假设，所有讨论都会无法展开。被 Reinhard Zimmermann 称为"古典合同理论基础"的"契约必须履行"（Pacta Sunt Servanda）构建于中世纪教会法，[③]但是其构建的基础是乌尔比安（D.2,14,7,7）的论述，而其跳出教会法的

[①] ［意］阿尔多·贝特鲁奇：《罗马法学与现代欧洲法中的情事变更制度》，载《环球法律评论》2016 年第 6 期。

[②] 值得注意的是，此处以及下文多次提及的"善意（原则）"在内地通常被译为"诚实信用（原则）"，但由于本文是对《澳门民法典》第 245 条的法教义学解释，而此原则中澳门制定法、司法实践和学理上均被称为"善意（原则）"，对应其葡语表述"Boa Fé"，故本文不采纳"诚实信用"的表述。

[③] Wim Decock，*Theologians and Contract Law-The Moral Transformation of the Ius Commune*（ca. 1500 - 1650），Leiden Boston：Martinus Nijhoff Publishers，2013，pp. 122 - 126.

框框并逐渐取得普遍性则得益于评注学派学者的推动。① 契约必须履行原则上接罗马法,后启近现代法,而自身则反映着一种价值观的融合与革新,②因此在整个法学发展的历史过程中有着举足轻重的地位。

望文及义,将契约必须履行作为一个法律原则意味着"契约承诺在任何情况下均须信守"。这是因为,19世纪的主流观点认为,达到一定年龄且具备充分理解能力的人们拥有最大程度上的缔约自由,这种自由神圣而不可侵犯,在制定公共政策时必须要考虑的是,绝不可以轻易干涉这种合同自由。③ 既然人们有决定是否缔结契约的自由,交易的内容也应当由各方当事人决定,④故所作出的承诺必须受到尊重。

然而,任何法律原则在一定程度上都是一个开放论题,所以都有例外,这个原则也是如此。早在 Bartolus 与 Baldus 等中世纪学者的时代(也就是契约必须履行原则刚获得法学界的普遍认同的时代),"情事不变条款"(Clausula rebus sic stantibus)就已经被纳入同一框架内,被视为该原则的例外看待。到了 18 世纪,在体系化思维的影响下,民法的多个基础价值渐渐围绕意志论合流,契约必须履行原则在意志论的护卫下更进入实证法,例如《法国民法典》,前述发生在法国的兵役保险案和灌溉水道案也正是因此而作出不可因外部环境的变更而改变合同内容或免除债务人的履行义务的判决。自此,情事不变条款与契约必须履行原则之间的矛盾关系就更加突显。

(三) 善意(Boa Fé)

正如下文将会详细阐述的,情事不变理论在 18 世纪末遭到德国学者的抛弃,虽然 Windscheid 后来又在该理论的基础上提出了前提假设论,以期解决当作为法律行为之前提假设的情事或状况并未成就时所出现的问题,但其理论仍没有被自 1900 年起施行的《德国民法典》所采纳。不过,虽然《德国民法典》采取了这样一种

---

① 参见 Reinhard Zimmermann, *The Law of Obligation——Roman Foundations of Civilian Tradition*, New York: Oxford University Press, 1996, pp. 543 - 544, 576; Álvaro Zegarra Mulánovich, *Pacta Sunt Servanda*, in *Revista de Derecho*, Volumen 5, 2004, p. 306.

② 关于这一原则与合同的意志论、私法自治原则等的关系,详见唐晓晴:《意思主义在民法上的扩张——略论澳门所有权转移制度的继受轨迹》,载《一国两制研究》2011 年第 9 期;以及唐晓晴:《从合意契约到私法自治——意志论征服民法理论的道路》,载陈小君主编:《私法研究》第 20 卷,法律出版社 2016 年版,第 17—21 页。

③ 参见 Printing and Numerical Registering Company v. Sampson (1875) LR 19 Eq 462 at 465.

④ 参见 Werner Scherrer, *Die geschichtliche Entwicklung des Prinzips der Vertragsfreiheit*, Helbing & Lichtenhahn, 1948, pp. 31 sqq.

谨慎的态度,法院却在司法实践中发展出了自身的一般原则,即当情事的变更值得被考虑时,以善意原则为它们提供依据。① 善意原则在德国债法实证法中的重要表现就是《德国民法典》第 242 条(依诚实及信用为给付)规定,"债务人负有依诚实及信用并考虑交易习惯为给付之义务"。

例如,在 1967 年德国的一个案件中(BGHZ 37,44),原告于 1959 年承诺向被告出售一块土地,以换取后者所承担的一系列"建造"义务。双方当事人都知道这一建造计划是有困难的,因为有关地块尚未获得施工许可,但他们仍然相信这些困难是可以在短时间内克服的,至少可以部分地克服。但直至诉讼发生时,有关地块仍未获得施工许可。原告因此主张将有关土地归还于自己,并请求宣告之前的安排无效。法庭支持了原告的主张,并在判决中指出:"……缔约双方当事人知道障碍的存在,但错误地认为这一障碍可被消除……存在共同错误,因此其法律后果并非根据《民法典》第 306 条的规定来确定,相反,必须从交易基础是否已经丧失的角度(《民法典》第 242 条)来考虑问题。因此,有必要审视是否以及在多大程度上,由于在确定履行日期方面出现了不可预见的延误,当事人在缔约之时最初看到的情况已经发生了根本性的变化,导致根据善意原则不得再要求按照最开始时所设想的方式来履行该合同"。德国法院根据善意原则来处理此类案件的做法一直持续到德国债法改革之前,这也成为德国"法官造法最为著名的例子之一"。②

意大利则是第一个将此问题法典化的国家,③其中的有关规定也体现了善意原则。在 1942 年的《意大利民法典》中规定了对"突发的过重负担"的处理,这构成第 1467 条的内容。这一规定背后的理论基础在于,意大利部分学者尤其是司法实践认为,"如果突发事件明显改变了合同的内容,不利益方可以要求法官根据客观善意原则的标准对履行的债务进行衡量。如果通过衡量认为后来的突发情事阻碍了原合同内在功能的实现,那么继续履行就违背了善意原则,由此法官可以要求合

---

① Basil Markesinis, Hannes Unberath and Angus Johnston, *The German Law of Contract—A Comparative Treatise*, 2nd Edition, Oxford: Hart Publishing, 2006, p.324. 此外值得注意的另一个小问题是,德国法院最初解决情事变更的效力问题时所采取的做法其实是努力扩大法典中所规定的"不能"概念的范围,但这样的做法至少有两种缺陷:其一,"经济上的不能"这一概念本身是模糊的;其二,适用履行不能的规定导致合同自动解除,而这往往并不是当事人所期待的结果。关于此,见 Basil Markesinis, Hannes Unberath and Angus Johnston, *The German Law of Contract—A Comparative Treatise*, 2nd Edition, Oxford: Hart Publishing, 2006, pp.326-328.

② [德]莱因哈德·齐默曼:《德国新债法:历史与比较的视角》,韩光明译,法律出版社 2012 年版,第 72 页。

③ [意]阿尔多·贝特鲁奇:《罗马法学与现代欧洲法中的情事变更制度》,载《环球法律评论》2016 年第 6 期。

同当事人重新调整合同内容,或者如果不这样的话,可以宣布合同解除"。① 意大利的做法影响了葡萄牙、荷兰等欧洲国家。②

(四)衡平(Equidade)

早期的衡平理论也是曾被用以缓和契约必须履行原则的一种补救措施,但其适用的前提条件是比较模糊的。在前述德国啤酒案中,法院认为,解决僵局的最好的办法是令被告支付原告假如之前的妥协协议没有受到伊朗事件的干扰则可能获得的利润的一半。③ 这一判决表明,德国的法院已经开始将更多的注意力转移到风险分配上,而不是像在更早期的判例法中那样奉行模糊的衡平理论。④ 但这并不表明衡平理论自此已经消灭,恰恰相反,在两德统一后,传统的衡平理论的进路又爆发出了新的生命力。⑤

(五)小结

综上所述,在早期欠缺明确实定法规范的情况下,法学家们试图透过法律原则来解决和解释前文中所提出的实际问题。在此过程中,契约必须履行、善意、衡平等原则相继登上历史舞台。它们彼此之前存在着冲突,因为社会背景、历史环境的不同,今日可能这一原则占据上风,他日可能局面完全调转。例如,在16世纪,由于商业发展的需要,法学家们更多地坚持契约必须履行原则,同样地,在19世纪,随着自由资产阶级的意识形态在法国大革命中获胜,契约必须履行原则再次占据上风,而到了20世纪初,第一次世界大战的发生以及之后的第二次世界大战又使情况发生了深刻的变化。⑥ 即便在同一历史截面上考察,不同的国家也可能作出不同的选择,以适应各自的政治和经济生态。但即便如此,这些原则也始终相伴存在着。正如当代法理学家所续写的原则理论所述,原则与规则均为规范,当两个规范各自适用时,就可能产生不兼容的结果,此即所谓的"规范碰撞";当两个规则冲

---

① [意]阿尔多·贝特鲁奇:《罗马法学与现代欧洲法中的情事变更制度》,载《环球法律评论》2016年第6期,第19页。
② [意]阿尔多·贝特鲁奇:《罗马法学与现代欧洲法中的情事变更制度》,载《环球法律评论》2016年第6期,第19—20页。
③ Basil Markesinis, Hannes Unberath and Angus Johnston, *The German Law of Contract—A Comparative Treatise*, 2nd Edition, Oxford: Hart Publishing, 2006, p.344.
④ Basil Markesinis, Hannes Unberath and Angus Johnston, *The German Law of Contract—A Comparative Treatise*, 2nd Edition, Oxford: Hart Publishing, 2006, p.344.
⑤ Basil Markesinis, Hannes Unberath and Angus Johnston, *The German Law of Contract—A Comparative Treatise*, 2nd Edition, Oxford: Hart Publishing, 2006, pp.345-346.
⑥ [意]阿尔多·贝特鲁奇:《罗马法学与现代欧洲法中的情事变更制度》,载《环球法律评论》2016年第6期。

突时,只有一个规则有效,但是当两个原则相碰撞时,其中一个原则退让,但是退让的那个原则并不会无效。①

四、命题与话语

(一) 概述

法律案件的处理会涉及各方权利义务和程序等不同方面,但是理论总结却必须将焦点集中在一处。这些焦点之所在会以流行话语的形式归纳为一个或多个主题词。至于什么主题词应该被集中在一起讨论则取决于论者的观察角度。本文根据案件事实的相似性和论题勾连关系而选定了下面十个与文章有关的论题进行考察。

(二) 情事不变条款(Clausula Rebus Sic Stantibus)

如前所述,情事不变条款可能是对前述契约必须履行原则的最危险的侵入。②行为基础理论以至其他解决类似问题(即合同订立后才发生的不可见情事对合同的影响)的理论③都有一个共同源头,即受到罗马法④启发,但是发源于教会法⑤及

---

① Robert Alexy, *On the Structure of Legal Principles*, 13 Ratio Juris, 295 - 296(2000). 关于法律原则理论的详细阐释,参见唐晓晴:《法律原则的历史、方法论视角及其法理学——民法基本原则重述》,载郑永流主编:《法哲学与法社会学论丛》2013 年卷(总第 18 卷),法律出版社 2013 年版,第 303—359 页。

② Reinhard Zimmermann, *The Law of Obligation - Roman Foundations of Civilian Tradition*, New York: Oxford University Press, 1996, p. 579.

③ 例如下文介绍的前提假设论、不可预期理论等等。

④ 例如 D.L.17.144, Paulo, "in stipulacionibus id tempus spectatur quo contrahimus"(意思是,对合同有重要性的是缔结的时刻而不是履行的时刻);D. XLVI.3.38. Africanus, "tacite eim inesse haec conventio stipulacioni videtur si in eadem causa maneat"(意思是,似乎存在着一个默示的条款,使得合同只会在缔结时的情况维持不变时才会执行)。后来的思想家如 Cícero、Séneca 等更将这一些规则以更清晰的方法表述,例如 Cícero 认为义务可因时间的消逝而有所改变,Séneca 则认为只有在约定作出时之情况得以维持,那么不守约才是不名誉的(De Beneficiis, Liv. IV. Cap. 35)。以上资料引自 Luís A. Carvalho Fernandes, *A Teoria da Imprevisão no Direito Civil Português* (Reimpressão com nota de actualização), Quid Juris, 2001, p. 18.

⑤ 教会法的这一思想最有代表性的是 S.T. de Aquino 在 Summa Teológica 中的论述:"所有的谎言都是罪孽,但是当答应了做一些事情而不做,可是却有做的意图,则不是谎言。……然而,如果因人或交易情况的改变而不依约作为,则可以原谅。"转引自 Luís Carvalho Fernandes,上述著作,第 20 页。

后注释学派①的情事不变条款(Clausula Rebus Sic Stantibus)。对于情事不变条款的内涵以及适用范围,教会法以及后注释学派学者并没有清晰的界定,一般仅仅是决疑性地应用于具体个案的解决。

真正将情事不变条款理论从要件、效力、适用范围等多个方面作出界定的是17世纪的意大利学者(例如 Menochio, Coccejo, Mantica, Kopp 以及 Alciato)与德意志学者(主要是著名的自然法学者 Grotius 以及 Püffendorf)。② 宏观地考察该理论在17到18世纪的发展,可概括地认为:情事不变条款理论所处理的是当缔结合同之时所存在的情事发生变更,合同的效力是否维持的问题。然而,并非一切变更均会导致合同效力的改变,要产生这样的效果,则合同情事的改变必须符合特定的特征。17世纪的法学家们为此识别出一系列的前提条件(例如情事的变更必须为不可预见、不可归责于受益的一方、如果缔约时知道这种情况则不会缔约等等)。

该理论后来被1736年的《巴伐利亚法典》、1794年的《普鲁士土地法》以及1812年的《奥地利民法典》所采纳(但《奥地利民法典》仅仅将该理论应用于预约合同)。但是自18世末到19世纪初即被德国学者所遗弃。③

(三)"前提假设论"(Lehre von der voraussetzung)

虽然情事不变理论在18世纪末即被德国学者所抛弃,但是到了19世纪中期,Windscheid 又重新在情事不变理论的基础上提出"前提假设论"(Lehre von der Voraussetzung;Pressuposição)。他认为:在法律行为的意思表示之中,表意人有意识或下意识地确信某一情事或状况在将来一定成就,而这一信念对合同之实现起了决定性作用;换言之,如无该信念,表意人要么不会作出法律行为,要么以其他内容作出该行为。双方或一方当事人在作出行为时深信某一情事将会发生,又或

---

① Pfaff 认为 Acursio 对 Digesto 的评注是情事不变条款的直接起源,但是葡萄牙学者则指出是后注释学派学者首先为该理论建立基础的。例如 Bártolo 及 Baldo 在他们的译释中已经明确提到 rebus sic stantibus(如 Opera Omnia, Veneza, 1602, 11, 40.)。

② Mantica 提出的"事后损害理论"以及"以合同的主要元素为前提"的理论非常重要;Alciatus 则将该理论的适用范围限于当事人不可预见的情事变更;Kopp 指出此一理论不适用于侥幸合同,因为这种合同的事后负担是合同的正常风险;Grotius 不承认"情事不变条款"是合同中的默示条款,除非可证明它是当事人缔约之时决定其缔约的原因;Püffendorf 将该理论的适用范围限缩到只有两个情况:1.其适用源自当事人的意思;2.当合同所订之情况变得负担过重。参见 Luís A. Carvalho Fernandes, *A Teoria da Imprevisão no Direito Civil Português* (Reimpressão com nota de actualização), Quid Juris, 2001, pp. 22 - 24.

③ 对于情事不变条款理论的发展过程,孙美兰在其博士论文《情事变动与契约理论》中也有颇为详细的介绍,参见孙美兰:《情事变动与契约理论》,中国社会科学院法学研究所博士论文,2003年,第56—57页。

者某种现状将会维持。假如他们当时想到此一预设之情事可能告吹,他们订立合同时便一定会将有关之情事以明示条款的方式设为合同成立的**条件**。所以,所谓的预设实际上是**未明示的条件**。① Windscheid 认为,前提假设是表意人对意思表示效果附加的自我限制,它介乎条件和动机之间。

前提假设与动机的比较:实际上,前提假设也可以被视为动机,因为它显然也是影响表意人作出意思表示决定的因素;两者的区别在于,前提假设被采纳为意思表示之内容,而动机则只是促成意思表示的外在原因;它没有被纳入意思表示并成为其内容。至于如何辨别有关的原因是否有被采纳为意思表示的一部分,则必须透过检视当事人有没有确信这样的前提已经存在或将会发生。

前提假设与条件的比较:其区别在于,前提假设是当事人所确信会发生的事实,而条件则是不确定事实。由于条件是不确定事实,当事人必须明示。而前提假设则是当事人所确信的事实,所以当事人一般以默示的方式表达(例如从当事人的行为推断,如为偿还债务而作给付的人是以债务的存在作为前提的,假如债务不存在,他的给付便不符合前提假设;或者从意思表示的解释中得知,例如死因赠予时,赠予人必然假定受赠人比赠予人长寿),无须以合同条款的明示的方式展现出来。② 此外,二者的法律效果也不同,在附解除条件法律行为中,解除条件的成就导致有关法律行为有追溯力地解除,而前提假设不成就的法律后果则是赋予假设者以废止有关法律行为的权利。③

然而,Lenel 认为 Windscheid 所提出的前提假设与动机并无不同。我们都知道,在动机错误中,即使相对方知道表意人的动机(或者直接由表意人将动机告知相对方),表意人还是不能撤销法律行为,除非双方将该动机设为法律行为的生效条件。因此,如前所述,假设一位父亲因女儿出嫁而购买珠宝,父亲确是因女儿要结婚而买的,卖主也明道他的父亲是为了这个目的而买珠宝,假如他女儿的婚事没有办成,父亲也不得撤销购买珠宝的行为。④ Lenel 指出,如果按 Windscheid 的理论,则这类动机也可以被视为前提假设,这样违背了理论界对动机的一般理解,也严重危害了交易安全,因而不应被民法典所采纳。Lenel 的批评导致了《德国民法

---

① 参见[葡] Carlos Mota Pinto:《民法总论》,林炳辉等译,澳门大学法学院,2001 年版,第 354 页。

② 参见孙美兰:《情事变动与契约理论》,中国社会科学院法学研究所博士论文,2003 年,第 58 页。

③ Durval Ferreira and Erro Negocial, *Objecto-Motivos-Base Negocial e Alterações de circunstância*, 2.a Edição, Coimbra: Livraria Almedina, 1998, p. 11.

④ 参见 Karl Larenz, *Base del Negocio Jurídico y Cumplimiento de los Contratos*, traducción de Carlos Fernández Rodríquez, Editorial Comares, 2002, p. 18.

典》在对草案进行评议时放弃了 Windscheid 的理论。①

（四）"不可预期论"（Theorie de L'imprevision）

受前述罗马法上的"契约必须履行"原则的影响，1804 年法国《拿破仑民法典》第 1134 条（现行《法国民法典》第 1103 条第 1 款）规定，依法成立的契约，对缔结契约的人具有相当于法律的效力。在前述灌溉水道案中，最高法院正是依此撤销了下级法院关于调整价格的判决。与此原则相对立，"情事不变条款"则在法国拿破仑民法典编纂的过程中遭到了摒弃，但后者却为法国"不可预期论"的发展提供了肥沃的土壤，尤其是在行政合同领域。该理论是在 1916 年 3 月 30 日国务委员会关于"波尔多通用照明公司"的判决中确定的，其基础是大众的利益。② 在该案中，国务委员会认为，煤炭价格的上涨超出了可预见的最高限度，是当事人所不可预期的事件，从而导致之前的开采特许权合同中所确定的给付关系发生了重大的不平衡，因此，煤气开采（特许）公司有权从有关部门获得赔偿。③

在比较法和欧洲统一私法项目的启发下，法国于 2016 年 2 月 10 日透过第 2016—131 号法令修改了民法典，将长期存在于学理中的不可预期论引入了民法典。在此之前，根据不可预期论解除合同义务的做法只存在于行政合同中。修改后的《法国民法典》第 1195 条规定，"如果合同订立时的情事发生了某一不可预期的变化，导致履行该合同会对并未承诺承担该风险的一方当事人造成过重的负担，该方当事人可请求与对方当事人重新就合同进行协商。在重新协商期间须继续履行合同义务。如对方拒绝协商或协商不成，双方当事人可协议解除合同，或请求法官同意对合同进行调整。如未在合理期间内达成协议，法官得应一方当事人之申请，重新审查合同或宣布废除该合同。"

（五）动机错误（Erro-Motivo）

在笔者发表的第一篇关于意思表示错误的文章中，曾介绍了法国错误理论围绕"本质错误"而展开的"主观说"与"客观说"之争，并指出这一争论突显了错误理论的最核心问题：当事人意思与合同稳定性的对立与矛盾。④ 考虑到意志论形成

---

① 参见 Karl Larenz, *Base del Negocio Jurídico y Cumplimiento de los Contratos*, traducción de Carlos Fernández Rodríguez, Editorial Comares, 2002, p. 19.

② *Conseil d'État*, 30 mars 1916, *Compagnie générale d'éclairage de Bordeaux*, publié au recueil Lebon, p. 125, at: https://www.legifrance.gouv.fr/affichJuriAdmin.do?idTexte=CETATEXT000007629465&dateTexte=（visited on 7 December, 2017）.

③ 尹田：《法国现代合同法：契约自由与社会公正的冲突与平衡》，法律出版社 2009 年版，第 311 页。

④ 唐晓晴：《意思表示错误的理论与制度渊源》，载《华东政法学院学报》2008 年第 2 期。

较晚,这一论断也可以表达为:契约必须履行原则与当事人真意的矛盾。

  毫无疑问的是,法国法的这一争论的源头是波蒂埃(Pothier)。波蒂埃在其《债法总论》中言道:"错误必须涉及'缔约当事人视之为最重要的且构成物之实质之品质'。"(L'erreur annule la convention, non-seulement lorsqu'elle tombe sur la chose même, mais lorsqu'elle tombe sur la qualité de la chose que les contratans ont eue principalement en vue, et qui fait la substance cette chose.)① 在上述论著的影响下,《法国民法典》第 1110 条规定:"错误仅在其涉及契约目标物的实质本身时,始构成契约无效之原因。"②

  问题是,波蒂埃对于何谓"实质(SUBSTANCIA)"的说明不仅并不清晰,而且还显得前后矛盾;尤其是在动机错误是否涉及目标物的实质的问题上,他一开始将动机错误界定为"只涉及目标物偶素的错误",③ 可是过了没有多久,又引 Pufendorf 和 Barbeyrac 的论述指动机错误并不涉及目标物,而是涉及"其他使当事人缔结合同的理由"。④ 正是由于这样,奉波蒂埃著作为经典的 19 世纪法国法学家显得无所适从(名噪一时的"解经学派"诸学者更因而分裂为"主观说"与"客观

---

  ① Robert Joseph Pothier, *Traité des Obligaciones*, Tome I, Bruxelles, 1835, §18, p. 16.

  ② James Gordley, *Mistake in Contract Formation*, 52 Am. J. Comp. Law 434(2004).

  ③ "Il en est autrement lorsque **l'erreur ne tombe que sur quelque qualité accidentelle** de la chose;……l'erreur, dans laquelle j'étais sur la bonté de ce livre, ne tombait que **sur le motif** qui me portait à l'acheter, et n'empêche pas que ce soit véritablement le livre que j'ai voulu acheter; il suffit que les parties n'aient pas erré sur la chose qui en fait l'objet, et in eam rem consenserint."(中文为作者自译) Robert Joseph Pothier, *Traité des Obligaciones*, Tome I, Bruxelles, 1835, §18, p. 16.

  ④ "L'erreur dans le motif annulle-t-elle la conventions? Puffendorf, L.3.ch. 6. N. 7, pense qu'elle l'annulle, pourvu que j'aie fait part àcelui avec qui je contractais de ce motif erroné qui me portait à contrácter ; parcequ'en ce cas les parties doivent, suivant son avis, être censées avoir voulu faire dépendre leur convention de la vérité de ce motif, comme d'une espèce de condition; il rapporte, pour exemple, le cas auquel, sur un faux avis de la mort de mes chevaux, j'en aurais acheté, en fesant part, dans la conversation à mon vendeur, de la nouvella que j'avais eue; il pense que dans ce cas, lorsque j'aurai eu avis de la fausseté de la nouvelle, je pourrai me dispenser de tenir le marché, pourvu qu'il n'ait pas encore été execute ni de part ni d'autre, à la charge par." Robert Joseph Pothier: *Traité des Obligaciones*, Tome I, Bruxelles, 1835, §20, p. 18.

说"两个阵营,①而主观说的真正创立者是 Laurent②)。

波蒂埃关于动机错误的第一个结论:动机错误只涉及目标物的偶素,因而"不对合同效力产生任何影响",逐渐与契约必须履行原则结合起来,成了错误讨论的起点,而动机错误影响合同效力则是特别情况或例外。

在 20 世纪中期以后的一些葡萄牙法学文献中,"动机错误(Erro-Motivo)"与"瑕疵错误(Erro-vício)"被视为同义词。③ 然而,按照《葡萄牙民法典》(第 251 条、第 252 条)的规定,也有学者认为瑕疵错误可被分为"人身错误"(Erro Sobre a Pessoa do Declaratário)、"客体错误"(Erro Sobre o Objecto)与"动机错误"(Erro Sobre os Motivos),④因而动机错误是瑕疵错误的其中一类。

20 世纪初,德国学者意识到错误是一个心理现象。关于动机理论的系统研究也主要见于心理学领域(这方面研究最早引起广泛关注的是 Sigmond Freud 的 Libido 理论⑤)。传统心理学理论认为,动机理论的基点是表现为"需要"的**生理驱力**"(Physiological Drives)。⑥ 然而,正如著名美国心理学家 Maslow 所认识到的一样,动机的形成既有生理因素也有社会因素,⑦而且更重要的是"任何行为都可能是多种冲动发泄的渠道……,大多数行为都是由多种动机促成的。在动机决定因素的范围内,任何行为都往往由几个或者全部基本需要同时决定,而不是由其中的一个决定。"⑧

葡萄牙学者 Ferrer Correia 也认为,从心理性质上看 Zitelmann 所指的 Ab-

---

① 相关介绍详见唐晓晴:《意思表示错误的理论与制度渊源》,载《华东政法学院学报》2008 年第 2 期。

② Raymond Celice, *El Error en los Contratos*, Traducción de César Camargo y Marin, Analecta, 2005, p. 138.

③ Pires de Lima e Antunes Varela, *Código Civil Anotado*, Vol. Ⅰ, 4ª Edição Revista e Actualizada, Coimbra Editora, 1987, p. 235.

④ Carlos Mota Pinto, *Teoria Geral do Direito Civil*, 3ª Edição Revista e Actualizada, Coimbra Editora, 1993, p.513.

⑤ Sigmund Freud:《性学三论与论潜意识》,宋广文译,长春出版社 2010 年版,第 54 页。

⑥ Abraham H. Maslow:《动机与人格》(第三版),许金声等译,中国人民大学出版社 2010 年版,第 18 页。

⑦ 他在 20 世纪中期曾建立了著名的"需要层次论",将需要分为不同层次(例如食物、安全、爱与尊重之间,位置越前者越为基本需要),并提出假设认为基本需要是类本能,而只有当基本层次的需要得到满足后,才会产生更高层次的需要。参见前揭著作,第 67 页。

⑧ Abraham H. Maslow:《动机与人格》(第 3 版),许金声等译,中国人民大学出版社 2010 年版,第 38 页。

sichtsirrtum 就是动机错误。①

如今,几乎所有法学家都不会反对,动机错误不应当获得救济。大多数的动机错误确实如此,但又的确存在一些动机错误,如果没有它们,当事人就不会订立合同。②

(六) 行为基础(Geschäftsgrundlage)

1921 年,面对德国因通货膨胀引发的巨大危机,Oertmann 对前述 Windscheid 的"前提假设理论"作出修正,提出"行为基础理论"。Oertmann 认为,行为基础是指"一方当事人在缔约时显露出来的、对特定状况之存在或将会发生的预想,而相对人明知该预想的重要性且未作反对表示;又或者,这一预想是多数当事人对特定环境之存在或将会发生所具有的共同预想"。Oertmann 又指出,他的"行为基础理论"与 Windscheid 的"前提假设理论"的主要区别在于:A) Windscheid 理论所指的前提假设是意思表示之内容,而他所指的"行为基础"并非意思表示的内容;B) Windscheid理论只要求前提假设有可能为相对方认知,但是他的行为基础理论却仅仅要求相对人明知有关预设的重要性而且未作出反对,又或者这一预设是双方的共同观念。对于行为基础自始欠缺或者嗣后丧失的情况,Oertmann 认为法律行为应属无效。从以上的论述可见,Oertmann 所指的行为基础与 Windscheid 所指之前提假设或预设其实区别不大,他所指的行为基础仍然是表意人本人(或连同相对人)的主观"预想"(实际上也是动机的一种)。他对后者所作的修订主要在于:他为预设的成立多提了一个要求——除了要证明是表意人本人的预设外,还须至少证明相对人明知有关预设的重要性而且未作出反对,又或者这一预设是双方的共同观念。与 Windscheid 的观点相比,Oertmann 的观点有所进步,能够更多地保持合同的稳定。③

让我们再以上述关于买珠宝的案件来测试一下,根据 Oertmann 的公式,假如出卖人知道父亲买珠宝是为了女儿结婚,而且没有提出反对,则一旦其女儿最终未能结婚,珠宝买卖的法律基础便丧失了。换而言之,Oertmann 还是未能回应 Lenel 对前提假设论的批评,未能满意地解释如何区分行为基础与被指明的动机。(Lenel 认为,以上述案件为例,父亲绝对可以将女儿的婚事设定为珠宝买卖的条件;否则的话,即使卖方对于父亲的想法有疑问,他也没有必要将疑问表达出来,既然他

---

① Ferrer Correia,*Erro e Interpretação na Teoria do Negócio Jurídico*,2ª Edição,3ª Tiragem,Livraria Almedina,1985,p. 45,nota 2.

② [美]詹姆斯·戈德雷:《私法的基础:财产、侵权、合同和不当得利》,张家勇译,法律出版社 2007 年版,第 510 页。

③ 参见[葡] Carlos Mota Pinto:《民法总论》,林炳辉等译,澳门大学法学院,2001 年版,第 356 页。

没有义务作这样的表示,又如何判定他接受以该事实作为行为基础?)① 另一方面,Oertmann 在解决因战争或通胀而导致的给付等价关系不存在的情况时,仍坚持从纯粹的心理角度进行解释。最后,对于这些情况,他只有将之解释为双方互相知道对方以一般的经济环境保持大致的不变作为其交易基础。②

Lenel 等学者认为,Windscheid 的前提假设实际上无法与法律不予考虑的动机明确区分,而采纳前提假设理论实际上等于又重新承认了法律认为不重要的动机,这样会严重危害交易安全。③

在研究了包括 Windshceid、Oertmann、Kaufmann、Krückmann、Locher 等人的理论后,Larenz 主张应对"主观行为基础"以及"客观行为基础"作出区分。

A) 主观行为基础

所谓"主观行为基础"是指:"合同双方当事人的某种共同的设想或肯定的期待,他们在订立合同时都以这种设想或期待为出发点,而且如果任何一方当事人只要知道这种设想或期待的不正确性,就不会订立合同、或不会以该内容订立合同,或至少对方当事人在诚实经营的情况下不会(无理)坚持要求他履行合同。"④

很明显,Larenz 的"主观行为基础"理论的参照模型大致上就是 Oertmann 的"行为基础理论"。他所做的只是一方面对如何判定预想的重要性作了补充的说明:首先,他指出这一预想必须对合同的缔结有足够的重要性,即当事人如果知道自己的预想不正确,最初就不会缔结合同或不会缔结同一内容的合同。其次,他又把 Oertmann 所收紧的要件进一步收紧(Oertmann 认为只要表意人的预想被相对人所知又未被反对,又或者该预想也是相对人的预想,则有关预想便是行为基础;Larenz 则认为主观行为基础预想必须是双方的共同预想而不是一方的预想)。这样,Larenz 认为他已经修正了 Oertmann 的理论并回应了 Lenel 对于如何区别行

---

① 参见 Karl Larenz, *Base del Negocio Jurídico y Cumplimiento de los Contratos*, traducción de Carlos Fernández Rodríquez, Editorial Comares, 2002, p. 21.

② 参见 Karl Larenz, *Base del Negocio Jurídico y Cumplimiento de los Contratos*, traducción de Carlos Fernández Rodríquez, Editorial Comares, 2002, p. 22.

③ Windscheid 所指的预设首先是单方面从表意人的角度出发的,虽然他也知道可能法律行为的双方都存有同样的预设,但是他并没有要求以双方的预设重合作为有关预设成立的要件。因此,只要一方证明有这样的预设存在,他便可以摧毁已经成立的法律行为。这样的结果无疑对交易安全带来重大的伤害,所以与其同代的法学家对该理论的批评也是不无道理的。

④ 转译自 Karl Larenz, *Base del Negocio Jurídico y Cumplimiento de los Contratos*, traducción de Carlos Fernández Rodríquez, Editorial Comares, 2002, p. 211;在[德]卡尔·拉伦茨著,王晓晔、邵建东等译的《德国民法通论》(下册),法律出版社 2003 年版,第 538 页中,对客观行为基础的定义略有不同:"客观行为基础是指这些情形:根据合同的意义,它们的发生或持续存在是合同存在的先决条件,而无论当事人有没有意识到这一点。"

为基础与动机的质疑。① 另外，Larenz 又认为，主观行为基础错误既包括涉及现时情形的双方错误，也包括涉及将来情形的双方错误。② 他的这一认识与 Wieacker 的意见相反。③

属于"主观行为基础"缺乏或消失的情况很多，当中包括被很多德国学者引述的"卢布案"④、"交易所行情案"⑤以及一系列与计算错误有关的案件。

---

① 参见 Karl Larenz, *Base del Negocio Jurídico y Cumplimiento de los Contratos*, traducción de Carlos Fernández Rodríguez, Editorial Comares, 2002, p. 21.

② ［德］卡尔·拉伦茨:《德国民法通论》（下册），王晓晔、邵建东等译，法律出版社 2003 年版，第 538 页。在该著作中，他还列举了以下案例作为说明：在第一个案件中，双方当事人在货币改革以后不久，就财产惩用赔偿费的数额达成了合意。根据当时的判例，财产惩用赔偿费同普通金钱债权一样，应以 10∶1 的比例换算成德国马克。由于当事人预期这个判例会继续存在下去，因此他们以这个比例将帝国马克折算成德国马克。事后，法院变更了这一判例，规定这类财产惩用赔偿费作为"价值债务"应按 1∶1 的比例换算。联邦最高法院认为这是一种必须予以重视的行为基础的变更。在第二个案例中，土地买卖合同的双方当事人预期某些土地在不久将来会成为建筑用地，但这一期待没能实现。联邦最高法院认为这是"一种双方对行为基础发生的错误"。在第三个案例中，双方当事人一致认为，在合同订立时还存在的某个给付障碍不久就会消失，但这一期待被证明是错误的。联邦最高法院因此认为这是行为基础丧失。（全部参见拉伦茨的上述著作，第 538 页，注 95，该注内还有其他案例。）

③ Wieacker 认为，主观行为基础应限制在当事人对某种特定的、他们作过设想的情形的存在发生错误的情况，而双方当事人对未来情形的期待没有成就的情形应排除在主观行为基础之外。因为 Wieacker 认为，在对**未来情形**的期待没有成就的情况下，当事人并没有发生错误，而只是"人的未来生活规划的落空"。法律原则上对这种落空不予重视。全部转引自［德］卡尔·拉伦茨:《德国民法通论》（下册），王晓晔、邵建东等译，法律出版社 2003 年版，第 537 页；但是引述时亦参考了该著作的西班牙语译本。

④ 属于这一情况的最著名案例是所谓的德国帝国法院所处理的"卢布案"。在该案中，一笔贷款是以俄罗斯卢布发放的，偿还时则应使用德国马克。卢布与马克的实际比价是 1 卢布等于 1 芬尼，但是当事人误以为该比价是 1 卢布等于 25 芬尼，因此将马克标示的款额标高了 25 倍。关于此案的处理方法，不同学者有不同的见解，例如 Larenz 认为应以主观行为基础理论解决，而 Flume 与 Medicus 则主张通过法律行为的解释解决。[此案在 Larenz 的上述著作 *Base del Negocio Jurídico y Cumplimiento de los Contratos*（第 42 页以后），Flume 的上述著作 *El negócio Juridico*（第 591 页以后）以及 Medicus 的上述著作（第 661 页）中都曾被引述。]

⑤ 如前所述，在该案中，原告被告诉他的银行（被告）某股票的交易所行情是 340 至 342 元，并向银行下了最高以 342 元买货的指令。可是交易行情实际是 437 又 1/2 元。银行按该行情买了货，但是又告知原告其买价是 337 又 1/2 元（低于原告的指令价）。Von Tuhr 认为这是双方对行为基础产生错误，而 Larenz 赞同。参见 Karl Larenz, *Base del Negocio Jurídico y Cumplimiento de los Contratos*, traducción de Carlos Fernández Rodríguez, Editorial Comares, 2002, pp. 46 – 47.

B) 客观行为基础

所谓"客观行为基础"是指：一系列的情事及一般状况，根据双方当事人意思的含义，它们的发生或持续存在是合同有意义地存在所必需的。①

虽然经上述修正后，Larenz 认为他的主观行为基础理论已经基本上响应了 Lenel 对 Windscheid 的前提假设论以及 Oertmann 的早期行为基础理论的批评，但是他也发现，有的被称为行为基础的情况，如像 Oertmann 那样仅仅从当事人的心理角度思考是解决不了或解决得不好的（例如因战争与通胀等事件导致给付等价关系不存在的情况）。因为当事人的合同在某种程度上也取决于其缔结合同时的社会状况，倘若在缔结合同后这些状况发生了当事人不可能想象到的根本改变，则当事人在缔约时没有以此为根据去考虑其本身的利益以及作出风险的分担（亦即没有对这些情况进行设想），所以如合同按原来的条件履行将会丧失其本来意义并得出完全不同于当事人理性地规划的后果。

对于这些情况，Larenz 认为应该循不同的道路思考问题。② 而他的方法就是重新分析了一系列与 Clausula Rebus Sic Stantibus（情事不变条款）有关的理论（主要包括 Kaufmann，Krückmann 及 Locher），并从中总结出他的"客观行为基础理论"。

在第一次世界大战之前，Erich Kaufmann 又重新展开对 Clausula Rebus Sic Stantibus 的研究。他认为即使双方缔约人均没有将情事不变条款采纳到其"经验上的意思"上，该条款也必然会发生作用。因为真正决定法律效果的并不是上述的"经验上的意思"，而是"效果意思"。"效果意思"所指向的就是所有符合特定合同类型之本质的东西，或者说其"根本的法律目的"。而情事的变更当危及合同的"根本目的"（例如，当摧毁了合同根本目的所要求的给付与对待给付之间的等价关系）。③

在第一次世界大战期间，Krückmann 便开始透过对众多的法院判决的分析，主张情事不变条款理论在司法实务上有效存在。他把情事不变条款构建成一种"虚拟的保留"，即该条款乃其法律行为意思表示的逻辑—内在部分，双方当事人无须知道其存在。换言之，倘若当事人不明确反对该条款的适用、不破坏此一"虚拟

---

① ［德］卡尔·拉伦茨：《德国民法通论》（下册），王晓晔、邵建东等译，法律出版社 2003 年版，第 541 页。

② 参见 Karl Larenz, *Base del Negocio Jurídico y Cumplimiento de los Contratos*, traducción de Carlos Fernández Rodríguez, Editorial Comares, 2002, p. 24.

③ 参见 Karl Larenz, *Base del Negocio Jurídico y Cumplimiento de los Contratos*, traducción de Carlos Fernández Rodríguez, Editorial Comares, 2002, p. 26.

的保留",则情事不变条款成了合同的内容。①

最后,Locher 将 Oertmann 主要从心理上考察的行为基础理论与从规范—目的上论述的情事不变条款理论结合,形成新的行为基础理论。他认为,行为基础并不是由当事人的设想构成的,而是由那些为达到合同目的所必需的情事所构成的。当出现了一些可影响当事人透过法律行为所追求的目的,则有理由可解除合同。Locher 所指的合同目的与 Kaufmann 所指的根本目的不一样。他认为只有通过双方的合意才能将一方的目的转变为法律行为的目的。另外,行为基础是由达到法律行为之目的所必需的客观情事所构成的,因此不应区分情事的自始不存在或事后消失。②

很明显,Larenz 的客观行为基础理论是从上述学者的理论中吸取养分的。而在对德国及其他国家长期(近一百年)及大量的相关判例进行分析研究后,他又为其客观行为基础理论设定了两个积极标准③及三个消极标准或前提。

积极标准(即发生下列情况将会导致客观行为基础的丧失)包括:1) 作为合同前提的等价给付关系遭到绝对的毁灭;④2) Krückmann 所指的合同目的不可

---

① 全部参见 Karl Larenz, *Base del Negocio Jurídico y Cumplimiento de los Contratos*, traducción de Carlos Fernández Rodríquez, Editorial Comares, 2002, p. 26;另外,也可参见 Luís A. Carvalho Fernandes, *A Teoria da Imprevisão no Direito Civil Português* (Reimpressão com nota de actualização), Quid Juris, 2001, p. 65.

② 全部参见 Karl Larenz, *Base del Negocio Jurídico y Cumplimiento de los Contratos*, traducción de Carlos Fernández Rodríquez, Editorial Comares, 2002, pp. 27-28;另外,也可参见 Luís A. Carvalho Fernandes, *A Teoria da Imprevisão no Direito Civil Português* (Reimpressão com nota de actualização), Quid Juris, 2001, p. 64.

③ 实际上这两个前提都是参照前面所提及的理论而得出的。关于 Larenz 的以上结论,参见 Karl Larenz, *Base del Negocio Jurídico y Cumplimiento de los Contratos*, traducción de Carlos Fernández Rodríquez, Editorial Comares, 2002, p. 92.

④ 在双务合同中,一方当事人之所以作出给付就是为了获得另一方的对待给付,所以对于当事人而言,他方的对待给付与其自己所作出的给付是完全等价的(当然,等价与否实际上是由当事人自己的价值观决定的,而不是按客观或一般的计价方式决定,只要当事人愿意以其自身的给付交换对方的给付,那么给付就是等价的)。倘若这一等价关系是双务合同的基本要素或其法律性质的构成要素,则该等价关系因情事的变更而改变的话,则对待给付便不再具有其原本意义了。例如:在一件发生在1929年的案件中,某公司的一位股东在解除了成立公司的合同后,承诺以特定价格将一项原属该公司所有、但在公司分割后将归他所有的不动产转让给一位第三人。该协议在1929年订立,是在公司还没有作出财产分割之前,由于货币的贬值,按马克纸币计算,该股东结果以高于其转让给第三人之价格很多的金额获得该不动产的分配。法院的判决认为,给付与对待给付的等价关系不变是双方缔结合同的前提,而上述情况使到行为基础丧失。(以上论述与案例均参见 Karl Larenz, *Base del Negocio Jurídico y Cumplimiento de los Contratos*, traducción de Carlos Fernández Rodríquez, Editorial Comares, 2002, pp. 122-127.)

能达到。①

消极标准(即下列情况的发生将不视为客观行为基础丧失)包括:1) 所发生或改变之情事属个人情事,或仅影响受害人本人的范围(不可抗力的限制);2) 所发生或改变之情事之所以对合同产生影响仅仅是因为受害人自身的迟延履行(Mora solvendi 或 Mora accipiendi);3) 所发生或改变之情事属合同本身应承担的风险,所以是可以预期的。②

总的来说,Larenz 的"主观行为基础"可以被视为 Windshceid 之**前提假设论**的延续,而其"客观行为基础"则为滥觞于中世纪的情事不变条款理论的延续。在 Larenz 的论述体系中,主观的行为基础属于法律行为(民法总则)的范畴,而客观交易基础则处于合同履行(给付障碍)的范畴。

(七) 合同落空理论(Frustration)

英国法中与德国法律行为基础障碍具有类似功能的理论是合同落空理论。③

合同落空(Frustration)理论是通过 1863 年的 Taylor V. Caldwell 案④在英国确立起来的。⑤ 在该案中,原告以每天 100 英镑的价格租用被告的音乐厅,用以举办四场娱乐活动。在第一场音乐会开始的一周前,音乐厅被烧毁,导致不可能按时在此举办音乐会,而合同中没有约定任何关于此等情况出现时的风险分配规则。原告对被告提起诉讼,要求后者承担违约责任。对此,Blackburn 法官在判决中指出,"……双方当事人必然自始就知道,合同的履行以某些特定事物的继续存在为前提,否则该合同将无法履行……在订立合同时,双方当事人必然是以这样的继续存在为基础(foundation)……隐含的条件(implied condition)是,有关事物在缔约人无过错的情况下消灭,导致合同的履行变得不可能,则当事人不构成违约,不须承担责任"。⑥

---

① 在这个情况下,即使合同的履行仍然可能,但是已经无法达到合同的目的(功能)。属于这个情况的最重要例子是英国法著名的国王加冕案即 Griffith V. Brymer(关于此案的内容,参见 H. G. Beale & others, *The Common Law Library*, number 1, Chitty on Contracts, 27th Ed., Sweet & Maxwell, 1994, p. 305;对于将该案列为合同目的不可能达到的类型,参见 Karl Larenz, *Base del Negocio Jurídico y Cumplimiento de los Contratos*, traducción de Carlos Fernández Rodríquez, Editorial Comares, 2002, pp. 138.)。

② 参见 Karl Larenz, *Base del Negocio Jurídico y Cumplimiento de los Contratos*, traducción de Carlos Fernández Rodríquez, Editorial Comares, 2002, p. 159.

③ Reinhard Zimmermann, *The Law of Obligation—Roman Foundations of Civilian Tradition*, New York: Oxford University Press, 1996, p. 582.

④ (1863) 3 B. & S. 826.

⑤ Guenter Treitel, *The Law of Contract*, Sweet & Maxwell Ltd., 2003, p. 867.

⑥ (1863) 3 B. & S. 826 at 833.

起初在普通法上,落空的结果是合同自动地、立即地消灭,所有未来的债务都获免除,这种境况经过 1943 年的法律改革后发生了变化。①

(八) 不可抗力(Force majeure/Impossibility)

在英国法上,由于适用合同的落空有相当严格的要求,导致不可抗力条款的发展。②

国际统一私法学会(Unidroit)于 1994 年编纂了《国际商事合同通则》(Principles of International Commercial Contracts,简称 PICC),并分别于 2004 年和 2010 年对之进行了两次比较大的修订。其中也对"不可抗力"(Force majeure)这一履行障碍进行了系统的规定:③

第 7.1.7 条

(不可抗力)

(1) 若不履行的一方当事人证明,其不履行是由于非他所能控制的障碍所致,而且在合同订立之时,无法合理地预期该方当事人能够考虑到该障碍,或者避免或克服该障碍,或其后果,则不履行方应予免责。

(2) 若障碍只是暂时的,则在考虑到该障碍对合同履行影响的情况下,免责只在一段合理的期间内具有效力。

(3) 未能履行义务的一方当事人必须将障碍及其对履约能力的影响通知另一方当事人。若另一方当事人在未履行方知道或应当知道该障碍后的一段合理时间内没有收到该通知,则未履行方应对另一方当事人因未收到该通知而导致的损害,负赔偿责任。

(4) 本条并不妨碍一方当事人行使终止合同、暂停履行或对到期应付款项要求支付利息的权利。

(九) 艰难情势(Hardship)

提到了不可抗力,就不能不提艰难情势(Hardship)。《国际商事合同通则》中亦对艰难情势制度作出如下规定:

---

① Basil Markesinis, Hannes Unberath and Angus Johnston, *The German Law of Contract—A Comparative Treatise*, 2nd Edition, Oxford: Hart Publishing, 2006, p. 334.

② 同上。

③ 《国际商事合同通则》的中文版翻译参考自张玉卿主编:《国际统一司私法协会国际商事合同通则 2010(英汉对照)》,中国商务出版社 2012 年版。下同。

第 6.2.2 条
（艰难情势的定义）
所谓艰难情势，是指发生的事件致使一方当事人的履约成本增加，或者所获履约的价值减少，因而根本改变了合同的均衡，并且
(a) 该事件在合同订立之后发生或为受到不利影响的当事人所知悉；
(b) 受到不利影响的当事人在订立合同时不能合理地预见到该事件；
(c) 该事件不能为受到不利影响的当事人所控制；而且
(d) 该事件的风险不由受到不利影响的当事人承担。

上述条文的主要作用是，当不正常情事发生时，赋予当事人重新磋商合同的义务(Dever de renegociação do contrato)。有学者认为，即使《葡萄牙民法典》没有直接规定，但是其第 437 条的情事变更原则不仅没有排除双方当事人重新磋商合同的可能性，反而应理解为当事人需要优先重新磋商。[①]

（十）共同错误(Commom Mistake)

如前所述，虽然动机错误原则上不能获得救济，但确实存在一些动机错误，假如其不存在，当事人本来根本不会订立合同。为了修正传统的动机错误理论，一些法国法学家指出，如果双方当事人都对与合同有关的情况存在认识错误，且如果他们知道真相将不会订立合同，则允许对此情况进行救济。[②] 同样，英美法中的传统规则是，如果双方当事人存在共同错误(Common Mistake，又称 Mutual Mistake)，允许对有关履行特征的错误给予救济。[③] 共同错误理论有助于在不能获得救济的动机错误与能够获得救济的动机错误之间划定界限。[④]

（十一）风险分配(Allocation of Risks)

也许为了表明在法学领域提出风险论题的创新性，有论者认为法学家一直很少关注风险这个概念。[⑤] 然而，对罗马法及近现代法制史有一定认识的人很容易就可以指出情况并非如此。《学说汇编》内所记载的"买希望(Emptio Spei)"和"买

---

① António Pinto Monteiro, Júlio Gomes, *A Hardship Clause e o Problema da Alteração das Circunstâncias*（*Breve Apontamento*）, in *Juris et de Jure—Nos vinte anos da Faculdade de Direito da Universidade Católica Portuguesa—Porto*, Porto, 1998, p. 39.

② Raymond, *Droit civil*, no. 236; Christian Larroumet, *Droit civil 3: Les obligations: Le contrat*（5 thn., Paris, 2003）, no. 338.

③ The American Law Institute, *Restatement of the Law of the Contracts*, 1932, §503.

④ [美] 詹姆斯·戈德雷：《私法的基础：财产、侵权、合同和不当得利》，张家勇译，法律出版社 2007 年版，第 511 页。

⑤ Tim Kaye, *Law and Risk: an introduction*, in Gordon Woodman and Diethelm Klippel（ed.）, *Risk and the Law*, Oxford: Routledge-Cavendish, 2009, p. 4.

希望之物(Emptio rei speratae)"的区分就是罗马法合同分险分配制度的最典型例子。①另外,关于买卖目标物风险转移的著名格言"Periculum est emptoris"、"Res perit dominio"、"Periculum est locatoris"等等,无一不是罗马法与现代民法中历久常新的论题。②

到了现代(20世纪),无论大陆法系还是英美法系的判例或学术著作都一直积极关注风险论题(例如:由德国学者 Flad 在 1919 年提出、后来被帝国法院采纳的 Handeln auf eigene Gefahr 理论;美国纽约法院 1929 年作出的著名判决"Flopper case"③)。

具体到错误与行为基础理论的范畴,Werner Flume 就曾表明先前已经有不少学者(例如 Kegel, Rabel, Blomeyer)正确地从风险的角度考察相关问题,而他自己也明确地指出:"……行为基础理论所涉及的所有情况都与以下问题有关:谁负担源自现实世界的风险?"④然而,不可否认的是,虽然不少法学著作都意识到风险的重要性,甚至以风险概念作为分析合同或其他制度的工具,但是对于这个工具本身(姑且称之为风险概念的本体论)却很少法学者会进一步追问。

使风险概念转化为法学分析的恒常工具以及方法论上的论题,得益于法学与经济学的结合,尤其是 20 世纪的"法的经济分析"。这一领域的风云人物,美国大法官 Richard Posner 将风险论题置于"效用"范畴,指出"厌恶风险"(Risk aversion)是货币"边际效用递减理论"(Principle of marginal utility)的推论,一般情况下人都有"厌恶风险"(Risk aversion)的倾向。⑤ 然而,指出人有避险偏好是一回事,在设计(合同)制度时如何分配风险是另外一回事,而在现行(合同)制度

---

① D. 18, 6, 8, pr; D.18,1,8, 1. 关于这两个制度的详细介绍,参见唐晓晴:《澳门民法典中的将来物与将来物买卖合同》,载《民法基础理论与澳门民法的研究》,中山大学出版社 2008 年,第 187—205 页。

② 大陆法系学者对于风险的研究可谓从无间断,在 20 世纪的不同年代一直都有人以此为研究题目。例如 Emilio Betti, "*Periculum*"—*Problema del rischio contrattuale in Diritto romano classic e giustinianeo*, in *Studi in onore di Pietro de Francisci*, Vol. I, 1956, pp. 131 - 197; Mariano Alonso Pérez, *El riesgo en el contrato de compraventa*, Montecorvo, 1972, pp. 168 - 218; Nuno Aureliano, *O Risco nos contratos de Alienação—Contributo para o estudo do direito privado português*, Almedina, 2009, pp. 102 - 167. 此三部作品都有关于合同风险研究历史沿革以及其本国法相关制度的详细论述。

③ 关于这些内容的更详细论述,参见 Ansgar Ohly, The assumption of risk, in Risk and the Law, Oxford, 2009, pp.85 - 87.

④ Werner Flume, *El negocio jurídico*, traducción de José María González/Esther Gómez Calle, Fundación Cultural del Notariado, Madrid, 1998, p. 589.

⑤ [美]理查德·A·波斯纳:《法的经济分析》(上),蒋兆康译,中国大百科全书出版社,1997 年,第 13 页。

没有明确分配规则时如何(按什么标准)在当事人之间分配风险更是完全不同的事。

对于最后一个问题,Posner 通过以下例子给出了一个实际上非常保守的答案:在著名的"买牛案"(Sherwood v. Walker,1881)中,买卖的目标物是一只名为 Abalone Rose 2 的母牛。买卖双方都认为这头牛是不能生育的,而价格也是依照双方的这一认识而确定的。然而事实的情况是,在买卖发生的时候,那只牛已经怀胎了。当时,这个品种的牛如有生育能力,它的价格将是其销售价的十倍。为此,卖方请求解除合同。案件表明该交易中,销售价已经包含了将牛可能怀孕的概率折算的价值。Posner 认为,即使没有这样的证据,也不应该支持卖方的请求,因为"所有者有办法以比买方低的成本获取关于其财产情状的信息,从而能比潜在买方成本更低地避免与这些情状有关的错误。这就是为什么房屋的卖方要为买方对其房屋的隐蔽瑕疵负责任的原因。"① 这不就是罗马法风险归出卖人或风险归所有权人原则吗!?

本文所探讨的法律行为基础理论,与风险分配的问题息息相关,围绕前者而构建的各种制度,也多以降低和管理风险(主要是未来的风险)为己任,如此便产生了法律行为基础的不正常变更与"合同本身的风险"之间的关系的问题,而此问题在射幸合同中尤其突出。

正如下文将会阐述的,《德国民法典》第 313 条第 1 款、《葡萄牙民法典》第 437 条第 1 款及《澳门民法典》第 431 条第 1 款都明确提及了风险的问题,根据这些规定,如果有关情事的变更为合同本身的风险所涵盖,则不能获得救济。而合同本身的风险范围可大可小,通常取决于合同的类型、期限等因素。可见,无论法律行为基础等等理论还是情事变更等等制度,均具有补充性,如果合同类型所决定的风险分配原则与因情事变更而解除或变更合同的可能性之间发生了冲突,则应以前者为优先。

由此引发的另一问题是,因情事变更而解除或变更合同的制度是否可被适用于射幸合同?如果可以,有哪些适用条件?

有些法律明确规定排除将情事变更制度适用于射幸合同的可能性,例如《意大利民法典》第 1469 条。有些国家的法律则没有对此作出明确规定,导致学界对这一问题多有争议。在葡萄牙,一些学者主张排除将不可预期理论或情事变更制度适用于射幸合同的可能性,理由是当事人在订立合同之时已经就风险的承担作出了安排,持此主张的学者包括 Cunha Gonçalves、Pires de Lima、Antunes Varela、

---

① [美]理查德·A·波斯纳:《法的经济分析》(上),蒋兆康译,中国大百科全书出版社,1997 年版,第 131 页。

Menezes Cordeiro 等等,但也有不少学者主张在"十分例外"的情况下允许以情事变更为依据解除或变更射幸合同,例如 Luís Menezes Leitão、José de Oliveira Ascensão、Pedro Pais de Vasconcelos、M. Carneiro da Frada 等等。[①] 这场争论至今仍未停歇。

五、规则的表达

(一) 概述

如前所述,面对合同订立后情事发生重大变更或者当事人在订立合同之时即对情事的认识存在错误的现实问题,为了解决这些问题,法学家们秉持着契约必须履行、善意、衡平等核心价值和原则,后来又在这些原则的不断斗争和妥协下,提出了诸如情事不变条款、前提假设论、不可预期论、行为基础、合同落空理论、共同错误、风险分配等诸多命题和话语。这些理论在欧洲近现代的法典化运动中被逐渐落实到制定法中。

对此,不同的国家和地区亦作出不同的选择。例如,如前所述,德国在 2002 年的债法改革中将法律行为基础理论引入其民法典,而法国在刚刚于 2016 年完成的法律改革中则在民法中确立了不可预期论的原则性地位。即便是同一命题或话语,在不同的法律体系中也可能具有不同的含义。以合同"落空"这一命题为例,其在德国法学中的含义和法律后果更接近于英国衡平法中的错误,如果合同因错误而缔结,所产生的是调整合同的法律后果,但与英国法中的"落空"则有很大差别,根据英国法,一旦合同目的"落空",合同将自动终止。[②]

由于本文的主要目的是对《澳门民法典》第 245 条进行法教义学上的解释,因此本章中除描述澳门制定法中的有关规定外,还将介绍德国和葡萄牙民法中的有关规则,这是因为,这两个国家的民法典——包括其中关于错误和情事变更的具体制度——对澳门民法的制定产生了或者直接或者间接的巨大影响。1966 年的《葡萄牙民法典》受到了 1900 年的《德国民法典》的显著影响,这不仅体现在将整部法

[①] Paulo Mota Pinto, *O Contrato como Instrumento de Gestão do Risco de "Alteração das Circunstâncias"*, in *O Contrato na Gestão do Risco e na Garantia da Equidade*, coordenação António Pinto Monteiro, Instituto Jurídico da Faculdade de Direito da Universidade de Coimbra, 2015, pp. 98 - 102.

[②] Basil Markesinis, Hannes Unberath and Angus Johnston, *The German Law of Contract—A Comparative Treatise*, 2nd Edition, Oxford: Hart Publishing, 2006, p. 333.

典分成五卷,并由民法总则统领下面四卷的体例上,①而且体现在不少具体制度的设计上。而由于历史的原因,1999 年的《澳门民法典》在很大程度上承袭自 1966 年的《葡萄牙民法典》,虽然在某些具体制度的设计上因应澳门社会现状进行了本地化而有所创新,但绝非凭空而起的一部新法典。②

因此,要解释澳门法中的有关规则,必须首先对这两个国家法律中的有关规定进行分析。

(二)《德国民法典》

如前所述,1900 年的《德国民法典》并没有采纳 Windscheid 的前提假设论。这在法典颁布之初并没有出现很大的问题,因为其时欧洲处于一个社会经济生活相当稳定的状态。第一次世界大战的突然爆发使得以前提假设论为前身的理论不断涌现出来,法官在司法实践中也发展出了一整套应对此类问题的规则。在 2002 年,通过债法改革的机会,德国立法者将这些理论和司法经验成文法化:

2002 年 1 月 1 日开始生效的债法修正案修改了《德国民法典》第 313 条,明确地以"行为基础障碍"(Störung der Geschäftsgrundlage)为标题,并规定:"(1) 缔约后如果契约赖以缔结的基础情事发生了重大变化,而契约双方如果预见到这种变化,就不会缔结该契约,或者会以不同的内容缔约,在考虑个案的所有情况,尤其是契约约定或法定的风险分配情况后,不能合理地期待一方当事人遵守原契约的,可以请求调整契约。(2) 如果已经成为契约基础的重要假定后来发现是错误的,视为情事发生变化。(3) 如果契约调整不可能,或者不能合理地期待一方当事人接受这种调整的,不利方当事人可以解除契约,如果系继续性债务关系契约,解除权为契约终止告知权所取代。"

(三)《葡萄牙民法典》

"人是历史的生物","任何人想了解法的当下情况,就必须同时考量它的历史演进以及它对未来的开放性"。③ 本文旨在评注的是《澳门民法典》中的一个条文,而众所周知,由于历史的原因,1999 年的《澳门民法典》在很大程度上承袭自 1966 年的《葡萄牙民法典》,研究《澳门民法典》中关于行为基础错误与情事变更理论,必

---

① Claus-Wilhelm Canaris, *Funções da Parte Geral de um Código Civil e Limites da sua Prestabilidade*, in *Comemorações dos 35 anos do Código Civil e dos 25 Anos da reforma de 1977 - volume II a Parte Geral do Código e a Teoria Geral do Direito Civil*, Coimbra Editora, 2004, p. 23.

② Luís Miguel Urbano, *Breve Nota Justificativa*, in *Código Civil*, Versão Portuguesa, Imprensa Oficial de Macau, 1999, p. VIII.

③ [德] 卡尔·拉伦茨:《法学方法论》,陈爱娥译,商务印书馆 2015 年版,第 73 页。

然也要从葡萄牙民法学理论开始。

在 1966 年《葡萄牙民法典》制定之前,该国司法界对于情事不变条款的态度主要是否定的。葡萄牙最高法院 1959 年 6 月 30 日的判决就指出:"我们的法律不接受所谓的 Rebus sic Stantibus 条款,也不接受以损失作为解约的理由;只有在行政法的长期执行合同中才有可能采纳不可预期理论。"[1]这与同一时期法国司法实践中的主流理论十分接近。

Emilio Betti 曾在 20 世纪 50 年代很好地阐述过不可预期理论,他指出,债法的特征是合作,所以每一项债法关系都会表现出合作。当缔约后情事发生变化,就可能给一方的履行造成"过重的负担",双方约定的给付就会因为失去平衡而丧失合作性质。[2] 然而,Betti 的论述只是学理阐述,并没有为立法提供规范用语和标准[3](例如,如何定义合作、给付失去平衡为何不能合作,等等)。

20 世纪五六十年代以后,前述 Oertmann 所提出的"行为基础"的概念逐渐被葡萄牙学者所接受和使用,包括 Manuel de Andrade 教授[4]、Antunes Varela 教授[5]和 Vaz Serra 教授[6],虽然其他一些学者——例如 Rocha de Gouveia 教授[7]和 Luís Carvalho Fernandes 教授[8]——仍然倾向于用不可预期论来阐释这一问题。葡萄牙学者不仅采纳了行为基础理论,也留意到了 Oertmann 的理论所收到的批评,最后,有限制地采纳了德国法律行为基础理论的"合同因情事变更而解除或变更"制度被确立下来:

1966 年的《葡萄牙民法典》第 437 条第 1 款规定:"当事人作出订立合同之决定所依据之情事遭受非正常变更时,如要求受害一方当事人履行该债务严重违反善意原则,且提出该要求系超越因订立合同所应承受之风险范围,则该受害当事人有

---

[1] BMJ, 88, 1959, pp. 295 - 298.

[2] Emilio Betti, *Teoria generale delle obbligazioni*, Milano, 1953, pp. 9 ss.

[3] António Menezes Cordeiro, *Da Boa Fé no Direito Civil*, Almedina, 1984, p. 913.

[4] Manuel de Andrade, *Teoria geral da relação jurídica*, Vol. II -Facto Jurídico, em especial Negócio Jurídico, reimp., Coimbra, Almedina, 1974, pp. 246, 403 e ss.

[5] Antunes Varela, *Notas breves sobre o conceito de causa no Código civil português*, em RDES 2 (1946 - 1947), pp. 103 - 130; Antunes Varela, *Ineficácia do testamento e vontade conjectural do testador*, Coimbra Editora, 1950, pp. 203 e ss. e 323 e ss.

[6] Vaz Serra, *Resolução ou modificação dos contratos por alteração das circunstâncias*, em BMJ 68 (1957), pp. 308 e ss.

[7] Rocha de Gouveia, *Da teoria da imprevisão nos contratos civis*, in Revista da Faculdade de Direito da Universidade de Lisboa, 1958.

[8] Luís Carvalho Fernandes, *A Teoria da Imprevisão no Direito Civil Português*, reimp. com nota de atualização, Lisboa, Quid Juris, 2001.

权解除合同或按衡平原则之判断变更合同"。从其内容可以清楚地看出,立法者为此制度设计了非常灵活的前提条件,能够包含现实生活中出现的各种可能性,当然,这也为裁判者的价值判断提供了一个辅助标准,结果是限制了裁判者的自由裁量。而这也体现了葡萄牙法律秩序对长期以来争论不休的合同强制力与合同公正之间的协调问题作出的回答。①

可见,葡萄牙立法者一方面采纳了法律行为基础理论,但另一方面又以合同稳定性之名施加了一些必要的限制,规定要解除或变更合同必须同时具备诸多要件,包括:(1)有关情事为"当事人作出订立合同之决定所依据之情事",即有关情事涉及"法律行为基础";(2)该等情事遭受"非正常变更";(3)严重损害了一方当事人;(4)非为"合同本身的风险"所包含,且要求履行债务严重违反善意原则。② 此外根据第 438 条的规定,受害一方当事人在情事出现变更时不得已经处于迟延状况,否则也不享有解除或变更合同的权利。另外 Manuel de Andrade 还指出,构成法律行为基础的这些情事必须是对方当事人中缔结法律行为之时所知的或可认知的情事,并对有关变更的重要性提出要求,即假如对方当事人被告知有关法律行为以所假定的情事的成立为条件时其会接受这一条件或根据善意原则其应当接受这一条件,否则不适用情事变更制度。③

在错误法方面,1966 年的《葡萄牙民法典》并没有将涉及法律行为基础之错误作为一种独立的错误类型,而只是将之作为动机错误的一种例外情况。《葡萄牙民法典》中的错误制度规定在第 247—252 条,分别规定了"表示之错误"(第 247 条,"Erro na declaração")、"误算或误写"(第 249 条,"Erro de cálculo ou de escrita")、"表示之传达错误"(第 250 条,"Erro na transmissão da declaração")、"关于人或法律事务标的之错误"(第 251 条,"Erro sobre a pessoa ou sobre o objecto do negócio")和"关于动机之错误"(第 252 条,"Erro sobre os motivos")。其中第 252 条第 1 款规定的是动机错误的一般情况,"错误如涉及意思之决定性动机,但又不涉及受益人本身或法律事务标的时,仅当双方当事人通过协议承认该动

---

① Paulo Mota Pinto, *O Contrato como Instrumento de Gestão do Risco de "Alteração das Circunstâncias"*, in *O Contrato na Gestão do Risco e na Garantia da Equidade*, coordenação António Pinto Monteiro, Instituto Jurídico da Faculdade de Direito da Universidade de Coimbra, 2015, p. 73.

② Paulo Mota Pinto, *O Contrato como Instrumento de Gestão do Risco de "Alteração das Circunstâncias"*, in *O Contrato na Gestão do Risco e na Garantia da Equidade*, coordenação António Pinto Monteiro, Instituto Jurídico da Faculdade de Direito da Universidade de Coimbra, 2015, pp. 78 - 79.

③ Carlos Alberto da Mota Pinto, *Teoria Geral do Direito Civil*, 4.aEdição por António Pinto Monteiro e Paulo Mota Pinto, pp. 610 - 611.

机之重要性时,方得为撤销之理由",①也就是说,原则上不可以主观上的错误为依据撤销合同,除非有关错误是订立有关法律行为的决定性动机,且双方当事人在协议中对此动机作出安排。接着,第252条第2款规定,"对于表意人之错误,如涉及构成法律事务基础之情事,则因作出法律事务时发生的情事有所变更而适用解除或变更合同之规定"。此处所指向的即为情事变更制度。可以认为,葡萄牙立法者接受了拉伦茨关于主观行为基础与客观行为基础的区分理论,但并未对二者进行区分,它们在法律上受到相同的对待。②

值得注意的是,葡萄牙各级法院对此制度的适用仍然是十分谨慎的。在1966年至1974年之间,几乎找不到法院适用《民法典》第437条的案例。1974年以后,以革命引发的社会变革为依据要求法院解除或变更合同的请求,通常都为法院所否定。直至近年来,尤其是在2007—2008年经济危机以后,在因作为合同订立基础之情事变更而由法院宣告解除合同的案例中,几乎全部都是涉及主观法律行为基础的情况,对于"法律行为基础的重大变更",即具有相当普遍意义的一些事件,法院倾向于不予考虑,以免在社会上产生一系列连锁问题。③

(四)《澳门民法典》

《澳门民法典》基本继承了1966年的《葡萄牙民法典》,但在错误制度的设计上却进行了较大的变动:④在《澳门民法典》中,规定错误制度的第240—245条中包含了"因瑕疵意思表示而生之错误"(第240条,"Erro-vício")、"非属客观上重要之错误"(第241条,"Erro não objectivamente essencial")、"表示或其传达上之错误"(第243条,"Erro na declaração ou na sua transmissão")、"误写或误算"(第244条,"Erro de cálculo ou de escrita")以及"涉及法律行为基础之错误"(第245条,"Erro sobre a base do negócio")几种类型。由此可见,澳门民法错误制度本地化

---

① 本文所引用之《葡萄牙民法典》的规定全部引自唐晓晴等译:《葡萄牙民法典》,北京大学出版社2009年版。下同。

② Paulo Mota Pinto, *O Contrato como Instrumento de Gestão do Risco de "Alteração das Circunstâncias"*, in *O Contrato na Gestão do Risco e na Garantia da Equidade*, coordenação António Pinto Monteiro, Instituto Jurídico da Faculdade de Direito da Universidade de Coimbra, 2015, pp. 80 - 81.

③ Paulo Mota Pinto, *O Contrato como Instrumento de Gestão do Risco de "Alteração das Circunstâncias"*, in *O Contrato na Gestão do Risco e na Garantia da Equidade*, coordenação António Pinto Monteiro, Instituto Jurídico da Faculdade de Direito da Universidade de Coimbra, 2015, pp. 104 - 110.

④ 唐晓晴:《意思表示错误制度在〈澳门民法典〉中的重构》,载《澳门大学法律学院学报》2011年第30期。

的其中一个重要的表现就是,涉及法律基础之错误成为一个独立分类。

如前所述,在 1966 年的《葡萄牙民法典》中,此类错误被规定在关于"动机错误"的第 252 条的第 2 款中,这种做法是不无争议的:一方面,这容易使人们认为,只有第 252 条第 1 款和第 2 款中分别规定的两种情况方属"动机错误"的范畴,但事实上,第 251 条所规定的两种"瑕疵错误"也可以被理解为动机错误;另一方面,第 252 条第 1 款所规定的"(其他)动机错误"实与本文所着重探讨的、第 252 条第 2 款所规定的"行为基础错误"在性质上有很大的不同,不应当置于同一条文中。[①]

因此,鉴于《葡萄牙民法典》中的有关规定在施行以来受到的批评和争议,结合《葡萄牙民法典》制定以后、《澳门民法典》起草以前各国家和地区——尤其是欧洲大陆国家——民法学界对错误理论和法律行为基础理论的探讨和发展,《澳门民法典》在错误制度、尤其是涉及法律行为基础之错误的规定上,进行了较大的变革:

如前所述,《澳门民法典》第 245 条规定:"如错误涉及构成法律行为基础之情事,则可按照经作出必要配合之第四百三十一条之规定撤销或变更有关法律行为。"与《葡萄牙民法典》第 252 条第 2 款相比,该条规定不仅取消了"表意人之错误"这一限定,而且直接点明此类错误的法律后果,即准用债法总则部分关于情事变更的规定,"撤销或变更有关法律行为"。

可见,所谓法律行为基础,就是一些"行为人在作出约定时,以之为出发点或基础"的情况。假若行为人对这些情况的认识有错误,则要求其履行明显违反善意原则。大部分葡萄牙学者均认为,这里所指的法律行为基础是双方作出意思表示之决定的基础,因此给付的等价关系也是根据该基础构建的。一旦该基础不存在,则等价关系便受到破坏,要求双方按原合同履行便违反了善意原则。举一简单例子,假如甲请出租车司机乙将他从高士德马路送到澳门大学,甲询问车资,甲与乙都知道,从新大桥走约需 70 元,从旧大桥走则只需 50 元,乙回答说 50 元。可是原来旧大桥在当日进行维修而早已关闭。双方都没有指明走旧大桥,但很明显,在此情况下,选择走旧大桥是双方或至少是乙以 50 元订立该合同的基础。由于该基础在订立合同之时已经是不存在的了,所以乙可以按第 245 条撤销或变更该法律行为。[②]

不同于错误制度,澳门的情事变更制度则基本承袭了葡萄牙的有关规定。具体而言,《澳门民法典》第 431 条所在分节的标题为"合同因情事变更而解除或变更",而该条中规定,"一、当事人作出订立合同之决定所依据之情事遭受非正常变

[①] 唐晓晴:《意思表示错误制度在〈澳门民法典〉中的重构》,载《澳门大学法律学院学报》2011 年第 30 期。

[②] 刘高龙、赵国强主编:《澳门法律新论》(上卷),唐晓晴执笔,社会科学文献出版社 2011 年版,第 215—216 页。

更时,如要求受害一方当事人履行该债务严重违反善意原则,且提出该要求系超越因订立合同所应承受之风险范围,则该受害当事人有权解除合同或按衡平原则之判断变更合同。二、解除合同之请求提出后,他方当事人得透过接受合同按上款规定被变更之意思表示,反对该请求。"

也就是说,《澳门民法典》将我们所讨论的涉及法律行为基础之错误的情况界定为错误的一种独立类型,①在民法典总则法律关系部分进行处理,但另一方面,规定涉及法律行为基础之错误的法律后果比照适用于第 431 条有关情事变更的规定,即可撤销或变更有关法律行为。不难发现,第 245 条的"法律行为基础错误"与第 431 条的"情事变更"所规定的情况非常相似,都是一些"行为人在作出约定时,以之为出发点或基础"的情况。只是,对于后者,有关基础在订立合同时是存在的,但订立合同之后却由于突发的原因而变成不存在的。②

澳门司法实践中也曾出现过适用《澳门刑法典》第 245 条的案例,从中可以管窥澳门法官对此条款的理解:

在 2012 年澳门初级法院轻微民事案件法庭审理的一个案件中,被告澳门电讯有限公司在其网上商店上错将原价每部澳门币 5880.00 元的 HTC ONE X 手机标价为每部澳门币 500.00 元。某日下午,原告在被告的网上商店购买了 10 部该型号的手机,并用信用卡进行了支付,总共澳门币 5000.00 元。事实上,当时上午被告即已发现标价错误的事实,但傍晚才对网站内容进行更正。两日后,被告职员通过电话告知原告其所购买商品的真实价格,其所支付的金额只是预订按金,要求原告支付所购买商品的余款,遭到原告拒绝,后被告取消原告的订单,并将后者所支付款项退回支付时所使用的信用卡账户。原告遂向法院提起针对被告的轻微民事案件诉讼程序,要求被告向其支付损害赔偿澳门币 50000.00 元、法定利息以及诉讼费用等等。法院认为,被告在其网站上将商品标价错误的行为属于意思表示错误中的误写的情况,根据《澳门民法典》第 244 条的规定,享有"更正该意思表示之权利",但在通知原告后,原告拒绝更正,则此时被告可根据第 245 条和第 431 条的规定撤销合同。据此,法院驳回了原告针对被告提出的诉讼请求。③

---

① 唐晓晴:《意思表示错误制度在〈澳门民法典〉中的重构》,载《澳门大学法律学院学报》2011 年第 30 期。

② 刘高龙、赵国强主编:《澳门法律新论》(上卷),唐晓晴执笔,社会科学文献出版社 2011 年版,第 216 页。

③ 参阅澳门初级法院轻微民事案件法庭第 PCI-12-0809-COP 号案;另见"澳门电讯自摆乌龙险受损",来源:澳门终审法院院长办公室,见 http://www.court.gov.mo/zh/subpage/news?id=513(2018 年 1 月 8 日访问)。

六、行为基础理论在 1966—1999 年之间的发展

(一) 引言

实际上,葡萄牙法中关于错误的分类很好地反映了葡萄牙民法糅合了拉丁法与德意志法文化的特征。在法国和意大利,传统的区分方式就是将错误分为"障碍错误"(Erreur‐obstacle)与"瑕疵错误"(Erreur‐nulite,即 Erro‐vicio)的。[①]

自 Windscheid 提出前提假设论开始,学者便将其纳入动机错误是否重要(是否导致法律行为意思表示可撤销)的讨论中。后来由于很多学者对该理论大肆批评,所以德国民事立法并没有采纳该理论,但是该理论一直在司法实务中被应用,并产生巨大影响,而学者对其的讨论也从未停止。而在德国以外的地区,行为基础理论甚至影响了包括 1966 年《葡萄牙民法典》在内的一些国外的立法。

可是,由于学者之间对该理论的认识不尽相同,而各方的讨论又非常激烈,所以关于该理论的真实内涵为何、其与错误的关系是什么,以至其确切适用范围有多大等问题一直都是民法研究的一个难点与热点。

由于拉伦茨的行为基础理论对葡萄牙民法影响很大,所以,下面将对前述行为基础理论在拉伦茨以后的发展脉络进行研究,而后再从中总结出它与错误的关系。

(二) 行为基础理论在拉伦茨之后的发展

拉伦茨从前人的基础上整合出来的"主观行为基础"与"客观行为基础"理论虽然在初期得到德国学者与法院的广泛回响,但是这些回响不完全是正面的。[②] 尤其是 20 世纪中后期以后,无论是德国本土还是外国的学者均对拉伦茨的理论发起批评。

1. 弗卢梅的批评和建议

在德国法中对拉伦茨的行为基础理论批评最激烈而影响又最深远的应属弗卢梅(Werner Flume)。

弗卢梅认为,行为基础理论所处理的是法律行为(尤其是债权合同)与该行为所指向的现实之间的关系问题。这一关系又可以有两种表现方式:(1) 当法律行

[①] Adolpho de Azevedo Souto, *Defeitos da Vontade em Direito Civil—o Erro*, I, Lisboa, 1926, pp. 84ss; Paulo Mota Pinto: *Declaração Tácita e Comportamento Concludente no Negócio Jurídico*, Almedina, 1995, pp.345‐346, nota 346.

[②] 弗卢梅在 20 世纪 60 年代便指出,交易基础所涉及的案件很多都可以通过有名合同本身的规定而得到解决;参见[德]维尔纳·弗卢梅:《法律行为论》,迟颖译,法律出版社 2013 年版,第 586—609 页。

为对现实情况的陈述有不正确时,这种不正确对法律行为的规范有何影响;(2)当作出法律行为后,现实情况发生变化,这种变化又对法律行为有何影响。对于这一问题(法律行为与其所指向之现实之间的关系)的处理,法律秩序在不同情况下有不同的规范方式(例如使到一些约定遵守某些生效要件、通过法律行为的解释,尤其是补充性解释)。在生前行为中,这个问题主要涉及的是债法合同,而债法在合同总则与有名合同中都有大量处理这些问题的规定;例如,履行不能时的处理方法、各种合同中的风险分担规定、关于合同的解除与单方终止的规定、不当得利返还的规定,等等。由此可见,法律并不是没有处理法律行为与其所指向之事实不符的情况。

而所谓的行为基础理论要处理的也是这样的情况,唯一不同的是,该理论是用来处理这些情况之中的一些当事人没有约定、法律也没有规定的漏洞情况。因此,它的作用是填补漏洞。可是,传统上认为应以行为基础理论解决的案件实际在性质上有很大的不同,所以难以建立一项统一的理论。而且这些案件中,如涉及有名合同,很多都是可以通过考察"合同的本质"(Naturale Negotii)[1]而获得解决的,但即使是所涉及的法律行为属无名合同,合同本质的解决方法仍然适用。

针对部分法官适用《德国民法典》第242条,即善意原则的规定,弗卢梅认为对于问题的解决没有一丁点的帮助(毫无疑问,任何判决都要符合善意,但问题是究竟哪一些情况才符合善意呢?行为基础理论并无清楚的答案)。实际上,当合同与其所指向的现实不符(因现实的事后改变)时,当事人要面对的是如何处理合同所没有约定的风险分担问题。但是我们都知道,债法的很多规定是补充性规定,它的功能就是要处理当事人在缔约时没有想到的情况的。所以弗卢梅循这一方向思考非常有意思。

那么究竟这种通过合同解释的方法是如何运作的呢?弗卢梅为此作了大量的实例分析:

首先,他分析了行为基础理论所提及的"卢布案"、"交易所行情案"和"废旧金属案"。在"卢布案"中,他指出考虑到法律行为的真实意义(合同的性质),当事人偿还一笔款项的协议应优先于其错误表达的马克与卢布的兑换价(所以欠债人应按真实的兑换价偿还而不是错误表示的兑换价偿还)。在"交易所行情案"中,他指

---

[1] 在他的著作 El negocio jurídico 的第一章第六节中,Flume 解释了何谓"合同本质"(Naturalia negotii):即法律秩序为法律行为所设的补充性规定。它与当事人的意思行为无关,但是19世纪的意思主义将它与当事人的意思混为一谈。Werner Flume, *El negocio jurídico*, traducción de José María González/Esther Gómez Calle, Fundación Cultural del Notariado, Madrid, 1998, pp. 112 - 113.

出在股票交易中的每个人都知道如果当事人没有对价格作出约定,则按交易所的行情来交易的;当交易根据一个错误的行为来确定,法律行为便产生了两个自相矛盾的价格约定(倘若要求出卖人以双方所协议的价格出卖,则当交易行情较高时他会受到损失,而当交易行情较低时,则买受人会受损失)。这两个约定的地位相等,所以任何一方当事人都不得要求对方当事人执行对该当事人不利的协议。而因为这样的矛盾,合同应属无效。换言之,他是认为当事人在计算价格时以不正确的计算作为出发点,这一计算依据是合同的内容,因此他们明示达成的价格应被相对化。在"废旧金属案"中,他也用了类似的方法论证,认为明示的估价不是当事人的真正估价。之后,他又分析了法律在各种有名合同(如买卖、租赁、承揽、提供服务等)中,如何规定风险分担的问题。①

但是,弗卢梅也指出,他的"合同的本质"的方法(实际上是法律行为的解释与法律解释方法)并不适用于由战争等情况造成的社会变迁。在此这一个方面,他主要是采纳了 KEGEL 的"大行为基础"与"小行为基础"区分的理论。经整理及总结后,他指出前者是指社会状况的变迁(包括:货币浮动或贬值、法律修订、战争或类似战争的政治动荡、自然灾害);后者则是行为基础理论所指的其他情况。②

对于所谓的"大行为基础",他认为法律应介入并对其后果作出规定,而法律也确实如此。对于所谓的"小行为基础"(即对于并非重大灾害,但是会影响当事人意思表示决定的情况,如计算错误、目的受挫或早期学说所称的前提假设、虚拟的保留等),他认为该理论涉及的其实只是法律行为与现实之间的关系,而且作为一项独立理论是多余的,因为只要通过更好地理解合同理论以及各种合同类型的规定,自然可以得出与"行为基础"理论相同的答案。③

2. 梅迪库斯的批评和建议

同样对拉伦茨的行为基础理论提出批评的还有梅迪库斯。他认为,主观行为基础与客观行为基础并没有明显的区别,④因为这些不同类型的行为基础都有一

---

① 以上论述主要参考 Werner Flume, *El negocio jurídico*, traducción de José María González/Esther Gómez Calle, Fundación Cultural del Notariado, Madrid, 1998, pp. 586 - 609.

② 参见 Werner Flume, *El negocio jurídico*, traducción de José María González/Esther Gómez Calle, Fundación Cultural del Notariado, Madrid, 1998, pp. 610 - 618.

③ 参见[德] 维尔纳·弗卢梅:《法律行为论》,迟颖译,法律出版社 2013 年版,第 619 页。

④ 不仅如此,他实际上还认为大的行为基础与小的行为基础的区分、行为基础自始不存在与事后不存在的区分等等均没有重要意义。参见[德] 迪特尔·梅迪库斯:《德国民法总论》,邵建东译,法律出版社 2000 年版,第 651—653 页。

定的共性：例如都属于行为人对一些情况作出不正确判断（考虑错了或者未曾考虑）；另外，合同情事所受之干扰到了一个非常严重的程度，以致恪守原来的合同规定不可以合理地被期待。而最重要的是，上述的区分基本上未曾清楚说明何谓行为基础这个核心或先决问题。[1]

为响应这个先决问题，他认为可以从三个方面对何谓行为基础进行界定：[2]

(1) 行为基础相对于行为内容的界定。

他认为属于行为基础的东西，不可能是法律行为的内容。行为基础是用来填补漏洞的，所以它的前提是有关情况造成一个双重漏洞，即该情况当事人的意思表示没有处理，法律也没有处理；究竟有无漏洞，应通过意思表示的解释与法律解释查明。意思表示没有漏洞的例子，如当一人以固定价格与他人建造房子，原则上便承担了材料涨价或工资涨价的风险；当涨价真的发生，合同也没有任何漏洞（这是当事人可以预见的）。意思表示有漏洞，但法律没有漏洞的例子，如货物的出卖人和买受人都坚信目标物没有瑕疵，因而没有对货物有瑕疵的情况进行约定；但是即使如此，法律一般都会对瑕疵物买卖的效果进行规定，所以即使当事人的意思表示有漏洞，但是法律却没有漏洞。

(2) 行为基础相对于无足轻重之情事的界定。

合同能够规定一切与当事人已经预见的东西相适应的内容，因此行为基础所受的干扰必须在本质上有别于当事人已经预见的东西，只有这样它在法律上才具有重要性。认定情事之变化有无重要性，在双务合同中主要看等价关系有没有受到破坏、合同的目的是否可以实现，以及当事人的共同想法。

(3) 行为基础相对于法律的特殊规定。

当事人的想法与现实有差异时，民法典很多时自行作了特别规定。当有特殊规定时，只适用这些法律规定的特别法律效果，而不得适用行为基础（丧失）理论。例如：受赠人的忘恩负义；债权人的贷款允诺以及财产状况恶化；被继承人的错误期待等等。

3. 葡萄牙学者 Menenes Cordeiro 的批评

---

[1] 实际上，拉伦茨是通过情事的变动超出合同的正常风险，使给付的等价关系受破坏，以及合同的目的不可能达到作为其判别何谓行为基础的辅助工具的。然而，该两个概念实际上与行为基础一样不清楚。

[2] 全部参见[德]迪特尔·梅迪库斯：《德国民法总论》，邵建东译，法律出版社2000年版，653—663页。

葡萄牙学者 Menezes Cordeiro 在研究了一众德国学者[1]对 LARENZ 之理论的批评意见后,以非常简明的方式总结了 LARENZ 的行为基础理论的主要问题:其客观行为基础只有通过对合同本身以及对当事人的意思进行解释才能够确定,因为究竟给付与对待给付之间有无等价关系,以及究竟哪些风险[2]是可以接受的(因为合同目的就是从合同的功能以及当事人在合同中所表达的意思),就是由此二者决定的;其主观行为基础诉诸当事人的共同意图或假设,但是在没有为此设定客观标准的情况下,根本就无法操作。它还进一步指出,Larenz 的理论构筑在其发源的土地上已经被遗弃,而行为基础理论只是一条虚空的公式,它现时只剩下唯一一处适用空间:这就是情事变更的现象。[3]

法律行为基础(包括作为其前身的情事变更原则)的提出,使合同的效力受到当事人约定以外的东西影响,实际上是对合同效力边界的重新界定。[4] 这一重新界定实际上是对理论界的一个挑战,它首先影响了契约必须履行原则,而这背后涉及当事人的意思自治。为克服这一困难,理论界有两种观点:一是通过合同解释来解决的内部观点;二是跳出合同而通过法律的一般原则解决的外部观点。[5]

---

[1] 这些学者包括 Esser,Enneccerus/Lehmann,Kegel,Schmidt—Rimpler,M. Lange,Brox,W. Webber,Stötter,Rodhoeft,Beuthien,Fikentscher,Köhler,Medicus,Häsemeyer,Chiotellis 等等;参见 António Menezes Cordeiro,*Da Boa Fé no Direito Civil*,Vol. 2,Lisboa,1984,p. 1084 ss.;又见同一作者,*Da alteração das Circunstâncias—a concretização do artigo 437°.do Código Civil,à luz da jurisprudência a 1974*,Lisboa,1987,p. 29.

[2] 必须说明的是,Larenz 在定义何谓客观行为基础的时候,并没有直接提到风险,实际上,他是在对客观行为基础的介绍及对其论述进行总结时才提到风险的。参见 Karl Larenz,*Base del Negocio Jurídico y Cumplimiento de los Contratos*,traducción de Carlos Fernández Rodríquez,Editorial Comares,2002,p. 91,159。由此可见,Menezes Cordeiro 在批评的时候其实也没有完全交待清楚问题的所在。

[3] 全部参见 António Menezes Cordeiro,*Da alteração das Circunstâncias—a concretização do artigo 437°.do Código Civil,à luz da jurisprudência a 1974*,Lisboa,1987,pp. 29–30;以及同一作者,*Tratado do Direito Civil Português*,I,Tomo I,Almedina,1999,p. 547.

[4] Hans-Georg Deggau,Die Geschäftsgrundlage,Eine methodische Irritation der Zivilrechtsdogmatik. Alternative Lösungswege in der Geschäftgrundlagenlehre,in *Recht und Risiko*,München,1988,pp. 215–218;Apud António Pinto Monteiro,Júlio Gomes:*A Hardship Clause e o Problema da Alteração das Circunstâncias(Breve Apontamento)*,in *Juris et de Jure—Nos vinte anos da Faculdade de Direito da Universidade Católica Portuguesa—Porto*,Porto,1998,pp. 18–20.

[5] António Pinto Monteiro,Júlio Gomes,*A Hardship Clause e o Problema da Alteração das Circunstâncias(Breve Apontamento)*,in *Juris et de Jure—Nos vinte anos da Faculdade de Direito da Universidade Católica Portuguesa—Porto*,Porto,1998,p. 18.

（三）本文的总结

对于行为基础理论的形成及发展过程，可扼要总结成如下几个关键时刻：

第一，中世纪注释学派的情事不变条款理论引出 Windshceid 的前提假设论；

第二，Windscheid 的前提假设论遭受批评，不为实证法所采纳；

第三，Oertmann 公式使前提假设论在实证法不采纳的情况下，通过善意原则在司法实务中复生（成为习惯法），并改名为行为基础理论；

第四，行为基础理论再次从主观领域到客观领域扩散；

第五，Larenz 整合了主观与客观的各种情况，引入了分别在总则及债法两部分处理两种行为基础丧失的情况，而前者被视为错误；

第六，Larenz 的理论被批判，行为基础理论脱离错误而独立发展；

第七，《德国民法典》在 2002 年的修改将行为基础理论纳入法律（在下面进行介绍）。

纵观行为基础理论的整个诞生与发展过程，有三个人的贡献是非比寻常的：Windshceid、Oertmann 和 Larenz。正是由于这三个人的努力，行为基础理论才成为现代民法研究的一个重大课题。

1. 关于 Larenz 的行为基础理论的评价

一方面，他的主观行为基础引入了客观因素（等价关系破坏与目的不可能达到其实都是情事变更的客观结果），而在客观行为基础中又引入主观因素（即情事变动是否可以预料），到最后，两者的界限自然便模糊了。所以 Medicus 才认为他的两种行为基础对应的都是同一种现实情况。Larenz 的两种行为基础的区分的问题在于标准。他的区分标准无疑是不明确的，这不难理解，因为在他构筑理论时，他主要是根据对司法判例的观察而进行总结，而在总结过程中，他发现了两个模糊的类型，而这两个类型实际上是根据不同标准（例如缔约的事前或事后发生、当事人有没有设想等等）判断出来的。在实务操作上，其实 Larenz 的模型颇具直观性。这也是他的理论开始时被诸多学者接受的原因。由于 Larenz 在总结标准时采取的是一种模糊的直观总结，所以本文将他的理论再拆散分析时当然会发现一些不协调的地方了。但是，倘若我们同时注意他对"类型理论"的论述，则应可发现他的"行为基础理论"在法学方法上是与其"类型式思维"相协调的。

另一方面，将双方的共同设想错误（实际上就是双方动机）视为主观行为基础错误也被很多学者所诟病。

至于在法律的解释与适用或甚至立法上采纳 Larenz 的理论有无实益呢？肯定是有的，他的模糊划分有助于简化案件归类的思考过程（也就是类型式思维的一般好处）；可是，在另一方面，这种思考方法在说理时会造成不明确的障碍（在立法时采用则变成标准不明确，或构成要件无法建立）。

2. 关于德国法是否已经放弃了行为基础理论

至于反对该理论的意见则数 FLUME 的论述最为系统并最具影响力,上述 Medicus 的批评与 Cordeiro 的批评大部分脱胎自 Flume 的论述(以及 Larenz 对 Flume 批评的回应)。

而在德国学说上,还并非如葡萄牙学者 CORDEIRO 所说那样,行为基础理论完全被放弃。至少 Medicus 还没有这样认为(他仅仅指出主观行为基础与客观行为基础的区分、大交易基础与小交易基础的区分等等均不具有重要意义,但是他在论述法律行为理论的时候并没有放弃行为基础理论,相反,他认为该理论对于处理现实与当事人的设想有距离的情况是必要的)。[①]

实际上,Medicus 在批判将行为基础理论按不同标准区分的做法,是企图将问题的焦点重新转移到如何认定行为基础上。

3. 关于行为基础理论与错误的关系(以及其与情事变更的关系)

在行为基础理论发展的过程中,早期学者(例如 Windscheid、Oertmann)一般倾向于将行为基础理论的部分内容纳入错误的范畴,甚至 Larenz 的主观行为基础错误其实也就是从双方动机错误的方向思考的。

但是近期的德国学说与判例似乎已经改变了这一种想法,他们试图将"行为基础理论分离出错误理论的范畴",建立起一个独立的类型。这一方案已经很好地反映在 2002 年的德国债法改革上。

七、对《澳门民法典》第 245 条的解释建议

20 世纪的德国学者认为:可纳入主观行为基础错误的情况包括:A) 双方动机错误;B) 一方误以为若干情事存在,而另一方并没有以之为前提假设,但是对该假设作了确认。[②]然而,无论从体系上、内容上还是从后果上看,《德国民法典》新设的"法律行为基础障碍"制度均属债法范畴;它否决了其以错误撤销法律行为的可能

[①] 无论是非常形势下还是正常的年代,该理论均有作出的余地。正是此一论断与 Flume 所持的观点不同。为此,他作了以下的举例:夫妻双方赖以建立未来规划的婚姻宣告破裂;一家足球俱乐部支付了高额转会费购得的球员丧失了他的参赛权;约定不遵守就须支付违约金的《明码标价条例》被联邦宪法法院宣布为无效等等。参见[德]迪特尔·梅迪库斯:《德国民法总论》,邵建东译,法律出版社 2000 年版,第 649 页。

[②] Franz Wieacker, *Gemeinschaftlicher Irrtum der Vertragspartner und Clausula Rebus sic stantibus—Bemerkungen zur Theorie der Geschäftsgrundlage*, in Festschrift zum 60 Gerburtstag von Walter Wilburg, 1965, p. 229; Apud Hannes Rösler, *Changed and Unforeseen Circumstances in German and International Contract Law*, in Slovenian Law Review, 2008, no 5, p. 53.

性。可另一方面,美国学者 PALMER 很早就注意到,"在基本假设错误、履行不能与合同目的的落空之间存在着明显的相似性"(There is a marked similarity between mistake in basic assumptions, impossibility, and frustration of purpose)。因此,对不同的概念进行区分即使在理论层面上是可行的,但在实践中,不论我们选择的是哪一种进路,无论我们将对于现行事实的错误界定为错误还是界定为情事变更,其结果应该是非常相似的。①

实际上,对于现行事实的错误,英美法学者一般会将之界定为错误,而德国学者则更倾向于界定为情事变更的角度处理。②《澳门民法典》中关于情事变更的规定基本上承袭自葡萄牙,但在错误制度的设计上则有较大创新之处,尤其是关于涉及法律行为基础之错误的规定,与葡萄牙法中的规定十分不同。这在很大程度上是因为行为基础理论在 20 世纪的最后几十年间继续发展和完善,使澳门立法者在对澳门民法进行本地化的过程中有更充分、更完善的理论可以参照。

《澳门民法典》第 245 条中所规定的涉及法律行为基础之错误界于错误制度与情事变更制度之间,是两个制度之间的桥梁,究竟将其界定为错误的一种类型还是情事变更的一种情况或许在学理上是有意义的,但更重要的是关注其适用的前提条件和法律后果:对这两个问题进行判断时,必须将错误制度(即《澳门民法典》第 240—245 条)与情事变更制度(第 431 条)结合起来。

Mistake and the doctrine of the foundation of the transaction
—Reflections on the interpretation of Article 245 of the Macao Civil Code

Tong IoCheng　Ma Zhe

Abstract: According to Article 245 of the Macao Civil Code, if a mistake involves a circumstance that is the foundation of a transaction, the provisions concerning the change of circumstances shall be applied to end or adapt the relevant transaction. The purpose of this paper is to explain this short but comprehensive article, which contains many legal concepts. For this reason, the present paper starts from some cases related to this topic and then discusses the core values that jurists of different periods hold in solving those related prob-

---

① Basil Markesinis, Hannes Unberath and Angus Johnston, *The German Law of Contract—A Comparative Treatise*, 2nd Edition, Oxford: Hart Publishing, 2006, p.342.

② Basil Markesinis, Hannes Unberath and Angus Johnston, *The German Law of Contract—A Comparative Treatise*, 2nd Edition, Oxford: Hart Publishing, 2006, p.342.

lems, such as *Pacta Sunt Servanda*, good faith and equity. Next, we examine doctrines such as *Clausula Rebus sic Stantibus*, *Lehre von der Voraussetzung*, *Theorie de L'Imprevision*, Frustration, Common mistake, Allocation of Risks, and in particular, the doctrine of the foundation of the transaction (Geschäftsgrundlage). After consider as well as the different legislative choices made by various countries that have a significant influence on the legislation of Macau, we finally conclude with a suggestion on how to interpret and understand the Article 245 of the Macao Civil Code.

Keywords: Article 245 of the Macao Civil Code; Mistake; Foundation of the transaction; Interference with the foundation of the transaction; Interpretation

（责任编辑：尚连杰）

物、所有权与对人物权:《奥地利普通民法典》中被忽视的教义学宝藏?[*]
——对未来法典编纂所提的值得深思的建议

[奥]赫尔穆特·考茨欧[**]著 冯洁语[***]译

[摘 要] 与《德国民法典》相比,《奥地利普通民法典》所采物的概念和所有权概念均更为宽泛,不仅涵盖有体物也涵盖无体物,因此,债权在《奥地利普通民法典》中同样可以归为所有权的客体。此种立法模式长期以来受到奥地利民法学者的批判,其更加倾向于采纳严格区分债权与物权的潘德克吞体系。但是,采广义的物和所有权概念有其优势,一方面,避免了新型权利分类的不周延,另一方面,使得债权可以被理解为对人物权。对人物权的概念更加清晰地揭示了财产归属的过程,并且揭示了不同的归属类型具有不同的效力。通过赋予对人物权一定的外部效力,更有利于对权利人的保护。

[关键词] 对人物权;所有权概念;物的概念;潘德克吞体系;自然法体系

一、引 言

时值《奥地利普通民法典(ABGB)》200周年华诞,各界一方面确认了这一古老立法的价值,另一方面也产生了逐步更新法典的想法。为了落实这一想法,学界已经开始了对《奥地利普通民法典》体系的讨论,并且多少有点令人惊讶的是学者间的角色划分:海德堡大学民法与罗马法的教授克里斯蒂安·巴尔杜斯(Ch.

---

[*] 本文出自《21世纪的私法教义学:克劳斯-威廉·卡纳里斯八十华诞庆祝文集》。Jens Petersen, Hans Christoph Grigoleit (hg.), Privatrechtsdogmatik im 21. Jahrhundert: Festschrift für Claus-Wilhelm Canaris zum 80. Geburtstag, De Gruyter, 2017, S. 1087 - 1104.

课题信息:教育部人文社科项目"民商法视野中数字货币(虚拟货币)法律问题研究"(18YJC820017);德国洪堡基金会(Alexander von Humboldt - Stiftung)洪堡学者项目(1194344)

[**] [奥]赫尔穆特·考茨欧(Helmut Koziol),奥地利国家科学院院士、欧洲侵权研究院创始院长、欧洲侵权法和保险法研究中心主任、维也纳大学退休教授。

[***] 冯洁语,南京大学法学院。南京:210093。

Baldus)发表了题为"潘德克吞体系的出口?"①的文章,在其引言中论及"在奥地利存在如有可能修改《奥地利普通民法典》,则应考虑更加向所谓的潘德克吞体系靠拢的观点。基于教义学和历史的双重原因的考虑,这是不是一个好主意很值得怀疑。"他认为,从历史——比较的视角来看,自发产生了修正的盖尤斯体系(Gaius-System),并且指出,《德国民法典》提供了若干警示性的例子。② 维也纳大学的法史学者威廉·布劳内德(W. Brauneder)③尽管认为并无必要改革《奥地利普通民法典》的体系,亦即,并无理由继受潘德克吞体系,但是,他指出,在《奥地利普通民法典》中已经蕴含了一定的潘德克吞体系。换言之,他想表达的是,原则上可以认为,反正潘德克吞体系与《奥地利普通民法典》的体系没有很大的差别。本文不对该一般性的讨论做进一步的检讨。但是,该讨论是一个很好的契机,基于一个具体的问题范围,进一步检讨《奥地利普通民法典》与潘德克吞体系分别在外部体系和与之相关的内部体系构造④上的区别和优劣。

《奥地利普通民法典》是自然法的产物,⑤但也受到了罗马法现代适用(Usus modernus)⑥的影响,其基于一个非常宽泛的物的概念,比共同法(gemeinrechtlich)中物的概念更广。⑦ 与之相牵连的是同样非常宽泛的所有权概念。最后,与这些基本决断相关,《奥地利普通民法典》的外部体系在今日来看,较为特殊,令人颇感意外,其中并无称为债法的部分:在简短的序言(第 1—14 条)和第一编"人法"之后,是法典的主要部分第二编"物法(Sachenrecht)"(第 285—1431 条),并随后附以"关于人法和物法的共同规定"编(第 1432—1503 条,该编简短,这符合比例)。债法(按其内容,完全不能被忽视)隐藏在第二编的第二分编"对人物权(von den persönlichen Sachenrechten)"这一标题之下。

然而,奥地利法教义学深受历史法学派的影响,早在 19 世纪中叶就已在很大

---

① Journal für Rechtspolitik (JRP) 16 (2008) 23.

② 巴尔杜斯认为在《德国民法典》的基本错误在于"交叉分类"(Kreuzeinteilung)(第 25 页):债权与物权相对,按其他的分类标准,又与民法典中其他部分(亲属法与继承法)相对,这就造成了归类的问题。

③ Das ABGB und sein System, JRP 17 (2009) 231.

④ 对此参见 Canaris, Systemdenken und Systembegriff in der Jurisprudenz² (1983),尤其是第 19 页及以下、第 35 页及以下;F. Bydlinski, System und Prinzipien des Privatrechts (1996) 1 ff, 31 ff.

⑤ Wellspacher, Das Naturrecht und das ABGB, FS zur Jahrhundertfeier des Allgemeinen bürgerlichen Gesetzbuches I (1911) 173;此外也见 Brauneder, JRP 2009, 231.

⑥ 对此见 Wesener, Zur Verflechtung von Usus modernus pandectarum und Naturrechtslehre, Franz Bydlinski-FS (2002) 472 ff; Wendehorst, Zum Einfluss pandektistischer Dogmatik auf das ABGB, FS 200-Jahre ABGB I (2011) 76 ff.

⑦ Wesener, Franz Bydlinski-FS 476 ff.

程度上摒弃了这一分类,并继受了潘德克吞体系,之后所有的介绍均遵循了潘德克吞体系:教材或手册所采体系与奥地利法典所采的体系完全或几乎不相一致。①由此,奥地利法提供了多少有点不寻常的"国内"比较法研究,此种比较法研究存在于法律所采的理念和事实上存在的、相当不同的潘德克吞体系之间。此种比较很大程度上是跟《奥地利普通民法典》与《德国民法典》之间的比较结合在一起的。

《奥地利普通民法典》的结构被认为是没有前途的、过时的,并受到轻视,但在此种结构的背后隐藏着相当进步的、引领未来的思想,此种思想很大程度上被奥地利法学家所忽视(也包括本文的作者自己在撰写教科书时),并且也将以此种令人遗憾的方式,继续受到忽视。在这个意义上,对于笔者而言,这两种观念的对立很有启发。19世纪中,对现代潘德克吞体系的过度鼓吹也过度排挤了法律理念——这又是一个极为常见的、在两种极端间摇摆发展的例证。

相反,寻找折中方案不那么受欢迎,笔者试图在一定范围内,促使发现当下《奥地利普通民法典》中的宝藏。对此,笔者首先论述广义的物的概念,可喜的是这一概念目前越来越被认可。其次述及广义的所有权概念,这一概念则经常令人感到陌生。最后以一直被忽视的"对人物权"结束本文。

二、《奥地利普通民法典》中物的概念

第285条题为"法律意义上的物的定义",其规定"一切区别于人并为人所用者,均为法律意义上的物。"基于该条,物与权利客体等量齐观:包括所有的财产(Vermögensgüter),不仅限于此,也包括无形财产(ideelle Güter),所有的法益(Rechtsgüter)或权利客体(Rechtsobjekte)。② 正如艾伦茨威格(Ehrenzweig)所改写的,物正是所有的"权利的客体,即使其仅为债权的客体,换言之,所有我们能

---

① 对此见 Ogris, Der Entwicklungsgang der österreichischen Privatrechtswissenschaft im 19. Jahrhundert (1968) 13 ff; E.A. Kramer, Der Einfluß des BGB auf das schweizerische und österreichische Privatrecht, AcP 200 (2000) 385 f, 389 f; Wendehorst, FS 200-Jahre ABGB I 88 ff; dieselbe, Allgemeines Bürgerliches Gesetzbuch (ABGB) und Europäisches Privatrecht, in Kodek (Hrsg), 200 Jahre Allgemeines Bürgerliches Gesetzbuch (ABGB) und Europäisches Vertragsrecht, 23. Europäische Notarentage 2011 (2012) 109 f.

② 所以有观点仅称其为财产权,则过于狭隘,例如 Dnistrjanskyi, Dingliche und persönliche Rechte, Jherings Jahrbücher 78 (1927/28) 105 ff; Kisslinger in Fenyves/Kerschner/Vonkilch (Hrsg), 3. Auflage des von H. Klang begründeten Kommentars zum ABGB, §§ 285 - 352 (2011) § 307 Rz 1 (以下引用为 Kisslinger in Klang³)(国内学者在翻译时《奥地利普通民法典》时,也有将"Sachenrecht"翻译为财产权的现象,例如参见《奥地利普通民法典》,周友军、杨垠红译,清华大学出版社2013年版,第47页。——译者注)。

够处分或用其负担义务的。"① 与之相应，《奥地利普通民法典》第 291 条将有体物和无体物、动产和不动产、消费物与非消费物、可估价物和不可估价物均归为物；第 303 条进一步阐明，"劳务、体力劳动与脑力劳动"也属于可估价物。这与《德国民法典》第 90 条形成了鲜明的反差，根据该条，《德国民法典》中的物仅为有体的客体。与《奥地利普通民法典》意义上的物相对应的是权利客体，《德国民法典》对此未作进一步的定义，也完全没有规定。

正如目前仍能留意到的，《奥地利普通民法典》中广义的物的概念曾经多次受到非难，尤其是受到历史法学派②的非难，并且存在不足，在法典个别条文中的"物"一词含义并不相同。③

但是，另一方面值得强调的是，《奥地利普通民法典》中广义的物的概念能够避免《德国民法典》因物的概念过窄引起的严重不足与困难：④温德霍斯特（Wendehorst）⑤指出，限缩物的概念不仅仅是术语的问题，而且也导致了视野的限缩："因此，《德国民法典》反对诸如无体物此类的最终决断不仅意味着改变了概念的抽象程度，而且同时排除了所有更宽泛视野中的非有体的权利客体。与其他法律现象相比，权利客体到底是什么，被定性为权利客体后产生怎样的教义学后果，这一一般性的问题不再受人关注。"与之相关的是，精确区分出狭义物之概念的讨论，例如当涉及电、软件或者企业（也属于无体财产）时，倍感艰难。⑥ 此外，对于既不属于有体的客体也不属于特别规定了的债权的情形，存在法律漏洞，必须予以填补，这同样非常费劲，由于欠缺更上位的一般性规定及与之相关的一般性思想，加重了填补的难度。这种《德国民法典》所特有的问题确实造成了实际影响，并在经济生活中最为重要的领域产生影响：例如，在德国法中存在这样的问题，许可权（Lizenzrechte）与非物质财产权（Immaterialgüterrechte）应当依据何种规则转让或出质，其不是（有体）物，但也不是（法律所规定的）债权。

相反，《奥地利普通民法典》中物的概念在范围上可顺利地涵盖*所有权利客体*。

---

① Ehrenzweig, System des österreichischen allgemeinen Privatrechts I/2² (1957) 2.
② Unger, System des österreichischen allgemeinen Privatrechts I (1856) 353 ff.
③ Klang in Klang（Hrsg）, Kommentar zum Allgemeinen bürgerlichen Gesetzbuch II² (1950) 1（以下引用为 Klang in Klang II²）；相同观点见 Stabentheiner in Klang³ § 285 Rz 1 f.
④ Stabentheiner in Klang³ § 285 Rz 4.
⑤ Wendehorst, Rechtsobjekte, in: Alexis（Hrsg）, Juristische Grundlagenforschung, Archiv für Rechts-und Sozialphilosophie, Beiheft 104（2005）72. 也参见 Wiegand, Die Entwicklung des Sachenrechts im Verhältnis zum Schuldrecht，AcP 190（1990）116 ff.
⑥ 对此，例如见 P. Bydlinski, Der Sachbegriff im elektronischen Zeitalter：zeitlos oder anpassungsbedürftig? AcP 198（1998）287 ff.

当然，在另一方面，这也引起了已经提及的难题，在个案中必须确定，何种规则在何种程度上可以适用，尤其是主要为有体物设计的规则在何种程度上可以适用于其他的物。通常，这只是德国法的任务的反面，德国法的任务是结合相同的衡量与价值，以论证类推适用。但是，最后奥地利法的做法有一点微小的优点，因为基本上必须遵守的一般性原则总是既存的，所以无须（像德国法一样）首先从部分领域的规则中推导得出。

此外，《奥地利普通民法典》通过广义物的概念提供了一种概观法条的方式，概观每一条对于整体权利客体或法益而言重要的条文，也即对于*一般性法益法*重要的条文。这是最为先进的方式，也很大程度上符合维亚克尔提出的、非常值得关注的改革建议，①尽管提出该改革建议不是为了构建广泛的、包括无形财产的权利，但也是为了构建统一的财产权。

因此，概括法律意义上的人（Personen）所拥有的全部法益具有意义，因为所有的法益均需*归属*（Zuordnung）于权利主体，否则就不能构成法益。此外，有必要规定此种归属的效果。归属不仅涉及将诸如债权纳入法益规范中，而且也考虑到以下情形，即将财产当作整体（例如所有的营利机会），或者说专有技术（Know-How）、发明、数据和商业秘密均为法律交易的客体。如果将法益作为法律交易的客体，那么首先涉及的是处分可能性的问题，尤其是可让与性的问题和适法的处分具备的要件和效果。在说明彼此相关的同一类型时，不应其一在物权法中，其一在债权法中（例如动产物权的转让和债权让与）；但相反，设定质权仅在物权法中讨论。（统一规定）做法带来的好处不仅限于教学。此外，唯有将债权理解为归属于债权人的财产权益，因此是权利客体，方能理解债权让与，而不是将其单纯看作是对债务人享有的、旨在请求为给付的关系。

债权人对物仅有单纯"对人"的关系（也即债法上的关系），针对第三人，此种关系仅受到弱保护，换言之，主要是针对故意侵害，但这一点也没有改变该权益归属于特定人。毫无疑问，《奥地利普通民法典》中全面的物的概念促进了观念的发展，不仅把对有体物的权利、人格权归属于特定人，而且把其他权益均归属于特定人，所以基于不同的权衡，对第三人的侵害享有一定程度的保护（当然，仍需进一步阐释）。因此，正当地缓和了"全面保护"和"完全不保护"之间僵化的对立，并为根据法益种类相应分级和进行全面的利益衡量铺平了道路。

---

① Wieacker, Die Forderung als Mittel und Gegenstand der Vermögenszuordnung, Deutsche Rechtswissenschaft 1941, 61 ff = Wollschläger（Hrsg）, Franz Wieacker. Zivilistische Schriften（1934 – 1942）（2000）349 ff; Wieacker, Zum System des deutschen Vermögensrechts（1941）26 ff. 也参见 Dnistrjanskyi, Jherings Jahrbücher 78（1927/28）105 ff.

在下文对广义的所有权概念的讨论中,统一处理所有权利客体的意义更为显著。

三、《奥地利普通民法典》中所有权的概念

采广义物的概念在结论上也会导致广义的所有权概念。与之相对应,《奥地利普通民法典》第 353 条(题为"客观意义上的所有权")表明:"属于特定人的一切物,即他全部的有体物和无体物,是他的所有物。"第 355 条又强调:"一切物均为所有权的客体……"所以很容易理解,《奥地利普通民法典》也会提及诸如"债权的所有权人"(第 427 条、第 1424 条)。

第 354 条题为"主观意义的所有权",其规定:"所有权,作为权利,是任意支配物之本体和对物进行使用,以及排除他人干涉的权能。"然而,也存在相当程度的共识,为有体物设置的归属规则不能完全适用于无体物所有权,①所以区分狭义的所有权和广义的所有权,②后者等同于权属(Rechtszuständigkeit)。③ 当然,物之概念的范围没有受到重视,对于物权的讨论受到潘德克吞体系的影响,限于有体物,④甚至有观点明确声称,所有权的概念限于有体物。⑤

然而,广义所有权所称的权益归属是完全合目的性的,当然,这仅意味着在权益和权利主体之间建立了法律关系,在这一关系中,归属可分为不同的种类和强度。不考虑例外规则,原则上,归属的效果在于所有权人可使用该物,特别是通过处分行为。对此,明显需要注意的是,是什么归属于广义上的所有权人:在请求交付某物的债权中,债权人仅享有对物的"对人物权",换言之即债权性请求权,所以债权人也仅可处分该请求权,而非将来由债务人带来的给付标的。

当然,昂格尔(Unger)⑥认为采用广义的所有权概念"特别荒谬,因为很可能存

---

① Ehrenzweig, System I/2², 126; Koziol-Welser/Kletečka, Bürgerliches Recht¹⁴ I (2014) Rz 913; Leupold in Klang³ § 353 Rz 4. č.

② Ehrenzweig, System des österreichischen allgemeinen Privatrechts I/1² (1951) 131, System I/2², 126; Klang in Klang II² 130 f; Koziol-Welser/ Kletečka, Bürgerliches Recht¹⁴ I Rz 913.

③ Leupold in Klang³ § 353 Rz 4; Dnistrjanskyi, Jherings Jahrbücher 78 (1927/28) 121 称之为"法律上的隶属(rechtlicher Zugehörigkeit)"; Ehrenzweig, System des österreichischen allgemeinen Privatrechts II/1² (1928) 2 f 称之为"债权人属性(Gläubigerschaft)"。

④ 例如见 Unger, System I 524 ff; Iro, Sachenrecht6 (2016) Rz 1/1;同样参见 Wendehorst, Ist der Kodifikationsstreit entschieden? in Fenyves/Kerschner/Vonkilch (Hrsg), 200 Jahre ABGB. Evolution einer Kodifikation (2012) 30 f.

⑤ Randa, Das Eigenthumsrecht I² (1893) 8 f,也参见第 53 页及下一页。

⑥ Unger, System I 524, 526 f.

在将适用于法技术意义上的所有权规则适用到广义所有权的风险"。他提道,这就很可能产生对所有权的所有权。为了预先打消此种因《奥地利普通民法典》术语陈旧和未尽准确所可能产生的反对意见,可以做如下的说明:①勒布尔(Löbl)早已强调,采纳对债权的所有权意味着没有必要的权利重复,其并无独立功能,可能会导致对所有权的所有权。②《奥地利普通民法典》的理念同样可能会导致这样的顾虑,可能以不是很有价值的方式导致对所有权的所有权,然而,此种顾虑并不成立。正如拉伦茨(Larenz)所述,③对物的所有权与对债权的所有权的二分并不正确。在存在层次中,物作为有体的客体属于可感知的东西,但债权属于权利主张。所有权也属于后者。法律处分的目的是在权利主张的世界里做出改变,所以能够被处分的不是有体物,而仅是权利。正如能够处分的不是物,而是物上存在的所有权,与之相同,也得处分债权。因此,并非有体物与债权二分,而是所有权与债权二分;并非有体物是财产的一部分,而是所有权是财产的一部分。但拉伦茨也进一步强调,"债权的所有权"这一用语表达了一定正确的意思,即权属。如其所述,正如其他主观权利,债权必须是特定人的权利,归属于特定人。此种归属同时是排他的。

所以,尽管在涉及权利归属时,《奥地利普通民法典》未作区分,也称其为所有权,这略显不准确,但是,如果在此区分狭义的所有权和广义的所有权(这是当下公认的),则采用权属是完全正当的。此种解释在限制物权中,例如在质权中同样没有问题,因为限制物权与前述相同,应当理解为被归属的权利的分割:④权属在内容上被作了分割。

广义所有权这一表述方式在债权方面也积极表达了将法律地位按其本质、*排他地*归属于债权人,此种法律地位也因此必须享有对第三人的绝对保护:⑤将某一

---

① 对此可见 Koziol, Die Beeinträchtigung fremder Forderungsrechte (1967) 146 ff.

② Löbl, Geltendmachung fremder Forderungsrechte im eigenen Namen, AcP 129 (1928) 297.

③ Lehrbuch des Schuldrechts I: Allgemeiner Teil 14 (1987) § 33 III. 然对此的批评见 Wendehorst in: Alexis, Juristische Grundlagenforschung 75 ff.

④ Larenz, Schuldrechts I § 33 I 即持此种观点,同样见 Wendehorst in: Alexis, Juristische Grundlagenforschung 81, 此种观点在奥地利同样盛行,参见 Iro, Sachenrecht[6] Rz 1/2; Koziol-Welser/ Kletečka, Bürgerliches Recht14 I (2014) Rz 758.

⑤ 对此见 Reinhardt, Das subjektive Recht in § 823 I BGB, JZ 1961, 715 f; Canaris, Der Schutz obligatorischer Forderungen nach § 823 I BGB, Steffen-FS (1995) 90 ff; Picker, Der deliktische Schutz der Forderung als Beispiel für das Zusammenspiel von Rechtszuweisung und Rechtsschutz, Canaris-FS (2007) 1017 ff; derselbe, Systemdenken im Haftungsrecht, Klamaris-FS (2016) 558 ff. 反对此种论证见 Hammen, Die Forderung—ein „sonstiges Recht"?, AcP 199 (1999) 599 f.

权益归属于权利主体必然意味着排除全部其他人,此种排他不仅体现在赋予防御性权利,也体现在赋予损害赔偿请求权和费用返还请求权(侵害型不当得利)。① 这是《奥地利普通民法典》自身所蕴含的认识,或者至少可以说是非常接近,所以很大程度上是可承认的认识。② 相反,从表面来看,这一观念在德国法中存在困难,因为《德国民法典》没有规定此类保护,并且也没有证据表明有必要赋予此类保护;③所以尽管本文的受贺学者(卡纳里斯教授④)非常明确地证明了这一点,⑤但有部分学者一直在争论权属的绝对效力。⑥

由于任何物(即全部的法益)的归属总是通过所有权得以实现,所以也可以说,这是因为确定"取得所有权的法定要件"需根据《奥地利普通民法典》第 380 条所述一般性规则:"没有权原(Titel),或没有合法的取得行为,不能取得所有权。"所以很明显,不论是有体物所有权还是无体物所有权,任何所有权移转均需权原。因此,如果著作权的移转无须权原,这在奥地利是不可想象的。而且《奥地利普通民法典》第 426 条以下关于交付的规定仅在必须考虑自然属性的范围内有所区别:如果这些动产按其属性无法交付,例如债权,那么,法律规定了交付证书以替代"手到手(von Hand zu Hand)"交付。然而,按照通说,这仅适用于证券化的债权;其他权利按照债权让与的规则以表示的方式移转,无须其他方式。⑦

相反,德国法仅规定了对有体物的处分和债权的处分,其认可了二者的区分,但此种区分并无实定法的依据,此种区分的产生,或是因为对于没有规定的非物质

---

① 很明显,仅承认广义的所有权(也即权属)不足以使债权人对任意的妨害享有全面的保护,只有在权利归属和因此产生的广义的所有权范围内,才得更准确确定归属的程度与范围;对此参见 Koziol, Beeinträchtigung 152.

② Bollenberger in Koziol/P. Bydlinski/Bollenberger, ABGB Kurzkommentar⁵ (zitiert: KBB) (2017) § 859 Rz 16; Löbl, AcP 129, 293 f; Koziol, Beeinträchtigung 15 ff, 140 ff; Rummel in Rummel/Lukas, ABGB⁴ (2014) § 859 Rz 63.

③ 见 Otte, Schadensersatz nach § 823 I BGB wegen Verletzung der Forderungszuständigkeit? JZ 1969, 253; J. Gernhuber, Das Schuldverhältnis (1989) 40 f.

④ 本文出自《21 世纪的私法教义学:克劳斯-威廉·卡纳里斯八十华诞庆祝文集》,故受贺学者指卡纳里斯教授——译者注。

⑤ Canaris, Steffen-FS 85. 和卡纳里斯持相同观点,例如 Hager, Die Forderungszuständigkeit als absolutes Recht, H. P. Westermann-FS (2008) 287; Picker, Canaris-FS 1016 ff; 同样见 Wendehorst in: Alexis, Juristische Grundlagenforschung 81.

⑥ 例如见 Medicus, Die Forderung als „sonstiges Recht" nach § 823 Abs 1 BGB, Steffen-FS (1995) 333; Spindler in Bamberger/Roth, BGB³ (2012) § 823 Rz 98.

⑦ Eccher/Riss in KBB⁵ § 427 Rz 2; 但参见 Lurger, Die Zession im sachenrechtlichen Übertragungssystem des ABGB, Welser-FS (2004) 639, 特别是第 651 页及以下。

财产权和许可权,可以类推适用债权让与的规则,①债权让与的规则并未规定公示;②此外,在著作权的领域中,不适用处分行为无因性的原则,而适用有因性③——这不同于有体物的转让和债权的让与。这不仅仅是因为无因转让原则导致的结果可能无法令人满意,而且也至少是因为欠缺对全部权利客体的处分行为的一般性规则所致。

四、"对人物权"

《奥地利普通民法典》第 14 条题为"民法的主要部分",其规定:"本民法典的内容包括人法、物法,以及对此二者均适用的共同规定。"尽管没有采用债权一词,但很明显,如果不按名称,而是按内容来看,其为《奥地利普通民法典》的一部分。蔡勒(Zeiller)④(其为《奥地利普通民法典》的权威编纂者)在《奥地利普通民法典》第307 条的意义中对此做了全面的说明:"物权可以分为对物和对人。对物权是因物而对所有人(不特定人)有效的权利。相反,对人权是仅对特定人有效的权利。"对此在脚注中注明:"对物权也被称为物权(Sachenrecht),对人权被称为债权(Forderungen)"。对物权的相对面则做了如下说明:"相反,基于合同或加害,仅产生对特定人的对人权,订立合同的特定人或加害人应当履行合同或赔偿损害。"但又做了进一步的补充:"但人法与物法相区分,二者均包括对物权与对人权,因此,二者有一些共同的规定。"

在数十年之后,历史法学派的年轻学者为了采纳迷人的潘德克吞体系——主要是构造总则,摒弃了此种自然法体系。⑤ 因此,例如昂格尔在其《奥地利私法体系》的序言中写道:"在体系的内部划分方面,我可以确信,不必采法典所用的体系,应当采当下德国法学普遍所采的体系,当然在个别情况下会有所不同。正是在此

---

① 但是,对于许可权设质,无法类推适用债权设质的公示规则。见 G. Koziol, Lizenzen als Kreditsicherheiten (2011) 105.

② 例如 G. Koziol, Lizenzen 35, 41, 71 und 75 关注到了适用债权转让规则的这一后果。

③ 对此见 G. Koziol, Lizenzen 23;更多线索见 G. Koziol/H. Koziol, Der Erwerb urheberrechtlicher Lizenzen zwischen Kausalitäts-, Abstraktions-und Einheitsprinzip, Griss-FS (2011) 452 ff.

④ Von Zeiller, Commentar über das allgemeine bürgerliche Gesetzbuch I (1811) 91 f.

⑤ 这受惠于 19 世纪中叶由莱昂·格拉夫·图恩-海恩斯坦(Leo Graf Thun-Hohenstein)部长实施的大学改革,相比起自然法,该部长更倾向于共同法(Ius Commune)。见 Ogris, Entwicklungsgang der österreichischen Privatrechtswissenschaft 10 f;更多线索见 Wesener, Zu den Anfängen der Historischen Rechtsschule romanistischer Richtung in Österreich, Werner Ogris-FS (2010) 577 ff;Wendehorst in Fenyves/Kerschner/ Vonkilch, 200 Jahre ABGB 24 f.

种关系中,奥地利法学者总是存在极其微小的意愿,遵从此种科学的必然要求。"①尽管这些文字含义明显,但此种意愿绝非微小,而是十分强烈:所有对民法的介绍一直遵循着潘德克吞体系,过去如此,如今亦然。因此,在 150 多年的岁月里,此种状态相当值得关注:在奥地利,民法教材和手册所采的体系和民法典所采的体系不一致。

即使潘德克吞体系确实魅力无边,但如此激烈地、全面否定《奥地利普通民法典》中的法定结构,多少让人惊讶:一方面,潘德克吞体系也有一定的缺陷;②另一方面,《奥地利普通民法典》所采体系是取自盖尤斯(Gaius)的自然法体系,其也有不应被忽视的优点。③ 我对此很感兴趣,一方面,在某种程度上可以说,在奥地利国内可以进行比较法研究,比较法定体系与事实上存在体系的优劣;但另一方面,也将目光超越德国法法定体系与实际存在体系的界限。

由此或可得出这样的认识,不仅一些作为《奥地利普通民法典》基础的思想有值得关注的价值,而且对潘德克吞体系做一定的更新也不会对其造成损害。当然,这将彻底不把物权法作为一个独立的法域(Rechtsgebiet),④此种更新是否真的应当如此激进当然是存疑的,⑤本文不对这一建议做深入研究。无论如何,此种建议代表了一种和(过去主流的)做法相反的方向,即通过强调物权法而否定《奥地利普通民法典》,并且认为其仅包括财产法益,而非全部法益。

对于简短的本文而言,最为关键之处仅应为探究如下问题,从《奥地利普通民法典》的方案中能否获得一定的建议,这些建议在将来的法典编纂中,主要是在欧盟成员国未来的法典编纂中,值得进一步思考,尤其是组合(不同体系)的优点的尝试是否限于一种。

尽管《奥地利普通民法典》的结构(其中,仅明文规定了物法)中仅涉及外部体系的问题,但是,《奥地利普通民法典》的结构、"对物权"及"对人权"的下位结构与《奥地利普通民法典》的基本原则、因基本原则而生的《奥地利普通民法典》的内部体系休戚相关,所以这也涉及关键性的法教义学问题。

在笔者看来,《奥地利普通民法典》内部体系的优势在于,基于广义的物和所有

---

① Unger, System Ⅰ Vorrede Ⅷ f. 关于昂格尔的重要地位见 Ogris, Die historische Schule der österreichischen Zivilistik, Lentze-FS (1969) 449 = Olechowski, (Hrsg), Elemente Europäischer Rechtskultur. Rechtshistorische Aufsätze aus den Jahren 1961 – 2003 (2003) 350 ff.

② Wieacker, Deutsche Rechtswissenschaft 1941, 51 ff; Baldus, JRP 2008, 23 ff.

③ 最近 Kodek in Rummel/Lukas, ABGB4 (2015) § 14 Rz 4 又一次提示了这一点。

④ 这是 Füller, Eigenständiges Sachenrecht? (2006)的建议,尤其参见第 526 及以下。按他的观点,不论是所谓的对物权,还是赋予物权法的原则,均无法正当化物权的独立性。参见第 27 页以下、第 112 页以下,总结见第 526 页。

⑤ 应当否定 Säcker 明显类似的尝试,物权独立性的意义见 F. Bydlinski, System und Prinzipien des Privatrechts (1996) 315,尤其是脚注 342。

权的概念,通过物法(不仅包括对物权也包括对人权)落实了一般财产权益的观念。笔者以为,最具意义的是,《奥地利普通民法典》强调了财产归属的基本思想,并因此也包括"对人的"、单纯相对的、由债务人通过债之关系实现的物的归属。① 借助这一基本理念,可以解释债权人的某些权利,例如实际履行请求权。此外,这一理念能有效论证代偿利益请求权(stellvertretende Commodum)。②

《奥地利普通民法典》的基本理念也突显了对人的归属,这可以说是第一步,为了使得债权人享有全面、*对物的归属*(此种归属效力及于所有人),必须紧接着实行第二步。在《奥地利普通民法典》第425条中也能表达了此种思想,该条明确表明:"仅有权原,不发生所有权的取得。所有权及其他一切物权,除法律另有规定外,非经合法交付和受领,不取得之。"由此明确了,不是债权转化为对物权,而是涉及两阶段的归属,在一定程度上可以说涉及归属的完成,而在这一过程中,得做区分。通过此种思想,《奥地利普通民法典》强调了债法上基础行为与处分行为之间的关联,此种关联事实上非常明显,但在《德国民法典》中通过无因原则以一种对于现实生活而言非常陌生的方式被割裂了。③

通过此种方式,《奥地利普通民法典》拉紧弓弦,促使从间接的、单纯债法上的、因此不是全面针对第三人有效的归属经由对人物权转化为全面的、直接的、对物的,并因此原则上得对第三人有效的归属,也即绝对归属。通过此种方式,也明确表明,*财产归属有着多种不同的效力*。④ 因此,财产归属的功能不仅存在于两个权利主体之间的债之关系中,也存在于对物的、无须他人转介的物权关系中。《奥地利普通民法典》通过强调此种*共同性*表明,其并不以债物明确二分为基础。无必要采债权与物权的严格"割裂"(《德国民法典》的理念则是如此⑤),正如弗朗茨·比德林斯基(F. Bydlinski)强调的,⑥这尤其适用于如《奥地利普通民法典》这样采有因原则的法秩序(Rechtsordnung):在这些法秩序中为处分时,债法的权原行为(Titelgeschäft)和物权的处分行为之间,必然存在紧密的联系。

---

① 也参见 Klang in Klang II² 1 f.

② 对此基本见 Bollenberger, Das stellvertretende Commodum. Die Ersatzherausgabe im österreichischen und deutschen Schuldrecht unter Berücksichtigung weiterer Rechtsordnungen (1999) 尤其是第103页以下、第112页以下、第119页以下、第146页以下和158页以下。

③ 该观点已可参见 Wieacker, Deutsche Rechtswissenschaft 1941, 52 ff;同样见 Koziol, Glanz und Elend der deutschen Zivilrechtsdogmatik, AcP 212 (2012) 16 ff.

④ Klang in Klang II² 52 同样提示了这一点;同样见 Kisslinger in Klang³ § 307 Rz 8 ff.

⑤ 见 Wiegand, AcP 190, 113 ff.

⑥ System und Prinzipien 325. 进一步见 Schilcher, Ein Abschied, der schon längst fällig war—Nekrolog auf den Dualismus von dinglichen und obligatorischen Rechten in Österreich, Fenyves-FS (2013) 311.

在符合特定要件的情况下,《奥地利普通民法典》承认对某物的"对人的"、债法上的归属发生完全或部分对第三人的效力,由此《奥地利普通民法典》本身提供了非常确定的线索,表明"对人物权"产生的归属和对物权产生的归属之间没有区别。试举一个完全没有疑问、十分明显的例子:如果某一动产的买受人已经通过占有改定取得所有权(《奥地利普通民法典》第 428 条),或者某一不动产的买受人已经通过不动产登记取得所有权,那么对于该买受人而言,除了买卖合同所生的对出卖人请求实体交付的权利外,也已享有基于所有权派生的、得对任何人主张的所有权返还请求之诉。如果在债权人和债务人之间达成了担保合意,并且通过设定质权实现了担保合意,那么,债权人对于质权标的物享有可实现的、对物的、对第三人有效的清偿权(Befriedigungsrecht)。这同样适用于基于使用的约定,设定了役权对物权的情况。因为在所有这些情况中,均涉及设定一项法典明确规定的对物权,所以必须遵循法典为对物权产生所设置的原则,这点不证自明:必须要有权原和合法方式(第 425 条);创设法定对物权当然符合类型强制(Typenzwang)。

但除此以外,在特定情况下,法律也赋予债权人在某一特定方面的有限的保护,并在该范围内可对第三人主张该有限的保护,否则如果没有创设法律承认的对物权,那么,只有对物权的所有人享有此种保护。例如,如果租赁权(Bestandrecht)已经登记于不动产登记簿(《奥地利普通民法典》第 1095 条),那么,承租人(使用承租人[Mieter]或用益承租人[Pächter])在其对出租人的使用权之外,还享有继受保护(Sukzessionschutz),并因此对该租赁物(Bestandsache)的后续所有权人享有部分归属。这完全符合物权法的原则,因为一方面,权原行为(租赁合同)存在,并且在当事人间也必然为了法定的取得方式;这也符合类型强制,因为法律本身规定了此种对第三人的效力。然而,如果认为租赁合同登记不会产生对物权,①那么其正确地说明了,仅仅赋予了对第三人的效力,而非产生了有全面对外效力的为法律所承认的对物权。这也适用于其他赋予一种对外效力的情况:物已经交付给买受人,但尚未移转所有权,那么买受人对任何较弱的有权占有人享有普布利西亚那之诉②(die actio Publiciana)(《奥地利普通民法典》第 372 条)。最后,必须指出的是,《奥地利

---

① 更多线索见 Iro in KBB5 § 1095 Rz 2.

② "善意占有之诉"、"布布里其诉讼",罗马法上该诉系指符合时效取得的占有人,具有正当原因,尽管取得时效尚未届满,但对较弱的占有人享有原物返还请求权。Vgl. Kaser/Knütel, Römisches Privatrecht, 20 Aufl., C. H. Beck, 2014, S. 161 ff;黄风编著:《罗马法词典》,法律出版社 2002 年版,第 16 页。《奥地利普通民法典》第 372 条,"对于被他人扣留的物,原告虽不能以充分证据证明其取得所有权,但能证明其取得占有的有效权原及正当方式者,相对于其他不能证明其具有取得占有的权原或虽能证明其具有取得占有的权原但较弱的占有人,该原告应被认为是真正所有权人。"——译者注

支付不能法(IO)》第 44 条第 2 款①和《奥地利企业法典》第 392 条第 2 款②赋予债权人对第三人的可执行的价值追索权（Wertverfolgungsrecht），③除了上面所述，该权利也具有重要意义，尤其是对于信托人对第三人的地位而言。

除法定、可类推的情况外，类型强制会导致，债之关系的当事人不得任意创设特定的对外效力。如果法律没有规定创设部分对外效力的可能性，那么，债权人仅享有对债务人的"对人权"，并无对物的权利。这并不意味着债权人不享有任何保护，但是对债权人而言，没有取得对该物本身的对物性因而具有对外效力的归属，所以仅他的债之关系受到保护，例如，债之关系的权属，或者故意诱使其债务人违约。④

从上述说明可知，无论如何，在奥地利法中承认具有对外效力的"对物地位"的情况最好不要被称为"债权的物权化"："对人物权"，也即债权，很明显仍然是纯粹的债法上的权利，这点没有改变，仅仅是在单纯"对人"归属以外，仍然发生了对第三人同样有效的归属，即物的绝对归属，此种归属的效力范围也可能比对人归属更窄。例如，对物的归属可能仅涉及单纯的继受保护。对人归属与对物归属二者的结合在奥地利法的全部财产归属体系中显得相当和谐。例如，以买卖合同为例，这很明显没有任何改变，并且也没有疑问：买卖合同仍然存在，即使买卖标的物的所有权已经通过占有改定发生移转；因此，对于买受人而言，除了所有权原物返还请求权外，也对出卖人享有基于买卖合同产生的请求实际交付的请求权。

《奥地利普通民法典》强调两阶段的归属，在第二阶段的同样得为部分效力，相较《德国民法典》具有明显的优势。尽管《德国民法典》也认识到了"债权的物权化"的情况；这尤其体现在租赁物出卖时，对承租人的继受保护上（《德国民法典》第 566 条，原第 571 条），然而，对此种现象非常有必要进行描述，也产生了明显的障碍。杜尔克凯特（Dulckeit）⑤是第一个深入研究物权化现象的学者，饶有趣味的是，其以《奥地利普通民法典》特有的思想"对人物权"为依据，但是，其观点过于偏

---

① 该款对应《德国支付不能法》第 48 条，当然《德国支付不能法》第 48 条走得更远。
② 对应《德国商法典》第 392 条第 2 款。
③ 见 Wilburg, Gläubigerordnung und Wertverfolgung, JBl 1949, 29；进一步见 F. Bydlinski, System und Prinzipien des Privatrechts (1996) 343 ff; G. Koziol/H. Koziol, Wilburgs Thesen zu „Gläubigerordnung und Wertverfolgung", FS 150 Jahre Wiener juristische Gesellschaft (im Druck). 德国法详见 Behr, Wertverfolgung. Rechtsvergleichende Überlegungen zur Abgrenzung kollidierender Gläubigerinteressen (1986).
④ 更多线索见 Karner in KBB⁵ § 1295 Rz 2.
⑤ Dulckeit, Die Verdinglichung obligatorischer Rechte (1951)尤其是第 43 页。Picker, Der „dingliche" Anspruch, F. Bydlinski-FS (2002) 316 也特别强调了相对归属的思想；derselbe, Klamaris-FS 564.

激:其认为,在债权合同中,已经相对移转了物的所有权。通过交付,合同因此履行完毕,该权利转化为绝对的或者对物的权利。但是,其认为在交付之前,取得人已经是实际所有权人,出卖人在外部关系中不过是基于权利外观的表见所有权人而已。在这一点上超越了《奥地利普通民法典》的理念,因为奥地利法上在交付之前,取得人对于出让人仅取得纯粹的对人权利。

卡纳里斯对杜尔克凯特的论纲所做的阐释令人信服,其认为该说与现行法不符,尤其是与《德国民法典》中的无因原则不符。① 卡纳里斯的理论则以法律地位的部分物权化为基础,"其本身仍为债法的性质。"② 此种情况的特点是仅取得对物权的某一种特性;因为如果所涉法律地位已经具备了对物权的全部特性,那么原则上不再是物权化的债权,而就是真正的对物权。"卡纳里斯的论证全面、谨慎,也考虑到了《德国民法典》所采概念,但也总会导致卡纳里斯得出如下结论,③法秩序原则上允许"一个法律地位不具备全部的物权特性,而可以仅具备某一特性,并因此在真正的对物权和纯粹的债权之间创设了中间阶段。"其认为,"如果涉及物权性的法律效果,那么在这一范围内,对于该物权化的债权原则上需适用物权法的基本原则,特别是物权法定原则、特定性原则和公示原则。"

对于奥地利法学者而言,这一结论无疑是妥当的。但是,正如上文所述,"债权的物权化"一词引起了麻烦:④如果债之关系经过转化仍然在债法上关系的范围内(当然,物权性地位的取得需要债之关系予以正当化),那么,何以发生任何物权效力,或者更好的说法是,绝对效力? 最后,正如已经提及的,在出售某物的情况下,也不能认为债法上的买卖合同因物的交付而物权化。尽管这似乎显得是表述问题。当然,这或许也提示别的问题:如果债权没有转化为物权,而是在债之关系之外也发生了物权性的权限,那么必须考虑到,构建此种(限制)物权与买卖标的物所有权的移转相同,需要独立的处分行为。在这个范围内,卡纳里斯考虑到了适用物权法的原则。当然,卡纳里斯没有特别提及,在德国法中,有一原则或导致特别的障碍,即无因原则:尽管在债权物权化的情况中,仍然存在债法上基础行为和处分行为的严格分离,但是债权物权化构建了物权性的地位,而此种地位本仅得通过处分行为构建,这难道不是与《德国民法典》体系不符吗? 换言之,物权地位的产生明显完全依赖债之关系?

笔者没有把德国物权法当作母法,也不敢对事实上存在的障碍做出评价。笔

---

① Canaris, Die Verdinglichung obligatorischer Rechte, Flume-FS I (1978) 379 f.
② Flume-FS I 372.
③ Flume-FS I 425.
④ 相反,Wendehorst in: Alexis, Juristische Grundlagenforschung 81 也表达了疑虑。

者仅想明确,《奥地利普通民法典》明显反对如下观点,在债法的、物纯粹"对人"的归属以外,再赋予债权人对给付标的物额外的物权性权限。如果积极反对此种"立法手段式的获利(Bereicherung des gesetzgeberischen Instrumentariums)"①(本文的受贺学者(卡纳里斯教授)和笔者也反对此种获利),那么,在这个意义上,《奥地利普通民法典》的教义学—体系的基本构造或许具有优势。

另一方面,债之关系是权利与义务的合集,通过此种方式,《奥地利普通民法典》的构造在外部体系中削弱了债之关系的意义,当然,在对人归属中无法穷尽列举这些权利与义务。相反,在这一点上,潘德克吞体系展现了它的体系性优势。当然,按照内部体系,则在这一点上并无区别,因为《奥地利普通民法典》在对人物权的标题下完整规定了债权。

五、结束语

从上述简短的概况可以为《奥地利普通民法典》的进一步发展和未来的法典编纂得出以下几点建议:

笔者认为,广义的物之概念和因此足以构建起的全面的权益法是《奥地利普通民法典》明确应当予以积极评价的成就。

与广义物之概念相关的广义所有权概念落实了一种重要的思想,这在术语上或应明确表达如下:应当在表述上明确强调狭义的所有权概念和权属之间的区别。

"对人物权"所指者,对于外部体系的问题不具重要意义。就将对人物权称为债权、对物权称为物权这一点上,将《奥地利普通民法典》的外部体系等同于当下流行的潘德克吞体系,可以说是合目的的。但是,《奥地利普通民法典》把债权性的归属当作是物权性的归属的内部前一阶段,应当明确表达此种思想。债权性的归属可以具有部分绝对的外部效力,并应当对其考虑适用物权法的基本原则,更加强调这一点也有意义。当然不应继受德国法独有的无因原则,本文对此仅作略微说明。

(责任编辑:尚连杰)

---

① Canaris,Flume-FS I 380 正是主张这点。

隐名出资型善意取得之规范诠释与理论回应

王湘淳*

[摘　要] 既有理论对于《公司法解释（三）》第25条规定的隐名出资型善意取得的批判有余，剖析不足，未能进行充分且妥当的回应。《公司法解释（三）》关于隐名出资的相关规定，彰显了制定者认为股权与股东资格可以分属于实际出资人与名义股东的立场。由此，名义股东处分实际出资人的股权自是无权处分。与股东资格分离后的股权虽在变动模式与权利内容上疑似债权，但将其视为债权，不仅无法解释显名权的存在，亦与《公司法解释（三）》相关规定相冲突，更非妥当的价值判断结论。隐名出资场合适用善意取得的难题在于登记难以承载股权"权利外观基础"。对此，宜改进股东名册制度，使股东名册成为股权权利外观。

[关键词] 隐名出资；善意取得；股东资格；股权；权利外观

一、问题的缘起

《最高人民法院关于适用〈中华人民共和国公司法〉若干问题的规定（三）》（以下简称《公司法解释三》）第25条规定，名义股东将登记于其名下的股权处分，法院可以参照物权法第一百零六条的规定处理（下称隐名出资型善意取得）；第27条规定，原股东将仍登记于其名下的股权处分，法院可以参照物权法第一百零六条的规定处理（下称一股二转型善意取得），由此股权善意取得被纳入现行法中。相对于一股二转型善意取得，学界对隐名出资型善意取得单独论述并不多，[①]即便展开分析，也多持批判态度，认为"名义股东处分其名下的股权依法属于有权处分，不存在

---

* 王湘淳，男，中国人民大学法学院博士生。邮编：100872；地址：中国北京市海淀区中关村大街59号中国人民大学明德法学楼1015。

① 研究股权善意取得文章要么不区分类型，进行整体分析，如参见石一峰：《非权利人转让股权的处置规则》，载《法商研究》2016年第1期；姚明斌：《有限公司股权善意取得的法律构成》，载《政治与法律》2012年第8期。要么对一股二转型善意取得进行单独研究，如参见余佳楠：《我国有限公司股权善意取得制度的缺陷与建构——基于权利外观原理的视角》，载《清华法学》2015年第4期；杨祥：《有限责任公司"一股二卖"善意取得之质疑——对〈公司法解释三〉第27条适用的限缩》，载《西南政法大学学报》2015年第3期；张双根：《股权善意取得之质疑——基于解释论的分析》，载《法学家》2016年第1期；王涌：《股权如何善意取得？——关于〈公司法〉司法解释三第28条的疑问》，载《暨南学报（哲学社会科学版）》2012年第12期。

参照《物权法》第 106 条适用善意取得的逻辑前提"、①"'名义股东'只是与'隐名股东'特殊关系中的私下角色……名义股东将其持有的股权用以抵偿个人债务、设定质押、转让、被法院扣押拍卖,实际出资人都不能对抗交易或获益的第三人,根本不问第三人是善意还是恶意。"② 即便将隐名出资型善意取得的适用范围限缩在"当实际出资人经公司其他股东半数以上同意成为股东后,在工商登记变更登记之前,名义股东处分了股权"的场合,善意取得仍然"在事实上几乎没有适用的余地"。③ 这些批判都建立在认定名义股东拥有股东资格,进而享有股权的基础上。名义股东拥有股东资格确有理论上的依据,也有《公司法解释三》第 24 条作为佐证。④ 而名义股东享有股权,不仅与股东资格拥有者是股权的所有者这一"公理"相契合,更有股权变动的主流学说作为支撑:无论是采意思主义变动模式⑤还是形式主义⑥变动模式的观点,大多都认为股权变动后只有通知公司或获得公司认可,拥有股东资格后才可对抗公司,行使各项股东权利。

与学界对隐名出资型善意取得的态度形成鲜明对比的是,在实践中,相较于一股二转型的股权善意取得,隐名出资型股权善意取得方才是频发的类型。⑦ 且在《公司法解释三》已有规定的情况下,实际出资人是股权所有者的体系效应也在实践中突显:第一,法院明确说明名义股东转让股权的行为构成无权处分。⑧ 第二,法院认为《公司法解释三》第 25 条明确了不得对抗第三人的情形,必须是名义股东主动处分股权且第三人属于善意的情形。名义股东债权人提起的申请执行人执行

---

① 郭富青:《论股权善意取得的依据与法律适用》,载《甘肃政法学院学报》2013 年第 4 期,第 13 页。

② 甘培忠、周淳:《隐名出资纠纷司法审裁若干问题探讨》,载《法律适用》2013 年第 5 期,第 22 页。

③ 钱玉林:《民法与商法适用关系的方法论诠释——以〈公司法〉司法解释(三)第 24、25 条为例》,载《法学》2017 年第 2 期,第 94 页。

④ 该条规定,实际出资人未经公司其他股东半数以上同意,请求公司变更股东、签发出资证明书、记载于股东名册、记载于公司章程并办理公司登记机关登记的,人民法院不予支持。由此,名义股东方是股东,享有股权。参见《最高人民法院关于适用〈中华人民共和国公司法〉若干问题的规定(三)》第二十五条。

⑤ 参见张双根:《股权善意取得之质疑——基于解释论的分析》,载《法学家》2016 年第 1 期,第 131 页。

⑥ 参见郑艳丽:《论有限责任公司股权转让效力与相关文件记载的关系——新公司法视角下的理论与实践分析》,载《当代法学》2009 年第 1 期,第 153 页;杨瑞峰:《股权转让合同的生效与股权变动》,载《法律适用》2007 年 10 期,第 95 页。

⑦ 参见巴晶焱:《审理股权转让案件相关问题的调查——涉及工商登记中交叉问题的研究》,载《法律适用》2009 年第 4 期,第 56 页。

⑧ 参见最高人民法院(2016)最高法民申 1594 号民事裁定书。

异议之诉,并非是基于信赖工商登记并已经进行了股权处分交易,故实际出资人可以阻却债权人对名义股东的强制执行。① 第三,法院认为在符合《中华人民共和国合同法》(以下简称《合同法》)第402条的情况下,实际出资人作为委托人可以行使介入权。② 第四,法院认为知晓实际出资人存在的公司,负有保护其权益的义务,若未尽义务,构成不作为侵权。③ 第五,法院确认了实际出资人对于公司清算后的剩余财产享有权益。④ 显然,这些判决建立在实际出资人享有股权的前提下。若学界对此不能有效回应,理论与实践的鸿沟必将愈发明显,甚至可能产生"前者指责后者体系崩坏,后者指责前者闭门造车"的对立局面。在理论上对其进行有效回应,不仅是化解对立、连接理论与实践的必然使命,而且更是实践推动理论更新,让理论更好地指导实践的必然要求。笔者愿在此做出尝试,并求教于各位同仁。

二、拥有股东资格的名义股东处分"股权"仍属无权处分

隐名出资型善意取得成立的前提在于,名义股东处分股权属无权处分。《公司法解释三》相关规定实际上并未违反这一前提。要明晰为何在第24条规定了名义股东是股东的前提下,第25条仍规定实际出资人是真实的股权所有者,需对《公司法解释三》的思路进行探析。而《公司法解释三》就公司设立、出资及股权确认等方面的规定,构成了一个自洽的体系性文本。⑤ 这种分段分片建构司法解释的特色让《公司法解释三》条文相互间得到印证,存在被体系解释的可能。将《公司法解释三》视为一个体系,有助于发现单个条文中不甚明显的制定者"真意"。

(一)司法解释处理隐名出资思路探析:"股权"与股东资格相分离

1. "股权"与股东资格为不同概念

最高法院曾明确指出股权与股东资格是不同概念:实际出资人要求确认的是享有公司100%股权而非确认股东资格。⑥ 若我们回到《公司法解释三》,则可发现这种区分的一种实效:第21条规定,当事人向人民法院起诉请求确认其股东资格的,应当以公司为被告,与案件争议股权有利害关系的人作为第三人参加诉讼。而对股权归属发生争议,则以权属争议双方为原被告,且以已经依法向公司出资或者

---

① 参见四川省高级人民法院(2016)川民再22号民事判决书。
② 参见最高人民法院(2015)民申字第165号民事裁定书。
③ 参见上海市第一中级人民法院(2014)沪一中民四(商)终字第310号民事判决书。
④ 参见最高人民法院(2012)民申字第1204号民事裁定书。
⑤ 参见陈甦:《司法解释的建构理念分析——以商事司法解释为例》,载《法学研究》2012年第2期,第8页。
⑥ 参见最高人民法院(2013)再申字第389号民事裁定书。

认缴出资、已经受让或者以其他形式继受公司股权等作为判断标准,①与公司意思并无直接关联。如有观点认为,转让股东与受让股东因股权转让所产生的纠纷中,股权转让目标公司与案涉股权转让行为各方均无实质性争议。②直至获得股权后,主张获得股东资格时,方才与公司直接相关。③事实上,在诉讼法领域股权与股东资格的区分及其实效并不鲜见:如《中华人民共和国民事诉讼法》第26条规定,因确认股东资格纠纷提起的诉讼,由公司住所地人民法院管辖。因为此种诉讼属于公司诉讼,是关涉公司的组织法性质的诉讼,存在与公司组织相关的多数利害关系人,涉及多数利害关系人的多项法律关系的变动。而股权归属纠纷则并非公司纠纷,也不采用特别管辖。

2. "股权"与股东资格分属于实际出资人与名义股东

《公司法解释三》不仅明确股权与股东资格是不同概念,而且认为在隐名出资场合,两者可以分属不同主体。依据《公司法解释三》第24条的规定,可知股东资格归属于名义股东,而实际出资人则仅享有投资权益。该条虽未明确股权的归属,但若与第25条相结合,则可认为实际出资人享有股权:第25条规定,名义股东处分股权参照物权善意取得的规定。善意取得适用的前提是无权处分,而按照第24条规定,名义股东处分股权显然是有权处分,除非股权与股东资格主体发生分离。按照非此即彼的逻辑推演:既然名义股东不是股权的所有者,那么只能认为股权归属于实际出资人,否则将会出现股权无主的局面。制定者就该司法解释的《答记者问》也可以予以佐证:"实践中,有的情况下名义股东虽然是登记记载的股东,但第三人明知该股东不是真实的股权人,股权应归属于他人(即实际出资人)。"④在司法实践中,最高人民法院也在判决中延续了这一思路:实际出资人要求确认享有公司股权有事实和法律依据……据此,二审法院根据查明事实,确认实际出资人享有

---

① 《最高人民法院关于适用〈中华人民共和国公司法〉若干问题的规定(三)》第22条规定,当事人之间对股权归属发生争议,一方请求人民法院确认其享有股权的,应当证明以下事实之一:(一)已经依法向公司出资或者认缴出资,且不违反法律法规强制性规定;(二)已经受让或者以其他形式继受公司股权,且不违反法律法规强制性规定。

② 参见最高人民法院(2016)最高法民辖终216号民事判决书。

③ 《最高人民法院关于适用〈中华人民共和国公司法〉若干问题的规定(三)》第24条规定:当事人依法履行出资义务或者依法继受取得股权后,公司未根据公司法第三十一条、第三十二条的规定签发出资证明书、记载于股东名册并办理公司登记机关登记,当事人请求公司履行上述义务的,人民法院应予支持。

④ 参见《规范审理公司设立、出资、股权确认等案件——最高人民法院民二庭负责人答本报记者问》,载《人民法院报》2011年2月16日第3版。

公司 80%股权并无不当。① 若不承认股权与股东资格可以分离,在《公司法解释三》第 24 条规定了名义股东是股东的前提下,第 25 条规定实际出资人属于真实的股权人会引起体系违反,成为"不可化解的规范矛盾",产生法律漏洞。②

(二)"股权"与股东资格分离的证成

股权归属于实际出资人并不是理论上的难点,比如可通过意思主义的权利变动模式进行解释:作为出资对价的股权,必然存在一个初始的来源。要么解释为股权一开始由公司所有,再由公司转让给股东。要么解释为股权是在公司与股东签订出资合同③的同时被创设出来。无论是采用哪种解释,股权必先归属于名义股东而非实际出资人,此时股权与股东资格合一,尚未进行分离。在出资证明书、股东名册以及工商登记等形式要件均无变动的情况下,股权从名义股东处变动到实际出资人处,即是意思主义变动模式的体现。关键在于,在实际出资人享有股权的同时,名义股东拥有股东资格应当作何理解。是名义股东代实际出资人拥有股东资格、行使股东权利,还是股东资格归属于名义股东。

1. 名义股东并非代实际出资人拥有股东资格

事实上,主流观点大多都认为股权变动后只有通知公司或获得公司认可,拥有股东资格后才可对抗公司、行使各项股东权利。在一般财产法领域,不能对抗特定主体是指对于特定主体,假定外观表象的主体为真实有处分权的主体,从而让外观表象主体处分行为的效果等同于真实权利主体处分行为的效果。能弥补处分权缺失,并使得外观化虚为实的关键在于该等特定主体的信赖利益。④ 但在公司法领域,对抗则具有另一种内涵:股权变动不得对抗公司并非是指对于公司,假定名义

---

① 参见最高人民法院(2013)再申字第 389 号民事裁定书。而在下级法院中,持有此种观点更是相当常见,如"在隐名出资的情况下,名义股东未经实际出资人授权而处分登记于名义股东名下的股权,属于一种无权处分行为,该股权的实质意义上的处分权应属于实际出资人。"参见深圳市中级人民法院(2012)深中法商终字第 996 号民事判决书。

② 参见钱玉林:《民法与商法适用关系的方法论诠释——以〈公司法〉司法解释(三)第 24、25 条为例》,载《法学》2017 年第 2 期,第 93 页。德国学者提出,规范矛盾如果不能被化解,那么这个矛盾所牵涉的法条便会相互把对方废止,于是便形成法律漏洞。参见自黄茂荣:《法学方法论与现代民法》,中国政法大学出版社 2001 年版,第 312 页。

③ 实践中,与被除名股东签订出资合同的往往是其他股东,而非公司,但在公司成立后,于"观念上,必须承认公司与股东存在某种出资协议",参见叶林:《公司股东出资义务研究》,载《河南社会科学》2008 年第 4 期,第 118 页。且股东违反出资义务时,"承担违约责任的对象应当是公司而非其他股东"。参见朱慈蕴:《股东违反出资义务应向谁承担违约责任》,载《北方法学》2014 年第 1 期,第 38 页。

④ 参见丁南:《信赖保护与法律行为的强制有效——兼论信赖利益赔偿与权利表见责任之比较》,载《现代法学》2004 年第 1 期,第 70 页。

股东为真实有处分权的主体,而是指对于公司(包括其他股东)而言,名义股东即拥有股东资格,得以行使公司法上赋予股东的各项股东权利。如果名义股东仅是拥有股东资格的外观表象主体,那么依据信赖法理,仅在公司、其他股东对这一外观存在信赖利益时,名义股东才拥有股东资格。因此,在公司与其他股东明知存在隐名出资关系的情况下,名义股东便不可能是股东资格的拥有者,至多成为实际出资人的代理人。依据《合同法》相关规定,实际出资人作为委托人,在公司、其他股东知情的情况下享有介入权。但这一结论不仅与以《公司法解释三》为代表实践相背离,也难以获得公司法理论上的支持。就前者而言,《公司法解释三》第 24 条规定,名义股东即拥有股东资格。实际出资人能否获得股东资格,成为股东的关键在于能否获得其他股东的认可,通过显名程序。未通过此程序,即不拥有股东资格,并不区分公司或者其他股东是否知情。

2. 名义股东拥有股东资格的理论依据

这一设计背后的理论依据在于股东资格的内涵与特性:首先,如果认为"股东是相对于公司的概念","公司确认才是股东身份的根本标志",[①]那么名义股东自是股东,而不是股东的代理人。股东资格是相对于公司的特殊身份,主要是一个公司内部治理与运营的概念,仅存在于跟公司、其他股东相关的内部法律关系中,脱离这些关系,股东资格概念即失其意义。[②] 其次,股东资格是一种社员资格,是社团对主体的认可,赋予其社员地位与社员权利的凭证。前文中公司作为确认股东资格纠纷的被告,即是股东资格此特性的体现。社团资格会派生出社员与社团、社员与其他社员间一系列权利义务关系。[③] 社员资格的得丧变更难以弃社团意思于不顾。即便在上市公司这种高度强调股权流动性的公司中,股票证券持有人(Security holder)也并不自动获得社员资格,成为社团成员(Member)。再次,"股东权利中的管理性权利,如表决权、知情权、建议乃至质询权等等,这些权利的行使与实现,反射到公司内部运行层面,就落实为公司的治理结构及其运作,尤其体现为股东会运作的全过程"。[④] 最后,"股东资格被确认后,其可以在公司中行使相应的权利,公司不得拒绝"。[⑤] 基于股东资格与股东权利的这种捆绑,在有限责任公司

---

① 叶林:《公司股东出资义务研究》,载《河南社会科学》2008 年第 4 期,第 118 页。
② 参见张双根:《论有限责任公司股东资格的认定——以股东名册制度的建构为中心》,载《华东政法大学学报》2014 年第 5 期,第 69 页。
③ 参见叶林:《公司在股权转让中的法律地位》,载《当代法学》2013 年第 2 期。
④ 张双根:《论有限责任公司股东资格的认定——以股东名册制度的建构为中心》,载《华东政法大学学报》2014 年第 5 期,第 70 页。
⑤ 奚晓明主编、最高人民法院民事审判二庭编著:《最高人民法院关于公司法解释(三)、清算纪要理解与适用》,人民法院出版社 2011 年版,第 332 页。

中,公司与其他股东通过对股东资格的调解与干涉,实现维持封闭性与人合性的目的。立法默认在此类公司中维持封闭性与人合性的重要性大于股权作为一种自由、高效的融资工具的重要性。① 比较法考察可知,无论是在英美法系的美国与英国,还是在大陆法系的德国与日本,对与我国有限责任公司具有类似性质的公司,都广泛地存在对于股权转让进行限制的制度设计,旨在让股东转让股权需要得到其他股东或公司的同意。② 这都体现了此类公司对股东资格的调解与干涉。

《公司法解释三》将股权与股东资格相分离的进步之处在于,在尊重股权人身利益须受到公司与其他股东一定制约的前提下,承认股权财产利益可以依据主体意思自由约定归属(而这是公司或其他主体难以制约的)。这一设计可以更加妥当地在各方当事人间实现利益的平衡,并有利于促进"股尽其用"。

3. 与股东资格分离后的股权是一种财产利益

从上述分析中可以得知,与股东资格分离后的股权主要是指一种财产性权益,可以通过合同约定归属,与公司并无直接关联。股东资格则是一个公司内部治理与运营的概念,彰显股权中的人身利益。拥有"股权"者未必可以对抗公司,但可主张获得股东资格,在获得股东资格后,则可以行使公司法赋予股东的各项权利。依据《合同法》第2条规定,"本法所称合同是平等主体的自然人、法人、其他组织之间设立、变更、终止民事权利义务关系的协议。婚姻、收养、监护等有关身份关系的协议,适用其他法律的规定。"可知《合同法》上所称的合同不包含身份合同。③ 因此,与股东资格分离后的股权不包括股权的全部权能,仅包括股权的财产权益部分,这也与合同法的规定与理论相契合。"股权"仅包括财产权益的内涵与通常的股权内涵不一致。为避免争议,下文将与股东资格分离后的股权称为股权财产利益。④

(三)名义股东处分实际出资人的"股权"自是无权处分

名义股东处分的标的是整体意义上的股权,包括与股东资格分离后的股权即股权财产利益和股东资格两部分。名义股东处分股权财产利益为无权处分,处分股东资格为有权处分。实际出资人拥有股权财产利益却不拥有股东资格,名义股

---

① 当然,这种默认可由公司通过章程规定的形式进行选出。但这种不选出即适用的默认规则本身便具有一定的强制性色彩。

② 参见徐强胜:《股权转让限制规定的效力——〈公司法〉第71条的功能分析》,载《环球法律评论》2015年第1期。

③ 参见梁慧星:《民法学说判例与立法研究(二)》,国家行政学院出版社1999年版,第122页。

④ 关于股权财产利益与人身利益相分离的现象与回应,在笔者撰写的《股权何以变动:利益分离、模式选择与实现方式》(未刊稿)一文中有更为详细的论述,以下部分浓缩了该文的相关研究。

东虽不拥有股权财产利益但因拥有股东资格而具有权利外观被推定拥有股权财产利益,并依据股东资格行使各项股东权利,名义股东将股权财产利益转让给第三人,自是无权处分。善意受让人仅取得股权财产利益时,只享有投资收益,并可请求显名,但不能直接行使各项股东权利,也无法直接参与公司的经营管理;且受让人行使股东权利的前提是经公司和股东同意获得股东资格,因此对股权财产利益适用善意取得并不会损害有限责任公司封闭性、人合性及其他股东的优先购买权。① 股权的人身属性与人身利益集中于股东资格而非股权财产利益上,股权财产利益的性质虽仍须探究,但作为一种财产权益推定适用物权法规则,②不仅在理论体系上更为自洽,也能更好地区分物权法规则与公司法规则的效力界限,避免物权法规则决定股东资格与股东权利归属,弃公司意思与其他股东意思于不顾,破坏有限责任公司人合性,致使《公司法》第71条失去其应有的规范意义的局面出现。由此,对于在实践中频发的隐名出资型善意取得的理论回应得以初步构建。此种回应,能较好地兼顾股权性质与有限责任公司的品格,更能融贯《公司法解释三》第24条与第25条、《物权法》第106条与《公司法》第71条的规定。

三、实际出资人享有的"股权"并非债权

名义股东处分实际出资人的"股权"即股权财产利益可以适用善意取得的另一个条件是股权财产利益不属于债权,因为依据教义学与现行法的规定,对债权均断无善意取得的可能。⑦虽然股权财产利益在变动模式上与债权相同,在权利内容上与债权类似,但将其简单地视为债权并不妥当。

(一)"股权"债权化不符合司法解释规定与当事人意思自治

实际出资人不仅仅拥有请求名义股东为一定行为的请求权,其权益实现也不仅仅依赖于名义股东的行为。一般情况下,股权财产利益的权益实现方式依赖于名义股东的行为,权利内容疑似债权。名义股东基于股东资格,享有并可向公司行

---

① 参见陈彦晶:《有限责任公司股权善意取得质疑》,载《青海社会科学》2011年第3期,第112页。
② 有研究指出,公示并非是对抗第三人的唯一进路,采取"知情+对抗力"的模式不仅无损交易安全,而且更加灵活,尊重私人自治。依此观点,对此详细展开,参见张淞纶:《财产权利的对抗力规范——从继承中的财产法规则谈起》,载《政法论坛》2013年第1期,第72页;另参见张淞纶:《关于"交易安全理论":批判、反思与扬弃》,载《法学评论》2014年第4期,第104页。依此思路,拥有股权者可在公示与通知披露之间自由选择:选择拥有股东资格,登记在股东名册上,可大范围地对抗第三人。选择向特定主体通知披露自己是拥有股权者,可击破特定主体的善意,从而获得小范围的对抗力。

使包括依法享有资产收益、参与重大决策和选择管理者等在内的股东权利,[①]不拥有股东资格的实际出资人无权向公司主张行使各项股东权利。实际出资人不享有表决权、知情权等管理性权利自不待言。在公司做出分配股利的决定后,即便在公司与其他股东明知存在隐名出资关系的情况下,[②]实际出资人也无权直接主张受领该股利,仅能依据合同,请求作为给付股权利益分配款义务主体的名义股东受领后再给付于自己。如有法院认为实际出资人不是公司的股东,不能向公司主张股权收益。实际出资人要求以股东身份向公司主张股权收益,已突破双方协议范围。[③]另一方面,经显名程序,实际出资人得以直接向公司行使股东权利,而显名权并非是合同权利。依据《公司法解释三》第25条的规定,实际出资人显名无须名义股东的意思表示予以协助,可以径直请求其他股东同意。假设显名请求为合同权能,在合同中明确"约定名义股东负有将股权移转给实际出资人之义务的情形,该约定条款的法律效果,也只是产生名义股东的转让义务,不能直接等同于或者解释成名义股东已有处分其股权的意思表示"[④]。所以虽然在通常情况下,实际出资人需要依赖名义股东的行为,但他也可以绕开名义股东,获得股东资格。在此意义上,名义股东类似于实际出资人的辅助人,协助其实现股权中的权益。因此不能仅仅将实际出资人理解为名义股东的债权人。

其次,将股权财产利益债权化在极大程度上改变了当事人意思自治的内容。实际出资人与名义股东的合同是双方真实意思表示的体现,其中对股权财产利益归属的约定理应得到尊重,这也是私法自治的要求。实际出资人不因合同享有完整股权的原因在于双方意思自治产生了溢出效果。为了兼顾公司治理的需求,需要将股东资格剥离出去,对双方意思自治内容进行了限制(改变)。但限制仅仅是一种例外,需要充分且正当的理由。但将与股东资格分离后的股权财产利益债权化不是基于实践的需求,也无其他充分且正当的理由。不宜仅因对理论的尊重即限制、改变当事人的意思自治。

(二)"股权"债权化不是妥当的价值判断结论

将股权财产利益彻底债权化,将实际出资人的地位彻底债权人化后,随着名义股东将股权财产利益与股东资格进行一体性的转让,即意味着实际出资人不仅无法通过名义股东间接实现股权的诸项权能,也被剥夺获得股东资格、直接行使股东

---

① 参见施天涛:《公司法论》,法律出版社2006年版,第237页。
② 参见甘肃省高级人民法院(2013)甘民二终字第106号民事判决书。
③ 参见甘肃省高级人民法院(2013)甘民二终字第105号民事判决书。
④ 参见张双根:《论隐名出资——对〈公司法解释(三)〉相关规定的批判与发展》,载《法学家》2014年第2期,第75页。更不用说,隐名出资合同未有此种约定情形屡见不鲜。

权利的可能。这使得法定显名权限可以被名义股东涤除,从而降低了实际出资人的保护程度,这显然与《公司法解释三》制定者的价值判断结论相异。且依债权思路,当买受人在购买股权的过程得知隐名出资关系的存在,并不具有信赖利益的情况下,仍然可以获得完整的股权。此时,被剥夺股权的实际出资人只能依据合同主张违约救济,甚至在合同约定不明确时,难以获得应有的救济。与之相对,从未"实际出资"的名义股东却可获得高于违约责任的股权转让收入,这一后果无疑会助长名义股东的不诚信行为。隐名出资虽然存在一定的苛责性,但不诚信的股权转让行为与明知存在隐名出资关系,仍然受让股权的行为显然也非"善意",甚至更具有苛责性。正如最高法院相关人士指出:"在名义股东向第三人处分股权后如果仍认该处分行为有效,实际上就助长了第三人及名义股东的不诚信行为,这是应当避免的。"①因此,将股权财产利益作为债权来对待的价值判断结论并不值得推崇。认为股权财产利益不是债权,其所有者可以对抗股东资格拥有者,在买受人为恶意的情况下,其价值判断结论较为妥当:虽然名义股东有权处分股东资格,故买受人无须善意即可取得股东资格,但仍然会遇到实际出资人的追索,负有给付投资权益的义务,甚至存在因实际出资人的显名请求而灭失股东资格的风险。在买受人为善意的情况下,其基于善意可获得股权财产利益,基于有权处分可以获得股东资格,无须担心负有给付投资权益的义务及存在股权灭失的风险。

《公司法解释三》将股权财产利益与股东资格分离,分属于实际出资人与名义股东的做法,正是着力于协调"谁出资谁所有"的传统认知与公司治理需求之间的冲突。"谁出资谁所有"本是用来解决出现在非公司制企业中的混乱产权关系的一项政策措施。②但实践与理论界将这一政策措施延续使用到公司中,拓展成为确认公司股东身份的标准。"谁出资谁所有"及由其产生的股东资格实质标准确实存在诸多不足,但不可否认的是,其价值判决结论却在某种程度上契合了民众的朴素感情以及实质正义的需要:公司的财产由股东缴纳出资构成,所以判定实际履行出资义务的实际出资人享有股权符合常理,这也是实质标准在实践中具有众多支持者的重要原因。20世纪80年代开始形成的"谁出资谁所有"原则已经在实践中具有重大影响,具有强大的路径依赖。司法实践中认定股权归属于实际出资人的判决未必是受《公司法解释三》的影响,而更有可能是由此所致。采名义股东即是股东、享有股权,实际出资人仅仅享有合同权利、仅仅是名义股东债权人的思路,从公司治理需求与公司法理上来说,并无不妥。但会与"谁出资谁所有"的认知激烈冲

---

① 参见《规范审理公司设立、出资、股权确认等案件——最高人民法院民二庭负责人答本报记者问》,载《人民法院报》2011年2月16日第3版。

② 叶林:《公司法研究》,中国人民大学出版社2008年版,第82—86页。

突。《公司法解释三》制定者显然无意挑战、改变这种认知。与此同时,司法解释并非是法律,这也决定了《公司法解释三》并非是股权归属的妥当判断者。因此,通过分离思路在维护公司治理的同时,最大限度地兼顾到"谁出资谁所有"的认知、以及当事人的意思自治,回应了人们力图维持(以拥有股份的意思而提供资金的)资金提供者与股份、公司之间联系的需求。这既是《公司法解释三》的进步之处,也是其力所能及的边界。

四、股权权利外观难题及其解决办法

依据善意取得制度基础理论,善意取得的正当性一方面在于保护交易安全的宗旨,另一方面基于能承载合理信赖的"权利外观基础"①。对于后者,《公司法解释三》条文虽未明确指出股权以何为权利外观,但"名义股东将登记于其名下的股权"、"股权转让后尚未向公司登记机关办理变更登记,原股东将仍登记于其名下的股权"等表述表明最高法院选取了登记作为股权的权利外观,且制定者曾表示,股权得以适用善意取得制度乃因为"第三人凭借对既有登记内容的信赖"。② 这一做法虽有《中华人民共和国公司法》(以下简称《公司法》)第 32 条第 3 款为依据,③但以工商登记作为股权的权利外观存在诸多问题。

(一) 登记难以承载"权利外观基础"

第一,登记作为权利外观的正当性与真实程度密切相关,只有登记制度能保障相当高程度的正确性(即可维持权利外观与权利事实高度盖然的一致性),让真实权利人失权成为一种例外时,登记才具有权利外观的正当性基础。④ 否则,以登记作为权利外观便会让真实权利人失权成为常态,这与外观法则的矫正法地位并不匹配。但我国的股东登记制度并不保障股权归属的真实性。一方面,我国现行法并未明确规定工商登记的内容"推定正确",工商登记不具有公信力。另一方面,登记机关对于登记事项仅做形式审查。依据我国《公司登记管理条例》第 2 条规定,"申请办理公司登记,申请人应当对申请文件、材料的真实性负责。"即对于申请材

---

① 张双根:《股权善意取得之质疑——基于解释论的分析》,载《法学家》2016 年第 1 期,第 131 页。
② 参见《规范审理公司设立、出资、股权确认等案件——最高人民法院民二庭负责人答本报记者问》,载《人民法院报》2011 年 2 月 16 日第 3 版。
③ 该款将股东纳入公司登记事项,并赋予该股东登记"对抗第三人"的效力。参见《中华人民共和国公司法》第 32 条。
④ 参见余佳楠:《我国有限公司股权善意取得制度的缺陷与建构——基于权利外观原理的视角》,载《清华法学》2015 年第 4 期,第 113—115 页。

料和证明文件不真实所引起的后果,登记主管机关不承担相应的责任。这与不动产登记制度形成了鲜明的对比,后者在规范目的、登记机关的职责以及配套制度等方面形成了保障登记内容真实性的一整套制度。

第二,我国的股东登记制度是公司登记,不是股权登记。在《公司登记管理条例》第9条所列的公司登记事项中,除第8项针对股东个体外,其余均为关于公司的事项。作为公司登记事项的股东登记,"在其效力范围上,亦即所保护的商事交易的范围,应仅限于与公司有关的商事交易"①。在此语境下,股东登记应当做揭示人合性组织成员的理解,而非彰显权利归属,为股权交易提供指引。新近修改的《公司登记管理条例》,更是将"认缴和实缴的出资额、出资时间、出资方式"删除,仅要求登记股东的姓名或者名称。② 如此设计下,股东登记难以承担起为股权交易提供指引的重任。③

事实上,在有限责任公司中,股东不仅仅是股权的所有者,也是公司治理的参与者。这也是《公司法》第71条的假定前提:该条在股权对外场合赋予其他股东同意权与优先购买权的规范目的即是保护公司人合性,保护公司人合性即是基于有限责任公司的治理模式类似于合伙企业的假定。因此,股东对股权的处分仅仅是股权可以转让的前提,即便转让方是真实的权利人,受让方也并不一定能够获得股权。在股权财产利益与股东资格分离的视域下,股权转让受限的原因在于有限责任公司场合,股东对于股东资格并不享有完整的处分权(事实意义上而非教义学上)。当然,无论是否采取股权财产利益与股东资格分离的思路,都须承认有限责任公司股权转让具有需要兼顾公司、其他股东意思的特征,这使得股权登记难以成为股权受让人的合理信赖对象,因此,完善登记制度并不是完善股权权利外观的妥当进路。④

---

① 张双根:《股权善意取得之质疑——基于解释论的分析》,载《法学家》2016年第1期,第143页。

② 参见《公司登记管理条例》第9条。

③ 参见张双根:《股权善意取得之质疑——基于解释论的分析》,载《法学家》2016年第1期,第146页。

④ 另须指出,依据一些学者的观点,股权善意取得宜考虑引入实际权利人的可归责性,以更好地平衡实际权利人与善意购买者的利益。而隐名出资场合已经内含了实际出资人的苛责性,无须再考虑实际权利人是否存在可归责性:第一,实际出资人是权利的真实状态与权利外观长期不一致情形的造就者之一,这种不一致情形开启了股权被善意取得的风险。第二,实际出资人明知股权存在被善意取得的风险,依旧放任这种状态,是风险的维持者。第三,其造就权利的真实状态与权利外观不一致状态的原因往往是为了规避法律,规避法律之行为并不值得提倡。

（二）以股东名册为权利外观基础的依据

在登记难以承载股权权利外观基础的前提下，应当以股东名册为股权的权利外观。[①] 首先，股权权能与其利益实现的方式、有限责任公司的封闭性与人合性及因此存在的其他股东同意权与优先购买权，产生了"内部式"权利外观的需求。股权权能多体现为以公司为对象的请求权；股权利益的实现，需有赖于公司的配合；股权的变动需兼顾公司、其他股东的意思。在一般财产权登记场合，权利人直接与登记机关发生联系。在有限责任公司股权登记场合中，公司疏远了股东与国家之间的联系，并造成了股权变动生效与公示之间存在时间差，加剧了真实权利与登记权利的冲突。[②] 国家应当退居公司之后对股权进行管理。股权变动不仅须受国家干预，而且更应兼顾公司或其他股东的意思。

其次，由于其他股东同意权与优先购买权的存在，有限责任公司股权交易领域本就不存在交易便利这种公共利益。如果在权利交易领域将交易安全作可以获得权利这种理解，信赖登记本来不是安全的选择。因为同意权与优先购买权的存在，即便是信赖登记的主体，也很可能无法取得股权，基于登记便可获得股权这种信赖本就是不合理的信赖。就此而言，股权交易场合恰恰是商事外观主义原则的例外。所以，以股东名册作为股权的权利外观并非是让交易从便利变得不便利，从安全变得不安全，而仅仅是加深交易不便利与不安全的程度。并且，外部第三人想要获得完整的股权，本就负有咨询公司、其他股东的义务，由于此义务的存在，让外部第三人负有查询股东名册的义务，并不会显著地增加成本。

再次，在既有制度下，要办理股权工商登记的变更，须由公司向主管机关提出申请。公司可以控制善意取得条件的成就。因此，以股东名册作为权利外观并未显著增加受让人风险。[③] 另有观点认为，"依据《公司法》第 33 条，只有股东有权对公司内部的文件进行查阅、复制等，股东名册对公司外部第三人不具有公示性，因

[①] 股东资格的拥有者即推定为股权财产利益的享有者，股东资格与股权财产利益共有权利外观。在股东资格与股权财产利益归属于同一主体的情况下，股权的权利外观自不会分离。而股东资格与股权财产利益长期分属于不同主体仅仅是一种特殊状态，股东资格与股权财产利益原则上归属于同一主体，不宜确立不同的权利外观。并且，股权购买者所欲购买的亦是完整的股权，而非股东资格或股权财产利益，为了例外情况创设两个不同的权利外观不仅将简单问题复杂化，而且也无现行法上的依据。

[②] 石一峰：《非权利人转让股权的处置规则》，载《法商研究》2016 年第 1 期，第 98—100 页。

[③] 公司毫无疑问掌握了股权转让中至关重要的"实体权利"，因为如果公司拒绝变更股东名册或工商登记的话，将根本地否定受让人的股东资格。李建伟：《有限责任公司股权变动模式研究——以公司受通知与认可的程序构建为中心》，载《暨南学报（哲学社会科学版）》2012 年第 12 期，第 20 页。

而无法成为统一的可信赖事实。"①但事实上即便外部第三人自身无权查阅,也可要求转让股东查阅。

又者,以股东名册为股权的权利外观具有现行法上的依据。在"我国公司法上股权采取股东名册与工商登记双重公示"②,且工商登记难以承载权利外观基础的前提下,作为另一公示载体的股东名册即成为首先应当考虑的对象。最后,以股东名册作为股权的权利表征,也具有一定的比较法依据。

在名义股东处分股权的场合,出于对实际出资人的保护,产生了构建股权权利外观的需要。股东名册制度的完善则提供了实现路径。需要明确的是,股东名册制度的完善乃至对受让人科以更高程度的注意义务也只能在部分情形中实现对实际出资人权益的保护。因为相当部分的隐名出资关系不仅隐于工商登记,而且也隐于公司内部。在公司与其他股东也不知道隐名出资的情形下,不具有实现保护的可能性。

值得说明的是,以股东名册为股权的权利外观基础并非指以股东名册作为股东资格变动的生效要件。因为股东名册仅仅是确认主体是否拥有股东资格的形式要件,不具有设权的效力,其实质要件是获得公司或其他股东认可。这不仅与《公司法解释三》第 24 条的规定更加符合(该条规定:实际出资人未经公司其他股东半数以上同意,有权请求公司变更股东、签发出资证明书、记载于股东名册、记载于公司章程并办理公司登记机关登记,意即,经公司其他股东半数以上同意后,实际出资人已经取得股东资格),而且与司法实践中的股东资格判断标准更为契合。实践中,不仅存在以口头、书面等形式取得其他股东同意的案例,③更是存在隐名出资关系其他股东所知悉,且公司也按实际出资人的股权份额对其进行利润分配,④实际出资人参加了公司的经营、决策和管理,其他股东和公司未表示反对⑤等视为同意的标准。

(三)股东名册制度未完善时的缓释路径

必须指出,《公司法》对股东名册形成、保管、变更均无严格的程式要求,也无相应的罚则。⑥ 且依据《公司登记管理条例》,股东名册并非公司登记必须提交的文

---

① 石一峰:《非权利人转让股权的处置规则》,载《法商研究》2016 年第 1 期,第 97—98 页。
② 杨祥:《有限责任公司"一股二卖"善意取得之质疑——对〈公司法解释三〉第 27 条适用的限缩》,载《西南政法大学学报》2015 年第 3 期,第 80 页。
③ 参见最高人民法院(2016)最高法民终 18 号民事判决书。
④ 参见滁州市中级人民法院(2016)皖 11 民终 2064 号民事判决书。
⑤ 参见最高人民法院(2013)民申字第 517 号民事判决书。
⑥ 杨祥:《有限责任公司"一股二卖"善意取得之质疑——对〈公司法解释三〉第 27 条适用的限缩》,载《西南政法大学学报》2015 年第 3 期,第 82 页。

件。在实践操作中,公司登记机关在办理股东登记时,也并非依据股东名册。因此在实务中自始就未曾置备股东名册的公司不在少数。① 以股东名册作为股权的权利外观,也需要对于股东名册制度进行完善。② 在未完善之前,可通过调整注意义务的方式实现相同效果。即认定主体的信赖利益是否值得保护,不仅需要考虑其信赖的对象,还应考虑其是否具有过错。"善意"是风险归责下的价值判断而非纯粹的事实判断,因未尽适当的注意义务而导致的"不知"为有重大过失,重大过失妨碍其善意的成立,③无法适用善意取得。按照 Clark 教授的概括,股东涵盖了企业家、所有者、资金提供者、受益人等不同角色,④法律应对不同角色做出不同回应。有限责任公司的股东以企业家与所有者为主,由于有限责任公司的社团性以及股权的社员权属性,股权受让人应有更高程度的注意义务。受让人欲成为股东,除去审查工商登记外,还应向公司与其他股东咨询。此外,由于有限责任公司股东间的信任关系是公司得以正常运营的关键,⑤因此不应鼓励受让人不进行相应的调查与咨询便盲目地加入公司。⑥ 股权受让人负有较高程度的注意义务,使得其仅在公司恶意欺诈等极少数情形中才可能满足"善意"要件。⑦ 就善意的时点而言,"《物权法》第 106 条第 1 款第 1 项要求第三人'受让时'为善意,结合第 3 项,应理解为至交付或登记时止的整个过程第三人均应为善意,股权登记领域亦当采此标准。"⑧概言之,依据我国《公司法》第 71 条的相关规定,外部第三人购买股权须经过其他股东同意且放弃优先购买权。在此种情况下,可能因其他股东的告知而得知股权归属的真实状况。即使当时未能获知,"只要股东名册依法置备且依严格程序

---

① 参见巴晶焱:《审理股权转让案件相关问题的调查——涉及工商登记中交叉问题的研究》,载《法律适用》2009 年第 4 期;李建伟:《有限责任公司股权变动模式研究——以公司受通知与认可的程序构建为中心》,载《暨南学报(哲学社会科学版)》2012 年第 12 期。

② 参见张双根:《股权善意取得之质疑——基于解释论的分析》,载《法学家》2016 年第 1 期。

③ 参见叶金强:《论善意取得构成中的善意且无重大过失要件》,载《法律科学》2004 年第 5 期,第 81 页;吴国喆:《善意认定的属性及反推技术》,载《法学研究》2007 年第 6 期,第 18 页。

④ See Robert C. Clark, *The Four Stages of Capitalism*: *Reflections on Investment Management Treatises*, 94(3) Harv. L. R. 561-582(1981, Jan)。

⑤ 无论我们如何强调公司的独立性,都难以否认这一事实:有限责任公司在很大程度上便是数个个体合作从事商业活动的工具,是合伙企业而非股份有限公司的替代物。正如人们很难在不向其他合伙人或合伙企业咨询情况下便加入合伙一样,不了解内部信息便成为有限责任公司股东也有失妥当。

⑥ 参见邓峰:《普通公司法》,人民大学出版社 2009 年版,第 351 页。

⑦ 《物权法》第 106 条第 3 款已明确说明,可参照适用该条规定者为物权。故若严格按照文义解释,股东资格与股东权利无法参照适用。

⑧ 姚明斌:《有限公司股权善意取得的法律构成》,载《政治与法律》2012 年第 8 期,第 87 页。

来登记,发挥股东名册之应有公信力",①外部受让人在向公司申请办理股东名册变更时通常也能通过公司知悉转让人无权处分的事实。因此,在公司置备股东名册时,受让人的善意应当以办理股东名册作为截止时点,这一标准适用于内部受让人也无问题。在公司未置备股东名册的情况下,情况则较为复杂,外部受让人的善意至少应当持续到其他股东放弃优先购买权,向公司申请办理变更登记时;内部受让人也应持续至向公司申请变更登记时。

(四)股权登记的作用:保护强制执行债权人的利益

承认股东名册可以作为股权的权利外观,即意味着工商登记失去权利外观的地位。由此将产生的问题是,"如果企业公示系统所记载的内容不能成为权利外观,第三人不能对其产生信赖,则整套公开制度将在很大程度上失去意义。"②此问题留给解释论的任务是,对于《公司法》第32条的规定应当如何理解。如果股东登记不能成为股权的权利外观,似有架空甚至违背该条规定的嫌疑。就解释论而言,股东登记对抗的第三人可以解释为进入强制执行程序的债权人:第一,申请强制执行债权人的目的在于取得股权的财产价值,而非成为公司股东。因而并无理由对其科以股权受让人那样较高程度的注意义务。第二,由其目的应假定,其信赖的内容并不是股东登记的主体拥有股东资格,可以行使公司法上的股东权利,而是信赖登记主体拥有股权这一财产。第三,虽然申请强制执行的主体仅为债权人,但其通过冻结等保全措施"控制"了相应的股权,在事实上与实际出资人存在相互争夺股权支配关系的竞争。第四,不同于一般债权人仅因登记而产生信赖,强制执行债权人的信赖还包括因对标的物的"控制"而产生的信赖。第五,《最高人民法院关于人民法院办理执行异议和复议案件若干问题的规定》第25条规定,对案外人针对股权提出的异议申请,人民法院应当审查股权在工商行政管理部门的登记和企业信用信息公示系统公示的信息进行判断。意即,在强制执行过程中,工商登记是法院审查的对象。第六,这一解释具有相当的司法实践基础。如在一些案件中,最高人民法院都做出了申请强制执行债权人的信赖利益应受到法律优先保护的价值判断。③

---

① 杨祥:《有限责任公司"一股二卖"善意取得之质疑——对〈公司法解释三〉第27条适用的限缩》,载《西南政法大学学报》2015年第3期,第83页。

② 余佳楠:《我国有限公司股权善意取得制度的缺陷与建构——基于权利外观原理的视角》,载《清华法学》2015年第4期,第120页。

③ 参见最高人民法院(2016)最高法民申3132号民事裁定书、最高人民法院(2013)民二终字第111号民事判决书。

五、结　语

《公司法解释三》规定由实际出资人享有股权财产利益,由名义股东享有股东资格、行使股东权利,对股权进行了分割。这在维护有限责任公司治理需求的基础上,尊重了当事人的自治与大众的朴素认知。但因这些规定难融于现有理论框架而饱受诟病。诚然,股权财产利益与股东资格分离的解释路径存在诸多不足:如名义股东与实际出资人的隐名出资合同通常早于名义股东与公司的出资合同,名义股东与实际出资人签订隐名出资合同时并无股权财产利益。若严格依据教义学,既无所有权则无处分权,也就无所谓有权处分与无权处分的问题。但任何法律(学)皆具有理论与实践的双重面向。就商法而言,其实践面向要更甚于理论面向。笔者也无意通过股权财产利益与股东资格分离的思路论证《公司法解释三》规定是可取的或符合理论的。而是,在《公司法解释三》已经生效数年,相关实践随之自由繁茂生长的情况下,基于既有教义对隐名出资型股权善意取得进行批判,固然是正当的做法,但却未必有效。《公司法解释四》相关规定对其并未涉及,故而隐名出资型善意取得至少在可预期的未来中仍会存在。由此,给予隐名出资型善意取得更多尊重似乎是一种适宜的态度。承认股权财产利益与股东资格可以分离,可以较好地协调隐名出资场合各方利益,兼顾公司治理需求与当事人意思自治及"谁出资谁所有"的朴素认知,由此所带来的体系效应或许会给公司法这个更大的体系带来冲突,但更有可能仅仅是在原则中划定例外:由于缺乏一套系统理论对《公司法解释三》的分离理念进行诠释,分离规则将缺乏普遍意义。

同时必须说明的是,虽然在大陆法系,股权原则上是一个不可分割的整体。但英美法系在权利束等思维与认知的影响下,股权并非牢不可分,这不仅体现于美国成文公司法所规定的可转让利益制度上,更彰显于势头迅猛的多表决权股等股权制度创新中,后者实质上即是将股权分离后再重新进行组合。故而,股权并不存在绝对可分或绝对不可分的属性。由此,宜就应不应该分离,如何进行分离,进行何种限度的分离以及分离后相应制度如何协调等在各个具体制度中进行细致的探讨与论证,[1]将重心停留于抽象的探讨股权能否分离已经完全不能满足实践对于理论的期待。

---

[1] 参见蔡元庆:《股权二分论下的有限责任公司股权转让》,载《北方法学》2014年第1期,第50—59页;周游:《股权利益分离机制下隐名出资问题之再阐释》,载《北方法学》2015年第1期,第152—160页。

How nominal contributor manner the equity can apply system of bona fide acquisition of shares?

Wang Xiangchun

Abstract: For the bona fide acquisition of shares in Dormant Contribution of Capital, the existing theory criticized the system excessively, lacked respect and failed to respond effectively. The provisions about Dormant Contribution of Capital of the Supreme People's Court on Several Issues concerning the Application of the Company Law of the People's Republic of China (Ⅲ) shows the viewpoint that the maker thinks the equity belongs to the actual contributor and the shareholder's qualification belongs to the nominal contributor. Hence, nominal contributor manner the equity of actual contributor's equity is Unauthorized Disposals. After the separation of the shareholder qualification, rights content and change mode of the equity are similar to claim. However, considering it as a claim not only can not explain the right of nomination, it conflicts with the relevant provisions of Dormant Contribution of Capital and is not an appropriate conclusion of value judgments.

Keywords: Dormant Contribution of Capital; bona fide acquisition of shares; shareholder's qualification; equity

（责任编辑：宋亚辉）

有限责任公司股权善意取得之否定

李 辉*

[摘 要] 我国的股权善意取得,法技术上未能构建客观权利外观,无法使第三人产生合理信赖;法价值上仅以交易安全为目标未能全面虑及公司各方利益,故难以成立应予否定。而该制度针对的"名义股东"、"一股二卖",则应从各自产生背景寻求根本解决途径。具言之,名义股东处分名下股权乃有权处分,然为均衡保护公司各方利益,应确认名义股东和实际出资人两者为间接代理关系。而原股东二次处分股权,则应参照我国物权变动之一般模式,肯认股权变动的形式主义。

[关键词] 股权善意取得;工商登记股权代持;股权变动模式

一、问题与立场

现代社会交易频繁且重要,特定情形下牺牲公平以换取交易的效率与安全,既凸显出交易于现代社会的价值,法律上亦成为物权善意取得的法理依据。[①] 2011年12月最高人民法院颁行《关于适用〈中华人民共和国公司法〉若干问题的规定(三)》(以下简称《公司法解释三》),该解释规定在出资人出资、股权转让中若发生解释中第7条[②]、第25条、第27条所认定的情形,可参照适用我国《物权法》第106

---

* 李辉,山西财经大学法学院讲师,现就读于中国人民大学法学院,民商法专业。

① 关于善意取得制度的理论根据,在学说上曾经出现过即时失效或瞬间时效说、权利外像说、法律赋权说以及占有效力说,上述学说多受日耳曼法影响,而随着时代的发展,笔者以为,台湾学者谢在全的观点更值参考,故本文采之。"惟近代之善意取得自其法律构造及存在旨趣而言,业已脱胎换骨,具有现代之意义……此无他,首要者乃在交易之安全与便捷。"参见谢在全:《民法物权论》(上册),中国政法大学出版社2011年版,第272页。

② 《公司法解释三》第7条,是关于出资人以无处分权的财产和犯罪所得货币出资的效力及其处理。笔者认为,出资人以无处分权财产出资,若公司不知情自可获得财产并认定出资人的股东身份。但是公司取得无处分权人出资所有权的善意并不能当然传递于出资人本人。简言之,以无处分权财产出资的出资人是缺乏善意的,故此第7条所规定的股权善意取得在理论上实难成立。参见李辉:《无处分权人出资善意取得否定》,载《判解研究》(2017年第2辑),中国人民大学出版社2017年版,第202页。需要提示的是,本文所论主要针对解释之第25条,27条

条即物权善意取得的一般规定,由是我国股权善意取得制度得以确立。① 利用民法上的特别制度解决公司股权转让中的实际问题,乃司法创新,初衷确值称赞,然而关于股权善意取得制度的讨论却远未充分。实际上,发生于公司语境的股权转让并非一般买卖,所涉利益多元,既包含交易双方又关涉公司、其他股东甚至公司债权人。而且物权善意取得乃事实行为,须严格遵循法定主义调整方式。因此欲创立股权善意取得,必须先就物权善意取得之法定构成完成在股权转让领域的转化适用。

《公司法解释三》虽未有释明,但最高人民法院显然将《公司法》第32条第3款所规定的工商登记,视为善意第三人产生合理信赖的基础,并借此构建股权善意取得之权利外观。② 然若认可该权利外观,该解释第25条的名义股东虽可能违反与实际出资人的内部约定,但作为法律上的股东其处分名下股权乃有权处分,并没有善意取得适用之逻辑前提。③ 而第27条"一股二卖"之股权善意取得,法律冲突则更为明显:首先,善意第三人之所以取得股权,乃因其对股权登记产生的信赖利益,但是工商登记仅是对抗效力,并不能与不动产登记的效力相等同;其次,若承认工商登记效力,而原股东并未办理登记股权变动,因此其仍是有权处分亦无善意取得之适用;最后,若要适用善意取得,则应当对先手交易之股权转让效力予以认可。若果真如此,又否认了工商登记之权利外观,破坏了第三人的信赖基础。况且实务中,工商登记乃由公司完成,先手交易者本就处在防御劣势,难怪有学者评价我国现行股权善意取得,除了赋予公司"反悔权"毫无合理性可言。④

---

① 关于善意取得性质为原始取得还是继受取得尚存争议,商法主流学说赞同传统民法观点认为其为原始取得,但继受取得亦有相当理由。Vgl. Schwab/Prütting, Sachenrecht, S.188. 另有我国学者认为,股权善意取得既非原始取得亦非继受取得而是独立的股权取得方式。参见施天涛:《公司法论》,法律出版社,2014年版,第239页。本文赞同原始取得说。

② 参见最高人民法院民二庭负责人就《关于适用〈中华人民共和国公司法〉若干问题的规定(三)》答记者问,载奚晓明主编《商事审判指导》2010年第4辑(总第24辑),人民法院出版社2011年版,第32—33页。

③ 多数学者正是基于该原因认为,应当将名义股东处分名下股份排除出股权善意取得的适用范围。较有代表性的文章可见,张笑滔:《股权善意取得之修正——以〈公司法〉司法解释(三)为例》,载《政法论坛》2013第6期;姚明斌:《有限公司股权善意取得的法律构成》,载《政治与法律》2012年第8期;傅穹、尹航:《利益衡平视野下的股权善意取得》,载《净月学刊》2016年第1期。笔者亦赞同上述学者的主张,但是应当明确的是,引发上述讨论的根本原因乃隐名出资。申言之,仅是否定名义股东适用于股权善意取得,尚不能从根本上解决隐名合同中,股权登记与实际权属不一致的问题。

④ 参见王涌:《股权如何善意取得——关于〈公司法〉司法解释三第28条的疑问》,载《暨南学报(哲学社会科学版)》2012年第12期。

另一方面，在质疑我国股权善意取得的学者中有人提出，实践中存在因工商登记错误而适用善意取得的可能，例如股东所持公司股权被冒名转让后，该股权又再次进行转让，被冒名股东已非工商登记权利人。如果第三人基于对工商登记信息的合理信赖，且有偿受让该股权则应当认定该股权转让效力。据此上述学者主张，借鉴德国法的相关经验，在完善我国工商登记制度的基础上修正现行股权善意取得的相关规定。① 其实德国学界一直视股权为债权遵循权利让与之一般规则即意思主义模式，②理论上全无股权善意取得之适用余地。只是为应对欧盟内部公司法之"朝底竞争"提升股权交易安全，2008年德国才在全面重构股东名册的基础上首创股权善意取得制度。然而，由于始终坚持股权变动的意思主义，导致该制度在德国争议不断。反观我国，股权为独立特殊权利，且权利变动以债权形式主义为一般规则的理念早已深入人心，③该论断为我国股权变动模式在选择上留有解释空间。申言之，德国公司法之经验于我国并不存在前见上的"亲和性"。④ 而且观察德国改造股东名册的事实，其成本巨大却收效甚微。因此，我国工商登记是否有必要效法诚值讨论。或许打破股权变动意思主义，未尝不是更优的法政策选择。

必须看到，股权工商登记与股权权利归属不一致是司法实践中客观存在的现象。而股权善意取得制度的设立宗旨乃为化解其对股权交易产生的不良影响。但从物权到股权，从不动产登记到股权工商登记，巨大的理论鸿沟是否仅凭扩张善意

---

① 这些修正意见具体包括主张废除第25条、27条所规定之情形代之以登记错误类型，在加强工商登记正确性的前提下强化工商登记的公信功能，此外还应将原权利人与第三人的可规则性纳入股权善意取得的考察范围等。参见余佳楠：《我国有限责任公司股权善意取得制度的缺陷与构建——基于权利外观原理的视角》，载《清华法学》2015年第4期；石一峰：《非权利人转让股权的处置规则》，载《法商研究》2016年第1期。

② Vgl. Lutter / Bayer in Lutter /Hommerlhoff，GmbHG，16. Aufl. 2004，§15 Rn. 23 f，§16 Rn.1 f.

③ 参见罗培新：《抑制股权转让代理成本的法律构造》，载《中国社会科学》2013年第7期；赵旭东《公司法》(第3版)，高等教育出版社2012年版，第309—311页；施天涛：《公司法论》(第3版)，法律出版社2014年版，第254—257页；王轶：《民法原理与民法学方法》，法律出版社2009年版，第161—163页。

④ 在我国学者郑戈《韦伯论西方法律的独特性》一文中，作者指出任何法律都是特定国家或地区社会状况与时代精神的反映和抽象，都以特定国家和地区的法律传统作为前提和基础，马克斯·韦伯将此种法律形成的互动过程概括为"有选择的亲和性"。参见郑戈：《韦伯论西方法律的独特性》，载李猛主编：《韦伯：法律与价值》，上海人民出版社2001年版，第40—50页。笔者以为"亲和性"概念亦可作为国外经验是否能与本国制度相融合的判断标准，因为如果制度间相似性或者关联性程度越高则亲和性越强，显然制度引进的成本会降低，成功的概率也要高得多。

取得适用范围得以跨越?① 同时,股权交易涉及复杂的利益衡量,绝不仅是交易双方的私事,而商事外观法理又能否成立保护善意第三人而牺牲真实权利人的充分理由? 在笔者看来,现行法技术条件难以支撑我国的股权善意取得制度。登记内容与实际权属争议的解决,应当回归产生问题的本源即股权代持与股权变动模式本身方能另辟蹊径。综上所述,本文在否定我国股权善意取得制度的基础上,就长期存在于我国公司法学界的两大基础性难题,股权代持法律关系的厘定与股权变动模式的选择,发表谬见,求教各方。需要说明的是:我国现行股权善意取得囊括了股权转让、股权质押等多种股权处分行为,为方便论证,笔者以股权转让为主要论证对象。另外,如无特别说明本文所论乃有限责任公司。

二、名义股东股权善意取得之否定

公司设立时,投资者将出资财产出售给公司并换取公司交付的股权,投资者据此成为公司股东是普遍现象。② 不过在我国公司实践层面尚存一独具特色的现象,学理概括其为股权代持或称隐名出资。③ 此种合同的当事人,通常会约定由实际出资人出资④,名义股东行使股权,而股权收益则由实际出资人享有。有时,实际出资人还会就名义股东行使股权的权限、董事职位的安排等做出约定。实务上该隐名出资只要当事双方表意真实、一致,不违反法律、行政法规,通常会被认定为有效。⑤ 然而,隐名出资使工商登记之股东(名义股东)与实际出资人处于分离状

---

① 有学者认为善意取得的中心命题,乃善意第三人对权利公示的信赖,"信赖"构成取得的依据。因此除物权之外的其他权利,例如票据、债权、知识产权,股权均存在善意取得的可能。参见叶金强:《信赖原理的私法结构》,元照出版有限公司2006年版,第221页。笔者以为,此种将善意取得任意扩张的观点是值得商榷的,所谓第三人对权利公示的信赖,其核心不在于信赖而是在于具有能够产生信赖利益的客观的权利外观,否则第三人的合理信赖利益将无法产生。

② 参见叶林:《公司法研究》,中国人民大学出版社2008年版,第78—79页。

③ 在英美公司法或者德国公司法中皆未有隐名股东概念,唯认可隐名合伙。参见卞耀武主编:《当代外国公司法》,法律出版社1995年版,第33—49页;[德]格茨·怀克、克里斯蒂娜·温德比西勒:《德国公司法》,殷盛译,法律出版社2010年版,第249页。

④ 笔者赞同《公司法解释三》坚持使用实际出资人概念。若使用"隐名股东"概念,则会使人产生法律上将股东分为显名股东和隐名股东,二者均为法律承认的错误认识,属徒增逻辑混乱。

⑤ 2010年8月15日实施的《最高人民法院关于审理外商投资企业纠纷案件若干问题的规定(一)》,其中第15条,"合同约定一方实际投资、另一方作为外商投资企业名义股东,不具有法律、行政法规规定的无效情形的,人民法院应认定该合同有效。"笔者认为,这是最早肯定隐名出资合同效力的司法解释。

态,诱发了名义股东法律地位的长期讨论。笔者认为,严格意义上《公司法解释三》第 27 条"一股二卖"股权善意取得与第 25 条名义股东股权善意取得所面对的问题并不相同,后者不是登记内容与实际权属不符,而是登记股东与实际出资人不符,所映射的问题本质乃是隐名出资合同中,如何认定名义股东与实际出资人的法律关系。

(一) 名义股东股权善意取得之否定

围绕名义股东法律地位,我国学界形成了"形式说"、"实质说"、"折中说"等观点。[①]"实质说"由于忽视了隐名出资发生于公司语境渐被抛弃;而刚性的"形式说"未有虑及隐名出资的复杂成因,在股东资格确认上过于僵化可致公司经营混乱,因此目前主流观点采"折中说"并为最高人民法院所接受。[②] 详言之,名义股东与实际出资人的法律关系适用"双重标准,内外有别"[③],即若涉及名义股东与实际出资人间的投资权益问题,属于内部纠纷应当按照契约自由、意思自治原则来处理;而若是类似股权对外转让等涉及第三方的问题,则须遵从形式特征优于实质特征的原则。[④] 毋庸讳言,"折中说"下名义股东已具备股东身份,其处分名下股权既非无权处分亦非形式有权实质无权,而是有权处分。就此而言,名义股东处理名下股份,法律上并无善意取得之适用前提。

最高人民法院民二庭负责人在说明《公司法解释三》的出台背景时,就名义股东股权善意取得曾做如下解释:《公司法》第 32 条第 3 款规定,"股东姓名或名称未经公司登记机关登记或变更登记的,不得对抗第三人"。因此第三人凭借对登记内容的信赖,认为名义股东就是真实股权人的,原则上应认可名义股东对股权的处分,实际出资人不能主张处分行为无效。但若第三人明知登记股东不是真实股权

[①] 相关文章、书籍主要可参阅蒋大兴:《公司法的展开和评判——方法·判例·制度》,法律出版社 2001 年版,第 463—464 页;林晓镍:《公司中隐名投资的法律问题》,载《中国民商审判》(2002 年第 1 卷),法律出版社 2002 年版,第 172 页;虞政平:《股东资格的法律确认》,载《法律适用》2003 年第 8 期;张斌:《公司资本制度的再思考》,载《当代律师》2004 年第 1 期等。

[②] 参见《最高人民法院相关负责人在 2007 年全国商事审判工作会议上的讲话》,最高人民法院民事审判第二庭编著:《最高人民法院关于司法解释(三)、清算纪要理解和适用》,人民法院出版社 2017 年,第 381 页。

[③] 参见蒋大兴:《公司股东资格取得之研究》,载梁慧星主编:《民商法论丛》(第 20 卷),金桥文化出版社 2001 年版,第 427 页。

[④] 该观点亦可在《公司法解释三》第 26 条的规定中得到印证:"公司债权人以登记于公司登记机关的股东未履行出资义务为由,请求其对公司债务不能清偿的部分在未出资本息范围内承担补充赔偿责任,股东以其仅为名义股东而非实际出资人为由进行抗辩的,人民法院不予支持。"

人，若仅凭商事外观就认定名义股东向第三人处分股权的效果，则事实上助长了第三人及名义股东的不诚信行为，这是应当避免的。此时适用善意取得追求的法律效果是：第三人仅凭对股权登记的信赖尚不能取得股权，还必须满足不知晓股权存在实际出资人的事实，非如此不可终局地获得股权。① 显然，名义股东之股权善意取得并没有否定名义股东的股东身份，而是为衡平其与实际出资人、交易第三人间的利益。但笔者以为，解释者的上述目的难以凭借善意取得实现：其一，名义股东为有权处分，而善意取得以无权处分为前提，因此势必减损登记的公示效力，导致第三人信赖利益的基础无法成立；其二，善意取得制度乃为提高交易效率，改善交易安全所设，既然承认工商登记之对外效力，却增加第三人查证义务，属徒增交易成本与制度创设本旨相左；其三，隐名出资合同遵循"双重标准、内外有别"乃是对合同相对性原则的恪守，而名义股东股权善意取得，是在事实上认可了实际出资人的事实股东身份，等同于赋予其突破合同相对性的权利。一言以蔽之，登记之名义股东与实际出资人不符，试图以股权善意取得化解并非良方。解决问题的关键在于，对名义股东与实际出资人法律关系的重新解构。

（二）股权代持之法律关系重构

"折衷说"之"双重标准，内外有别"，既承认名义股东对外行为的效力，也认可名义股东与实际出资人间的内部效力。概因前者源自公司对名义股东身份的确认，后者则由隐名出资合同创设，两者本质上皆是对合同相对性的坚持。然而，实践中的法律关系绝难如此纯然。名义股东对外转让股权未被实际出资人授权，假如直接认可该股权转让效力则势必牺牲实际出资人利益，虽有利于保障交易安全，但工商登记仅具对抗效力并非客观商事外观，故难以固定交易效果。同时，长远观之，该行为实乃损害投资人积极性。另一方面，若法院强令依隐名出资合同推翻名义股东地位，确认实际出资人之股东身份，又恐有违背有限责任公司封闭性之嫌。因此，若要厘定名义股东与实际出资人间的法律关系，必须既能维护实际出资人的合法权利，又不能破坏公司法的基本原理。有鉴于此，笔者主张，确认实际出资人与名义股东的间接代理关系可有效化解上述问题。

隐名出资合同的实质是，由实际出资人"出资"并委托名义股东"出名"的合作投资协议，它符合《合同法》第396条的委托范畴，对此最高人民法院在既有判例中

---

① 参见最高人民法院民二庭负责人就《关于适用〈中华人民共和国公司法〉若干问题的规定（三）》答记者问，http://www.court.gov.cn/shenpan-xiangqing-2501.html.（访问时间：2016年7月8日）。

已给予肯定。① 然理论上仍存疑虑的原因在于，名义股东对外以自己名义向公司投资并以股东身份出现，并不符合代理的一般要求。②

现代代理制度以直接代理为一般情形，即代理人以被代理人名义实施民事法律行为，对被代理人发生效力。但事实上，直接代理的思维形态直到19世纪才被清晰显现，而间接代理远比其悠久，商法上行纪和运输是最早被确认的间接代理事例。③《德国民法典》第 164 条关于代理人表示之效力的规定，也没有将是否以被代理人名义作为成立代理的必备要件。而我国《合同法》制定之时，亦突破对原有代理的一般认识而引入了间接代理。④ 换言之，"内部代理权"已为民法各国接受，⑤ 只要代理效果归属本人即可确认存在代理关系，至于第三人是否知晓两者的代理关系非是确认代理存在的关键。⑥ 简言之，名义股东以自己名义对外实施法律行为，不是其与实际出资人成立代理关系的法律障碍，而明确两者可构成间接代理则有利于澄清公司法上关于股权代持的诸多问题。

第一，使名义股东股权善意取得丧失了存在基础，当认定名义股东与实际出资人间的股权代持乃为间接代理，则名义股东处理其名下股权则可能产生《民法总则》第 171 条、172 条关于无权代理、越权代理以及表见代理的适用问题。其探讨问题的实质即是否存在足使第三人产生信赖的代理权，而并非名义股东与实际出资人是否相符，名义股东是否具备股东身份。换言之，名义股东以自己名义对外转让股权转让应当适用《合同法》第 48 条、49 条有关代理的规定，而不能适用无权处分以及无权处分之特殊情形——善意取得的相关规定。

第二，隐名出资长期困扰学界与实务界，不仅是股权对外转让问题，还关涉名

---

① 参见"华懋金融服务有限公司与中国中小企业投资有限公司股权纠纷上诉案"。在该案的判决中，法官认为两者之间合同内容不符合一般借款关系的特征。从双方所签订的一系列委托书的内容来看，主要涉及资金入股民生银行的有关情况以及双方欲将案涉股份转让给上海顶顶鲜超市有限公司等事实。据此，应当认为双方一致的真实意思是由华懋公司出资入股民生银行，由中小企业公司出面作为民生银行名义上的股东受托华懋公司享有和行使股东权。法院最终认定本案双方之间法律关系的性质为委托代理关系。

② 参见王成勇、陈广秀：《隐名出资人之资格认定的若干问题探析》，载《法律适用》2004 年第 7 期。

③ 参见[德]迪特尔·梅迪库斯：《德国民法总论》，邵建东译，法律出版社 2000 年版，第 671 页。

④ 比如《合同法》第 402 条："受托人以自己的名义，在委托人的授权范围内与第三人订立的合同，第三人在订立合同时知道受托人与委托人之间的代理关系的，该合同直接约束委托人和第三人，但有确切证据证明该合同只约束受托人和第三人的除外。"

⑤ 参见[德]迪特尔·梅迪库斯：《德国民法总论》，邵建东译，法律出版社 2000 年版，第 707 页。

⑥ Vgl. Bürgerliches Recht, 7. Aufl.2013, S. 78；另可参见陈卫佐译：《德国民法典》（第 4 版），法律出版社 2015 年版，第 58 页。

义股东身份确认、投资权益、公司债务等,其核心是如何实现实际出资人、名义股东、公司、交易第三人甚至公司债权人间的利益衡平。恪守合同相对性的"折衷说",固然便于明晰各方的权利义务,但其缺陷在于没有为实际出资人、公司债权人提供足够的救济途径。① 而确认实际出资人与名义股东为间接代理,将其纳入《合同法》第 403 条的调整范围,则为实际出资人、公司债权人提供了法律介入的通道。具言之,当名义股东无权或超越代理权转让股权于第三人,若实际出资人对名义股东之转让行为不予认可,依据《合同法》第 403 条之规定,名义出资人应当向受让第三人披露实际出资人,由是实际出资人与名义股东的代理关系浮出水面,第三人因合同履行不能可要求名义出资人承担违约责任,而实际出资人则避免承担股权外流的风险;同理,间接代理亦可为《公司法解释三》第 26 条之公司债权人之债权穿透提供法理依据②,当实际出资人未履行出资义务致使公司债务无法清偿时,名义股东亦有义务向公司债权人披露实际出资人,公司债权人可自行选择相对人并主张权利的实现。

第三,确认两者为间接代理,也有利于有限责任公司的封闭性要求。《民法总则》明确规定,成立表见代理要求相对人有理由相信行为人有代理权。而依我国《公司法》第 71 条,当名义股东对外转让股权时应当满足公司其他股东同意权或股东优先购买权等股权转让的一般性规定,倘若公司或其他股东知晓实际出资人与名义股东存在代持关系,则除非实际出资人有事前授权或事后追认,否则名义股东实现对外转让股权必然伴有其与公司的串通行为,而依《合同法》第 52 条第 2 款之规定,该行为无效;另外,纵使公司对代持关系并不知晓,由于仅有名义股东与交易第三人双方合意的股权负担行为并不生效力。因此,为交易安全,第三人所须关注就不能仅是工商登记、公司股东名册等形式要件,还可向名义股东提出是否存在代持关系的信息披露要求,从而在并未提高第三人之查证义务的基础上,实现保障交易安全的目的。同时亦避免了在认定名义股东善意取得时,导致工商登记的效力减损问题。

值得说明的是,名义股东转让股权的效力与实际出资人要求确认股东资格分

---

① 例如"宁夏荣浩景观工程有限公司与侯某、张某公司决议效力确认纠纷",(2016)宁 01 民终字 920 号。法院认定名义股东的身份非经法律程序不得否定,因此驳回了上诉人针对公司决议效力的诉讼要求。然笔者认为,依现行法该判决于法有据,但实际出资人作为切实履行义务的一方,却仅能凭隐名合同为唯一救济途径实难言公平。参见唐青林、李舒:《公司法司法解释四裁判综述及诉讼指南》,中国法制出版社 2017 年版,第 12—13 页。

② 《公司法解释三》第 27 条规定:"公司债权人以登记于公司登记机关的股东未履行出资义务为由,请求其对公司债务不能清偿的部分在未出资本息范围内承担补充赔偿责任,股东以其仅为名义股东而非实际出资人为由进行抗辩的,人民法院不予支持。名义股东根据前款规定承担赔偿责任后,向实际出资人追偿的,人民法院应予支持。"

属不同法律问题,依靠隐名出资协议确认实际出资人股东身份是将法律关系相混淆的观点。我国学者正确指出:"股东身份是相对公司而言的,应当确立股东身份公司确认的原则,不能将股东身份绝对化更不宜得出出资人即为股东的简单结论。"① 笔者认为,该观点在有限责任公司中尤值尊重。不过令人遗憾的是,我国现行《合同法》第402条,虽然认可了间接代理但却对第三人提出了应当知晓受托人与委托人存在代理关系的要求,可以说是对间接代理的认定存在部分保留。而新近出台的《民法总则》则未将间接代理纳入调整范畴,进一步反映了立法者对该制度的模糊态度,其中缘由笔者不得而知。然以交易实践视角论,笔者认为全面引入间接代理制度确实大有裨益。

此外,认定隐名出资中名义股东与实际出资人为间接代理并非唯一选择,当事人亦可选择成立信托。不仅因为信托早已广泛活跃于我国商法实践,而且信托中的受托人责任将更有利于厘清当事人的权利义务。然现实障碍在于,承认信托关系意味着实际出资人的财产将先行移转于名义股东,更为棘手的是,依我国现行《信托法》成立信托应以登记为生效条件,故此导致实际出资人之隐名目的难以实现。总之,股权代持以信托关系认定虽有一定程度的运用,② 但其基础理论有欠扎实。

三、"一股二卖"股权善意取得之否定

最高院就《公司法解释三》第27条,股权转让后原股东再次处分股权,即所谓"一股二卖"股权善意取得曾做释义并就相关原理做如下推演:股权工商登记乃为股权对外的公示方式,故其权利取得及变动原则与不动产物权基本相同。③ 尽管股权属性未明,但我国《物权法》之善意取得已突破动产与不动产的限制,因此股权

---

① 参见叶林:《公司法研究》,中国人民大学出版社2008年版,第81页。
② 我国证监会《首次公开发行股票并上市管理办法》第13条规定:"发行人的股权清晰,控股股东和受控股股东、实际控制人支配的股东持有的发行人股份不存在重大权属纠纷。"该规定虽然有发行人股权清晰的要求,但却没有否认信托持股的法律效力,可视为对信托持股之认定预留了理论空间。
③ "当股权转让协议生效且受让股东支付了转让款时,尽管股权已经由原股东移转至受让股东,受让股东为实质权利所有者。但是由于没有办理公司登记机关的变更登记,根据商法之外观主义原则以及公示主义原则,第三人凭借对登记机关登记内容的信赖,一般可以合理地相信登记的股东就是真实的权利人,可以接受该股东对股权的处分,未登记的受让股东不能主张该处分行为无效。"参见最高人民法院民事审判第二庭编著:《最高人民法院关于公司法解释(三)、清算纪要理解与适用》,人民法院出版社2017年版,第419页;殷媛:《股权转让中的善意取得》,载奚晓明主编:《民商事审判指导》(2008年第2辑),人民法院出版社2008年版,第156页。

适用善意取得未尝不可。① 笔者以为,欲成立上述逻辑还隐含有两个预设:第一,股权善意取得参照不动产善意取得,乃因不动产登记是使第三人产生合理信赖的权利外观;第二,股权工商登记法律效力与不动产登记等同。然事实远非如此。

(一) 我国不动产登记之公信力不足

善意取得源于日耳曼法上的以手护手原则,②概因日耳曼法缺乏观念上的所有权,故将现实占有(Gewere)作为财产权利归属之表征。交易的繁荣促使产品所有与占有分离,罗马法上所有权之无限追及因妨碍交易广受批评,于是保护交易安全的以手护手原则开始为法、德民法典所接受,最终发展成为动产善意取得,且对英美法亦影响深远。③ 但传统善意取得以动产为限,乃因客观占有为动产权利外观(Rechtsschein),足以弥补让与人为无权处分的瑕疵,也方便实现对善意第三人的保护。④ 此与史尚宽先生"占有之本质,在于物之支配之事实,须有可由外部认识之具体的支配关系之存在"相契合。⑤ 申言之,若无足使第三人产生信赖的客观权利外观基础或载体,第三人保护就无从谈起。

与动产不同,"不动产物权以登记为公示方法,交易上不致误认占有人为所有人"。⑥ 然而不动产登记虽规定甚详,但记载内容与事实不相符者在所难免,交易体量的攀升更加剧了问题的严重性。⑦ 为保护不动产交易,德国、台湾开始将权利

---

① 在英国,有关公司之股份究竟是动产还是不动产之问题曾出现过争论,后来法院倾向于判定公司之股份为动产。[英] 罗纳德·拉尔夫·费尔摩里:《现代公司法之历史渊源》,虞政平译,法律出版社2007年版,第8—9页。
② Vgl.Wieling, Sachenrecht, I. 138;Westermann/Gursky, Sachenrecht, I.S.330ff.
③ 从世界范围内来看除了多数民法国家,英美法系的主要国家也都有关于善意取得的规定,只不过各国对于其适用的对象范围和保护程度不一。参见李秀清:《日耳曼法研究》,华东政法学院2004年博士论文。
④ 此为德国通说 Vgl. Canaris, Die Vertrauenshaftung im deutschen Privatrecht, 1971, S. 491 f;Wiegand, Rechtsableitung vom Nichtberechtigten, Reinpeitschen und Vertrauensschuiz bei Verfügungsgeschäften, Jus 1978, S. 145 ff.
⑤ 史尚宽:《物权法论》,中国政法大学出版社2001年版,第530页。
⑥ 参见谢在全:《民法物权论》(上册),中国政法大学出版社2011年版,第274—275页。
⑦ 王泽鉴先生在其著作中以土地登记为例,列举了登记内容与事实不相符的主要发生原因,具体包括:地政机关的错误或疏漏;土地登记簿外的法律变动;物权行为无效或撤销;依法律规定取得不动产物权,但迄今未办理登记等。上述现象虽针对土地登记但类似情形亦可存在于其他不动产登记之中。参见王泽鉴:《民法物权第1册.通则.所有权》,中国政法大学出版社2001年版,第122—123页。

外观理论向不动产领域拓展。① 以德国土地登记为例,《德国民法典》第三编物权法之第二章"关于土地上权利的一般规定",开篇第873条明确了登记之物权公示要件地位。"以法律不另有规定为限,就转让土地所有权,以某项权利对土地设定负担,以及转让此种权利或对此种权利设定负担而言……必须将权利登记于土地登记簿。"②随后在第891条、第892条中相继规定了土地登记簿的法定推定效力以及公信效力。③ 此外,该章第875条土地权利之废止,第876条被设定负担的土地权利之废止以及第879条土地权利顺位的变更等具体规则中,除明确土地登记的要件地位外,还规定土地权利人必须就权利之变更向土地登记处做出明确的表示义务。而我国台湾地区则在继承德国土地登记规则的基础上,建构了自己的不动产登记制度。"民法"物权编第759条统一规定了不动产登记的推定效力与公信效力,而早先的"土地法"第43条甚至规定,"依本法所为之登记,有绝对效力。"④同时,该法第68条在判例中常被视为地政机关国家赔偿责任的法律依据。⑤

观察上述事实,不动产交易中第三人的客观信赖由两项要素决定:其一,立法规定不动产登记具有客观公信力,它包括登记的推定与公信效力;其二,不动产登记的客观公信力由国家机关以国家行为保障。⑥ 借此可知,不动产登记公信制度与动产善意取得属不同制度:首先,保护交易第三人的原因不同。在动产交易中,

---

① 以德国为例,《德国民法典》第891、982条规定了土地簿的绝对效力以及它的法定推定效力,随后又在法典中规定了其适用的具体类型,包括依抵押证书善意取得(《德国民法典》第1155条)、土地债务证书(《德国民法典》第1192条第1款并第1155条)、继承证书(《德国民法典》第2366条)等。Vgl. Buhrer, Inhalt and Funktion der Gesellschaftliste-weitere Bemerkungen zum Vertrauensschutzkonzept des GmbH-Gesetzes, DStR 2010, S.1892;相关条文亦可参见陈卫佐译:《德国民法典》(第4版),法律出版社2015年版。我国台湾地区在其最新修订的"物权法"第759条之1第2项中设立了与《德国民法典》第891条几乎同样的条款。也正是源于上述条款,我国多有学者认为上述国家、地区已经对不动产善意取得做出了明确规定。

② 参见陈卫佐译:《德国民法典》(第4版),法律出版社2015年版,第332页。

③ 值得说明的是,土地物权设定或移转而言,必须具备合意和登记这两个要件。土地登记和动产交付都体现了德国物权公示原则。

④ 关于绝对公信力,史尚宽先生认为乃属语焉不详。他认为此条亦应理解为德国、瑞士民法典所规定的登记之公信效力,即善意第三人可因信赖登记而获得不动产物权。参见史尚宽:《物权法论》,中国政法大学出版社2001年版,第48页。

⑤ 参见1972年"台上自第656号判决"。参见王泽鉴:《土地登记错误遗漏、善意第三人之保护与国家赔偿责任》,载其著:《民法学说与判例研究》(重排合订版),北京大学出版社2016年版,第1431页。

⑥ 关于公信力的来源,尚有可来源于民间的说法。例如法国可由公证人出示物权变动的证明,而当代美国一些州以及我国香港地区可由律师事务所提供关于物权变动的公信证明。但是,由国家机关提供的不动产之公信力,是任何民间证明都不可比拟的。主要可参见孙宪忠:《论不动产物权登记》,载《中国法学》1996年第5期。

占有与所有分离是设立动产善意取得的动因,而在不动产交易中不会发生误认占有人为所有人的情形,之所以保护第三人乃因不动产登记记载内容与事实不相符。① 其次,交易第三人信赖利益构建基础不同。动产交易受让人以客观占有作为权利外观弥补权源瑕疵,而在不动产交易中,占有不可能抽象出不动产交易的"公众信赖"权利外观,只有着力构建国家公信力支持的、统一的、公开的不动产登记方能为不动产交易提供安全的法律基础。最后,两种制度适用前提发生变化。适用动产善意取得须以让与无权处分为前提,而承认不动产登记公信力则意味着登记人乃有权处分。② 实际上,包括德国、瑞士等国家均将不动产公信制度与动产善意取得分列,两者共同构成保护交易善意第三人的重要制度(如下表)。

动产善意取得与不动产公信对比

所有与占有分离──→占有公信──→无权处分

登记与实际不符──→登记公信──→有权处分

而我国《物权法》第 106 条将不动产公信制度与动产善意取得合并,成立统一的善意取得制度。③ 在两者权利表彰方式、公信功能构建存在巨大差异的前提下,上述做法值得商榷。诚然,为保护善意第三人,从社会需求角度对不动产公示制度进行调整无可厚非,但不能舍弃构建不动产登记公信力的要旨。而以此衡量我国现行不动产登记制度,难言公信之成立。比如,《物权法》第 106 条第 2 款第 3 项规定,成立善意取得则转让之财产依法律规定需要登记的应当登记,不需要登记的需要完成交付。由于我国非如德国对基于法律行为的不动产物权变动,采登记生效

---

① 参见程啸:《不动产登记簿的权利事项错误于不动产善意取得》,载《法学家》2017 年第 2 期。

② 笔者发现,不动产善意取得的概念由王泽鉴先生提出。参见王泽鉴著:《民法物权第 1 册·通则·所有权》,中国政法大学出版社 2001 年版,第 121—126 页。然而值得注意的是,不仅台湾民法典没有采纳王先生的提法,而且台湾学者诸如史尚宽、谢在全、曾华松等也多坚持不动产公信制度,将其与动产善意取得分立。实际上,即使是王先生本人在其著述中也称关于不动产善意取得现行民法明文未设,其构成要件和法律效果仍有补充余地。笔者尝翻阅王先生援引的不动产善意取得之案例。在案例中,关于不动产善意取得让与人无权处分的认定,并非基于让与人与第三人的交易行为,而是地政机关的征收行为。而实际上在让与人与第三人的交易行为中,恰是由于认可了不动产的公信效力才使得该行为被认定为有效,此亦说明让与人乃有权处分。综上,笔者认为至少在该案例中认定让与人为无权处分是不无疑问的,而据此构建不动产善意取得难言成立。案例 1972 年台上字第 656 号判决。参见王泽鉴:《民法学说与判例研究》(重排合订本),北京大学出版社 2016 年版,第 1432—1438 页。

③ 王利明:《物权法论》,中国人民大学出版社 2006 年版,第 434 页。

要件主义,因此非以登记为要件的不动产,依交付亦可实现善意取得。① 比如土地经营承包权虽已登记,但假如为非所有人占有且以合理价格售出,而占有人已完成与善意第三人的交付,则后者因善意取得获得土地权利。唯疑问在于置国家登记之公信力何在? 再比如,不动产公信制度中不动产登记之"权利正确性推定效力"是极为重要的一项规则,而我国相关规定至今阙如。有学者认为《物权法》第 16 条乃是对不动产登记簿推定效力的肯定。② 笔者以为此观点不妥,《物权法司法解释一》第 2 条明确规定,真实权利人如有证据证明不动产登记与真实权利状态不符,应当确认真实权利人的权利。它不仅使学者观点在逻辑上无法自圆其说,而且实质损害了不动产登记之国家公信力。在学界不少学者认为,我国现行不动产登记的作用仅是公示不动产的权属状态,并不具备确权的公信功能,③笔者深以为然。实际上,对于我国将不动产公信制度与动产善意取得合二为一的做法早有学者明确质疑,并指出以善意取得保护不动产交易局限性非常明显。④ 质言之,我国现行不动产登记难以达至公信效力要求,本身无法实现对不动产交易第三人的保护,更不能成为股权善意取得权利外观的参照。

(二) 迥然有别的工商登记与不动产登记

笔者注意到,我国《民法总则》出台前后不少学者致力于我国不动产公信制度的完善,效果颇丰。⑤ 但笔者以为,即使未来我国不动产公信制度得以构建,"一股二卖"股权善意取得所需之权利外观基础仍无法实现,根本原因在于工商登记不能承载不动产登记所具有的客观权利外观功能,⑥理由如下:

第一,两者法律效力不同。按照我国《物权法》第 9 条的内容,不动产登记不仅

---

① 参见程啸:《论不动产善意取得之构成要件——〈中华人民共和国物权法〉第 106 条释义》,载《法商研究》2010 年第 5 期。

② 《物权法》第 16 条规定:"不动产登记簿是物权归属和内容的根据。不动产登记簿由登记机构管理。"论文相关内容则参见程啸:《论不动产善意取得之构成要件——〈中华人民共和国物权法〉第 106 条释义》,载《法商研究》2010 年第 5 期。

③ 参见尹田:《物权登记的效力及其法律适用——对〈物权法司法解释一〉相关规定的解析》,载《法律适用》2016 年第 5 期。

④ 参见朱广新:《不动产善意取得制度的限度》,载《法学研究》2009 年第 5 期。

⑤ 有代表性者可以参见李永军起草的《物权法草案》,该草案已明确将不动产登记的推定与公信效力纳入,http://www.fxcxw.org/ueditor/php/upload/file/20170824/1503586773412717.pdf(访问日期 2018 年 5 月 8 日)。

⑥ 在保护第三人的问题上,德国法已经将传统罗马法的善意取得制度进一步发展。他们认为取得人的信赖都必须有客观因素的才能作为确定的信赖基础。动产的客观信赖就是占有,而不动产则是不动产登记簿。学理上将此种保护交易第三人的原则称为"客观善意主义保护原则"。Vgl. Deutsches Rechtslexikon, Band 2. 1994. Verlag C. H. Beck, Seite 1327 - 1329。

是不动产物权的基本公示方法,而且也是多数不动产物权变动的必要条件,是具有公示要件效力的登记。而我国《公司法》第 32 条第 3 款,尽管规定股东变更应当办理变更登记,但其效力仅是对抗效力。换言之,工商登记仅能发挥股权变动的证明作用,并非股权变动的依据亦不具备公信功能。实际上,公司法学界鲜有学者认为工商登记对股权变动产生实质影响,①而实务界则是甄别股权变动之内、外效力区别对待。② 后者的问题在于,既然承认工商登记具有对外公信效力,则登记人乃有权处分,无善意取得的适用条件;而若适用善意取得,又势必否认工商登记的公信效力,从而陷入无法摆脱的逻辑矛盾。况且,实践中股权无权处分多数乃公司不履行登记义务所致,缘何不积极敦促其完成登记以维护交易安全,而舍近求远牺牲真实权利人保护后手交易,其依据却是无客观权利外观功能的工商登记?

第二,两者技术要求不同。不动产交易中不动产登记内容与实际权属不符,是产生保护交易第三人问题的主因。为此构建不动产公信之核心在于记载内容真实,确保其与实际权属高度一致。《物权法》第 12 条规定,查验申请人提供权属证明和其他必要材料后,登记机构仍可要求其就有关情况提供证明,必要时甚至须实地查看。而《不动产登记暂行条例实施细则》第 15 条则详细规定了不动产登记机构应当查验的内容。③ 反观《公司法》第 32 条第 3 项,因股权转让须变更工商登记的,其内容仅含股东姓名或名称,而诸如股权转让的相关重要信息如股权比例、取得原因、有无权利负担等皆非必要记载事项,因此工商登记何以承担权利外观功能? 另外,为与公司资本制度改革相适应,2013 年《公司法》修改之时又进一步简化了工商登记事项和登记文件,比如公司登记时无须提交验资报告,在事实上进一

---

① 参见李后龙:《股权转让合同效力认定中的几个疑难问题》,载《南京社会科学》2002 年第 11 期;郑艳丽:《论有限责任公司股权转让效力与相关文件记载的关系——新公司法视角下的理论与实践分析》,载《当代法学》2009 年第 1 期。

② "崔海龙、俞成林与无锡市荣耀置业有限公司、燕飞等四人以及孙建源等五人股权转让纠纷案",最高人民法院民事判决书(2006)民二终字第 1 号;"四川京龙建设集团有限公司诉简阳三岔湖旅游快速通道投资有限公司等及深圳市合众万家房地产投资顾问有限公司等股权转让纠纷案",最高院在判决书(2013)民二终字第 54 号。在上述两案中最高院认定了工商登记的公信效力,作为适用股权善意取得的权利外观基础。而同样是最高院的判决,在"侯长清与李汉忠、朱志勋等确认股东资格确认纠纷案"、"万家裕等诉丽江宏瑞水电开发有限公司股东资格确认纠纷案",最高院以工商登记并非股东、公司行为效力的判断依据,在事实上否认了工商登记的公信功能。

③ 《不动产登记暂行条例实施细则》第 15 条:"不动产登记机构受理不动产登记申请后,还应当对下列内容进行查验:(一)申请人、委托代理人身份证明材料以及授权委托书与申请主体是否一致;(二)权属来源材料或者登记原因文件与申请登记的内容是否一致;(三)不动产界址、空间界限、面积等权籍调查成果是否完备,权属是否清楚、界址是否清晰、面积是否准确;(四)法律、行政法规规定的完税或者缴费凭证是否齐全。"

步弱化了工商登记的公信效力。

第三,两者责任承担不同。不动产公信制度由国家行为以国家责任为保障,因此《物权法》、《不动产登记暂行条例》等皆明确了登记机构的国家赔偿责任。而《公司登记管理条例》第2条明确规定,公司申请人应当对申请文件、材料的真实性负责。申言之,工商登记仅是形式审查,因登记内容不正确而发生的权利损害登记机关并不承担赔偿责任。

实际上,工商登记是公司办理公司登记手续时提交给政府审批机关及登记机关的信息,仅是公司依法应当披露的信息。而公司法学界业已达成共识,公司信息作为公司的重要资产应当采取合法手段予以保护。有学者早已明确指出,公司信息公开原则乃是公司信息保护原则的例外,即凡未经法律列明的公开信息同时公司亦未将信息报告他人者皆属公司保密信息应予优先保护。[1] 申言之,不动产登记公信制度其本旨,乃为不动产交易安全提供国家支持的法律基础;而工商登记仅须公司完成法定信息披露即可,它不必亦没有必要承担过重之商事外观功能。总之,不动产登记与工商登记,在制度目的上存在根本差异。另外,不与公司接触仅凭登记信息即完成交易,亦不符合商法上经济理性人的假设,也导致了对交易第三人是否存在善意的法技术判断难以证成。

综上所述,现行股权善意取得所规定的"一股二卖"、"名义股东"两种情形皆无法证成。[2] 然实践中,有关工商登记与实际权属不符的情形并非仅有上述两种。比如将仅登记夫妻一方姓名的股权擅自转让于第三人;[3] 再比如工商登记错误,它包括权利人自身原因引起和非权利人之外的人引起,而后者具体又可包括登记机

---

[1] 参见叶林:《公司法研究》,中国人民大学出版社2008年版,第153—155页。

[2] 参见张双根:《股权善意取得之质疑——基于解释论的分析》,载《法学家》2016年第1期;傅穹、尹航:《利益衡平视野下的股权善意取得》,载《净月学刊》2016年第1期;陈彦晶:《有限责任公司股权善意取得质疑》,载《青海社会科学》2011年第3期等。

[3] 笔者认为,仅登记夫妻一方姓名的股权擅自转让,表面看符合工商登记与真实权属不符的事实。但根据《婚姻法》夫妻双方可就其财产归属事前做出约定,所以仅登记一方姓名未必不是真实权属的反映。实践中,在审理涉及夫妻的股权转让的具体案件中,除工商登记外还须提供夫妻双方在股权转让协议、股东会会议和公司章程修正案中的共同署名等以补充权利外观。法官甚至要根据案件事实,结合另一方对股权转让是否明知、受让人是否为善意等因素进行综合分析。参见"彭丽静与梁喜平、王保山、河北金海岸房地产开发有限公司股权转让侵权纠纷案"。显然涉及夫妻财产的股权转让,难以对工商登记的客观性产生信赖,因此笔者认为,隐瞒转让夫妻共有股权的应当排除适用股权善意取得而依据《合同法》第51条的无权处分规则处理。

关错误和被他人冒名、盗名。① 正是为化解实务中出现的种种公司登记之名、实不符，法释者方才期待构筑我国股权善意取制度。问题在于，试图通过拔高工商登记权利效力而构建的所谓股权客观权利外观，在法技术、法价值上皆缺乏有效支持，导致我国股权善意取得在事实上无法成立。因此，前述问题的解决还应另辟蹊径。笔者认为，不妨从股权变动模式的选择入手或能产生妥适结论。

四、股权变动模式与股权善意取得之否定

（一）股权变动意思主义与股权善意取得之否定

关于股权变动模式在我国主要有两派观点：一是股权形式主义，即股权变动效力之发生除股权变动合同生效外，还需要特定的形式；一是股权意思主义，即认为股权变动生效之效力发生于股权转让合同生效之时，股权转让合同生效直接发生股权变动效力，而不以形式要件为要。后者以德国有限责任公司之股权让最为典型。② 依我国《公司法》、《公司登记管理条例》的相关规定，从未视股东名册为股权转让的生效依据，且工商登记也仅具对抗效力，因此近年来学界、实务界开始逐渐认同我国股权变动采意思主义模式，③ 上述学者普遍认可：其一，股权所体现的法律关系是股东与公司间特定当事人的特别关系，其结构与债权构造类似。比如，股东欲实现其权利比如资产收益分配等，只能向特定相对人——公司请求，而股权具

---

① 在非权利人原因引发的登记错误中，我国有学者提出了登记借名的概念，其本质就是将名义股东视为实际出资人的名义借用人。参见石一峰：《非权利人转让股权的处置规则》，载《法商研究》2016 年第 1 期。但笔者以为不妥，学界与实务界素来肯认名义股东地位，且实际出资人与名义股东在合同中权利、义务关系清晰，因此并不构成所谓登记错误。

② Vgl. D. Mayer, Aufwertung der Gesellschafterliste durch das MoMiG-FLuch oder Segen?, ZIP 2009, S.1037, 1051.

③ 参见张双根：《股权善意取得之质疑——基于解释论的分析》，载《法学家》2016 年第 1 期。持类似观点的还有余佳楠：《我国有限公司股权善意取得制度的缺陷与建构》，载《清华法学》2015 年第 4 期；赵秀梅：《股权转让效力问题研究》，载《国家检察官学院学报》2006 年第 4 期；姚明斌：《有限公司股权善意取得的法律构成》，载《政治与法律》2012 年第 8 期等。其实，《公司法解释三》第 27 条"一股二卖"善意取得中，受让股东取得真实权利人地位的原因也是基于股权转让的完成，换言之，最高院似乎通过善意取得，在事实上确认有限责任公司股权变动采意思主义模式。而在最新颁布的《公司法司法解释四》中，虽然没有涉及股权善意取得的具体规定，不过在股东优先购买权的规定中，法院认为此为对有限公司股权自由流通的限制。因此，最高院虽未明示但无异于对《公司法解释三》股权变动意思主义模式的初步否认。参见杜万华主编，最高人民法院民事审判二庭编著：《最高人民法院公司法司法解释（四）理解与适用》，法律出版社 2017 年版，第 412 页。

体内容能否实现,又取决于公司是否履行义务;其二,我国《公司法》第 71 条规定"公司章程对股权转让另有规定的,从其规定",亦与现代公司股权自由转让的基本特征相契合。① 所以如同债权之于债权人在归属上的绝对性,股权亦绝对归属于股东。股权转让乃股东处分私权,公司无权干涉。尽管有学者提出,虑及公司受通知与认可股权变动的事实,需要承认公司对股权转让效力有提出异议的权利。② 但该异议并不动摇股权类似债权之地位,仅是对意思主义模式的部分修正。受此启示,赞同股权变动采意思主义的学者,多数建议仿照德国股权善意取得,在完善我国工商登记的基础上构建我国的股权善意取得,借以化解工商登记存在的名实不符问题。然笔者对此观点持保留意见。

德国创设的股权善意取得乃出于国家法政策之需要,且其效果即使在本国也是差强人意。③ 究其根源,德国股权善意取得虽以构建股东名册的公信力为核心,④但却坚持股权变动采意思主义模式。因此无论怎样重构股东名册,股权善意取得所建立的股权权利外观始终无法成为股权转让的生效要件。因此,在权利转让与名册登记之间必然在客观上存有时间差。申言之,只要股权变动模式遵循的是意思主义,那么股东名册名实不符问题就无法得到解决,股东名册的正确性也就始终不能保证。该问题与股权变动的表彰形式无关,而由股权变动模式的选择决定。

实际上股权变动意思主义,乃由《法国民法典》的债权意思主义变动模式演化而来,该模式的构建基础乃是特定物交易。同时,在彼时自然法思想的影响下,法国人将所有权观念归于一种纯粹的观念性构造,将所有权与占有严格区分,只要有单纯的观念形态的合意所有权即可发生移转。⑤ 尽管此种泛意思自治充分尊重了当事人的意思表示,但于交易安全却极为不利。也正是意识到依托债权意思合同

---

① "公司最大的三个特征有限责任、投资权益的自由转让和公司的法人地位。"参见任学安:《公司的力量》,山西教育出版社 2010 年版,第 11 页;施天涛:《公司法论》,法律出版社 2014 年版,第 12 页。

② 参见李建伟:《有限责任公司股权变动模式研究——以公司受通知与认可程序构建》,载《暨南学报(哲学社会科学版)》2012 年第 12 期。

③ Vgl. Wicke, in: Schärder (Hrsg.), Die Reform des GmbH-Rechts, Schriftenreihe des Instituts für Notarrecht der Humboldt-Universität zu Berlin, Bd. 4, 2009, S.41 ff.转引自张双根:《德国法上股权善意取得制度评析》,载《环球法学评论》2014 年第 2 期。

④ 依现行德国公司法,在附延缓条件的股权转让中,若条件未成就让与人再次处分股权的,德国法院视其为有权处分。Vgl. Schußler, S. 263 ff.它表明德国股权善意取得虽以善意取得命名,但其实乃以不动产公信制度为模板。

⑤ 参见[法] 雅克·盖斯旦、古勒·古博:《法国民法总论》,陈鹏、张丽娟、石佳友等译,法律出版社 2004 年版,第 102—104 页。

确认物权变动效果的错误,1855年法国在制定《不动产登记法》时首创"登记对抗主义"以修正债权意思主义存在的先天不足。① 然而,作为意思主义模式的瑕疵弥补,登记对抗主义的主旨虽为保护第三人交易安全,但若当事人不再进行任何交易,则似乎并无登记公示之必要。反之,若交易而未公示自然不可对抗第三人。唯疑问在于,此时第三人据以生成的能够产生对抗债的权利,究竟是什么权利。该问题至今未有结论,致使第三人权利来源存疑。换言之,登记对抗主义下的权利变动,存在无法固定效果的危险。该漏洞为公共权力侵害权利预留了空间,进而无法从根本上实现对第三人的保护,迫使交易第三人将始终面临潜在风险。② 一言以蔽之,权利之债权意思主义变动模式之理论漏洞无法从根本上予以剔除。

另一方面,关于股权的法律属性,我国公司法学者业已达至共识即股权乃独立权利,是伴随着公司法的出现而形成的特殊概念。我国早有学者正确指出,公司法是在传统物权法与债权法稳固形成基础上出现的特别法,其自然深受物权与债权概念影响。但其作为专门调整公司内外关系的特别法,不应过分拘泥于传统物权与债权观念。因此作为成员权利的一种,股权既可体现为股东有权请求公司为或不为一定行为的债权性权利,也可体现为股东有权依照自己意思支配股权的物权性权利。但是上述权利的行使必须是在自由结社原则的支配之下,因此股东权利若脱离了对公司以及其他成员的依附将成为无法持续的单独存在。③ 申言之,由于我国肯认了股权的独立地位,不仅决定了仅凭股权转让双方的表意行为不能发生股权变动,而且股权所具有的物权属性也决定了其变动模式不能以债权意思主义认定。

此外就本文所论有限公司而言,其乃19世纪德国为满足中小企业经营通过简化股份公司而创造出来的,④具有极强的维系股东间紧密信任的合作关系、排斥陌

---

① 我国《物权法》对登记对抗主义有具体规定,即第24条的特殊动产登记对抗主义。它实为一种混合主义的物权变动模式,是我国物权变动法律效果的例外规则。具言之,该特殊动产实现权利移转需要两个前提,即合同有效和完成交付。只不过,其对外的公示方法是登记而非交付。也就是说,我国《物权法》上并不存在单纯的登记对抗主义效力,它所体现的权利变动须由其他制度共同配合方能完成。
② 参见孙宪忠:《中国物权法总论》,法律出版社2014年版,第306页。
③ 相关论证理由详见叶林:《公司法研究》,中国人民大学出版2008年版,第86—90页;叶林:《私法权利的转型——一个团体法视角的观察》,载《法学家》2010年第4期。值得说明的是,笔者亦赞同叶林先生在文中屡次提到的观点,承认股权具有独立性,绝非否认物权法、债权法对公司股权的适用,只是强调这种适用应当是在公司法对股权存在未尽内容时。
④ 参见赖源河:《闭锁性公司序论》,载《政大法学评论》1978年第17期。

生人特别是异己分子进入公司成为股东的需求,学理上将之称为"封闭性"或"闭锁性"。① 传统意义上,公司股权自由流动是公司资本最重要的循环,它既关乎股东出资目的之实现,又关乎股东收回投资权利的实现。但公司资本作为公司信用的基础,若任由股东退股恐陷公司营业不利,因此股东回收投资之自由乃由股权自由转让替代,此为构成现代股份公司资合性之基础。但与股份公司不同,有限公司则在关注投资人出资的同时,更为注重投资者的个人信用以及股东间信任关系,所以各国有限公司在股东收回投资或者要求退出公司时普遍遵循"有限制的股权转让",②即公司在股权转让中具有决定作用,我国《公司法》第 71 条亦是遵循该原则的具体体现。也就是说,股权变动意思主义模式于我国在立法上亦缺乏支持。

综上所述,以德国为代表的股权善意取得在本质上仍是以构筑客观股权外观为目标。然而在股权变动意思主义模式下的股权善意取得,在股权转让与客观权利外观之间始终存在事实差异,登记中的名实不符问题并不能得到有效解决。同时更为重要的是,在我国,无论是公司股权理论,抑或现行公司立法皆不支持股权变动模式的意思主义。

(二) 我国股权变动形式主义与股权善意取得否定

前述论证表明,股权变动意思主义模式自身存在无法回避的缺陷,因此在股权变动模式的选择上应予排除。而关于我国股权变动模式选择,诚如我国学者在论证我国物权变动模式的选择时曾经言道,"物权变动模式的立法选择是一个解释选择的问题,即如何用民法的语言来解释、表述生活世界的问题"③。申言之,面向生活世界的法律解释是具有极强主观性的活动,由于解释者认知结构、水平不同导致法律解释存在多种可能性。但是选择何种法律解释成为立法解释却并非没有限制,它实际上是被"前见"所包围。④ 我国《物权法》确立了基于合同行为发生的物权变动,以债权形式主义为一般模式的基本原则,而公司股权转让正是基于多方意

---

① 我国有学者也称其为人合性,但笔者认为人合性并非法律术语,而封闭性则是被肯认的学术概念。参见[美]博尔曼、邓达斯:《商法:企业的法律、道德与国际环境》(英文第 5 版),清华大学出版社 2004 年版,第 605 页。

② 相关内容主要参考王艳丽:《对有限责任公司股权转让制度的再认识——兼评我国新〈公司法〉相关规定之进步与不足》,载《法学》2006 年第 11 期;段威:《有限责任公司股权转让时"其他股东同意权"制度研究》,载《法律科学》2013 年第 3 期。

③ 参见王轶:《民法原理与民法学方法》,法律出版社 2009 年版,第 92 页。

④ 所谓"前见"即哲学解释学的代表人物海德格尔所提出的进行理解的前结构问题。他认为,先有、先见和先知构成理解的先决条件。也就是说,在我们开始理解与解释之前,我们必会将已知的东西作为未知的参照。参见殷鼎:《理解的命运》,生活·读书·新知三联书店 1988 年版,第 254—255 页。

思表示合致的法律行为。因此除非理由充分且正当，否则不能排除物权形式主义变动模式的适用（比如因继承或者受遗赠取得股权）。换言之，在我国凡是基于法律行为而发生的物权变动，除非特别法另有规定，皆应以债权形式主义变动模式为一般原则。

目前在实务中，我国多将股权转让合同效力分为对内与对外效力，即转让人与受让人之间为合同内部效力采股权意思主义，只要双方达成股权转让合意即可实现权利移转；①但若涉及公司、第三人则属合同外部效力，乃遵循股权形式主义模式，若无股东名册、工商登记变更公司股权变动不得对抗公司、第三人。② 简言之，在区分股权转让内、外效力的情况下，我国现行股权转让模式极具特殊性，在事实上它将两种股权转让模式统一于同一股权转让行为之中。而正是此种双重模式的存在，诱发了我国有限公司股权转让的诸多疑问。当股权转让已在当事双方内部实现，而依我国《公司法》工商登记之主体却是公司，导致了股权实际权利归属与工商登记内容不符几乎无可避免，而正是为化解权利归属与登记内容之不符，才引发了关于我国需要引入股权善意取得制度的不当讨论。此外，前述主张股权变动采意思主义的学者，尽管观点有失偏颇，但其初衷亦是希望通过股权变动意思主义模式避免我国现行股权变动模式所带来的尴尬。

一直以来在公司法学界，认为股权变动应采形式主义乃是多数。③ 而近年来出现的或股权变动意思主义，或股权变动混合主义的观点，依笔者之见，乃源于股权变动形式主义自身尚有关键问题未能澄清：其一，应当将公司表意行为纳入股权转让行为之中，并肯认其在股权行为中的决定作用；其二，应当认定股权变动的表彰依据乃是公司章程，并非股东名册或者工商登记。

我国《物权法》第15条明确了将合同效力与物权效力相区分的原则。具言之，当因债之履行而发生权利变动时，履行债之义务乃属负担行为而权利变动则为处分行为，此即"物权行为的分离"理论，是物权行为的组成部分。但由于我国并不承认存在抽象物权行为，因此处分行为法律效果的发生须以有效的负担行为为前

---

① 参见胡天野：《公司法律裁判》，法律出版社2012年，第266页。
② 相关内容还可参见张平：《股权转让效力层次论》，载《法学》2003年第12期；施天涛：《公司法论》（第3版），法律出版社2014年版，第272页。
③ 参见赵旭东主编：《公司法学》（第二版），高等教育出版社2006年版，第326页；刘俊海：《新公司法的制度创新：立法争点与解释难点》，法律出版社2006年，第301页；吴建中：《有限公司股权转让探析》，载《山东大学学报（哲学社会科学版）》，2000年第5期；李后龙：《股权转让合同效力认定中的几个疑难问题》，载《南京社会科学》2002年第11期；杨瑞峰：《股权转让合同的生效与股权变动》，载《法律适用》2007年第10期等。

提。① 换言之,公司股权转让中权利变动的实现,乃以成立并生效的股权转让行为为前提。在传统法律行为理论中,只要方向相对的当事双方表意一致,且无违反法律法规之情形则合同行为成立并生效。多数公司法学者亦认为股权转让行为乃是合同行为中的一种形式,因此将股权转让行为当然理解为股权转让双方的私事。然而依据我国《公司法》第 71 条公司股权对外转让的一般规定,仅有转让双方的表意一致,并不能产生债的约束力。只有将其他股东同意权、股东优先购买权等公司表意行为附着其上才有债的效力发生。申言之,同为负担行为但有限责任公司的股权转让行为与一般合同不同,在股权转让中仅有转让双方的意思合致实质上仅是空虚的意思表示,因此必须引入公司表意行为并肯认其在股权转让中的决定作用,股权的负担行为才能具有债之约束力。该结论不仅纠正了我国学界长期对股权转让行为的错误认识,同时也改变了我国现行股权转让将负担行为之效力以内、外划分的做法。② 具言之,当在股权转让行为中引入公司表意行为并肯认其主要作用时,则意味着股权负担行为的生效乃由公司内部效力决定,而工商登记实际上乃是股权变动的外部表彰,其仅承担信息披露功能而非股权变动的效力功能。据此,我国股权善意取得丧失了制度建构的基础。当然该结论亦衍生出第二问题,即由于股权负担行为乃由公司内部效力决定,工商登记仅是股权变动的外部表彰依据,那么在股权变动形式主义模式下究竟何者能够作为股权变动的效力依据。

依现行公司法,具备股权内部效力表征功能的文件,主要包括了股东名册和公司章程,③不过两者之中以何者为准,立法语焉不详以致实践混乱不堪。④ 不少学者将股东名册视为股权变动的表彰依据。但正如前文提及,现实中公司并未设置

---

① 参见朱庆育:《民法总论》,北京大学出版社 2014 年版,第 157 页;董安生:《民事法律行为》,中国人民大学出版社 2002 年版,第 116—132 页。

② 习惯上股权对外转让合同效力的划分,是转让双方为内部,而转让方与公司、第三人为外部关系。此种划分的问题在于割裂了转让股权与公司间的内在联系,也引发了诸如股东名实不符、股权善意取得等问题的不当讨论。股权转让既发生于公司自应将公司意思划入合同效力本身,因此对股权转让产生决定性效力的表意行为,应当包含股权转让双方的表意行为以及公司表意行为,而对股权转让起到决定性作用的是公司表意行为。

③ 《公司法》第 32 条第 2 款规定,"记载于股东名册的股东,可以依股东名册主张行使股东权利",在实务中股东名册的确被视为证明股东与公司关系的优势证据;而其实公司章程作为权利变动的表彰作用比较隐晦,因此常被忽视。《公司法》第 25 条,"有限责任公司应当载明下列事项:……(四)股东的姓名或者名称……"第 73 条,"……转让股权后,公司应当……并修改公司章程和股东名册中有关股东以及出资额的记载"。

④ 参见汪青松:《财产权规则与外观法理的冲突与协调》,载《东北师大学报(哲学社会科学版)》2014 年第 2 期;赵旭东:《股权转让与实际交付》,载《人民法院报》,2002 年 1 月 25 日第 3 版。

股东名册的情况不在少数,①除却公司自身原因,《公司法》从未承认股东名册在股权转让中的要件地位,《公司登记管理条例》亦未将其列入登记的必备条款。笔者以为,相对而言公司章程更适宜成为股权变动的形式表彰依据。首先,公司章程是由公司发起人或股东共同制定的关于公司组织和公司行为的基本规则,是公司最重要的法律文件,而且也是我国《公司登记管理条例》列明的法定提交文件,立法上对其内容的真实性要求极高。因此无论是股权转让抑或出质,将公司章程作为权利变动的表彰依据既满足了法律行为效力对形式要件的要求,也方便将公司表意行为以客观形式体现;其次,依《公司法》第73条,股权转让后应当修改公司章程中的相关记载,同时该项修改不需要再由股东会进行表决。因此将公司章程视为股权变动的表彰依据一方面能与我国《物权法》权利自记载时发生效力的一般规定相契合;另一方面也将股权变动主体与登记主体统一于公司,从而大幅提升登记内容与实际权属的匹配程度。有学者担心,将公司意思表示纳入股权转让行为是否会产生大股东利用优势地位抑制股权,阻碍中小股东退出公司,影响股权流通。② 笔者以为,该观点是将股权变动模式的合理性与股权变动规则的合理性相混淆。有限公司大股东之优势地位,可在公司具体表意时利用人头决取代资本多数决实现排除。而股权变动形式主义其实乃由有限公司之封闭性决定。换言之,有限公司所追求的乃股权的合理退出绝非自由流通,而在股权变动中引入公司表意会迫使公司基于受托人身份综合考量,反而有利于当事各方的利益衡平。③ 总之,当股权变动采形式主义变动模式,且以公司章程为效力依据时,公司股权转让将充分体现公司内部成员的意思自治,实现了股权负担行为与股权变动行为两者的协调统一,从而在最大程度上保障了章程内容与实际权利归属相符合,自然也就从根本上排除了以解决工商登记名实不符为目的之股权善意取得制度存在的必要。

值得说明的是,我国《物权法》第226条明确规定了股权质权采形式主义变动模式,但其以工商登记作为权利表彰。严格意义上,该规定与我国《公司法》第32条规定的工商登记仅具有对抗效力相矛盾。除法条自相矛盾外,在法技术上该规定亦存有以下疑点:其一,股权变动具体规则混乱。依据我国《公司法》第71条,有效之股权对外转让应当融入公司表意行为方可成立具有债之约束效果的负担行为。而依《物权法》、《工商行政管理机关股权出质管理办法》,公司股权出质可依权利双方自行表意一致,并在办理工商登记之时生效。申言之,股权转让尚且需满足

---

① 巴晶彦:《审理股权转让案件相关问题的调查——涉及工商登记中交叉问题的研究》,载《法律适用》2009年第4期。
② 参见余佳楠:《我国有限公司股权善意取得制度的缺陷与建构——基于权利外观原理的视角》,载《清华法学》2015年第4期。
③ 参见叶林:《公司在股权转让中的法律地位》,载《当代法学》2013年第2期。

公司法定的限制条件,而股权他物权却可任意突破,缘何如此立法者至今未有说明理由。其二,工商登记主体混乱。2016 年国家工商总局修订《工商行政管理机关股权出质管理办法》,规定出质人或质权人乃股权质权的登记主体。而在国家工商总局印发的股权出质登记格式文本中,又含有"出质股权所在公司为有限责任公司的,公司应当将股东的姓名或者名称及其出资额向公司登记机关登记;登记事项发生变更的,应当办理变更登记。未经登记或者变更登记的,不得对抗第三人"的内容。① 换言之,办理股权质权工商登记的主体是签订质权合同的当事人,但已生效力的质权却并不能排除公司的登记义务,究竟两种登记主体如何协调立法语焉不详,该冲突在中外合资企业外方股权质权办理中尤为突出。

其实,我国《物权法》之所以强调权利质押应当严守物权公示原则,强调以交付权利证书或者登记方能生效,乃因相关权利或者已被制作成有体物形式其占有之公信力较动产尤强②,例如票据、股份公司股票等;又或者相关权利已成为特殊无实体交易制度的标的,例如基金份额等。而有限责任公司股权与上述标的之不同在于,其虽具有体物形式,但却具有封闭特性。故而决定了它无法以交付实现权利移转,也无法成为无实体特殊交易的标的。换言之,有限责任公司股权质权在理论上不应当适用于《物权法》上的权利质权公示制度。同时,工商登记乃以公司基本信息披露为主旨,也无法承担类似不动产登记的公示功能。笔者认为,股权质权固然需要考虑股东的融资需求,但不能因之忽视公司的合理利益。笔者建议应当修改《物权法》第 226 条的做法,以实现有限责任公司股权变动模式的统一,不过应当明示公司股权出质为工商登记之必备事项。

五、结 论

笔者认为,我国确立股权善意取得其本质乃借助物权善意取得实现商事外观法理的具体化,以突破该原则不能作为裁判依据的瓶颈。③ 然而作为事实行为,上

---

① 国家工商总局网站——行政规章及规范性文件,http://www.saic.gov.cn/zw/zcfg/gzjwj/201508/t20150820_216742.html(访问时间 2017 年 10 月 20 日)。

② 参见史尚宽:《物权法论》,中国政法大学出版社 2000 年版,第 49 页。

③ "股权适用于善意取得,主要理论障碍在于股权善意取得的理论基础。关于善意取得的理论基础虽有权利外观、即时时效、占有效力的表现等不同的体例,然法律上交易安全的维护有赖于保护原则,而此须以具有一定权利表征作为基础……股权是商事领域之重要因素,股权变动乃应遵循商法上的重要理念——商事外观主义……实质上,商事外观主义与善意取得中善意第三人之信赖乃一脉相承。"参见最高人民法院民事审判第二庭编著:《最高人民法院关于公司法解释(三)、清算纪要理解与适用》,人民法院出版社 2016 年版,第 426—428 页。

述制度皆须以客观权利外观构筑信赖利益,显然股权善意取得所依赖的股权工商登记与此相去甚远,因此导致我国股权善意取得制度于法技术上无法成立。同时,实务中股权登记内容与股权权利归属之争议,乃发生于公司语境。其原因、背景十分复杂,仅以保护交易安全为法价值考量难以认清问题本源。申言之,股权善意取得于我国,无论是法价值抑或法技术并无存在之实益应予否定。

不过,笔者否定股权善意取得乃因法释者未能把握制度差异,以致难以实现对博弈各方利益的平衡考量。但对解释者利用民法中特殊制度,以解决商法问题的思维范式则予以肯定。笔者以为,民商交互影响日久,对传统法律思维范式的突破不仅是必要也是必须的。日前颁行的《民法总则》就实际践行了该观点,其第134条首次明确了公司决议的法律行为属性,从而在拓展我国法律行为内涵、外延的基础上,为股权变动中公司表意行为预留了理论发展空间。综上所述,正是由于民商制度之间借鉴、融入日趋频繁,才更应审慎斟酌工具适用之妥适问题。绝不能仅以完成制度功能的简单嫁接为目标,否则不仅无助于问题的解决,还可能产生南辕北辙的法律效果。

The Negative of the Shares Obtained in Good Faith

Li Hui

Abstract: The shares obtained in good faith is regulated in provisions of the Supreme People's Court on several issues concerning the application of the company law of the people's republic of China(Ⅲ). However the new regulations in the provision have not succeeded in technique and value. In author's opinion, the shares obtained in good faith is of no avail about nominal shareholder who transfer equity and original shareholder who transfer his equity twice.The resolutions of the above situations should be searched from the question themselves cause and mechanism.

Keywords: the shares obtained in good faith; Company registration; nominal shareholder; the pattern of shares obtained

(责任编辑:宋亚辉)

刑事法学

暴恐犯罪防控中的大数据适用问题研究

舒洪水*

[摘　要]　在反恐怖主义工作逐步推进下,我国暴恐犯罪虽然得到一定程度的遏制,但仍时有发生,危害巨大。如何及时预警和有效处置暴恐犯罪,是应对暴恐犯罪活动的工作重心之一。大数据时代提供了新的机遇,为识别和预测潜在的暴恐犯罪提供了新的手段。在利用大数据反恐方面,我国目前存在数据信息源不足、数据采集能力不强、数据挖掘和建模技术欠缺、数据融合与共享范围小、法律制度不完善等问题,严重妨碍了大数据在防控暴恐犯罪方面的作用。有针对性地解决上述问题,完善相关法律制度,有利于充分释放大数据在防控暴恐犯罪方面的潜能。

[关键词]　大数据;暴恐犯罪;数据挖掘;建模分析;数据平台

　　随着电子技术的发展,现代社会中,信息来源渠道广、类型繁杂,数据无论在数量还是规模上都极其巨大。大数据即是"大到无法通过人工在合理的时间内达到截取、管理、处理并整理成为人类所能解读的信息"[1],一般指 PB 级[2]及其以上的数据。大数据是对以往小数据社会的革命性颠覆,是以全样本代替小样本、以大模型代替传统算法的新技术分析方式,是以相关关系代替因果关系,效率优先于精度的全新思维方式。大数据时代的来临深刻地影响着国家治理方式的变革。现代通讯、网络技术产品的普及,几乎使每个人时刻成为数据的提供者。数据的掌握者借助相关技术,可以分析和精确把握个体公民的行为方式、思维习惯、活动特点等。过去经验表明,暴恐分子经常利用现代通讯、网络技术实施犯罪,国家借助大数据准确辨别、有效打击此类犯罪不但是可能的,也是必要的。

---

* 舒洪水,西北政法大学教授,博士生导师。本文为司法部课题"中国暴恐犯罪的对策研究"(项目编号:16SFB2021)和中央政法委课题"国际反恐怖主义法律政策的借鉴与思考"(政法研〔2016〕07)阶段性研究成果。

[1] 参见王崇骏:《大数据思维与应用攻略》,机械工业出版社 2016 年版,第 20 页。
[2] PB 是数据存储容量的单位,1PB = 2^{50} byte。

一、暴恐犯罪防控中积极利用大数据技术的必要性

大数据的应用流程可分为"数据采集与整合——数据挖掘与处理——数据建模与分析——系统应用与实现"等阶段。利用数据挖掘技术,可以从海量数据中筛选出有价值的信息,进而利用数据分析和数据可视化等技术对大数据进行快速有效处理,从而发现隐藏其中的规律与规则,为科学决策提供支持。数据本身是无意义的,但通过统计、分类、特征提取等一系列技术,可以挖掘数据中隐含的信息与知识。有效地组织和使用数据可以使数据成为重要的战略资源,对大数据的应用将成为暴恐犯罪防控的新方向。在实践中,美国和欧盟委员会曾多次呼吁互联网企业利用大数据技术加强打击恐怖组织在网上的宣传活动;脸书、微软、推特和Youtube 在 2016 年年底就曾宣布创建一个通用数据库,以删除各自网站的宗教极端主义内容。

(一) 暴恐犯罪防控对大数据技术的积极诉求

1. 网络恐怖主义泛滥助推恐怖主义活动大幅增长

互联网已大幅改变人类的沟通模式,一台电脑,一部手机,就可以在网络空间实现与世界各地在线者的交流,分享观点,传播思想。这样的便捷优势也成为网络恐怖主义与现实恐怖主义结合的最佳途径。科技的发展和恐怖分子作案手段的翻新增加了恐怖主义犯罪的打击难度。我国目前的反恐工作尽管取得了一些成效,但恐怖活动总量依然有增无减,"反恐怖斗争与恐怖主义呈现出双螺旋上升的 DNA 结构图景"[①]。这很大程度上可以归因于恐怖思想网络传播的路径还难以从根本上加以铲除。

从我国当前情况看,恐怖活动背后往往是民族分裂势力、宗教极端势力等,打击恐怖主义的手段受到政治、社会、文化以及国际环境等各种因素的制约。现阶段,传统恐怖主义活动已与网络犯罪活动深度融合,暴恐犯罪活动的技术化这一新特征,决定了"打击恐怖主义绝不是军事力量可以单独办到的"[②]。恐怖主义的组织成员大多意识形态相同,一些恐怖分子披着"民族"的外衣、打着"宗教"的旗号蛊惑群众,并且利用网络空间的隐蔽性掩护犯罪活动,这使传统的派遣情报工作人员渗透、打入恐怖主义组织内部获取情报等方法难以奏效。我国当前防控暴恐犯罪的形势依然严峻,暴恐犯罪分子对网络技术的运用更加剧了防控的难度。在传统情报收

---

① 参见郭永良:《"9·11"十五年,如何走出"越反越恐"的迷局》,载《国际先驱导报》2016 年 9 月 12 日,第 12 版。

② 参见金鑫、辛伟:《世界热点问题报告》,浙江人民出版社 2004 年版,第 154 页。

集手段效果有限的情况下,就需要充分利用大数据技术从数据相关性的角度研究,以深入的大数据分析获取情报资源,为不同类型的暴恐犯罪寻求最优化解决方式。

2. 反恐手段的事前防控不足

当前,我国网络恐怖主义犯罪的治理实践和理论研究集中在事后的救济和应急处置环节,事前预防和事中监控措施偏弱,表现出明显的滞后性和被动性。这是当前网络恐怖犯罪活动多发的重要原因之一。在互联网对社会生活的影响日益深入的情况下,网络空间安全与现实社会安全紧密相连,没有网络安全就没有国家安全和社会安全。实践证明,偏重事后救济的治理策略已不适应网络空间安全的新形势,对现实的国家安全、社会秩序也造成了直接威胁。

网络恐怖犯罪活动治理之所以偏重事后惩治,很大程度上系为技术所累,传统的数据跟踪技术和数据分析水平还不足以支撑完备的事前预警和事中及时发现恐怖犯罪活动的机制。如何防患于未然,将恐怖活动扼杀在萌芽状态,是反恐工作中亟须解决的现实问题,而大数据技术的分析与预测功能较好地回应了这一期待。近些年,我国在利用网络数据信息适时预警和防控恐怖犯罪活动方面已取得了不小的进步,但与有效打击恐怖犯罪活动的需求比较,还有不小的差距。

(二)大数据技术对暴恐犯罪防控的革命性突破

大数据技术拥有足够大的数据集和数据流,是人们生产和生活细节记录的实时反映,是每个人思想和行为的投影。在"互联网+"时代,人与网络的交互行为,人与人之间的交往行为,甚至每个人自身的日常活动信息都会被纳入大数据的数据库中。从预防犯罪的角度出发,通过不断收集、积累、挖掘和分析数据,分析恐怖分子日常生活的各种信息留下的痕迹,如社交记录、交通轨迹、购物清单、聊天记录等,可以找出恐怖分子行为活动轨迹和规律,以此对潜在的恐怖分子进行排查,对可能出现恐怖袭击的地区进行预警。从惩治犯罪角度出发,大数据技术结合各种相互关联、详细具体的数据,可以形成一个人的"数据签名",即指一个人的各种数据信息的集合。从国家安全的角度出发,数据挖掘、机器学习和数据建模等大数据分析工具和技术的结合将成为安全威胁预测、检测和早期预防的第一道防线。大数据分析和数据科学技术降低了情报调查过程的难度,使政府机构可以更方便地检测国家安全威胁。[①]

在大数据时代,拥有数据的规模和数量,挖掘与利用数据的能力如何,将是衡量国家网络安全能力的重要标志之一。对数据的占有和控制将成为未来国家信息

---

① See Khushbu Shah & DeZyre, *Big Data and Data Science for Security and Fraud Detection*, at http://www.kdnuggets.com/2015/12/big-data-science-security-fraud-detection.html (visited on 13 May, 2017).

技术发展的新要求,对数据的分析和使用将成为国家社会治理和危机管理的重要手段。政府如果能在防控暴恐犯罪方面掌握足够的数据资源并加以有效利用,做到"与数俱进",就可以在暴恐犯罪发生前及时扼杀,在暴恐犯罪发生时快速应变,更好地保护公民的财产与生命安全。

二、我国暴恐犯罪防控中有效利用大数据技术存在的障碍

大数据时代的来临给恐怖犯罪活动的防控提供了历史性的机遇。基于巨量的数据资源(包括旧数据和新数据),有关部门可以对社会动态进行前所未有的实时分析,及时识别高危人员和潜在的恐怖犯罪活动,这将为防范和控制恐怖犯罪活动提供极大的便利。建设能够提供决策支持的大数据暴恐犯罪防控体系,需要数据信息、数据技术和数据平台三种因素共同发展。数据信息是大数据分析的基础,数据技术是大数据分析各个环节的核心支撑,数据平台是实现数据价值的共享空间,三者相辅相成,缺一不可。当下,我国在这三方面均存在严重不足,难以很好地满足大数据时代下的暴恐防控需求。

(一)数据来源范围有限,采集规模较小,反恐预测度低

我国对于恐怖犯罪活动信息收集渠道的建设虽已取得了较大的成绩,但与根据大数据高效率、高精度地预测恐怖犯罪活动的要求还有不小的差距。目前我国可利用的监控数据源主要有车站和机场等公共场所的摄像记录、网络通信监控、音频和数字视频流通监测、流动人员信息掌控、银行财务系统测控、危险物品管控、GPS 数据记录、App 活动日志记录和传感器数据信息等。虽然监测方式多样,但数据来源渠道并没有覆盖全民生活的所有方面,与大数据时代对涉及全民生活各方面数据"全样本采集"的要求相比还有很大差距。另外,我国许多城市 IT 基础建设还比较薄弱,大量生活记录数据未被纳入监测。随着信息科学技术的发展,一些网络科技公司和机构贮存了大量的公民数据信息,许多信息是公共安全机构所没有掌握。建立公共安全机构与这些企业的对接机制,使这些信息可以及时、有效地服务于防控恐怖犯罪活动工作,对于提高防控恐怖犯罪活动的效能意义重大。而在我国,当前许多上述机构掌握的数据信息还没有很好地融入国家防控恐怖犯罪活动的信息系统。上述数据收集工作方面的局限性很大程度上影响了数据挖掘与分析结论的可靠性。此外,当前数据收集的注意力更多地集中于已知的暴恐分子和恐怖组织,对于未暴露的暴恐分子、一般的社会矛盾以及潜在的暴恐犯罪计划的监测阙如,不能为大数据分析、研判提供足够的数据源。这在一定程度上也影响到对潜在的暴恐分子和可能发生的暴恐袭击做出科学合理的预判。

暴恐犯罪防控数据采集存在的另一突出问题是数据管理的碎片化。即一些单

位、地域收集的数据信息仅服务于本单位、本地域的工作需要,没有被有效地整合在统一的系统中;或者虽在全国范围内已形成系统内的数据,但又形成条状分割,不对外开放,反恐执法部门难以及时、快速利用这些数据信息对暴恐犯罪活动进行分析和研判。数据信息如果大量沉淀而无法有效利用起来,前期投入的收集成本就白白浪费了。当前数据信息的条块分割极大地降低了数据本应具有的价值。《反恐怖主义法》《网络安全法》的颁布,对数据信息的统一管理和利用提供了纲要性指导,但在实施层面仍然存在一些问题,需要进一步细化与完善。

(二) 数据挖掘能力不足,模型建构缺失。

采集的原始数据由于包含有大量的噪声,[①]价值密度低,不能被直接使用。基于为后续分析与应用提供高质量数据的目的,还需要对原始数据进行挖掘和模型建构等处理操作,使数据更符合暴恐犯罪防控的目标需求。

数据挖掘是指从大量有噪声的、模糊的、随机的实际数据中提取出其内含的、事先未知的、但又潜在有用的知识和信息的过程。为此,需要设定特定的参数,清洗和分析数据流,以便尽可能规避垃圾数据。大数据时代下各种数据源源不断地流入,传统的数据仓库技术的处理已无法应付,相关挖掘算法触及技术瓶颈。过去搞大规模数据会战的做法,并不足以筛选出可信度高的数据并利用,反而会降低效率,甚至误导决策。从既往反恐工作经验看,暴恐犯罪信息往往通过视频或图片形式传播,对以视频和图片承载的数据信息进行规模化处理是强化反恐工作的当务之急。但目前的数据挖掘技术在处理图片、视频等非结构化数据上还有较大的局限性,不但处理速度较慢,数据可视化程度也很低,这一困境尚待通过技术突破加以改变。高效的数据挖掘技术是体现数据价值的基本方法,但数据挖掘技术的作用必须借助数据分析模型才能有效发挥。如何根据我国反恐形势的实际情况,全面梳理各种影响暴恐犯罪防控的因素并正确赋值,建构合理的数据分析模型,以便准确、高效地发现新的暴恐威胁,为公安、国安、军队以及反恐部门等制定决策提供科学建议,到目前为止尚没有比较完善的方案。这严重制约着利用大数据进行暴恐犯罪防控工作。

(三) 数据平台建设不力,配套法律空白,价值实现度差

从数据分类和应用方面讲,当前各个行业和系统储存的数据仍然是"小数据库"。电商、科研领域、政府部门都专注和深入数据的垂直应用价值,而没有开放和合作。如果数据没有共享平台,数据资源开放共享程度低,数据价值就难以被深度挖掘和利用,大数据的价值就难以最大化的方式实现。因而,构建广泛共享的大数据平台对于充分发挥数据的价值,从中快速梳理、识别暴恐犯罪的线索,对于此类

---

① "噪声"是指数据采集中的一些"垃圾"信息,或者说偏离目标需求的数据。

犯罪的防控至关重要。

《中华人民共和国网络安全法》第 39 条第 3 款虽然规定了关键基础设施领域的信息共享,但在实践操作过程中,数据信息共享机制仍很不完善。没有统一的数据存储平台与全方位的共享平台,就无法形成一个高效互通的数据网络化系统,导致安全机构和情报机构无法全面掌握数据进行综合分析预判,大数据技术对于暴恐犯罪活动的防控决策和执法活动的价值还相当有限。如果能建立统一的大数据平台,综合和连接各方面的信息,就可能通过全面的数据综合分析发现暴恐活动的预兆,及时预警,给相关部门的分析和决策留下更充裕的时间,有效布置,有力预防和打击暴恐犯罪活动。

建立数据信息共存、共享机制应该以法律规章为基本依据。当前我国虽然建立了比较完善的信息安全制度,但对数据信息的共存、共享还关注不足,信息存储、使用的"诸侯化"问题相当突出,这方面的立法尚属空白,难以适应有效防范暴恐犯罪活动的需要。因而,根据暴恐犯罪活动的特点,有针对性地适时推进相关信息共存、共享立法和制度建设是极为必要的。

三、域外利用大数据技术防控暴恐犯罪的经验与启示

大数据作为信息整合和综合分析的重要手段,是暴恐犯罪防控的有力武器。在当今暴恐犯罪活动呈现全球化,特别是受宗教极端思想洗脑的暴恐犯罪活动已形成遍布世界各国的犯罪网络的情形下,许多国家意识到大数据技术在防控暴恐犯罪活动方面的巨大价值,在制定国家安全战略时,不约而同地高度重视利用网络和大数据技术分析暴恐犯罪活动的线索,制定防控政策,以期更好地维护国家安全。一些国家和地区的成功做法可以给我们提供有益的借鉴。

(一) 美国

作为全球信息网络安全技术领先并面临严重暴恐犯罪活动威胁的国家,美国政府高度重视利用大数据技术防控暴恐犯罪活动。美国政府结合社交媒体监测系统与数据情报系统,将大数据技术应用到军事、国家安全等重要部门,通过政府力量与民间力量的合作,综合利用恐怖分子日常生活产生的各种信息对暴恐行为进行预警和打击,取得了极大效果。其中比较典型的是 Palantir 公司。[①] 如何从大量

[①] 美国 Palantir 公司创立于 2004 年,与美国政府联系紧密,其客户包括 CIA、FBI、美国海陆空三军以及纽约和洛杉矶警察局等。Palantir 公司能够从庞大无序的数据中整合信息检索,提取及分析关键信息,从而找到事物之间的联系。此技术已运用于曝光恐怖分子的网络、在战火纷飞的巴格达计算出安全驾驶路线等。传言 Palantir 帮助中情局击毙了本·拉登,但公司从不评价此事。

的数据中快速获取有价值的线索是情报工作的技术难题之一，Palantir 公司的产品有效解决了这一问题。其在整合零散的数据库和不同类型的数据，如语音资料、录像片段、DNA 样本以及世界各地的地图等，为安全人员提供一体化的情报网方面，有很强的技术优势。当使用者提出计算要求后，Palantir 的产品依托算法自行分析，发现"可疑"行为时会发出警报。

Palantir 公司在美国反恐斗争中起着极为重要的作用。如在阿富汗，美国特种部队在进攻恐怖分子盘踞的村庄时，可以利用 Palantir 的系统先检索该村庄。这时，系统里会出现该村庄的高清晰地图，并详细指出所有发生过枪击冲突和土炸弹爆炸的地方，然后预测出在哪里最有可能被伏击。[①] 在一次清剿行动中，其产品通过大数据分析，在简易爆炸装置引爆前成功定位了爆炸物的位置，有效地避免了人员伤亡。美国的 CIA、FBI 等机构均与 Palantir 公司合作，并将其产品作为反恐战争中必不可缺的工具。

除了重视技术研发，为利用大数据打击暴恐犯罪活动提供技术可能外，美国政府还高度重视政策引导与立法保障，为在暴恐犯罪活动防控中运用大数据技术提供制度支撑。2001 年"9·11 事件"后，美国政府迅速颁布了《爱国者法案》(USA PATRIOT Act)。[②] 该法案以防止恐怖袭击为目的，加强了政府的监听权力，扩张了美国情报人员和执法人员的权限，使其有权搜索美国公民的电话、电子邮件通讯、医疗、财务等各种数据记录，并要求公共和私营组织提供与国土安全相关的数据。虽然该法案因大幅扩张情报与执法人员权限，可能侵犯公民隐私而受到一些社会舆论的谴责。但不可否认的，该法案在美国后来的暴恐犯罪活动防控方面，取得了显著的效果。2012 年 3 月，奥巴马政府宣布启动《大数据研究和发展计划》，同时组建"大数据高级指导小组"，提高从大量数字数据中访问、组织、收集、发现信息的工具和技术水平。其中包括美国国防部的多尺度异常检测项目、网络内部威胁计划、想象力项目、国土安全部的可视化数据分析项目等。[③] 通过这些项目的实施，美国执法部门将提高威胁检测、情报集成与突发事件响应能力，这对于暴恐犯罪的防控工作具有重要作用。

(二) 欧盟

随着欧盟成员国内部恐怖袭击的接连发生，欧盟成员国的安全形势日益严峻，

---

① See *The Company That Sees Everything*, *Bloomberg Businessweek*, Issue 4256 (November 28-December 4, 2011).

② 《爱国者法案》(USA PATRIOT Act)英文全称为"Uniting and Strengthening America by Providing Appropriate Tools Required to Intercept and Obstruct Terrorism Act of 2001"，其含义为"使用适当之手段来阻止或避免恐怖主义以团结并强化美国的法律"。

③ 参见安晖：《美国大数据维稳镜鉴》，载《人民论坛》2014 年第 12 期。

欧盟也开始强化利用大数据进行防控暴恐犯罪活动的技术和相关法律制度。欧盟认为,随着网络技术的运用和普及,基于应对传统犯罪而发展起来的针对性监控模式已无法应对信息化时代更严峻的恐怖主义威胁。对暴恐犯罪活动的防控应转为通过大规模监控和收集、分析数据情报,识别、预警具有潜在危险性的人员并提前执法的反恐模式。对此,欧盟开发了大数据解决方案——POLE(Person,Object, Location and Event based)数据模型。POLE 数据模型用于存储和记录可疑团体和事件。系统中被记录的人员可以被多次连接到其他各种事件或人员,以此建立关联网络并追踪可疑人。该数据可以实时快速检索和更新。[①] 对大数据的依赖反映了欧盟反恐的新取向。2016 年 4 月 21 日,欧盟通过了《乘客姓名记录指令》,在航空客运领域使用了新的数据情报系统。乘客姓名记录系统的工作模式是通过收集、管理和分析航空公司乘客的大量数据,让主管当局可以对乘客旅行模式或其他有关行为进行分析,并对具体乘客参与暴恐犯罪活动的风险进行危险评估,找出未暴露的具有恐怖主义威胁的人,进而检测、调查和起诉恐怖犯罪。[②]

在立法方面,早在 1995 年 10 月 24 日,欧洲议会和欧洲理事会就颁布了第 95/46/EC 号指令,即《欧盟数据保护指令》(EU Data Protection Directive),旨在保护数据的处理和流转,这也是欧盟信息数据保护框架的核心文件。之后,为适应形势变化,欧盟又于 2002 年 7 月 12 日颁布第 2002/58/EC 号指令,即《欧盟电子隐私指令》(EU E-Privacy Directive),对前者进行了补充。但随着现代技术的更新,数据的增量日益庞大,而且对数据的处理无处不在,以往指令已无法适应现实的需要。2016 年 4 月 27 日,欧洲议会通过了《欧盟一般数据保护条例》(EU General Data Protection Regulation,以下简称 GDPR),并将在 2018 年 5 月 25 日开始执行。GDPR 取代了数据保护指令 95/46/EC,旨在协调欧盟各国的数据保护立法,并重塑整个欧洲对数据的处理方式。根据 GDPR 的规定,非欧盟成员国的公司或组织(包括免费服务)只要满足下列两个条件之一就受到 GDPR 的管辖:(1) 为了向欧盟境内可识别的自然人提供商品和服务而收集、处理他们的信息;(2) 为了监控欧盟境内可识别的自然人的活动而收集、处理他们的信息。换句话说,非欧盟的企业和组织向欧盟用户提供服务也需要严格遵从该条例,管辖范围将按照数据的分布而不是国家或地域来认定。因此,法律管辖范围也有可能因数据的动态变化或迁

---

① See Khushbu Shah & DeZyre, *Big Data and Data Science for Security and Fraud Detection*, at http://www.kdnuggets.com/2015/12/big-data-science-security-fraud-detection.html (Retrieved 13 May, 2017).

② 参见魏怡然:《后巴黎—布鲁塞尔时期欧盟反恐法的新发展》,载《欧洲研究》2016 年第 5 期。

移而不断变化。各组织机构指定的数据保护官(DPO)①需要定期、系统地监测大量数据,关注刑事犯罪与违法行为等特殊类别的数据,必须为执行任务提供适合的数据资源并直接向最高管理层报告。GDPR 的颁布提供了全新的数据处理与使用模式,在反恐实践与反恐地区合作方面规范了数据的交流,对欧盟各国暴恐犯罪活动的防控以及国家间的防控合作具有里程碑式的意义。

(三) 印度

印度的国家情报网络(The National Intelligence Grid,以下简称 NATGRID)是连接政府核心安全机构数据库的综合智能网络。它从政府数据库采集和整理一系列信息,包括铁路和航空旅行行程、税收、银行账户详细信息、信用卡交易记录、签证和移民记录,对来自政府各机构和部门的独立数据库的数据进行整理,然后提供数据信息给中央情报局、中央调查局、海关总署等 11 个中央机构。②

NATGRID 使国家安全机构能够从汇集的数据中查找和获取有关恐怖嫌疑人的相关信息,这将有助于查明、捕获和起诉恐怖犯罪分子,预先制止恐怖分子的犯罪阴谋。③ NATGRID 的建设由政府与企业协作进行,由企业提供技术,政府部门整合功能。④ 另外,犯罪与犯罪追踪网络和系统(Crime and Criminal Tracking Network & Systems,以下简称 CCTNS)是印度政府建立的电子政务项目,目的是通过建立一个全面综合的电子数据系统以提高警务工作的效率。⑤ 在 CCTNS 项目下,通过网络技术,将警察局以及指纹局、法医实验室等大约 14000 个数据库连接起来,为调查人员提供工具、技术和数据信息,同时促进各地区警察机构之间的信息交互和信息交流,以便调查、侦查和预防犯罪。

上述国家在利用大数据防控暴恐犯罪方面有几点共通性做法,可以为我国利用大数据防控暴恐犯罪提供借鉴:一是注意技术研发。在信息化时代,数据是海量的。在根据反恐的需要对这些数据进行梳理时,必须有针对性的先进技术作为支撑。这些技术不能仅依赖国家安全力量自行研发,应本着"高手在民间"的思路,充

---

① DPO(Data Protection Officer),指数据保护官。根据 GDPR 第 37 条,以下情形必须指定 DPO:(a) 公共机构;(b) 进行大规模系统监控的组织;(c) 进行大量敏感个人数据处理的组织。如果不属于上述类别的组织机构,则不需要指定 DPO。

② See *Rs. 1100 crore for NATGRID*, in *The Hindu*, 15 June, 2012.

③ See *Q & A:NATGRID Chief Raghu Raman*, in *The Wall Street Journal India*, 29 June, 2011.

④ 参见《美国用大数据反恐追踪犯罪嫌疑人》,http://server.chinabyte.com/410/12821410.shtml(2017 年 5 月 17 日访问)。

⑤ See *Crime and Criminal Tracking Network & Systems*(*CCTNS*),at http://ncrb.gov.in/BureauDivisions/cctnsnew/index.html(Retrieved 9 July, 2017)。

分利用民间高科技公司的力量,官方与民间合作,研发服务于防控暴恐犯罪的大数据技术。这一点美国、印度都提供了有效的经验。二是正确平衡防控暴恐犯罪活动的需要与公民权利保障的关系。近代以来,各国刑事司法的共通趋势是不断强化犯罪嫌疑人、被告人的权利保障,注意在刑事诉讼中尽可能减少对公民权利的侵害。可以说,近代刑事诉讼的发展史就是一部不断强化公民权利的历史。但大数据时代来临后,传统上用以平衡国家打击犯罪需要与保障公民权利的一些做法面临挑战。为应对暴恐犯罪活动的威胁,各国不约而同地放松了执法部门在收集公民信息数据上的严格限制,逆转了第二次世界大战后各国强化对国家权力的控制,不断对犯罪嫌疑人、被告人赋权的趋势。如何把握防控暴恐犯罪活动的需要与公民权利保障之间的平衡,各国仍处于持续的探索中。三是各国都注意通过立法为执法力量收集与运用大数据提供支持。在大数据时代,因为数据来源广泛,仅依赖执法力量或者整个国家权力机构收集的数据信息,都不足以应对防控暴恐犯罪活动的需要。民间企业掌握的数据都应统一纳入反恐大数据平台,以尽可能扩大数据来源的充分性,保障数据分析结果的准确性。而这种工作应通过常态化而非偶发性的机制来实现。要建立这种常态化的机制,最可靠的方式是依据法律来进行。

四、我国有效利用大数据技术防控暴恐犯罪之举措

基于大数据技术发展的现状及发展趋势,借鉴国外利用大数据防控暴恐犯罪的经验,针对我国当前在暴恐犯罪防控方面利用大数据技术存在的不足,应主要从以下方面完善我国暴恐犯罪防控中的大数据适用问题。

(一) 提升数据采集能力

1. 建设高效的监测系统,丰富数据来源

打击暴恐犯罪的经验表明,我们在恐怖犯罪活动信息的掌握方面还存在不少漏洞,这很大程度上源于数据信息收集的不全面。因而,增加数据收集的广度和深度,提高基于数据预测的精确度是极为必要的。这对数据的采集提出更高的要求。在不同区域,暴恐犯罪分子进行犯罪活动的方式是不一样的,防控暴恐犯罪所需的数据信息也不相同,数据信息收集的重点也不同。在边疆地区,目前可利用的数据源仍有较大不足。针对目前暴恐犯罪出现的新特点以及边疆地区基础设施不完善、数据活度低的情况,应当在现有基础上增加地区 GIS 地理分布信息,[①]可供应急调度的资源信息,同时利用无人机等装备对暴恐分子可能隐藏、出没的山区实施侦察,预先储备地形、物产、气候变化等信息,以备不时之需。在城市地区,扩大数

---

① 暴恐分子和组织"山区化"、作案手段转向"地道战"等情形的出现,需要 GIS 等技术协助。

据信息源的工作要有意识地结合当前全国各地正在开展的数字城市、智慧城市①建设工作进行。在此过程中，要注重物联网生态的搭建，部署云存储与计算服务，综合采集政府数据、互联网数据和物联网数据，逐步建设研究纳米技术与智能微尘②相结合的技术，使数据像血液一样遍布交通、医疗等城市生活的各个方面。当数以亿计的终端设备接入网络后将会产生海量、高活度的数据，这将为大数据防控暴恐犯罪活动提供良好的基础条件。

2. 利用先进的数据技术，做好数据采集工作

采集原始数据之后，可以利用 ETL、API 等数据交换工具整合各种形式的数据，并对数据进行预处理和加工，以便于后续分析、处理和应用。对于互联网信息的检索和采集，可利用网络爬虫③持续分析 URL 池，迅速监测网络涉恐信息。结构化数据和非结构化数据的异构性会影响数据采集的效率，对此可以在对数据进行预处理后，增加"语义标签"，通过配置宗教极端主义热词、暴力恐怖袭击关键词或敏感词，设置若干标签，在标签词意义上对数据"精加工"。这有助于提高数据输入与分析速度，描述目标对象，及时获知数据流中可能与暴力恐怖威胁或活动有关的言词或行为。

（二）加强数据挖掘能力，根据反恐需求合理建构数据模型

1. 利用先进的数据挖掘技术，建构数据模型

数据挖掘是依托算法搜索隐藏信息的过程。暴恐犯罪防控涉及大量的数据，包括大量结构化与非结构化数据，这就需要根据暴恐犯罪防控的需要研究"复杂数据类型挖掘"算法。针对图像、视频等非结构化数据挖掘困难的问题，可以定义高级语义特征，如以图像中的空间语义（不同物体的位置关系）、情感语义（表示或反映的情感态度）、属性语义（表示的物理实体内容）等对图像的颜色、形状和纹理特征的提取，转为一个"特征矩阵"，再对涉及暴恐犯罪的图像、视频的属性进行挖掘。

针对非结构化数据挖掘速度慢的问题，需要国家投入更多的资源，配置运行

---

① 智慧城市的建设分为前期基础设施建设、中期数据处理设施建设和后期的服务平台建设，涉及电信设备制造企业、系统集成企业、数据采集分析企业、电信运营商和数据服务企业等。

② 智能微尘是一种具有电脑功能的超微型传感器，它由微处理器、双向无线通信装置和无线网络软件组成。它可以探测周围环境诸多参数，收集大量数据并进行适当计算处理，微尘器间可以相互定位、收集数据并向基站传递。将一些智能微尘散放在一些场地中能形成严密的监视网络，监视暴恐分子的军事力量和人员、物资的运动。但目前智能微尘的体积与续航问题仍有不足。

③ 网络爬虫是一种"自动化浏览网络"的程序，目前开源的网络爬虫有 Nutch、Scrapy、Larbin 等。

速度更快的超级计算机进行处理。如果采用传统的超级计算机技术,这方面的资源投入将是巨大的。2017 年 5 月 3 日,中国科学院宣布第一台超越早期经典计算机的单光子量子计算机在中国诞生,它比运行传统经典算法的计算机要快得多,相关技术处于全球发展的前列。量子计算机在玻色子采样和量子纠缠技术的突破,[①]意味着它可以同时分析所有可能性,而不用单独分析。就像同时扫描多张名片来寻找一个名字,量子算法能够利用叠加态带来的平行性,以 Grover 算法给出每张名片为正确名片的概率。几次迭代之后,目标名片的累积概率会比其他名片都要高。这比传统搜索快得多,数据库越大,其优势也越大。[②] 虽然量子计算技术成功应用于暴恐犯罪防控还尚需时日,但它的应用前景将为涉恐数据挖掘带来飞跃性的技术突破,为建构可以更精确挖掘涉恐信息的数据模型提供了新的可能。

2. 将数据建模分析与反恐需求相结合

我国当前实际上已积累了大量的数据信息,但这些数据在暴恐犯罪防控中利用率很低,其中一个重要原因是数据模型存在不足,无法从这些数据中有效挖掘信息,与暴恐犯罪活动建立关联。因而,数据建模的好坏直接影响从数据中获取信息的能力,影响挖掘结果与反恐目标需求的匹配度。根据我国当前暴恐犯罪活动的特点,数据模型的建构要注意以下两点:一是注意数据模型的及时更新。暴恐犯罪活动为躲避打击,也在不断地调整自己的行为模式。建构数据模型时,除了要注意对当前暴恐分子以及恐怖活动特征的提取和选择之外,还要注意网络时代数据变化快的新特点,保持数据模型的开放性,使其在数据信息发生变化时可以很快进行识别,提醒技术开发者及时调整。二是扩大数据建模时的关联性挖掘,使数据模型具有更广泛的涵盖性。数据建模时要注意寻找隐藏很深的关联规律,比如某人购买了火柴的同时他的家人购买了化肥、白糖,[③]就需要进行关联分析,从疑似恐怖分子的生活记录中研究群体活动方向,增强防范力度。这就需要反恐领域的专家和数据科学领域的技术人员共同协作,由反恐领域的专家解释挖掘对象、确定需求,由数据科学领域的技术人员提供挖掘算法和分析技术,通过业务与技术的深入交流与合作,促成更有涵盖性的数据模式。

[①] See Chao-Yang Lu and Jian-Wei Pan et al., *High-efficiency multiphoton boson sampling*, 11 NAT PHOTONICS 361 - 365(2017).

[②] See Andreas Trabesinger, *Quantum Leaps, Bit by Bit*, 543 Natura S2(2017).

[③] 火柴、化肥和白糖可能被暴恐分子用来制作炸药,而且暴恐犯罪"家族化"的特点需要引起重视。

（三）建立统一协调的数据平台，实现数据融合与情报共享

中国拥有全球 14% 的数据量，利用率却不到 0.4%，大量数据未能发挥其应有作用。① 其重要原因就是数据平台建设不力，数据分割严重，导致数据无法有效利用。要实现暴恐犯罪的精准预测与防控，需要丰富的情报来源，而数据海量、多源、实时的特点，需要建立统一的数据信息环境平台整合信息，科学高效地融合数据，对数据实行统一监管与使用。大数据时代，由传统 IT 架构向云架构转换，以本地存储虚拟化代替传统集中式存储是崭新的发展方向，而只有在数据开源与共享的前提下，大数据技术才能创造更大的价值。因此，从国家层面来讲，应该积极推进国家大数据平台建设，将不同的数据库和业务系统全部接入平台，积极促进各种数据的融合，以平台方式集成价值。在反恐工作中利用数据平台的资源和情报获得全局性的分析，基于监测数据中存在的危险情况定位潜在的恐怖分子、预测可能产生恐怖袭击的地区，有针对性地加强安防并做好提前布控，避免暴恐犯罪的发生。从各私营主体和独立数据库的持有者来讲，应提供开放数据的 API 接口和相关的技术接口，在此基础上开源数据集和相关的分析算法，为国家安全机构调查恐怖活动提供技术支持，为公共安全承担应尽的社会责任。

（四）完善数据监管立法，使数据监管和控制有法可依

在暴恐犯罪防控的立法方面，《反恐怖主义法》和《网络安全法》中都有涉及，②但局限于电子通信、网络信息的传播与监管，对其他形式的数据信息则缺乏监管标准和相应的法律规制。另外，随着网络科技公司掌握的公民数据信息越来越庞大，反恐斗争中不可避免需要民间网络科技进行协助，但在我国，当前公权力基于反恐需要调用民用数据库的程序、手段，如何保障民用数据库的合法权利，费用保障等都还缺乏明确的规定。不同地方、不同公司的做法都有不同，这无形中增加了协商成本，效率也有待提高。通过建立相对明确的法律机制处理这些问题是当前防控暴恐犯罪所必需的。另外，随着暴恐犯罪活动日益国际化，我国境内的暴恐犯罪活动往往与境外恐怖势力有直接关系，跨境数据流动带来的信息数据风险也与日俱增，《网络安全法》、《个人信息和重要数据出境安全评估办法（征求意见稿）》、《信息安全技术公共及商用服务信息系统个人信息保护指南》等对此已有初步的规定，但

---

① 参见《"大数据国家实验室"，最该输出些啥？》，http://www.doit.com.cn/p/269893.html（2017 年 5 月 18 日访问）。

② 在监管责任方面，参见《中华人民共和国反恐怖主义法》第 19 条之规定和《中华人民共和国网络安全法》第 50 条之规定。在技术支持方面，参见《中华人民共和国网络安全法》第 18 条之规定。

与防控暴恐犯罪活动的要求相比，相关规定还太过粗疏，仍需要进一步细化，以规范数据的跨境流动，尽可能切断境内外暴恐犯罪人员的联系。

五、结　语

数据是最忠实的记录者，在反恐领域中应用大数据技术能够有效进行危害性评估，继而从已知中发现未知、从信息中嗅出风险，这为暴恐犯罪发生前防控难、恐怖活动发生后追捕难的问题提供了全新的解决方式，将为反恐战争带来革命性的关键突破。站在国家安全防控体系的战略层面，促进公安、国安部门与政府其他部门、各私营主体之间建立良好的数据共享与合作关系，通过大数据技术可以有效化解风险，实现遏制、预防和减少暴恐犯罪的目标。以反恐为应用驱动指向对大数据进行研究和分析，会获得极有价值的预测信息，使反恐工作从"事后剿灭"转为"事前扼杀"，从"应急与处置"转为"预警与布控"，从"惩治为主"转向"防控为重"，将重塑反恐格局，彻底扭转当前反恐工作消极防御的被动局。

Study on the Application of Big Data in Prevention and Control of Violent Terror Crime

Shu Hongshui

Abstract：During the anti-terrorism work is pushed forward, the violent terror crimes have been under control. However, the violent terror crimes still occur from time to time, which could jeopardize the social security. The new challenge of anti-terrorism work is how to quickly alert and react of the terror crime before it occurs. In this Age of Big Data, the development of data technique provides new methods and opportunities, which makes it possible to identify and predict the potential violent terror crime. Even so, there are still some deficiencies including insufficiency of data sources, weak data acquisition ability, lack of data excavation and modeling technique and limited scope of data fusion and sharing and so on, which reveal the problem—the serious deficiency of application of data science in anti-terrorism work. This paper driven by the prevention of violent and terrorism crimes, made several proposals from the perspective of data acquisition, data excavation, data modeling, and big data sharing platform, hopes to construct a technical system of big data, actualize the instantaneous analysis of data and extract the valuable ones so as to provide support of anti-terrorism decision.

Keywords: Big data; Violent terror crime; Data excavation; Data modeling; Data sharing platform

论我国刑法中涉罪财物之没收[*]

姚 杏[**]

[摘 要] 针对违法所得、违禁品以及供犯罪所用的本人财物等涉罪财物,我国刑法第64条专门设置了刑事没收条款。其中的追缴,是将犯罪分子的违法所得强制收缴;责令退赔,是在犯罪分子已将违法所得挥霍、使用或者毁坏的情况下,责令其按违法所得财物的价值退赔。追缴与责令退赔均属于刑事没收的前置程序,是刑事诉讼过程中为刑事没收提供保障性服务的涉案财产保全措施。返还,则是法院将犯罪分子通过非法行为获取的财物还给被害人。返还与没收,都属于对财物的实体处分措施。刑事没收是独立于刑罚或保安处分以外的法律措施,其与刑罚、保安处分共同组成对抗犯罪的体系。

[关键词] 刑事没收;追缴;责令退赔;返还;涉罪财物

引 言

刑事没收,是国家通过强制手段剥夺犯罪人或第三人所有的、与犯罪有密切关系之特定物的所有权,或是剥夺犯罪所得之利益,收归国有、上缴国库。

我国刑事法理论界通常将没收分为广义没收与狭义没收。广义没收包括一般没收与特别没收,狭义没收则仅指特别没收。鉴于一般没收与特别没收在没收对象范围上的显著差别,理论上将刑法第59条所规定的没收财产刑称为一般没收,而将刑法第64条所规定的没收涉罪财物称为特别没收。[①] 这两种没收具有截然不同的性质。一般没收,是国家通过合法手段强制剥夺与犯罪行为无关联的犯罪人本人合法财物的一部或全部。作为附加刑的一种,一般没收是在定罪之后适用于罪犯的刑罚方法。特别没收则是一种非刑罚处罚措施,关系到刑事诉讼中证物的

---

[*] 本文系2016年司法部国家法治与法学理论研究项目(16SFB5019)的阶段性研究成果。
[**] 姚杏,南京大学法学院博士研究生。
[①] 马登民、徐安住:《财产刑研究》,中国检察出版社2004年版,第14页。

取得与涉案财物的最终处理,其不以定罪为前提,不具有惩罚性。①

根据刑法的公平正义原则,没收财产刑不仅影响犯罪人的家庭生活,而且影响继承人的利益。② 随着资本主义进程的推进,德、日等诸多发达国家早已陆续废除没收财产刑,仅保留着特别没收制度。因此,出现在各国立法、国际条约中的没收,一般是指特殊没收,也就是刑事没收。③ 换言之,各国刑法中所规定的没收,主要是类似于我国刑法第 64 条关于涉罪财物的没收。对涉罪财物的没收,不应超出刑法明文限定的范围。在一个文明法治的国度里,如果没有法律的明文规定,国家无任何权力随意剥夺、没收普通公民的财物,哪怕是与犯罪有关的财物。

我国关于涉罪财物处理措施的具体规定散见于刑事诉讼法、相关司法解释与部门规章中,而刑法第 64 条则做出了原则性规定:"犯罪分子违法所得的一切财物,应当予以追缴或者责令退赔;对被害人的合法财产,应当及时返还;违禁品和供犯罪所用的本人财物,应当予以没收。没收的财物和罚金,一律上缴国库,不得挪用和自行处理。"

对比中外刑事没收制度,可以发现,域外对于涉罪财物的处理,手段更加丰富、种类更加多样、方式更加灵活。④ 例如,英国制定了专门的《犯罪收益追缴法》,明确规定了追缴的对象、条件和程序。⑤ 美国法将没收划分为刑事没收(Criminal forfeiture)、民事没收(Civil forfeiture)以及行政没收(Administrative forfeiture)三大类。⑥ 其中,刑事没收,又称为"对人诉讼"(In personam action),被告人必须被定罪量刑后,确定存在有罪状态之物时,才能进入没收程序。民事没收,又称为"对物诉讼"(In rem action),只要是不法之物即可没收。"行政没收",是由行政执法机关(law enforcement agency)单方(ex parte)执行没收的程序,属于一种法院并未介入的没收程序(non-judicial forfeiture)。⑦ 三者有着不同的实体规范。《德国刑法典》则在刑罚、保安处分之外,将没收单独作为一章加以规定。其中,除对正犯没收外,还包括了对正犯外的第三人扩大没收。⑧ 为了合理地借鉴域外的没收

---

① 王皇玉:《2015 年刑事法发展回顾:刑法没收制度之变革》,载《台大法学论丛》2016 年第 11 期。
② 张明楷:《外国刑法纲要》,清华大学出版社 2007 年版,第 401 页。
③ 何帆:《刑事没收研究——国际法与比较法的视角》,法律出版社 2007 年版,第 2 页。
④ 张明楷:《外国刑法纲要》,清华大学出版社 2007 年版,第 401—402 页。
⑤ 曾庆云:《行贿犯罪不正当利益之剥夺研究》,法律出版社 2013 年版,第 129 页。
⑥ 李荣耕:《犯罪所得资产的没收——以美国民事没收制度为借镜》,载《辅仁法学》2015 年第 6 期。
⑦ 陈雅誉:《论"我国"犯罪所得没收法制与实证研究——与美国法制之比较》,台湾交通大学管理学院研究所 2010 年硕士学位论文,第 28 页。
⑧ 莫蓝蓝:《没收制度之研究》,台湾成功大学法学研究所 2013 年硕士学位论文,第 17 页。

制度,有必要梳理我国的刑事没收制度,明确该制度的概念与性质,厘清刑事没收与其他制裁措施的关系,为更好地适用刑事没收制度提供理论依据。

一、涉罪财物之没收的司法现状

由于我国刑法中的现有规定没有准确界定各术语的内涵、没有厘清彼此之间的逻辑关系,导致司法实践中的适用不一致,严重影响了对涉罪财物的处理。

(一) 相关案例

[案例一:沈某盗窃案] 被告人沈某在 2003 年购买了一辆面包车,用作营运客车。次年 5 月间,沈某伙同他人先后两次于夜间驾驶该面包车至某县,采用投毒等方式窃取了 11 条狗,价值人民币 1200 元。2004 年 5 月 10 日晚,沈某再次驾驶该面包车伙同其他人来到某县行窃时,被当地公安机关抓获。一审法院经审理认定被告人沈某犯盗窃罪,沈某所有的面包车属于供盗窃狗时所用的财物,应当予以没收。以盗窃罪判处沈某拘役 3 个月,并处罚金人民币 2000 元;没收面包车。被告人沈某认为,其盗窃数额较小,法院没收其面包车,属于处罚过重,且该面包车系其家庭共同财产,不应当没收,以此为由提出上诉。二审法院经审理认为"沈某所有的面包车在盗窃狗中起到犯罪工具之作用,即使该面包车属于沈某家庭共有财物,也不妨碍没收。但是沈某窃取狗的价值仅为 1200 元,而面包车价值达 2 万多元。综合分析,一审法院判决没收面包车与被告人沈某所犯罪行的社会危害性不相适应,显失公平,对该面包车没收不当。"二审法院维持了沈某的定罪量刑,撤销了一审判决"没收供盗窃所用的面包车一辆"部分,并判决将被扣押的面包车发还给沈某。①

[案例二:某公司单位行贿案] 被告人王某在经营被告单位六安市某苗木有限公司期间,与上海市松江区石湖荡镇某村党支部书记兼村民委员会主任王某及该村党支部副书记兼副主任曹某商谈租赁日后将被征用的土地,并欲在租赁的土地上种植苗木,并约定取得动迁补偿款后给予王某、曹某(均另案处理)好处费。随后,王某、曹某未经村民会议或村民代表的同意并报镇人民政府批准程序的情况下,以上海市松江区石湖荡镇某村村民委员会的名义与被告人王某签订土地租赁协议,为了顺利获得动迁补偿款而将协议日期虚构为 2008 年 8 月 1 日。随后,被告人王某在该地块上突击种植苗木。2010 年 9 月 20 日,被告人王某将给予王某、曹某的行贿款人民币 60 万元存入孙某的银行账户。法院认为:被告单位六安市某

---

① 参见吴燕、赵祥东:《"供犯罪所用的本人财物"的认定与没收》,载《刑事审判参考》总 45 辑,法律出版社 2006 年版,第 56—57 页。

苗木有限公司及被告人王某在承租土地的过程中,为谋取高额补偿款,给予国家工作人员财物,情节严重,被告单位六安市某苗木有限公司和被告人王某的行为均已构成单位行贿罪。最终,法院以单位行贿罪判处被告单位六安市某苗木公司罚金人民币 20 万元,以单位行贿罪判处被告人王某有期徒刑 1 年 6 个月。①

[案例三:某医院行贿案] 南京某三甲医院采购人员吴某某从医疗器械供应商处受贿 20 万,使得该供应商的医用高清显示屏以 53.8 万元在政府采购中中标。事发后,吴某某因受贿罪被判处有期徒刑 10 年 2 个月,并处没收财产 10 万元,受贿所得均予没收。某医疗器械公司以单位行贿罪被判处罚金 5 万元,其法定代表人刘某某被判处有期徒刑 6 个月,缓刑 1 年。事后,某医院发现这批显示屏是该供应商从别处采购,购入价仅 14 万余元。而此时,他们已支付了 40 余万元货款,尚有 5 万余元尾款未付。某医院遂将供应商告上法庭,要求赔偿设备购入价和已支付款之间差价 30 余万元。而某供应商提出刑事犯罪并不必然导致双方的设备采购合同无效,提起反诉,要求某医院支付尾款 5 万余元。法院审理后认为,因存在串通行为,采购合同无效,按规定应双方返还,但显示屏已安装使用,医院无须返还,也无须支付 5 万余元尾款。对于医院要求赔偿 30 余万元的要求,法院认为,某医疗公司的购入成本价只是参考因素之一,不能仅以之作为判断标准,某医院已支付的价款,应当视为对该设备价格的补偿,其要求返还货款差价的请求,不予支持。②

(二) 小结

在案例一中,一审法院经审理认定被告人沈某所用的面包车属于供盗窃所用之物,判决予以没收。而二审法院认为一审法院判决没收面包车与被告人沈某所犯罪行的社会危害性不相适应,通过改判,将涉案的面包车发还给了沈某。二审法院的改判依据在于,没收作为一种"刑罚",其适用应当遵循罪刑相适应原则。因此,司法实践中是否没收"供犯罪使用之物",往往取决于涉罪财物的价值。如果涉罪财物价值高,而行为人所犯罪行较轻,则不予以没收。笔者认为,司法机关在适用没收时,应以没收财物的涉罪性质、财物在案件中的作用大小作为参考因素。一方面,应当查明行为人所用的财物是否属于供犯罪所用的财物,如果得出肯定答案,则需要在有效的法律文书中表明行为人所用之物具有涉罪性质。另一方面,根据行为人所用之物的价值高低、在案件中的作用大小、是否为家庭的主要谋生工具等因素,综合判断是否予以没收。需要强调的是,司法机关根据相关因素决定不予

---

① 曾庆云:《行贿犯罪不正当利益之剥夺研究》,法律出版社 2016 年版,第 10 页。
② 罗双江:《医械公司行贿中标政府采购 医院打官司要求退钱遭反诉》,载《扬子晚报》2014 年 6 月 7 日第 A32 版。

以没收,并不代表财物本身的犯罪属性消除,只是因其他缘由"不宜没收"此物。此时,司法机关仍然应当按照比例原则追缴替代财物或采取其他处置措施。

在案例二中,虽然司法机关已确认被告人与被告单位是为了谋取高额补偿款,而实施行贿王某、曹某的不法行为,但是司法机关在判决中完全忽视被告人与被告单位是否获取了不正当利益。司法机关仅重点考察行为人的行贿行为,而忽略了对其后果的考察,这种"重行为、轻结果"的现象,所产生的不利后果就是司法机关无法正常处置行为人因行贿行为所获得的不正当利益,甚至是无法准确地判断行贿行为的社会危害程度,片面地依据行贿数额来配置刑罚,有违罪刑相适应原则。以本案为例,被告单位某苗木公司非法获得的补偿款为 30 万元,而罚金只有 20 万元,最终结果是被告单位没有任何损失,反而因罪获利,无法实现应有的惩罚效果。因此,笔者认为,对行贿行为配置刑罚时,不仅应考虑行贿的具体数额,而且要考虑通过行贿行为所获得的不正当利益的情况。在确定获得了不法利益的前提下,应当根据行为人所获得的不法利益的种类、价值等依法采取相应措施。

在案例三中,司法机关虽然肯定了医械器械公司是为了在政府采购中中标而给予医院采购人员以财物,并对吴某某与该医疗器械公司处以刑罚,但是未能就医疗器械公司因行贿行为所获得的不正当利益进行查证、处置。由于在行贿案件的处理上,遗漏了关键性的步骤,导致了相关利益仍然处于模糊不清的状态中。这表明,司法机关在处理行贿案件时,往往侧重于查明行为人的行贿目的与行贿行为,而忽视对获利结果、获利种类、获利数额等因素的考察。在本案中,医院通过民事诉讼来主张因行贿行为所获得的不正当利益,正是司法机关忽略上述问题所导致的后果。笔者认为,在刑事判决中,司法机关对行贿行为进行了否定评价,就代表了行为人因行贿行为所产生的收益也具有了违法性,双方当事人不得依据其他法律条文主张自己的不法利益。

综上,无论是没收供犯罪所用的本人财物,还是没收"犯罪收益的行为后期待利益",都对犯罪控制具有实质性的决定作用。如司法机关能以刑法为依据,有效抑制行为人的犯罪收益,使其犯罪行为在经济上得不偿失,将成为实体法适用与犯罪预防良性互动的关键步骤。① 因此,应当重视刑事没收,厘清没收与追缴、责令退赔、返还的内涵与互相关系,区别各自的依据、适用范围和具体方法,使涉罪财物的没收制度更加完善。

---

① 陆吉敏、谢杰:《行贿犯罪刑罚裁量调查与研究》,载《人民检察》2008 年第 2 期。

二、涉罪财物处理措施的内涵与关系

"刑事没收"一词在语义上一般没有分歧,是指将特定的物品收归国有,是对财物的一种实体处分。① 而我国刑法第64条所规定的涉罪财物,主要包括三类:一是犯罪分子违法所得的一切财物(以下简称违法所得),例如因行贿所获得的利益、因受贿所获得的贿赂、因盗窃所获得的财物;二是违禁品,例如毒品、假币;三是供犯罪所用的本人财物,例如专门用于走私的交通工具、专门用于赌博的别墅。对于违法所得,我国刑法第64条并未直接使用"没收"这一用语,而是使用了"追缴"、"责令退赔"、"返还"这三种表述。与此同时,该条明确规定应当"没收"违禁品和供犯罪所用的本人财物。这样一来,没收的对象是否包括犯罪分子的违法所得,便成为问题。对此,需要结合刑事诉讼法与相关司法解释,明确"追缴"、"责令退赔"、"返还"这三项措施的含义,厘清三者与"没收"之间的逻辑关系,确定何为实体性处理措施、何为前置性处理措施。

(一) 追缴

所谓追缴,是指将犯罪分子的违法所得强制收缴。如在刑事诉讼过程中,对犯罪分子的违法所得进行追查、收缴;对于在办案过程中发现的犯罪分子已转移、隐藏的赃物追查下落,予以收缴。② "追缴"不仅常见于我国刑法中,③而且散见于司法解释等规范性文件。例如,2013年公安部颁布的《公安机关办理刑事案件程序规定》第328条中,有"依照刑法规定应当追缴其违法所得及其他涉案财产"的表述。又如,2014年最高人民检察院颁布的《人民检察院刑事诉讼涉案财物管理规定》第3条指出,违法所得的一切财物,应当予以追缴或者责令退赔;对被害人的合法财产,应当依照有关规定返还;违禁品和供犯罪所用的财物,应当予以查封、扣押、冻结,并依法处理。

首先,从上述条文规定来看,司法机关是将"追缴"作为程序性措施予以适用

---

① 胡成胜:《我国刑法第64条"没收"规定的理解与适用》,载《河北法学》2012年第3期。
② 王爱立主编:《中华人民共和国刑法释义》,法律出版社2016年版,第87页。
③ 《刑法》第53条规定:"对于不能全部缴纳罚金的,人民法院在任何时候发现被执行人有可以执行的财产,应当随时追缴。"刑法第212条规定,犯逃税罪、抗税罪、逃避追缴欠税罪、骗取出口退税罪、虚开增值税专用发票、用于骗取出口退税、抵扣税款发票罪,"被判处罚金、没收财产的,在执行前,应当先由税务机关追缴税款和所骗取的出口退税款"。《刑法》第395条规定:"国家工作人员的财产、支出明显超过合法收入,差额巨大的,可以责令该国家工作人员说明来源,不能说明来源的,差额部分以非法所得论,处五年以下有期徒刑或者拘役","财产的差额部分予以追缴"。

的。在实际案件中,犯罪分子所获得的违法所得往往不会一直以"原始状态"保留在行为人的手上,它常常被行为人转移或者隐藏,所以必须动用强制手段对已经转移或者隐藏的违法所得进行追查、收缴,再根据案件的具体情况,对之予以没收或是返还被害人。所以,如果出现"在办案过程中犯罪分子已将赃物转移、隐藏"这种"没收不能"的情形时,则适用追缴。

其次,在"没收可能"的场合下,并非一律适用没收。例如,行为人窃取他人的一辆汽车后,并未销赃,而是供自己使用。案发时,汽车并未被行为人转移、隐藏,而是仍然保留在行为人的手中,属于"没收可能"的情形。但是,如果案发时汽车已严重受损,则司法机关依法强制没收这辆无价值的汽车,已无任何意义可言。没收已严重损耗的财物,对被害人财产权的恢复并无任何价值的场合,可谓"无价值没收"。同"没收不能"相比较,追缴与汽车被盗时同等价值的财物,更有利于财产秩序的恢复。

最后,除无价值没收之外,还存在不宜没收的情形。"不宜没收"是指,因国家管理费过高、不方便统一管理、涉案财物的性质或所有权不明、涉案财物系被告人唯一或主要的谋生工具等情形。例如,没收的对象为不动产,系由第三人租赁使用的,或者没收对象在没收之前已经被设定抵押权的场合,若案外第三人行使租赁权、抵押权时,会不同程度地消损没收对象物的价值。对此,也应当适用追缴,不宜适用没收。①

综上所述,司法机关在剥夺犯罪分子的不法利益时,应当考虑被害人与第三人的利益、财物性质及状态等因素,合理地选择是否适用没收。当出现没收不能、无价值没收、不宜没收的情形时,可以追缴犯罪分子的违法所得,再根据追缴的具体情况,将其返还被害人或是上缴国库。可见,追缴只是追查非原始形态财物的下落并予以收缴的手段,事实上并未对财物进行实体处理。如此,追缴与没收之间的逻辑关系已十分明晰,即追缴系没收的前置程序。

(二) 责令退赔

所谓责令退赔,是指犯罪分子已将违法所得挥霍、使用或者毁坏的,也要责令其按违法所得财物的价值退赔。② 单从字面含义看,"责令"是一种行政强制命令,是由司法工作人员对犯罪分子口头训诫的一种措施。③ "退赔"则是民事责任的一

---

① [日] 金光旭:《日本刑法中的不法收益之剥夺——以没收、追缴制度为中心》,钱叶六译,载《中外法学》2009 年第 5 期。
② 王爱立主编:《中华人民共和国刑法释义》,法律出版社 2016 年版,第 87 页。
③ 刘振会:《刑事诉讼中涉案财产处理之我见——刍议对〈刑法〉第 64 条的理解与适用》,载《山东审判》2008 年第 3 期。

种承担方式,即违法所得应"退还"给被害人;如果违法所得被行为人挥霍、使用或者毁坏,则按其价值赔偿给被害人。我国刑法第 64 条规定:"犯罪分子违法所得的一切财物,应当予以追缴或者责令退赔"。据此,责令退赔与追缴一样,都是处理犯罪分子违法所得的前置性措施。但司法机关在处理违法所得时,何时适用追缴、何时适用责令退赔,该条则并未明确规定。如前所述,追缴是在刑事诉讼过程中对犯罪分子的违法所得进行追查、收缴。但当原物被挥霍、使用或者毁坏时,则应由法院责令犯罪分子交出或赔偿与应当追缴的财物价值相当的财产,以便用来没收或是返还被害人。[1] 换言之,责令退赔适用于犯罪分子违法所得的原物已经不存在或价值明显减损等无法退还的情况,并不属于最终的实体处置。责令退赔与追缴属于同一层面的问题,在法律内涵上存在并列关系。[2] 责令退赔与追缴同属于刑事没收的前置程序,两者都是刑事诉讼过程中的涉案财产保全措施,都是为刑事没收提供保障性服务的。

(三)返还

针对返还的法律含义,无论是理论上还是实务中,认识都比较一致。返还是将犯罪分子通过非法行为获取的被害人财物,经过司法机关认定后,归还给被害人,以使被害人所遭受的物质损失能够得到及时补救,被犯罪行为所破坏的财产秩序能够及时修复。返还是侵权责任的承担方式,广泛适用于财物被他人非法占有的场合。只要原物还在,权利人就有权要求适用这种责任方式。[3] 然而,适用返还的前提是存在被害人。在没有被害人或无法查明被害人的场合,只能将犯罪分子的违法财物予以没收。因此,返还属于对财物的实体处分措施。

三、刑事没收的法律性质

探讨刑事没收与其他制裁措施间的关系、建构刑事没收体系时,必须解决的一个基础性问题是刑事没收的法律性质。只有明晰刑事没收的性质,才能对其实体规则做进一步的探讨,进而选择适合我国的刑事没收路径。

(一)我国学说见解

虽然从立法上看,我国关于刑事没收的规定位于刑法典第四章"刑罚的具体运

---

[1] 胡成胜:《我国刑法第 64 条"没收"规定的理解与适用》,载《河北法学》2012 年第 3 期。

[2] 曲升霞、袁江华:《论我国〈刑法〉第 64 条的理解与适用——兼议我国〈刑法〉第 64 条的完善》,载《法律适用》2007 年第 4 期。

[3] 杨会:《物权请求权和诉讼时效——以"返还原物请求权"为研究对象》,载《河北法学》2011 年第 1 期。

用"的第一节"量刑",但理论上对刑事没收的性质存在较大争议,大体存在四种观点:第一种观点认为,刑事没收是一种特殊的刑罚,是与没收财产刑相并列的附加刑;①第二种观点认为,刑事没收是非刑罚性质的保安处分;②第三种观点认为,刑事没收是连接违法行为所发生的、刑罚或保安处分以外的独立刑事措施;③第四种观点认为,应根据没收的具体对象,将没收区分为刑罚或保安处分。④ 之所以存在这些大相径庭的观点,最根本的原因是没收的对象种类繁多,存在较大差异。针对不同的没收对象,适用的立法手段和产生的法律效果各不相同,不可一概而论。

(二) 刑罚说之批判

1. 刑罚说

坚持"刑罚说"的学者认为,没收是对犯罪者非法所得的剥夺,体现了法律上对犯罪行为的否定评价。⑤ 其理由如下:

其一,犯罪分子违法所得、违禁品以及供犯罪所用的本人财物,都属于犯罪分子所有的财物。无论是没收哪种类型的财物,都会使得犯罪人丧失对财物的所有。通过国家强制性手段剥夺犯罪分子所有的财物,会给犯罪分子造成财产损失,符合刑罚的特质,属于刑罚的一种。

其二,当犯罪分子通过非法行为获取违法所得,或在犯罪过程中制造、使用违禁品或使用本人财物时,通过刑事没收造成犯罪分子财产上的损失,使犯罪分子为自己的犯罪行为承担责任,符合刑罚的本质属性。

其三,从立法上看,刑事没收属于没收财产刑的特殊类型。我国《刑法》第64条规定:"没收的财物和罚金,一律上缴国库,不得挪用和自行处理。"刑法将"没收财物"与"罚金"并列规定,表明刑事没收属于特殊的没收财产刑。

其四,将刑事没收的法律性质定位为刑罚,更有利于保护财产利害关系人的利益。这里所称的"利害关系人",主要包括三类主体:由于犯罪行为而获得民事赔偿权的被害人、与犯罪行为人存在债权债务关系的合法债权人、应当由犯罪行为人抚养的无独立生活能力的家属。我国刑法第36条第2款规定:"承担民事赔偿责任的犯罪分子,同时被判处罚金,其财产不足以全部支付的,或者被判处没收财产的,应当先承担对被害人的民事赔偿责任。"第59条规定:"没收财产是没收犯罪分子个人所有财产的一部或者全部。没收全部财产的,应当对犯罪分子个人及其扶养

---

① 刘德法:《论刑法中的没收犯罪物品》,载《郑州大学学报》2009年第2期。
② 谢望原:《刑法中的没收制度》,载《中国刑事法杂志》2009年第6期。
③ 安洲:《刑事特别没收之财物范围研究》,西南政法大学2016年硕士学位论文,第4页。
④ 张明楷:《论刑法中的没收》,载《法学家》2012年第3期。
⑤ 甘雨沛、何鹏主编:《外国刑法学》(上),北京大学出版社1984年版,第513页。

的家属保留必需的生活费用。在判处没收财产的时候,不得没收属于犯罪分子家属所有或者应有的财产。"第60条规定:"没收财产以前犯罪分子所负的正当债务,需要以没收的财产偿还的,经债权人请求,应当偿还。"只有当刑事没收属于财产刑时,才能依法保障债权人的合法权益,实现对被害人的民事赔偿,保证本人及其所扶养家属必要的生活费用。①

2. 刑罚说的缺陷

其一,我国现行刑法的立法体例将刑事没收规定在"刑罚的具体运用"之"量刑"内,模糊了刑事没收本身所具有的特点。实际上,结合刑事诉讼法与相关司法解释一并考察,不难发现,没收既非"没收财产刑"也非"罚金刑"。将其视为刑罚,根本就有名无实、名实不符。②

其二,没收虽然具有预防功能,但不一定具有刑罚的惩罚功能。刑罚具有预防与惩罚的双重功能,只有双管齐下,才能发挥出刑罚最大的效用。无论对犯罪分子违法所得的一切财物予以追缴或责令退赔,还是对被害人的合法财物及时返还,其目的都在于恢复犯罪分子所破坏的合法财产秩序,剥夺犯罪分子违法所得的并不属于自己的财物,却并不会造成犯罪分子的财产损失,不产生刑罚的惩罚与改造效果。只有使利益状态比实施违法行为前恶化的,才是惩罚。若只是将利益现状恢复到违法行为之前,则无惩罚可言。③

其三,若将没收视为刑罚,则针对违禁品的没收有违背罪责原则之嫌。没收违禁品时,并不考量违禁品持有人是否为犯罪行为人。当犯罪行为人之外的第三人持有违禁品时,也应当予以没收。但将此种第三人没收视为刑罚的话,必然会突破刑止一身、无罪责即无刑罚的罪责原则之限制,导致没收违禁品的条文成为因违反宪法而无效的立法规定。

(二) 保安处分说之批判

1. 保安处分说

主张"保安处分说"的学者认为,没收并不具有刑罚性质,而是类似于有些国家刑法典中的非刑罚措施或保安处分措施。④ 其理由如下:

其一,保安处分不同于刑罚,刑罚是针对犯罪人的责任非难,而保安处分的应

---

① 张明楷:《论刑法中的没收》,载《法学家》2012年第3期。
② 柯耀程:《没收、追征、追缴与抵偿法理诠释系列(一)——没收与追缴之法律效果定性》,载《军法专刊》2011年第3期。
③ [日]金光旭:《日本刑法中的不法收益之剥夺——以没收、追缴制度为中心》,钱叶六译,载《中外法学》2009年第5期。
④ 谢望原:《刑法中的没收制度》,载《中国刑事法杂志》2009年第6期。

用并不考虑主体是否有责。例如,不具有刑事责任能力的精神病人、未达到刑事责任年龄的未成年人,实施杀人、放火、抢劫等不法行为,因其缺乏有责性,无法对其定罪处罚,但可以采取强制医疗、收容教养等保安处分,限制行为人的自由,预防其再次危害社会。刑罚与保安处分最根本的差别在于,刑罚必须控制在责任的限度内,而保安处分并不需要考量责任因素。换言之,当行为人的行为符合构成要件且违法,但不具备责任要件时,行为人并不会受到刑罚制裁,但仍可能受到保安处分。

其二,没收符合保安处分的本质特征。刑罚是对过去犯罪的报应,而保安处分是为了消除犯罪行为人将来的社会危险性。① 涉罪物品包括违法所得、违禁品以及供犯罪所用的财物,只有对这些涉罪物品加以剥夺,切断犯罪行为人的资金来源,才能使得犯罪行为人感到无利可图,消除其再次犯罪的可能性。

其三,保安处分不仅包括对人的保安处分,而且包括对物的保安处分。没收便属于对物的保安处分。作为对物的保安处分,没收是为了预防犯罪、保护法益,对涉罪物品采取的国家强制措施,比如没收违禁品或犯罪工具、查封非法营业场所、收缴犯罪所得等。② 其目的是为了消除涉罪物品对社会的危险、修复紊乱的财产秩序,使犯罪人不能继续享受犯罪所得、继续非法持有违禁品或再次利用犯罪工具进行犯罪活动。③

其四,将没收视为保安处分,并未违反比例原则。对于违禁品和违法所得,毫无争议地一律予以没收,无须考量是否违反比例原则。即使是没收供犯罪所用的本人财物,也同样未违反比例原则。我国刑法第64条明确规定,"违禁品和供犯罪所用的本人财物,应当予以没收",对此,法院并无自由裁量权,应当无例外地予以没收。其理由在于,当犯罪人使用本人财物实施犯罪行为时,其拥有的财物不再具有合法性与正当性。因此没收供犯罪所用的本人财物时,并不违反比例原则。④

2. 保安处分说的不足

指出将没收归入刑罚过于牵强,是保安处分说的合理之处。刑罚的判处只能在行为人的罪责限度之内,而保安处分则无须考量行为人的罪责。这导致的问题是,当发生犯罪事实时,如不加控制地施以保安处分,极易造成行为人过重的痛苦。例如,行为人将私人豪宅用于聚众赌博,若根据保安处分的原理没收别墅,则会让普通民众产生法律不公的感觉。对此,有学者提出,适用保安处分也应当遵守比例原则,应当将"供犯罪所用的、违禁品之外的本人财物"限制解释为"供犯罪所用的、

---

① 甘添贵、谢庭晃:《捷径刑法总论》,台湾瑞兴出版公司2006年版,第332页。
② [日]大塚仁:《刑法概说(总论)》,冯军译,中国人民大学出版社2003年版,第508—509页。
③ [日]前田雅英等编:《条解刑法》,弘文堂2007年版,第33—34页。
④ 时延安:《隐形双轨制:刑法中保安处分的教义学阐释》,载《法学研究》2013年第3期。

并且与违禁品相当的本人财物"。① 但是,何谓"与违禁品相当",并无明确的标准,无法具体衡量,极易将比例原则束之高阁。在具体案件中,犯罪行为人所使用的财物可能要比违禁品的价值高出百倍,如用于运输假币的豪华邮轮。事实上,是否应没收供犯罪所用的本人财物,应当根据财物在具体案件中使用的频率、因使用该物品造成损失的大小以及获得利润的多少等综合因素进行判断。所以,没收不同于保安处分。

(三) 区分说之批判

持"区分说"的学者认为,依据不同的处分对象,刑事没收分为行为人没收与第三人没收,这两类没收的法源基础各不相同,应当分别判断。当犯罪物属于行为人所有时,没收具有类似刑罚的性质;而当没收对第三人发动时,则被视为一种纯粹的保安处分,是一种预防犯罪的手段。② 对此,笔者认为,区分说所确立的区分标准并不符合我国刑法的规定。以没收违法所得而言,当违法所得属于犯罪行为人时,将没收定义为刑罚,可能存在刑罚裁量问题。而基于"任何人不得因罪获利"的原则,司法机关应当不加裁量、无条件地剥夺行为人通过犯罪所获的利益,以此来恢复被犯罪所破坏的财产秩序。对于第三人因他人不法行为所获利益的没收,同样也符合上述解释规则。从我国刑法第64条的规定来看,没收适用的前提是客观上存在犯罪事实,而没收的对象则与犯罪事实存在实质关联性。这种关联性的存在,无须考量没收的违法所得是属于行为人还是属于行为人以外的第三人,更无需考量行为人是否具有刑事责任能力。唯一所要确定的是,刑事没收之物与犯罪行为存在实质关联性。因此,难以将刑事没收纳入刑罚与保安处分的双轨体系。

(四) 独立刑事措施说之提倡

没收、刑罚以及保安处分,三者的法律效果存在本质差异。没收既无刑罚的惩罚效应,又无保安处分的预防目的。其具有剥夺财物的效应,是一种具有财产权利干预性质的独立刑事措施。针对违法所得、违禁品以及供犯罪所用的本人财物等涉罪财物的处理,我国刑法第64条的规范目的仍以预防为主,但所预防者并非特定行为人的危险性,而是通过没收涉罪财物来表明法律不允许任何人因罪获利或因物促使犯罪,即通过排除诱因而达到预防犯罪的目的。由此可见,虽然刑事没收与刑罚、保安处分都具有预防目的,但是三者的诉求面并不相同。③

---

① 张明楷:《论刑法中的没收》,载《法学家》2012年第3期。
② Fischer, Strafgssetzbuch, 62.AUFL., 2015, §74, Rn. 2; Herzo/Saliger, in: Nomos kommentar Strafgesetzbuch, 4.Aufl., 2013, §74, Rn. 1.
③ 王玉全:《犯罪成本之没收——以德国法的总额原则为借镜》,载《没收新制(一)刑法的百年变革》,元照出版公司2016年版,第165页。

其一，违法所得是直接通过犯罪行为所获得的，根据"任何人不得因犯罪行为保有犯罪所得（Crime doesn't pay）"的法律原则，①应当剥夺因不法行为而获取的违法所得。没收仍以存在一个刑事不法行为作为前提，而无须判断该违法所得是否属于行为人、行为人有无责任能力、客观处罚条件以及个人排除或解除刑罚事由。例如，13岁杀手受托杀人后收取五万元酬金，即使因其欠缺责任能力而不罚，但其行为已构成刑事不法，应当没收该酬金。这是因为，没收违法所得重在财产秩序的客观恢复或衡平，与个人可非难性无关。② 因此，没收违法所得，是一种不以定罪为基础的独立刑事措施。

其二，违禁品，是根据法律禁止个人制造、运输、贩卖、持有及使用之物，比如非法制造的枪支、弹药、毒品等。③ 违禁品本身具有公共危险性与不可流通性的特殊性质，为了维护整体法规范秩序，没收时无须考量违禁品是否属于犯罪行为人，也无须证明违禁品与犯罪行为是否存在直接联系或是否供犯罪分子使用。例如，毒品的持有本身已经属于构成要件行为的要素，没收毒品的主要理由是毒品本身的公共危险性，为了社会稳定而禁止持有。④ 我国刑法第64条规定，违禁品应当予以没收。"应当"即为强制性没收，法官对此并不具有裁量权。但是，关于违禁品的认定，应当在具体案件中进行具体的判断，即根据特定物品是否具有危及公共安全的危险性、紧迫性，而不是根据特定物品的名称抽象定义为违禁品。⑤ 因此，出于保护社会秩序和公共安全的目的，针对违禁品施以没收，无须判断刑事不法行为是否存在，其性质应为独立的刑事措施。

其三，没收供犯罪所用的本人财物，包括没收犯罪工具与组成犯罪行为之物。前者是依照物的使用性质能够促使犯罪行为的完成，与具体犯罪的实现具有直接关联性的犯罪工具。⑥ 如没收盗窃所用的刀具、制造毒品所使用的工具、专门用于运输毒品的交通工具、伪造货币所使用的机器。后者是构成犯罪所必需的内容，如没收赌博中的赌资、受贿者收取的贿赂。之所以没收供犯罪所用的本人财物，最根本的原因是，行为人滥用宪法所赋予财产权的保障，违背使用财物不得损害他人、

---

① 林钰雄：《法人犯罪及不法利得没收——评大统混油案刑事判决》，载《月旦法学杂志》2015年第238期。
② 林钰雄：《利得没收之法律性质与审查体系——兼论立法之展望》，载《台湾法学杂志》2014年第261期。
③ 许玉秀：《刑法》，新学林出版股份有限公司2012年版，第141页。
④ 李圣杰：《犯罪物没收》，载《没收新制（一）刑法的百年变革》，元照出版公司2016年版，第61页。
⑤ 李圣杰：《犯罪物没收》，载《没收新制（一）刑法的百年变革》，元照出版公司2016年版，第62页。
⑥ 苏俊雄：《刑法总论（第三册）》，元照出版公司2000年版，第263页。

危害社会秩序的法定义务。① 刑事没收具有对财产权的干预性质,仅须判断财物与犯罪行为的关联程度,无须判断刑事不法行为是否完成,属于独立的刑事措施。

其四,无论是依据行为人的责任、强调对行为人予以非难的刑罚,还是依据行为人的不法行为所表现出来的危险性、强调预防的保安处分,两者的共同点在于都是针对人进行处分。这就忽视了如何处置行为人通过犯罪行为所获得的违法所得、违禁品以及在犯罪过程中所使用的犯罪工具等财物的问题。在经济、财产、食品安全类犯罪中,问题尤为突出。例如,行为人诈骗他人钱财 500 万元,因此被判处有期徒刑十年。如果法院对这 500 万元未做出任何处理,行为人仍然享有因诈骗行为所获得的不法利益,则对行为人所破坏的财产秩序而言,并不会因为行为人的服刑而自动恢复;对被害人而言,其所遭受的财产损失也没有因为行为人的服刑而有所补偿;对行为人而言,尽管因诈骗罪获刑十年,但却因此永久性地获得一笔可观收入,造成了因罪获益比因罪受罚更具吸引力的局面。可见,对于已经发生的犯罪事实,仅仅给予法律非难的评价,通过刑罚手段或保安处分使行为人承担相应的后果,是不够的。对于行为人在犯罪过程中所获得的非法利益、与犯罪行为存在密切联系的犯罪财物以及违禁品,应有效地运用刑事没收手段加以对抗。与刑罚、保安处分一样,刑事没收是对抗犯罪体系中不可或缺的手段。

其五,没收作为对应实际存在犯罪事实的措施,其所对应的事物,主要是直接来源于犯罪行为的客观事实,并不是对该事实进行抽象评价的结果。没收的效果,并不需要经过任何的价值判断,也无须考虑行为人的刑事责任,更不需要考虑抽象性的价值判断能否成立。对于实际存在的、具体的客观事实,仅有"有"或"无"的问题,并无"应"或"否"的关系。因此,没收作为犯罪阻却手段,其属性并非从属于抽象评价的刑罚或是保安处分,而是纯天然独立的法律效果。②

按照独立刑事措施说,可以合理解决前述三则案例中的问题。案例一中,司法机关首先应当在判决书中认定面包车为"供犯罪所用的本人财物",然后明确面包车与所盗财物价值比例悬殊,属于"不宜没收"的类型,最后按照比例原则,适当地没收行为人的财物,以此消除行为人滥用财产权所导致的混乱秩序;案例二中,司法机关不仅要在判决书中明确行贿行为的性质,而且还要明确获利主体、获利种类、获利数额等因素,依法对受贿人 60 万元的贿赂与行贿人所获得的动迁补偿款等违法所得予以没收;案例三中,司法机关否定行贿行为时,也要否定因行贿行为所产生的不正当利益,没收行贿人的违法所得,以此杜绝刑事判决与民事判决冲突的现象发生。

---

① 陈新民:《宪法基本权利之基本理论》(上),元照出版公司 1996 年版,第 308 页。
② 柯耀程:《没收法制修正之评释》,载《军法专刊》2016 年第 3 期。

正如黑格尔所言:"法律的纯粹实定性主要就在于把普遍物不仅对准特殊物,而且还对准个别事物予以直接适用。"① 作为涉罪财物处理措施,刑事没收是制裁犯罪的重要手段。只有切实完善刑事没收制度,才能真正保障公民的财产权利以及稳定的社会秩序。

Research on the System of Confiscation in China

Yao Xing

Abstract: In the Criminal Law of the People's Republic of China, criminal confiscation provisions are specially set up for the handling of items involved in crime, including illegal income, prohibited goods, and the property being used for the crime and so on. The "Recovery" stipulated in this clause means the compulsory collection of the illegal proceeds of the criminal. "Ordered to return" refers to the criminals have illegal income, the use of waste or damaged, it should be ordered according to the value of restitution of illegal income, "Recovery" and "Ordered to Return" in the clause, both belong to the pre-procedure of criminal seizure. In addition, they are the measure of property preservation in the process of criminal procedure. What is more, they also provide supportability services for criminal confiscation. "Return" does mean returning the property from criminal who obtain it by illegal act to the victim. The same as "confiscation", "Return" is a measure of physical disposition measures for property. Criminal confiscation is such legal measure, which generates from the connection of the criminal act and independent on penalties or security punishment. Nevertheless, criminal confiscation, together with penalties and security punishment, constitute the system of the criminal confrontation.

Keywords: Criminal Confiscation; Recovery; Ordered To Return; Return; Property Involved in Crime

(责任编辑:徐凌波)

---

① [德]黑格尔:《法哲学原理》,范扬、张企泰译,商务印书馆1961年版,第222—223页。

法律史学

论清代逃兵律例的发展变化

郭瑞鹏*

[摘 要] 清朝战事频繁,而逃兵则成为众多战争中不可回避的问题,为此清朝政府制定了严密的法律条文,这些与逃兵相关的清代律例随着清朝社会历史的发展变迁而不断变化。律例文本的变化主要通过三种方式,即:制定新例、修改整合旧例与删除过时条例。影响逃兵律例变化的主要因素是战争与社会,而这两方面因素综合影响下的律例变化则呈现出较为复杂的过程。清代逃兵律例发展变化也呈现出"立法严密、文本周详","因时而异、因势而变","兵政为本、兵民混淆"这三个显著特点。

[关键词] 《大清律例》;逃兵律例;文本变化;战争;社会

"清承明律",在斟酌损益明代律例的基础上,清朝政府于顺治三年(1646年)颁布了《大清律集解附例》,该部"大清律"中有关逃兵的律文和条例基本沿袭明代律例的内容,这也是清朝入关后针对逃兵制定的最早律例。而有清一代,律例内容非常丰富,同一内容在清朝前后期也会有很大变化,如此众多的律例不仅反映出清代历史复杂、多样的特点,也是清代不同时期社会发展状况的一个缩影,透过律例内容形成、演变的历史,可以从中捕捉清代社会发展的一些轨迹。本文围绕《大清律例》中有关逃兵的律例内容,结合多种材料,梳理清代逃兵律例的变化过程,进而论述律例变化的方式以及影响因素,希望能为清代兵律研究提供一些实证参考。

清代律学兴盛,对《大清律例》内容变化的考证著作丰富,主要有沈之奇《大清律辑注》、吴坛《大清律例通考》、薛允升《读例存疑》,另外同治年间刊行的吴坤修等根据清代刑部辑录的底本编辑而成的《大清律例根原》更是对清代律例变化的过程做了细致考证,但是这些著作的关注点多在律例本身,并未对律例发展变化进行深入分析。瞿同祖先生《清律的继承和变化》一文从整体上探讨了清律的连续性和变

---

* 郭瑞鹏,南开大学历史学院博士研究生。天津:300350。

化,以及条例在法律上的地位等问题,①但是并未就具体某类律例展开论述。也有学者通过对《大清律例》具体法律条例的梳理而涉及清律的变化问题。② 有关清代逃兵律例的研究,已有学者总结了清太宗时期的兵律内容,③还有研究则讨论了清代兵律中的军事法思想,④而对有清一代兵律的变化,尤其是逃兵律例变化的研究,笔者目力所及,仍付之阙如,因此,本文尝试以法律社会史的视角分析清代逃兵律例的发展变化。⑤

一、清代逃兵律例的内容

(一)清代逃兵律例的初步定型

清朝继承《大明律》中有关逃兵的律例,顺治年间仅仅是在律文内注入小字,方便律文的解读。⑥ 到了雍正三年(1725年)修订律例之时,对律文内涉及明代时期的名称如"军官、军人、各卫军人",以及已经裁撤的"在京各卫"等语句根据当时的实际情况进行删改。另外,律文内对于因兵丁脱逃对管兵丁之官进行的处罚也因明显过时,一并删除。⑦

乾隆五年(1740年)颁行《大清律例》,此次修订律例,对逃兵律文也进行了一些修改。主要是发现原有律文中对在京及守御军逃,里长知而不首的定罪处罚,"各减"后只简单注明"窝藏"二字,如此量刑之后,守御军逃里长知而不首所受处罚反重于从征私逃里长知情不首,但逃军应以从征为重,应将《大清律辑注》中解释的合理量刑标准于此处明白引用。⑧ 至此,清代逃兵律例之律文正式确定,以后再无改动。有鉴于此,现将乾隆五年(1740年)《钦定大清律例》中有关"逃兵"的律文全部摘录下来:

---

① 瞿同祖:《清律的继承和变化》,载《瞿同祖法学论著集》,中国政法大学出版社1998年版,第417—433页。
② 刘玉华:《〈大清律例·工律〉演变源流考释》,载《江苏警官学院学报》2011年第2期。
③ 刘世哲:《清太宗时期兵律类汇引议》,载《民族研究》1989年第6期。
④ 张骁天:《〈大清律例〉中的军事法思想考证》,载《兰台世界》2015年第3期。
⑤ 本文探讨的逃兵律例问题将不会涉及《大清新法令》的内容。
⑥ [清]薛允升著,胡星桥、邓又天主编,王庆西等编写:《读例存疑点注》,中国人民公安大学出版社1994年版,第344页。
⑦ [清]吴坤修等编撰,郭成伟主编:《大清律例根原》卷46《兵律军政下》,上海辞书出版社2012年版,第2册,第729页。
⑧ [清]吴坤修等编撰,郭成伟主编:《大清律例根原》卷46《兵律军政下》,第2册,第731页。

从征守御官军逃
律文

凡官军已承调遣从军征讨，私逃还家，及逃往他所者，初犯，杖一百，仍发出征；再犯者，绞。监候。知在逃之情窝藏者，不问初犯、再犯，杖一百、充军。原籍及他所之里长知而不首者，杖一百。若征讨事毕军还，官军不同振旅而先归者，减在逃五等，因而在逃者，杖八十。若在京军人逃者，初犯，杖九十；各处守御城池军人逃者，初犯，杖八十；俱发充边。再犯，不问京、外，并杖一百，俱发边远充军。三犯者，绞。监候。知在逃之情窝藏者，与犯人同罪，罪止杖一百、充附近军。不在边远、处绞之限。里长知而不首者，各减窝藏二等。从杖罪减科，罪止杖八十。其从征军与守御军本管头目知情故纵者，各随所犯次数与同罪，罪止杖一百、罢职、附近充军。其征守在逃官军，自逃日为始，一百日内能自出官首告者，不问初犯、再犯，免罪，若在限外自首者，减罪二等。但于随处官司首告者，皆得准理。准免罪及减罪二等。若各营军人不着本伍，转投别营当军者同逃军论。或初犯、再犯，皆依上文律科断。①

该条律文明白呈现了清代处罚逃兵的基本内容、原则。该律文涉及平时逃兵（各处守御城池军人）和战时逃兵（从军征讨）两大类型；涉及逃兵自首及如何处理的问题；还涉及知情窝藏、举报等情况。该律文的修改是为"严征守军士私逃之禁"。②

在逃兵律文确定的情况下，律文所附条例经顺、康、雍三朝的积累之后，于乾隆五年（1740年）修订的《大清律例》中也初步定型。乾隆五年（1740年）该律下附有条例四条：

A. 一、随征兵丁，自军前逃回，照官军从征私逃再犯律，拟绞监候。其跟随之奴仆、雇工，有偷窃马匹、器械逃回者，照窃盗满贯律，拟绞监候。其不曾偷盗马匹、器械之奴仆逃回者，拿送墩门，俟大兵凯旋之日，讯问伊主情愿领回者，鞭一百、刺字，取具保结给领；不愿领回者，发黑龙江等处给披甲之人为奴。其不曾偷盗马匹、器械之雇工逃回者，如所雇系旗下家奴，枷号三个月、鞭一百、刺字，交还本主。如所雇系民人，刺字，解回原籍，杖一百、徒三年，仍向各犯家属及中保人等，追出原雇价值，给还原主。③

---

① 刘海年、杨一凡总主编，郑秦、田涛点校：《中国珍稀法律典籍集成》丙编·第一册，科学出版社1994年版，第268—269页。
② ［清］吴坤修等编撰，郭成伟主编：《大清律例根原》卷46《兵律军政下》，第2册，第730页。
③ 《中国珍稀法律典籍集成》丙编·第一册，第269页。

B. 一、广东省盗贼，投抚分发，入伍壮丁，初犯脱逃，如原犯之罪在军流以上，俱面刺"逃丁"字样，佥妻酌发云、贵、川、广极边远地方，足四千里，交地方官严行管束。若在徒杖以下者，照流犯在配脱逃例，枷号两个月，责四十板，加徒三年。其邻族保甲知情容隐者，照犯人原犯罪减一等治罪。①

　　C. 一、各处守御兵丁，有拐带饷米马匹脱逃者，计赃，照常人盗官物律加一等治罪。如拐带同营饷银，计赃，照窃盗加一等治罪。所拐带饷米等项，仍向该犯家属名下照数追赔。知情容留之人，同罪。②

　　D. 一、旗丁不拘重运回空，如有无故潜逃，弃船中途不顾者，照守御官军在逃律治罪，仍于面上刺"逃丁"二字。③

　　条例 A 是雍正十年(1732 年)定例。④
　　条例 B 是雍正十二年(1734 年)定例，乾隆五年(1740 年)馆修入律。⑤
　　条例 C 最初为雍正十二年(1734 年)定例，⑥乾隆五年(1740 年)，条例内容在删除雍正定例不合理之处的基础上改为上述例文。
　　条例 D 乃刑部议准定例，乾隆五年(1740 年)纂入律例内。⑦

(二) 清代逃兵律例的最终形态

　　乾隆朝长达六十年，其间制定了为数众多的条例，涉及清代逃兵的众多方面，清代逃兵律例的内容最终得以完善。从嘉庆朝开始，清朝统治者对逃兵律例的修订大多围绕个别条例内容展开，主要是修改对逃兵的处罚方式。目前可知清代逃兵律例最后修订的版本应是同治九年(1780 年)，然而已经系统刊布的《大清律例》⑧由于选用底本不同的原因，未能完整呈现清代逃兵律例的最终面貌，笔者将利用光绪二十五年(1899 年)完成的第五部《大清会典》、薛允升《读例存疑》以及

---

① 《中国珍稀法律典籍集成》丙编·第一册，第 269～270 页。
② 《中国珍稀法律典籍集成》丙编·第一册，第 270 页。
③ 《中国珍稀法律典籍集成》丙编·第一册，第 270 页。
④ [清]吴坤修等编撰，郭成伟主编：《大清律例根原》卷 46《兵律军政下》，第 2 册，第 731 页。
⑤ [清]吴坛著，马建石、杨育棠主编：《大清律例通考校注》，中国政法大学出版社 1992 年版，第 603 页。
⑥ [清]吴坤修等编撰，郭成伟主编：《大清律例根原》卷 46《兵律军政下》，第 2 册，第 732 页。
⑦ [清]吴坛著，马建石、杨育棠主编：《大清律例通考校注》，第 604 页。
⑧ 目前学界已经出版的《大清律例》点校本主要有天津古籍出版社 1993 年出版的张荣铮、刘勇强、金懋初点校本，该本采用道光六年(1826 年)的《大清律例》为底本，另一种为法律出版社 1999 年出版的田涛、郑秦点校本，该本是将乾隆五年(1740 年)《钦定大清律例》点校出版，二者都未能反映逃兵律例的最终修订状况。

《大清律例根原》等,将《大清律例》中"从征守御官军逃"所附条例完整呈现。同治九年(1780年)以后,"从征守御官军逃"律文下附有条例六条:

1. 一、将弁在营潜逃者,严拿正法。随征兵丁,无论协剿邻封及备防本省,有私逃者,领兵将弁即将姓名、数目知照该兵丁本营及原籍,一体严拿。获日,审讯明确,拟斩立决。其在军务未竣以前投首者,改发各省驻防,给官兵为奴,如在配脱逃、被获,用重枷枷号三个月,杖责管束。若在军务告成以后投首者,依随征脱逃例,拟斩立决,仍援引金川逃兵投首发遣新疆例,奏请定夺。蒙恩免死减发者,亦改发驻防,给官兵为奴,如再脱逃,请旨即行正法。至在途患病及打仗受伤或迷失路径与落后有因,并非有心脱逃,若在军务未竣以前投首,照自首律,免罪;被获者,杖一百,徒三年。在军务告成以后投首,亦杖一百、徒三年;被获者,各发各省驻防,给官兵为奴,在配脱逃被获,仍枷责管束。其跟随余丁,有偷盗马匹、军器及衣服、银两潜逃者,亦拟斩立决。如有投首,照兵丁投首,按军务已、未告竣分别问拟。其并无偷盗情事,有心脱逃之余丁,无论军务已、未告竣,被获者,俱改发极边足四千里充军,到配加枷号三个月,在配脱逃被获,亦照前枷责管束。其自行投首并笃疾者,无论军务已、未告竣,俱杖一百、流三千里。如落后有因,无论军务已、未告竣,投首者,免罪;被获者,杖一百,枷号一个月,仍向犯属及中保人追原雇价值,给主。勇丁脱逃,亦照兵丁例一律办理。至驻防官兵私逃,应销除本身旗档。如落后有因,并非有心脱逃,免其销档。溃散兵丁一概不准收标,该管将弁知情容隐,任令冒饷,或该兵丁逃后改易姓名,蒙混入营食饷者,除本犯治罪外,知情容隐及失察该管将弁,均交部分别议处。①

2. 一、各处守御兵丁,有拐带饷米马匹脱逃者,计赃,照常人盗官物律加一等治罪。如拐带同营饷银,计赃,照窃盗加一等治罪。所拐带饷米等项,仍向该犯家属名下照数追赔。知情容留之人,同罪。②

3. 一、旗丁不拘重运回空,如有无故潜逃,弃船中途不顾者,照守御官军在逃律治罪,仍于面上刺"逃丁"二字。③

4. 一、凡驻防兵丁逃走,除照例报部外,该驻防处开明逃人年貌,知照该犯本旗及沿途有满洲兵丁处所,并附近省份,一体严拿;其窝家人等及失察各

---

① [清]吴坤修等编撰,郭成伟主编:《大清律例根原》卷46《兵律军政下》,第2册,第740页。
② 光绪《大清会典事例》卷773《刑部·兵律军政》,中华书局1991年版,第9册,第492页。
③ 光绪《大清会典事例》卷773《刑部·兵律军政》,第492下页。

官,均照例究治。①

5. 一、京外在伍兵丁脱逃,该营立即通移各标协营,一体严拿,定限一百日,实力严缉务获。其有自知畏悔,于限内投回者,杖一百,枷号一月,不准入伍,免其刺字。若缉获及逾限投回者,除枷责、不准入伍外,俱照例刺字。②

6. 一、派往伊犁等处换防、种地之满、汉各项兵丁,初次犯逃,自行投回者,枷号三月,满日,鞭责,交该管官严行管束。如被拿获,用重枷枷号五月,痛加责惩折磨差使。若逃走二次,及在原派处所曾经犯逃,移徙伊犁之后复行逃走者,自行投回,俱用重枷枷号五月,痛加责惩折磨差使。如被拿获者,即行正法。③

上文我们梳理了清代逃兵律例内容在清前期和后期的不同状况,不难发现,逃兵律例内容不论是条例数量还是条例内容都有比较明显的变化,我们不禁要问上述清代逃兵律例的变化是通过何种方式得以实现? 又是什么因素导致了逃兵律例的变化? 下文即对此两个问题展开论述。

二、清代逃兵律例文本变化的方式

清代逃兵律例文本的变化方式大概有三种:一、制定新的条例;二、修改与整合旧有条例内容;三、删除过时条例。

(一) 新定律例

清代新定有关逃兵条例的过程中皇帝是最终决定者,刑部是拟定条例内容的执行者,有时官员针对逃兵问题出现的新情况上奏并提出处理意见,请求皇帝同意,皇帝览毕奏折就此下发谕旨,刑部据谕旨拟定完整例文上报,皇帝批准即可产生法律效力。例如,乾隆八年(1743年)宁夏将军杜赖条奏驻防兵丁脱逃事,该年五月内,兵部议覆该条奏拟定驻防兵丁脱逃条例,④乾隆皇帝批准实行。⑤

有时皇帝针对某事下发谕旨,然后刑部据此拟定条例。通常皇帝谕旨会给出条例内容,或者限定其所拟内容的大致范围。如乾隆十九年(1754年)十一月乾隆

---

① 光绪《大清会典事例》卷773《刑部·兵律军政》,第492下页。
② 光绪《大清会典事例》卷773《刑部·兵律军政》,第492下页。
③ 光绪《大清会典事例》卷773《刑部·兵律军政》,第493上页。
④ [清]吴坤修等编撰,郭成伟主编:《大清律例根原》卷46《兵律军政下》,第2册,第732页。笔者案:此处"杜赖",《清高宗实录》作"都赉"或"杜赉",此事见于《清高宗实录》"乾隆八年五月乙未"。
⑤ 《清高宗实录》卷192,乾隆八年五月乙未,中华书局1986年版,第3册,第472—473页。

上谕称出兵准噶尔兵丁每二名带有跟役一人,恐跟役有中途逃回者,这有碍战争进行,乾隆要求沿途各督抚严密查拿,有偷窃军器、衣服及银两潜逃者,抓获即行正法。① 十二月乾隆又据抓获出征私逃护军的奏报,下谕将该逃兵即行正法。② 刑部根据上述两道谕旨制定新条例。③ 又如,乾隆二十八年(1763年),乾隆皇帝下谕旨称派往伊犁等处换防种地的兵丁虽同军营打仗之兵丁有所不同,但是新疆驻守攸关,又与寻常营兵不同,所以令议定新疆驻防脱逃兵丁处罚的条例。刑部不久之后议定新疆驻防种地兵丁脱逃处罚的内容上奏,乾隆皇帝批准,形成定例。④

(二) 律例的修改与整合

修改与整合是清代逃兵律例文本形成过程中最常使用的方式。律例文本的修改既包括对已有条例添加新的内容,也包括修改旧有内容。

条例的完备不可能一次实现,不断增添新内容,从而丰富条例内容就是必需的工作。如乾隆二十八年(1763年)定京外绿营兵丁脱逃条例,其内容为"京外在伍绿旗兵脱逃,俱杖一百枷号一月,不准入伍"。⑤ 到乾隆三十三年(1768年),因广西提督许成麟条奏定例,又增加缉捕限期、逃兵投回等内容,因此,刑部对此条例进行增改,变为"一、京外在伍兵丁脱逃,该营立即通移各标协营,一体查拿,定限一百日,实力严缉务获。其有自知畏悔,于限内投回者,杖一百,枷号一个月,不准入伍。若被缉获及逾限投回者,除枷责、不准入伍外,照例刺字。"⑥

由于新的谕令对旧有处罚进行了改变,因此,刑部也需要及时对旧有条例内容进行修改。嘉庆四年(1799年),刑部议覆伊犁将军保宁奏请酌发新疆人犯一折,将军务未竣以前投首逃兵以及拿获之余丁在配所脱逃正法的处罚改为在配所用重枷枷号三个月,杖责管束。⑦ 再如道光六年(1826年),将条例内逃兵发伊犁、乌鲁木齐等处罚内容改为发极边足四千里充军。⑧

律例的整合主要指将多个条例合并为一条例文的方式。如乾隆五十三年

---

① 《清高宗实录》卷477,乾隆十九年十一月壬寅,第6册,第1166页。
② 《清高宗实录》卷479,乾隆十九年十二月壬戌,第6册,第1181页。
③ [清]吴坤修等编撰,郭成伟主编:《大清律例根原》卷46《兵律军政下》,第2册,第732页。
④ 《清高宗实录》卷683,乾隆二十八年三月癸未,第9册,第646—647页。
⑤ 《清高宗实录》卷683,乾隆二十八年三月癸未,第9册,第647页。
⑥ [清]吴坤修等编撰,郭成伟主编:《大清律例根原》卷46《兵律军政下》,第2册,第733页。
⑦ [清]吴坤修等编撰,郭成伟主编:《大清律例根原》卷46《兵律军政下》,第2册,第736页。
⑧ [清]吴坤修等编撰,郭成伟主编:《大清律例根原》卷46《兵律军政下》,第2册,第738页。

(1788 年)对"随征兵丁自军营脱逃"之条例进行了较大幅度的整合,原有三条例文合并为一条。原例:

　　一、随征兵丁自军前逃回者,拟斩立决。其跟随之奴仆、雇工,有偷盗马匹、军器及衣服、银两潜逃者,亦拟斩立决,并令步军统领及沿途各督抚严行缉拿,获日即于本地正法;其不曾偷盗马匹、器械之奴仆逃回者,拿送墩门,俟大兵凯旋之日,讯问伊主情愿领回者,鞭一百、刺字,取具保结给领;不愿领回者,发黑龙江等处,给披甲之人为奴。不曾偷盗马匹、器械之雇工逃回者,如所雇系旗下家奴,枷号三个月、鞭一百、刺字,交还本主;如所雇系民人,刺字,解回原籍,杖一百、徒三年,仍向各犯家属及中保人等追出原雇价值,给还原主。①

　　一、军营脱逃兵丁,在军务未竣以前投首者,发往乌鲁木齐等处,给种地兵丁为奴。如再脱逃拿获,即行正法。若在军务告成以后投首者,不得复援此例。②

　　二、凡军营脱逃余丁,在军务未竣以前拿获者,问拟斩罪,牢固监禁。俟大功告成后,通行确查,将附近新疆、陕甘二省之人改发云贵、两广极边烟瘴充军,其余各省俱发伊犁、乌鲁木齐酌量安插,面刺"脱逃余丁"字样。若在配复逃,请旨即行正法。其自行投首并笃疾者,杖一百、流三千里。③

合并整合后条例内容变为:

　　一、随征兵丁自军营脱逃被获者,拟斩立决。其在军务未竣以前投首者,发往乌鲁木齐等处,给种地兵丁为奴,若再脱逃拿获,即行正法。若在军务告成以后投首者,即照随征兵丁脱逃例,拟斩立决,其应否照金川逃兵投首发遣新疆之处,临时具奏,恭候圣裁。至跟随之余丁,有偷盗马匹、器械及衣服、银两潜逃者,亦拟斩立决。其有投首,亦照兵丁投首,按军务已、未告竣分别问拟。其不曾偷盗马匹、器械潜逃之余丁,在军务未竣以前拿获者,问拟斩罪,牢固监候。俟大功告成,通行确查,将附近新疆、陕甘二省之人,改发云贵、两广极边、烟瘴充军,其余各省俱发伊犁、乌鲁木齐酌量安插。若在配复逃,请旨即

---

① [清]吴坤修等编撰,郭成伟主编:《大清律例根原》卷 46《兵律军政下》,第 2 册,第 732 页。

② [清]吴坤修等编撰,郭成伟主编:《大清律例根原》卷 46《兵律军政下》,第 2 册,第 734 页。

③ [清]吴坤修等编撰,郭成伟主编:《大清律例根原》卷 46《兵律军政下》,第 2 册,第 733—734 页。

行正法。如再军务告竣以后拿获者,亦照此分别省分改发之例办理。其自行投首并笃疾者,杖一百,流三千里,仍向各犯家属及中保人等追出原雇价值,给还原主。①

(三) 律例的删除

逃兵律例的删除主要是将过时的律例内容删除,使律例同时代发展相符。

顺治、康熙时期清代逃兵律例沿用多条明律,到雍正年间已经不能适应新形势,在雍正三年(1725 年)律例馆上奏删除两条明代条例。②

乾隆五年(1740 年)修订《大清律例》时,删除雍正年间的一条定例"一、军前逃回跟役,除拟绞人犯外,其应拟枷责等犯,俱从驿站步行,解至鄂尔坤,同犯人种地纳粮。"删除的原因则是刑部认为"军前跟役既不曾偷盗马匹、器械逃回,概从外遣实属太重,且鄂尔坤种地现在停止"③。

乾隆五十三年(1788 年)删除条例一条,即"一、广东省盗贼,投抚分发,入伍壮丁,初犯脱逃,如原犯之罪在军流以上,俱面刺'逃丁'字样,佥妻酌发云、贵、川、广极边远地方,足四千里,交地方官严行管束;若在徒杖以下者,照流犯在配脱逃例,枷号两个月,责四十板,加徒三年。其邻族、保甲知情容隐者,照犯人原犯罪名,减一等治罪。"④该条例系雍正十二年(1734 年)定例,乾隆五年(1740 年)馆修入律。⑤乾隆五十三年(1788 年)因该例内容多属旧例,现在已经不通行,所以顺应新形势而删除。⑥

三、清代逃兵律例发展变化的因素

历经顺治、康熙、雍正三朝,到乾隆五年(1740 年)清朝政府制定了较为完备的《钦定大清律例》,此后清朝皇帝多次强调律文不可改,而新的社会形势的变化又要

---

① [清]吴坤修等编撰,郭成伟主编:《大清律例根原》卷46《兵律军政下》,第2册,第734—735页。
② [清]吴坛著,马建石、杨育棠主编:《大清律例通考校注》,第605页。
③ [清]吴坤修等编撰,郭成伟主编:《大清律例根原》卷46《兵律军政下》,第2册,第731页。
④ [清]吴坤修等编撰,郭成伟主编:《大清律例根原》卷46《兵律军政下》,第2册,第735页。
⑤ [清]吴坛著,马建石、杨育棠主编:《大清律例通考校注》,第603页。
⑥ [清]吴坤修等编撰,郭成伟主编:《大清律例根原》卷46《兵律军政下》,第2册,第735页。

求法律与之相适应,因此,律文所附条例改动最多,逃兵律例也不例外。每一次条例内容的改动都有一定原因,这些不同原因构成我们了解清代逃兵律例变化的重要线索。下文尝试总结引起清代逃兵律例修订的不同因素。

(一) 战争因素

战争是清代逃兵律例修订的最直接因素。有清一代,大大小小的战争不计其数,兵丁脱逃会影响战争的顺利进行,清朝政府对此十分重视,随着战争的爆发、进展、结束,逃兵律例变化也呈现不同特点。

1. 战争爆发,严明律例

战争爆发之时,为了确保军队的纪律、士气,清廷往往会严明逃兵律例。乾隆十九年(1754年)西北准噶尔内乱不断,乾隆皇帝决定趁机对西北准噶尔部发动战争。同年十一月乾隆上谕称若西北进剿兵丁所带跟役有脱逃者,责令沿途各督抚严密查拿,有偷窃军器、衣服及银两潜逃者,抓获即行正法。① 十二月乾隆皇帝据班第奏报抓获出征私逃护军齐齐克等,下谕将该逃兵即行正法。② 刑部根据上述两道谕旨制定新条例,在乾隆二十年(1755年)二月刑部议覆直隶总督方观承条奏之后又有所修改。例文内容为"一、随征兵丁自军前逃回者,拟斩立决。其跟随之奴仆、雇工,有偷盗马匹、军器及衣服、银两潜逃者,亦拟斩立决,并令步军统领及沿途各督抚严行缉拿,获日即于本地正法;其不曾偷盗马匹、器械之奴仆、雇工人,仍照定例治罪。"③ 此次修改将条例中随征脱逃兵丁以及有偷窃行为的跟役、雇工原拟绞监候的处罚改为斩立决,可见战争爆发之后逃兵律例变得相当严厉。

有时,战争开始之后,逃兵律例的宽严之变在较短时间内多次变化,然其目的仍在严明军纪。嘉庆元年(1796年)川、楚、陕三省白莲教起义,清朝再次面对战争,为了取得战争的胜利,必须严明军纪。元年(1796年)十一月皇帝发上谕制定了逃军投首条例,其中对军营脱逃兵丁在军务未竣以前投首者的处罚,由原来的发遣乌鲁木齐为奴改为定拟监候,永远牢固监禁。④ 到嘉庆二年(1797年)闰六月,清廷中央在处理自首逃兵宰廷喜时又认为逃兵斩候牢固监禁,反而使得逃兵"不离乡里,坐食囚粮"不能彰显从严办理的态度,又恢复发遣乌鲁木齐为奴的旧例。⑤ 这一变化未能及时纂入条例,因此在嘉庆二年(1797年)八月,湖南省盘获军营脱逃

---

① 《清高宗实录》卷477,乾隆十九年十一月壬寅,第6册,第1166页。
② 《清高宗实录》卷479,乾隆十九年十二月壬戌,第6册,第1181页。
③ [清]吴坤修等编撰,郭成伟主编:《大清律例根原》卷46《兵律军政下》,第2册,第732页。
④ 《清仁宗实录》卷11,嘉庆元年十一月庚申,中华书局1986年版,第1册,第172页。
⑤ 《清仁宗实录》卷19,嘉庆二年闰六月丁未,第1册,第247页。

余丁潘亚贵等,照例拟斩,监禁。经刑部声明此类逃兵处罚条例在两个月前刚刚改变,而被盘获之脱逃余丁同自首逃兵科罪相同,则应该也发遣伊犁、乌鲁木齐等处安插,并奏准成例。①

2. 战争持续,新况新律

战争过程瞬息万变,新的情况层出不穷,为了适应新的现实,律例则需要随时应变。清代不同战争使用的军队有所不同,平定西北准噶尔、回部之役,清朝动用了数量众多的八旗兵丁,而这些八旗兵一般带有跟役,所以有了上文针对跟役等的律例。而乾隆朝在西南方面对缅甸、大小金川的战役中,绿营兵丁则使用余丁来支援战役,充当后勤运输人员,当前线兵源短缺,余丁则有机会被拔补为正兵出征作战,因此,余丁也是战时重要成员。

征缅战争中军队余丁脱逃问题严重,为保证战争的顺利进行,乾隆皇帝于三十二年(1767年)上谕"此等在逃余丁,一经拿获,自应明正典刑,以肃军纪",但若将先抓获的余丁正法,则恐其他余丁畏惧潜逃,更难捕获,因此将所获余丁严行监禁,全获之日再行具奏请旨。② 第二次金川战争期间,由于战事持续时间较长,余丁脱逃现象仍较为严重,在乾隆四十一年(1776年)四月查办"四川军营脱逃余丁胡喜等免死发遣"案内,刑部针对脱逃余丁正式制定了新的律例。即"一、凡军营脱逃余丁,在军务未竣以前拿获者,问拟斩罪,牢固监禁。俟大功告成后,通行确查,将附近新疆、陕甘二省之人改发云贵、两广极边烟瘴充军,其余各省俱发伊犁、乌鲁木齐酌量安插,面刺'脱逃余丁'字样。若在配复逃,请旨即行正法。其自行投首并笃疾者,杖一百,流三千里。"③

3. 战争胜利,从宽论处

兵丁脱逃被发现之后,随即开始对其进行追捕,然而种种原因导致对逃兵的抓捕不能高效进行,许多逃兵成为漏网之鱼,战争结束后仍然未能将其抓获,清朝官方鼓励逃兵自首,但对逃兵自首的时间进行限定,判断标准则是战争是否结束。乾隆四十一年(1776年)定例"一、军营脱逃兵丁,在军务未竣以前投首者,发往乌鲁木齐等处,给种地兵丁为奴。如再脱逃拿获,即行正法。若在军务告成以后投首者,不得复援此例。"④此条例特别声明了军务完成后投首者,不能援引该条。

---

① [清]吴坤修等编撰,郭成伟主编:《大清律例根原》卷46《兵律军政下》,第2册,第736页。

② 《清高宗实录》卷800,乾隆三十二年十二月丙寅,第10册,第790页。

③ [清]吴坤修等编撰,郭成伟主编:《大清律例根原》卷46《兵律军政下》,第2册,第733—734页。

④ [清]吴坤修等编撰,郭成伟主编:《大清律例根原》卷46《兵律军政下》,第2册,第734页。

军营脱逃余丁议罪的时间标准也是战争是否结束。清代针对军营脱逃余丁的处罚条例是在乾隆四十一年(1776年)议定,五十三年(1788年)修改合并。条例内容指出不曾偷盗之余丁,议罪时是虚拟斩罪,牢固监禁,待战争胜利后再按不同情况分别发遣。① 乾隆首先提出这种处罚方式不妥之处,他认为战争进行时,余丁虽不是正丁,但是其任意脱逃影响军纪,所以要从严办理,而在大功告成之后,若仍使此种脱逃余丁"坐食囚粮",并无益处,因此,乾隆要刑部重新考量,或发遣伊犁,或发遣烟瘴,制定新的条例,而如有续获者,即按照新定之例办理。② 由此确定了抓获的脱逃余丁在战后发遣之例。

战争结束对于清朝皇帝意味着江山社稷再次安稳,因此皇帝愿意从宽对待逃兵。嘉庆七年(1802年),剿灭川、楚、陕三省白莲教起事的战斗接近尾声,嘉庆皇帝即将迎来自己亲政之后首次重大战争的胜利,而各带兵大员也借大功将竣之际,纷纷上奏,希望皇帝加恩。嘉庆七年(1802年)吴熊光奏请军营脱逃兵丁宽限确查,并停止按月具奏的定例。折内描述剿办教民之兵丁"逐日奔驰,多有疲病;或沿途落后,寄居硐寨;或猝遇贼匪,致被伤害",多种情况致使不能照定例核实逃兵并按月报部,嘉庆皇帝因而下旨"嗣后军营逃兵,着展限三个月报部一次,以归核实。"③由此,放宽了逃兵报部的期限。

同年十月,额勒登保、德楞泰上奏称剿平白莲教之役,因战斗环境艰苦,兵丁受伤患病者众多,又因行军范围极大,掉队落后者也不少,因此逃兵众多,而现在大兵凯旋,带兵官弁的处分却较重,此次剿匪历时数年,各官弁多次立功升赏,若因为逃兵处分则降职者众多,因此奏请从宽办理逃兵之事。④ 嘉庆皇帝据此发上谕要求区别不同情况的逃兵,分别处罚,若落后有因者,则一概加恩宽免。⑤ 到该年(嘉庆七年)十二月,嘉庆皇帝再次明确下旨,令分别不同情况,从宽改定逃兵律例。⑥ 刑部遵奉谕旨,修改条例内容,将例文修改,在嘉庆九年(1804年)续纂条例时纂入。⑦

---

① [清]吴坤修等编撰,郭成伟主编:《大清律例根原》卷46《兵律军政下》,第2册,第735页。

② 《清高宗实录》卷1005,乾隆四十一年三月戊戌,第13册,第494—495页。

③ 《清仁宗实录》卷97,嘉庆七年四月辛酉,第2册,第300页。

④ [清]庆桂等撰:《钦定剿平三省邪匪方略》,《正编》卷347,《续修四库全书》,上海古籍出版社1995年版,第399册,第411—413页。

⑤ 《清仁宗实录》卷104,嘉庆七年十月壬戌,第2册,第398页。

⑥ [清]吴坤修等编撰,郭成伟主编:《大清律例根原》卷46《兵律军政下》,第2册,第737页。

⑦ [清]吴坤修等编撰,郭成伟主编:《大清律例根原》卷46《兵律军政下》,第2册,第737页。

（二）社会因素

1. 发遣地社会形势变化

逃兵被缉获科罪之后，往往会发遣边地，然而发遣地社会形势也经常变化，这就导致逃兵律例相应改变。乾隆朝平定西北之后，军营脱逃兵丁、余丁等被抓获之后俱发遣新疆伊犁、乌鲁木齐等处，若此等发遣之逃兵、脱逃余丁在发遣地再次脱逃，则即行正法。这些逃兵在发遣地同其他案件获罪犯人的身份一样，只是一名普通的发遣人犯，他们的命运都受到发遣地社会形势变化的影响。

嘉庆四年（1799年）伊犁将军保宁上奏称发遣伊犁人犯，由于减罪以及年满释放回籍等原因，导致现在伊犁等处的发遣人犯不能满足驻防各营役使的需要，因此奏请改变发遣人犯的律例，请将从前改定发遣十二项人犯，仍行发往。刑部奉旨将原发伊犁现在改发内地的遣犯，斟酌轻重，改为留一半继续发往伊犁，并将在新疆配所脱逃的发遣人犯，照黑龙江等处条例枷责处罚，免除正法。① 而逃兵发遣伊犁、乌鲁木齐等地也属于此类人犯，得以一并改易，同时修改逃兵条例内容。

道光年间由于发遣地社会形势变化，先后两次调整人犯发遣地的定例，投首逃兵照此条例发遣，因此有关投首逃兵发遣的律例也随之改变。那彦成在道光六年（1826年）十月十八日上奏称新疆地区发生新的变化，需要改变发遣新疆的条例。折中主要内容是道光六年（1826年）新疆发生张格尔叛乱，陕甘总督杨遇春因而飞咨各地，要求发遣新疆各犯暂停解送；此外，那彦成以自己前任陕甘总督时的经验分析，认为新疆遣犯近来因人数众多，管理难度增加，遣犯开始相互串联，有可能发生意外之事，且犯人发遣新疆费用较高，所以建议将例内应发遣新疆改发别处。刑部根据该奏折，拟定逃兵投首发遣新疆改为"发极边足四千里充军"。②

到了道光二十四年（1844年），贺长龄与本年二月二十七日上"军犯拥挤请酌减安插折"，其在奏折中指出贵州州县无多，而发遣人犯众多，每县管束人犯过多，于社会民风、治安不利，而且道光六年（1826年）遣犯改发是因其时新疆发生战事，现在军务已经告成，新疆地方辽阔，差务需人，所以应将改发贵州人犯仍然发往新疆。道光皇帝采纳了贺长龄的建议，下旨令按照旧例发往新疆，并要求新疆地方官员要认真办事，严加管束遣犯。③ 据此可知，道光二十四年（1844年），又因贵州人犯拥挤将逃兵例文内"发极边足四千里充军"改回"发乌鲁木齐等处"。

---

① 《清仁宗实录》卷44，嘉庆四年五月壬戌，第1册，第536页。
② ［清］章佳容安辑：《那文毅公（彦成）二任直隶总督奏议》，载沈云龙主编：《近代中国史料丛刊》正编第二十一辑，第209（二）册，台湾文海出版社1968年版，第8087—8091页。
③ ［清］贺长龄：《军犯拥挤请酌减安插折》，《耐庵奏议存稿》卷10，载［清］贺长龄，［清］贺熙龄撰，雷树德点校：《贺长龄集·贺熙龄集》，岳麓书社2010年版，第237—238页。

2. 驻防八旗与绿营

为实现对全国各地的控制,清朝政府在各地设立汉人为主的绿营,同时将八旗兵丁派驻各地,对绿营加以监视和控制,而八旗驻防的存在也能够对当地形成威慑作用,因此,清朝皇帝非常重视八旗驻防,驻防八旗兵丁出现脱逃现象之后,清廷对此定有专门条例,且不断修改完善。

乾隆八年(1743年)五月内,兵部议覆宁夏将军杜赖条奏制定驻防兵丁脱逃条例,乾隆十一年(1746年)续纂写入条例。① 该条例内容为:"一、凡驻防兵丁逃走,除照例报部外,该驻防处开明逃人年貌,知照该犯本旗及沿途有满洲兵丁处所,并附近省分,一体严拿;其窝家人等及失察各官,均照例究治。"②

乾隆年间,清政府平定准噶尔回部,彻底将新疆地区置于中央政府管辖之下,清政府开始在伊犁、叶尔羌等地驻防、屯田,而逃兵问题也随之出现,清廷制定有关伊犁等新疆驻防的条例并多次修改。乾隆二十八年(1763年),上谕内阁称新疆驻守攸关,原有条例处罚宽严不能与之相符,所以令刑部议定新疆驻防脱逃兵丁处罚的条例。③ 到了乾隆三十一年(1766年)明瑞条奏凉州镶白旗满洲闲散富亮多次脱逃,乾隆皇帝再次重申伊犁驻防非内地可比,立法必须从严,因此规定"嗣后驻防伊犁兵丁内,如有逃避者,一经拿获,即行正法,不必拟以发遣",并且纂修成条例。④ 乾隆三十三年(1768年)军机大臣会同兵部议覆伊犁将军阿桂条奏再次修改此条定例,丰富完善条例内容。⑤

绿营是维护全国广大地区的稳定统治的主要力量,清代绿营逃兵众多,针对平时绿营逃兵问题,乾隆二十八年(1763年)议定绿营兵丁脱逃的条例,"京外在伍绿旗兵脱逃,俱杖一百,枷号一月,不准入伍"。⑥ 乾隆三十三年八月,刑部议覆广西提督许成麟奏请"重惩兵丁脱逃并严定营员稽查疏忽处分",明确了京城之外绿营兵丁在平时脱逃的处罚。⑦

3. 漕运

清代国家征收的田赋钱粮要通过漕运输送到京城,漕运关乎清朝中央的经济

---

① [清]吴坤修等编撰,郭成伟主编:《大清律例根原》卷46《兵律军政下》,第2册,第732页。笔者案:此处"杜赖",《清高宗实录》作"都赉"或"杜赉",此事见于《清高宗实录》"乾隆八年五月乙未"。
② 《中国珍稀法律典籍集成》丙编·第一册,《大清律续纂条例》(乾隆十一年),第770页。
③ 《清高宗实录》卷683,乾隆二十八年三月癸未,第9册,第646—647页。
④ 《清高宗实录》卷768,乾隆三十一年九月辛巳,第10册,第434页。
⑤ [清]吴坤修等编撰,郭成伟主编:《大清律例根原》卷46《兵律军政下》,第2册,第733页。
⑥ 《清高宗实录》卷683,乾隆二十八年三月癸未,第9册,第647页。
⑦ 《清高宗实录》卷816,乾隆三十三年八月庚申,第10册,第1057页。

命脉,因此针对漕运旗丁脱逃专门定有条例。乾隆二十七年(1762年),漕运总督杨锡绂奏称湖广漕运存在以湖北丁运湖南粮的情况,因而运丁时常脱逃,所以奏请完善运丁脱逃处罚的条例,获得乾隆皇帝应允,①杨锡绂的条奏涉及漕运旗丁,且加重了对脱逃旗丁的处罚,应当并入原有条例之内,以便引用。② 然而,该例条内容并未有所修改,不知原因为何。

(三)两种因素交叉下的律例变化

战争和社会是清代律例变化的两大因素,二者对律例变化的影响可能是某一因素主导,又或者二者都发挥作用,上文的论述呈现了二者某一因素主导的情况,而二者都发挥作用的情况则往往较为复杂。

咸丰初年爆发的太平天国运动来势凶猛,给清朝政府造成极大的震动,清朝统治者不断调集军队对太平军进行围剿,然而清朝军队纪律涣散,时常溃败,兵丁脱逃十分严重。咸丰五年(1855年),御史宗稷辰奏请严查溃兵,建议将私自潜回的逃兵分别汰留,咸丰皇帝对此表示不满,认为宗稷辰的建议尚属格外从宽,而当下太平军势力强盛,应该严明军纪,因此咸丰皇帝令将军督抚等共议逃兵处罚章程。③

咸丰皇帝谕令将军督抚上奏共议逃兵处罚章程之事,其后各省督抚先后上奏,但是浙江省却是一个例外,直到同治五年(1866年)浙江巡抚马新贻才对此事进行回奏。马新贻称,咸丰五年(1855年)下令各省将军督抚等议奏逃兵处罚章程之后,浙江省城杭州两次被太平军攻破,存留在杭州城内的案卷荡然无存,以致浙江无法查到案卷进行回奏,当战事平息之后,马新贻才又要求刑部将原谕旨重抄一遍,然后同浙省官员会商之后上奏。马新贻认为逃兵章程定例已经周详,只需认真查办,即可收效,无须另议。④ 刑部在接到马新贻的覆奏之后,于同治六年(1867年)上奏,将各省将军督抚的奏折汇集一处,列举各奏折大意,加以综合,最后形成逃兵处分章程,并于同治九年(1870年)续纂律例时写入。⑤

早在咸丰七年(1857年),伊犁将军扎拉芬泰上"新疆遣犯壅滞设法调剂以肃边防"一折,折内称新疆遣犯人数众多,遣犯杂处其中,若有机可乘,难以保证遣犯安分。因此刑部奉旨修改条例,将应发新疆人犯择其情罪稍轻,及因拒捕逃罪加等拟遣者,改发极边足四千里或者发驻防为奴,逃兵律例中有三类逃兵的议罪情况在

---

① 《清高宗实录》卷676,乾隆二十七年十二月壬辰,第9册,第558页。
② [清]吴坛著,马建石、杨育棠主编:《大清律例通考校注》,第604页。
③ 《清文宗实录》卷177,咸丰五年九月丁丑,中华书局1986年版,第3册,第982页。
④ [清]马新贻:《酌议惩办逃兵章程折》,载高尚举编:《马新贻文案集录》,《马新贻奏议》卷三,中央民族大学出版社2001年版,第95—96页。
⑤ [清]刑部修:《刑部通行条例》卷二《兵律军政·从征守御官军逃》,"一奏各省酌拟惩办逃兵章程仍照旧例",清同治木活字本。

此议范围之内,得以一并修改。① 同治九年(1870年)续纂条例时,逃兵条例的变化集合归纳了上述变动的结果。

总结上述咸同年间逃兵律例的修订过程,不难发现战争的爆发促使清朝皇帝修订逃兵律例,同样由于战争过程长久未能完结,而发遣地社会形势的改变,使得清廷改变人犯发遣条例,作为发遣人犯的逃兵也随之改变,进而涉及相关逃兵律例的修订,一直要到战争彻底结束,清朝中央才有心力续纂律例,将此前逃兵律例发生的所有改变写入其中。

四、清代逃兵律例发展变化的特点

通过以上论述,我们了解到,清代逃兵律例文本变化存在三种不同方式,而战争和社会是影响逃兵律例变化的主要因素,综观清代逃兵律例的发展变化,我们还可以发现这一过程呈现出以下几个特点:

(一)立法严密,文本周详

作为《大清律例》的一个组成部分,有关清代逃兵的"从征守御官军逃"无论是律文还是条例其内容都十分详细,所涉及的内容基本上囊括了清代逃兵出现的各种情况,可见其立法之严密,当然这种严密并非一次完成,而是经历了漫长的过程,反应在律例文本上则表现为逃兵律例文本的表述周详,内容相近或相似的例文予以合并,过时多余的内容则删除,既保留了立法的精神与内涵,也做到了例文间的互补而非杂乱重复。

(二)因时而异,因势而变

清代逃兵律例以适应实践要求为目标,因此,实践的变化也要求逃兵律例随之变化。清代逃兵律例的变化会因战争的不同时段而发生相应的改变,战争爆发,律例变严,战争结束,律例放宽,这种律例"宽严之异"的变化呈现出"因时而异"的特点。

清代逃兵律例处罚的对象是脱逃兵丁,逃兵被发遣之后就同发遣地相联系,当发遣地社会形势发生改变的时候,逃兵的处罚也发生改变,律例文本也随之发生变化,这一特点大概可以总结为"因势而变"。

(三)兵政为本,兵民混淆

军队是国家维持其统治的基本力量,兵丁则是军队的重要组成部分,清代国家

---

① [清]刑部修:《刑部通行条例》卷一《名例·徒留迁徙地方》,"应发新疆人犯改发极边足四千里条款",清同治木活字本。

处理逃兵问题的目的是维持军队纪律、战斗力,维护国家的统治,清代有关逃兵处理的问题属于兵政(军政)的范围,清代逃兵律例内容的制定、变化基本上围绕清代兵政的内容展开,显示出清代逃兵律例以"兵政为本"的特点。然而,在律例具体执行的过程中,我们也发现脱逃兵丁按律例处罚之后,其身份转变为普通的发遣人犯,原有之"兵"的属性褪去,此后"兵民混淆",原属"兵政"的逃兵律例也会由于"民政"色彩浓厚的社会形势变化而发生改变。

总之,清代逃兵律例的发展变化同清朝历史紧密相关,探究这一历史过程既有助于我们加深对清代历史的认识,也能够更为准确地把握清代律例的变化。

Analysis on the Developments and Transitions of Deserter Laws in Qing Dynasty

Guo Ruipeng

Abstract: In Qing Dynasty, the government was faced with many wars, but there were many deserters during the wars. For this reason, the Qing Government legislated against the deserters. With the society changing, these Deserter Laws also changed. There were three different ways during the text transitions of Deserter Laws in Qing Dynasty,—making new laws, altering original laws and deleting obsolete laws. The wars and society were the two important factors which had the major influences on the transitions of Deserter Laws. When these two factors affected the transitions together, it would be more complex. During the transitions, it also appeared three remarkable features, "strict legislation and complete texts", "making changes following the time and situation changing", "based on the military and synthesizing the civil administration".

Keywords: the Qing Code; Deserter Laws; the Text Transitions; Wars; Society

(责任编辑:艾佳慧)

论古希腊罗马没有"宪政"

杨 莹*

[摘 要] "宪政"的政治秩序要求尊重个人的自由权利,理性的法律的统治,真正的民主制,稳定的政治结构。在古希腊和古罗马,国家的权力和要求优于个人的权利,只有民众决议的统治而无普遍的理性的法律统治。由于缺乏统治者和被统治者,治理者和被治理者的同质性和同一性,古希腊罗马的政治体与"宪政"意义上的民主制相差甚远。由于缺乏稳定的政治结构,古希腊罗马难以应对内外的冲突,轻易地导致了政体的蜕变。将"宪政"的概念运用于古希腊和古罗马的政治秩序的描述是错误的,在对这一错误进行批判的过程中阐释"宪政"这一概念的核心性含义及古希腊罗马政制的真实状况。

[关键词] 古希腊;古罗马;"宪政"

近年来学者在讨论和谈及古希腊、古罗马政治和法律状况的时候,往往用"宪政"一词进行描述或概括,[1]笔者认为这是对"宪政"概念的误用。造成这种"误用"的原因之一是研究者对古希腊、古罗马的社会、习俗、宗教、个人权利、法律状况缺

---

* 杨莹,中南财经政法大学法学院法律史专业2016级博士研究生。武汉:430074。

[1] 何勤华认为:"完全揭开西方宪政法律发达的历史序幕,仍然应当从古代希腊起笔","西方宪政史其次应对罗马宪政制度进行阐述……将希腊和罗马的宪政思想贯穿起来",参见何勤华:《关于西方宪政史研究的几点思考》,载《北方法学》2007年第1期。程汉大认为古希腊罗马是宪政的发源地,古希腊罗马宪政是"世界第一次立宪主义的实验","古希腊罗马在探索宪政的道路上所表现出来的首创精神及其取得的辉煌成就至今令人叹为观止",古希腊罗马宪政的形成得益于:国家初创时期大量原始民主遗风的保留,贵族和平民的二元社会结构和较长时间内保持了小国寡民式的城邦国家形态,参见程汉大:《古希腊罗马为何成为宪政发源地》,载《甘肃社会科学》2007年第5期。在另一篇文章中,他认为雅典宪政代表了古代政治文明发展的最高峰,现代西方宪政继承了包括雅典宪政在内的人类政治文明的优秀遗产,同时他指出了雅典宪政的根本缺陷在于民主、法治、自由三者关系的失衡,参见程汉大:《雅典宪政的特点及其局限性》,载《贵州社会科学》2009年第11期。徐国栋认为"凡有分权与制衡的地方,就有宪政",因此古罗马的元首制时期和优士丁尼时代是存在宪政的,他以元首与元老院分权、共治为理由明确批驳了罗马无宪政论,参见徐国栋:《是君主喜好还是元首决定具有法律效力——对元(接下页)

乏深入的了解,其二在于对"宪政"概念的把握不太全面。本文旨在批判这种对"宪政"的误用,与此同时推进对"宪政"概念的探究,促进对古希腊罗马政制情况的一个更为清楚、深入的阐释。①

"宪政"意指什么,它的内涵是什么?答案可能众说纷纭。林来梵认为"宪政"概念是宪法学的基础性概念之一,1990年以后的大部分宪法学者回避"宪政是某某的全称判断",而是从"宪政"所包含的要素的角度进行分析性阐释。② 钱福臣认为,内涵最大的"宪政"定义包括了法治、人民主权、民主、分权与制衡、人权五个要素,而内涵最小的"宪政"定义是限权。③ 王振民提出,"宪政"的核心或者关切有三个方面:有限政府、科学配置政府权力、保障公民人权与自由。④ 卡尔·施密特认为,"宪政"(立宪国家)和法治国是同义词,"宪政"的要素或者说法治国的根本原则包含:公民自由、有限政府、基本权利原则、权力分立、法律至上或法律的统治、法官独立。⑤ 路易斯·亨金提出,"宪政"蕴含了对政府的约束和对政治权威的限制、人民主权、权力分立、保护个人权利。⑥ 童之伟认为"宪政"有形式要素和实质要素,形式要素包含了成文宪法是根本行为规范、人民主权、有限政府、实行法治、宪法法

首制时期和优士丁尼时代罗马宪政的考察》,载《现代法学》2011年第7期。陈可风认为古罗马存在着宪政,他以公元前5世纪的《十二表法》为例来说明这点,他指出,《十二表法》有着保障立法公正,保障公民权利、自由和公民籍,保障司法相对公正,保障国家安全等内容的法律规定,不仅是罗马法治社会的开端,而且还奠定了罗马共和宪政的基石,参见陈可风:《〈十二表法〉——罗马共和宪政的基石》,载《文史哲》,2011年第2期。兰奇光认为古代罗马存在着宪政,理由是古罗马存在着权力体系和社会关系的平衡精神,无论是社会阶层、政治利益集团或是政府强力部门,均受这种平衡精神的制约,参见兰奇光:《古代罗马宪政建设中的平衡精神》,载《吉首大学学报(社会科学版)》,2003年第12期。王青林从"政体"的概念入手,认为古代希腊和古代罗马人有对宪法概念的理论探讨和古典宪政实践,参见王青林:《古希腊和古罗马的宪法概念和宪政制度探析》,载《史学集刊》2010年第7期。

① 罗洪洋与笔者持相似的观点,对"古希腊罗马有宪政"的上述观点进行了批评,相关论述参见罗洪洋:《重新思考古希腊与近现代西方法治和宪政的关系》,载《法学评论》2013年第1期;罗洪洋:《重新思考古罗马与近现代西方法治的关系》,载《环球法律评论》2015年第6期;罗洪洋的理论依据在于洛克、孟德斯鸠等思想家的自然权利理论和社会契约学说,论证的侧重点在于:古希腊罗马与近现代西方的法治、宪政传统是断裂的,而非延续。虽然观点相似,本文与罗洪洋的文章在理论依据、论证方式和侧重点等重要方面是不同的。
② 参见林来梵、褚宸舸:《中国式"宪政"的概念发展史》,载《政法论坛》2009年第5期。
③ 参见钱福臣:《宪政哲学问题要论》,法律出版社2006年版,第3—21页。
④ 参见王振民:《关于民主与宪政关系的再思考》,载《中国法学》2009年第5期。
⑤ 参见[德]卡尔·施米特:《宪法学说》,刘锋译,上海人民出版社2005年版,第137—146页。
⑥ 参见[美]路易斯·亨金:《宪政与权利——美国宪法的域外影响》,郑戈、赵晓力、强世功译,三联书店1996年版,第1页。

律至上等七点；而综合中外学说和当今各立宪国家的追求，"宪政"的实质内容是限制国家或公共机构的权力、把权力关进笼子，有效保障公民和个人的基本权利。①

尽管就"宪政"的含义是什么，以上学者在细节上略有差异，但没有人可以对下述观点进行"合理的否定"：

"宪政"用来描述某一政治共同体的存在形式和运行秩序达到一个稳定的、可预期的状态，一个可称为"宪政"的国家包含着这些要素：保障公民自由与基本权利，权力分立，国家机关做到依法行政，司法独立，存在着理性、普遍的法律的统治，法律面前人人平等，国家有一种人民参与下的政治民主制，一种能防止自身退化的平衡稳定结构。在很大程度上，一个"宪政"的国家与一个法治国所代表的政治秩序差别很小。

这些要素笔者将称之为学者共同体就"宪政"概念所达成的共识，这种共识同时也符合了被认为实现了"宪政"的国家的实践特征。本文的出发点和对"宪政"是什么的理解就是基于这种共识，②这保证了笔者所采用的"宪政"概念是合理的、有一定说服力的。

本文使用的"宪政"概念(constitutionalism)脱离了宪法，更为强调宪政背后的价值观念和实质。③ 一则，制定有宪法并不是存在"宪政"的判断标准，有很多国家制定有宪法，并不存在"宪政"；二则，如果"宪政"概念必然包括了宪法的制定，那么古希腊罗马有无"宪政"的问题就没有任何讨论的必要，依照逻辑就可简单地解决。

简要起见，笔者将从"宪政"的公民自由、法律的统治、民主制和稳定的政治结构这几个要素出发来考察古希腊、罗马有"宪政"的问题。④ 但笔者希望这种简要并不造成对问题的"简化"，虽然只选取这几个要素，但是它并不减弱对"宪政"概念进行一个比较整全的把握。

---

① 参见童之伟：《厘清宪政与社会主义关系的基本线索》，载《法学评论》2015年第5期。
② 这种共识之得到辩护不是通过从正面展现出支持它的理由有多强，而是通过一种反面的方式：理性之人对这种共识无法合理地拒绝或否定。这种对于"宪政"的共识概念的界定和给出方式是一种"弱意义"的辩护，而这种弱意义的辩护更能与"宪政"概念存在的分歧和多元现象相容。
③ 强世功认为，第二次世界大战以来，自由主义为了战胜其他价值，开始强调"宪政"所体现的价值要素，导致"宪政"概念逐步脱离"宪法"概念，变成某种价值的体现，自由、人权成为"宪政"的核心价值。参见强世功：《中国宪政模式？——巴克尔对中国"单一政党宪政国"体制的研究》，载《中外法学》2012年第5期。
④ 这几个基本要素决定了"宪政"能否成立的基本架构，"宪政"的其他因素通过各种方式都可以从中推导和派生出来。"宪政"的其他因素是依照这几个基本要素的内在逻辑自然发展出来的要求和结果。

一、"宪政"的实质——真正的公民自由

"宪政"是以公民自由概念为核心的,"宪政"概念和法治国的概念都是从公民自由的角度来定义的,公民自由原则要求国家存在的意义和目标首先不在于国家的权利和荣光,而在于保护公民免于国家权力的滥用。① "个人的自由领域被预设为先于国家存在的东西,国家必须对它承认和保护。个人自由原则上不受限制,相反,国家干预这个领域的权力原则上要受到限制。"② 但是,考虑一下古希腊和古罗马,我们会发现那里是没有个人自由的,"可以说古希腊罗马是个全权国家,国家总揽一切的权力,对民众具有绝对的支配权。在这种原则上建立起来的社会个人自由是不存在的"③。

公民在一些事情上必须服从城邦,人的精神和肉体都为它所支配。个人没有丝毫的人身自由,身体属于国家,有保护国家的义务。罗马人服兵役的年限为四十六岁,雅典人则终生都有服兵役的义务。个人的财产属国家支配,城邦若需要钱,可令女人献出她们的珠宝、装饰,令债权人让出他们的债权,令橄榄种植者无偿献出自己所制的橄榄油。个人的私人生活亦不能摆脱国家的支配,这种专制的权力无孔不入,甚至管到鸡毛蒜皮的事。在罗马,女人被禁止饮用纯酒,雅典则禁止女人在旅行时携带三件以上的裙子。国家具有不宽容残疾人的权力,它可以令人将生下的残疾孩童杀死。普鲁塔克在《马可斯·加图》中这样说道:"罗马人认为个人生活的各个方面都是被深入检验和详细审讯的目标,无论是婚姻状况、子女教养、饮食习惯和社会交往都包括在内。"④ 国家也不容许任何人对他的利益漠不关心,每个公民都必须参加公民大会,投票,不能拒绝担任官员,这是他对国家应尽的义务。在发生争执时雅典法律禁止公民持中立态度,凡是不加入派别保持中立者,法律将予以严厉惩罚,剥夺他的公民权。

---

① 这里所使用的"自由"概念属于"否定性自由"。按照以赛亚·柏林关于肯定性自由和否定性自由的区分,否定性自由是"不受任何外部力量和其他人限制的自由",肯定性自由是"可以自由地做我们想做的任何事情",柏林认为"否定性自由"是有关自由的唯一真正概念,"各种集权制政府和家长式立法者,还有那些自封的权威,都会援引这种肯定性自由概念为高压统治辩护"。参见 H. 哈士曼:《认真对待各种自由——肯定性自由概念和否定性自由概念》,艾彦译,载《国外社会科学》2005 年第 6 期。

② [德]卡尔·施米特:《宪法学说》,刘锋译,上海人民出版社 2005 年版,第 138 页。

③ [法]库朗热:《古代城邦——古希腊罗马祭祀、权利和政制研究》,谭立铸等译,华东师范大学出版社 2006 年版,第 211 页。

④ [古希腊]普鲁塔克:《希腊罗马名人传》,席代岳译,吉林出版集团有限责任公司 2009 年版,第九篇第二章《马可斯·加图》,第 633 页。

总之,在古希腊罗马,国家的利益高于一切,公民没有私人生活的自由,教育自由,信仰自由,甚至连自由的观念古人也未曾有过。古希腊和古罗马不知道自由权为何物,因为拥有与政治共同体相抗衡的独立权利和私人领域在古代国家是不可想象的,个人自由独立于国家的政治自由的思想被认为是荒谬的、不道德的。

从公民自由的概念可以引出法治国的两个重要内容,基本权利原则与权力分立原则。前者已经探讨过,即古希腊罗马不存在个人的基本权利。而"宪政"意义上的权力分立原则是指国家权力有几个机构共同分享,并被纳入一个受限定的权限系统中。"只有将立法者与法律的适用分开,与司法分开,法律统治的原则(与人治和专制相对)才能得到贯彻实施"。① "立法、行政、司法这三种权力的每一种都必须由一个特殊的、独立的部门来行使,任何一个部门不得行使另一个部门的职能,任何人不得担任一个以上部门的公职。"② 下面来看一下古希腊罗马的国家结构和组织形式中有没有这样的真正意义上的权力分立的要素。

在伯利克里时代的雅典,国家的权力机关有公民大会、五百人议事会、陪审法庭(分别大体行使立法、行政与司法的权力)。共和时代的罗马有元老院、公民大会、保民官和其他各种行政官员。国家的各种机构互相制约并监督,使权力高度集中起来不可能。可以说在罗马和雅典国家结构中权力分立和制衡是存在的,但这并不能代表它就有宪政。权力分立与制约的因素在"宪政"国家是为了限制国家的权力以保障公民自由,而古希腊罗马国家机关的权力制约不是为了这个目的,其政制的主要目的是为了使公民广泛地参与政治过程,这种"政治权力的多元主义分配并不能确保个人自由,在多元主义的政体中,拥有立法权和执法权的人会在压制个人自由中相互合作,如果超验的宗教或民族的和社会的目标要求这样做的话"③。所以不能认为古希腊罗马的国家结构中存在着一定程度的权力分立与制约,就认为存在着"宪政"。因为这种权力的分立对保障个人自由是不充分的,进行这种分立并不是出于控制国家权力保障个人自由的理由,而是贵族的利益集团间相互斗争的妥协或一种平衡的结果,这点在古罗马更为突出。作为"宪政"因素的权立分立必以保障公民自由为目的,古希腊罗马实际的政治并不符合这点。

二、"宪政"的形式——法律的统治

"宪政"的政治秩序应是法律的统治,"法律的统治"中的"法律"概念包含着一

---

① [德]卡尔·施米特:《宪法学说》,刘锋译,上海人民出版社2005年版,第139页。
② [德]卡尔·施米特:《宪法学说》,刘锋译,上海人民出版社2005年版,第140页。
③ [美]斯科特·戈登:《控制国家——西方宪政的历史》,应奇等译,江苏人民出版社2001年版,第88页。

定的特质,它必须是普遍的和理性的规范,而不是某个人或某个机关的随心所欲的命令或意志。法律从内容上看还必须与法治国和公民自由的原则相联系,它应是正当和公正的。法律的统治还意味着法律在一个国家中有着最高的权威,任何侵犯或限制公民自由的行为都必须有法律的直接授权,行政机关的行动必须遵照法律规定的权限。

在古代的希腊和罗马,法律都是宗教的一部分,城邦的古代法律是礼仪和祷辞的总集,同时也是法律的总集。古代的法律不是根据某种绝对的权利与公正的情感来制定的,它是宗教信仰直接而必然的结果,而不是其他什么。"宗教说:子承父祀,而女则否,于是法律也跟着说:子承父祀,而女则否。"[①]在古希腊罗马的很长一段时间内,法律是宗教上的习俗,而不是理性的规定,它不符合宪政的法律概念的含义。后来古希腊罗马发生了多次民主变革,民众大会取得了制定法律的权利,法律就表现为民众大会的决议。不过此时,虽然承认人的力量,民众的投票可以创立法律,但至少新的法律仍须提请邦神,并取得他的同意。不过,公众的决议并不是宪法意义上的理性的法律,在古希腊罗马并不存在法律的统治,而只有公众决议的统治。

亚里士多德将受法律支配的民主政体与受公众决议而非法律支配的民主政体区别开来,他认为"在受法律拘束的民主政体中不会出现煽动家,而是有能力的公民占据着最高职位,但是在法律不拥有最高权力的地方就会出现煽动家,在那里,民众变成了君主,而且是一个长着许多头的君主"[②]。古希腊罗马就是一种只受民众决议而非法律统治的民主政体。从修昔底德和阿里斯托芬的著作中我们可以得知雅典出现了许多著名的煽动家,像阿尔喀比亚德、克勒翁等,在他们的煽动下民众远离理性而受激情的支配在一些最紧要的事情上做出了错误的决定,比如发动和没有适时地结束伯罗奔尼撒战争,这直接导致了雅典民主政治的衰亡。

作为"宪政"要素的法律概念,不仅是理性的,还要具有一种普遍性,即不能是随便什么命令、随便什么措施都能够作为规范或法律产生效力。在以即席的民众大会产生法律的情况下,民众经常被政治家煽动性言词鼓动,内心只受到一时激情的控制,面对议决的事项缺乏冷静的分析与判断,经常会随意地通过许多不合理的措施、命令使之成为法律,这种法律在根本上是缺乏理性与普遍性的。而"法规范的普遍性的这一特征是不能放弃的,一旦放弃法治国就荡然无存了"。[③] 在古希腊

---

① [法]库朗热:《古代城邦——古希腊罗马祭祀、权利和政制研究》,谭立铸等译,华东师范大学出版社2006年版,第176页。
② [德]卡尔·施米特:《宪法学说》,刘峰译,上海人民出版社2005年版,第152—153页。
③ [德]卡尔·施米特:《宪法学说》,刘峰译,上海人民出版社2005年版,第168页。

罗马不存在"宪政"所要求的法律的统治。

三、"宪政"的前提——民主制

"宪政"所要求的民主制有着一个更根本的含义,即"民主制(作为政体,也作为政府的形式)是统治者与被统治者,治理者与被治理者,施令者与服从者的同一性"。① 按照这个定义,在民主制国家内部,统治与被统治、治理与被治理之间的区分没有表现出或产生出质的差异,统治与治理不能建立在不平等的基础上,不能建立在统治者或治理者优越性的基础上,也就是说,与被统治者相比,统治者并不具有质的优异性,统治者或治理者的权力或权威并非出自某些更高的、人民所不能企及的品质(比如血统),而仅仅出自被统治者和被治理者的意志、委托和信任。如果治理者之所以行使治理权,是因为他具备一个性质上更优秀的上层社会的素质,而这个优秀的上层社会是与下层社会相对,那么民主政体的同质性和同一性就被取消了,这样的政制就不能称为民主制了。

看一下古希腊罗马这方面的情况,根据比尔德和克劳福德的观点,大约 2000 名骑士和元老院成员控制了罗马的政治、法律、军事和经济进程。当时罗马共和国政府的主要机构组成是元老院、各种行政官员和公民大会。元老院的地位主要依赖于罗马人对社会等级制度的完全接受以及这样的信仰,根据固有的传统确立的最高阶层对国家中的重大事务拥有不可置疑的权威。"罗马是由一个很小的紧密联合的和基本是世袭的寡头来统治的。"② 再来看一下罗马的执政官,"像其他高级行政官一样,执政官没有薪金,再加上竞选的费用高昂,唯一能作为候选人的非贵族阶层是骑士阶层"。③ 还有保民官,虽然他是由平民选举的,但无论是从经济上的必要条件还是从传统来看,属于元老院和骑士阶层的人才能成为其候选人。而且保民官的个人利益与贵族的利益的关系更为密切,在公元前 2 世纪,由保民官引入公民大会的立法已经在元老院中作了修改,保民官实际上已经成为元老院寡头统治的工具。公民大会也许会比较民主一些,但它受有高度限制的提案机制的约束,公民大会的决议不能够有效地挑战元老院和高级阶层的寡头统治。④

---

① [德]卡尔·施米特:《宪法学说》,刘锋译,上海人民出版社 2005 年版,第 252 页。
② [美]斯科特·戈登:《控制国家——西方宪政的历史》,应奇等译,江苏人民出版社 2001 年版,第 101 页。
③ [美]斯科特·戈登:《控制国家——西方宪政的历史》,应奇等译,江苏人民出版社 2001 年版,第 102 页。
④ 参见[美]斯科特·戈登:《控制国家——西方宪政的历史》,应奇等译,江苏人民出版社 2001 年版,第 104、105、107 页。

可以说古罗马是由一个很小的紧密联合的世袭的寡头统治的,实际统治这个共和国的元老院和贵族的权威依靠的是血缘、身份这些普通人无法企及的优异性。因此罗马并不存在民主政体下治理者与被治理者的同质性与同一性,可以说在古罗马是不存在真正意义上的民主的。

在古希腊的雅典,没有等级的官僚制,官员向全体公民负责,在这方面它要好一些。但考虑到维持雅典民主政治的经济、财富资源是建立在对奴隶和殖民地高度统治与剥削的基础上,就不能不说雅典的政治是一种少数人对多数人的统治,而与民主制下多数人的统治原则相违背。"在讨论雅典政治制度的结构和运作动力时,我们应该提及,雅典人的收入主要来自天然资源而不是雅典公民的生产成果,由国家所有和由奴隶开采的阿提卡东南部的丰富的银矿为雅典所提供的资金足以建立一支征服一个帝国的海军舰队。帝国依次从贡物、奴隶贩卖赎身等中获取收益。大部分公民是国家雇员或通过其他方式获得公共救济金以维持生活,而奴隶则承担大部分的体力劳动。"① 雅典公民权的范围也非常的小,"雅典的公民权严格地限于其生父母都是雅典公民的人,公元前4世纪的阿提卡的总人口大约为300000,其中奴隶占人口的三分之一,不到15%的人有参与公民大会的权利。雅典甚至没有考虑到附属殖民地的这一权利,因此,其政治制度是少数人对多数人的统治"。②

正如施密特所说,"一切民主思想都明确地、必然地在内在性概念中展开,只要从内在性走出来,那就否定了同一性。无论将什么样的超验性引入一国人民的政治生活,都会导致高与低、上与下、被挑选者与未被挑选者之间的实质性区分,而在一个民主国家中,国权必须出自人民,而不能出自一个处在人民之外,凌驾于人民之上的人或机构"。③

而在古希腊罗马,宗教在人民的政治生活中发挥了非常重要的作用。在当时的公共生活中,没有一件事是神不参加的。公众在宗教所准许的日子里开会,在罗马人们是否开会必须先占知神的意思。如果开会,开会前先由巫师祈祷,然后还有鸟占,若空中出现凶相,大会就立即解散。雅典的审判在祭坛前举行,审判前须先祭祀,在罗马与在雅典一样,城邦的审判事务须在宗教规定的日子里举行。战时宗教所发挥的力量至少与平时的作用相等。在对外宣战时,祭司在神的见证下宣读一篇圣文。在军队出征之前,军人举行集会,由统帅主持祭祀仪式。在军队投入战

---

① [美]斯科特·戈登:《控制国家——西方宪政的历史》,应奇等译,江苏人民出版社2001年版,第70页。

② [美]斯科特·戈登:《控制国家——西方宪政的历史》,应奇等译,江苏人民出版社2001年版,第70页。

③ [德]卡尔·施米特:《宪法学说》,刘锋译,上海人民出版社2005年版,第254页。

争前,必先进行占卜,若神不允许开战,无论形势何等有利,均不得开战,这是那时兵法的根据。每次战胜后必行祭礼,由统帅向神进行献祭。①

总之,无论是平时还是战时,宗教都涉及生活的方方面面,它无处不在,包围着人类。城邦的宗教深入到人的灵魂与身体、公共生活与私人生活,深入到吃喝、节日、开会、审判之中,它节制人的一举一动,支配着人的一切安排,决定着人的一切行为,它以绝对的权威管理着人们,没有什么能处于它的影响之外。② 古希腊和古罗马的宗教与国家结合的是如此紧密,将它们分开是一件困难的事。对邦神意旨的诉求就包含着超验要素,以城邦宗教的神的意旨否定人民意旨的权威性和有效性,这是与民主制相矛盾的。总结以上对各要素的分析可以发现在古希腊罗马并不具有"宪政"所需的民主制要素。

四、"宪政"的保障——稳定的政治结构

"宪政"国家被称为一种好的政治秩序,但如果它不能有效地防止自身的毁灭,在外力的影响下轻易就灭亡了,这是与它"好政制"的特性相矛盾的。所以一个"宪政"国家必然会有一个稳定的结构,有合理的制度可以维护自身的政治存在与安全。

政治体的稳定需要强大的中间阶层。亚里士多德早就提出,"立法者应经常注意到,在它所创制的任何政体中,该使中产阶级的人数超过富人和平民其他两个部分,那么就可能建立一个持久、稳定的共和政体"。③ 中间阶层关心并且促进政体结构上的平衡,"因为他们既会被穷人掠夺并被要求再分配财产,又会遭受富人政党的苛捐杂税的压榨",④中产阶级的中间地位恰好使得它是富人和贫民间冲突的仲裁者,能够取得双方的信任。中产阶级是政体中维系平衡和稳定的力量。⑤ 强大的中间阶层能在政治体的决策中实现节制和理性,避免城邦或国家的重大决策或者被多数平民的狂热左右,或者被少数贵族或富人的专断所左右,它能避免城邦

---

① [法]库朗热:《古代城邦——古希腊罗马祭祀、权利和政制研究》,谭立铸等译,华东师范大学出版社 2006 年版,第 152—154 页。
② [法]库朗热:《古代城邦——古希腊罗马祭祀、权利和政制研究》,谭立铸等译,华东师范大学出版社 2006 年版,第 155 页。
③ 参见[古希腊]亚里士多德:《政治学》,吴寿彭译,商务印书馆 2009 年版,第 209、214、240 页。
④ [美]朱柯特:《亚里士多德论政治生活的限度与满足》,孔许友译,载刘小枫、陈少明编:《政治生活的限度与满足》,华夏出版社 2008 年版,第 19 页。
⑤ 参见[古希腊]亚里士多德:《政治学》,吴寿彭译,商务印书馆 2009 年版,第 214、215 页。

或国家这艘大船因为偏离正确的航线而倾覆。无论是古希腊还是古罗马,社会结构方面都欠缺可以形成力量的中产阶级或中间阶层,政治体基本上受到贵族或富人与平民力量对比的主宰。在古希腊的雅典,人民受到政治家蛊惑主动发起了长达数十年的伯罗奔尼撒战争,整个国家深受其害。在雅典民主制下,城邦的决策经常被热情、猜忌和不理性所支配,例如,怀疑和排斥当时整个希腊最有才华的将军之一亚西比德,而任命了平庸的尼西阿斯担任西西里远征的指挥官。在远征受挫及时撤退可以避免全军覆灭和整个战争失败的局面时,尼西阿斯拒绝撤退的理由是,"雅典选民的判断容易受到任何一个想造成成见的狡猾演说家的影响。他深知雅典人的性格,预期被雅典人以一个不公平的判决,在一个丢脸的罪名之下处死,还不如在此地碰运气。如果一定要死的话,他宁愿死在敌人手中"。① 雅典的政体经常处于变动之中,公元前411年,少数贵族发动政变废除了雅典民主制,建立了寡头政治,由"四百人议事会"处理城邦事物,几个月后,"四百人议事会"被废除,建立起温和的寡头政治。公元前410年,寡头政治被推翻,民主政治又被恢复起来。② 在古罗马,掌握军队的少数贵族为了争夺国家的控制权,将整个国家拖入了残酷的内战,大量罗马公民在内战的血腥争斗与屠杀中死亡。从公元前88年,苏拉率军攻占罗马,第一次内战爆发,"第一支由它自己的公民组成的军队把罗马当做敌国攻入了","从此群众的骚动只有武力来解决了,罗马城常常被进攻,城下常常发生战争,战争带来了其他灾难"。③ 近四十年的时间里,罗马爆发了五次大规模的内战,④在内战中"党派的领袖们带着巨大的军队,依照作战的习惯,彼此互相进攻,他们把国家变为他们争夺的对象"。⑤

　　政治体的稳定需要其成员意识到自己和自己所关心的人是该政治体各种制度安排的受益者,这样他就会形成一种努力维护这种制度的欲望,并且制服破坏性的倾向。⑥ 在古希腊罗马,受惠于政治体制度安排的始终是全体公民中的一小部分人,更不用提公民身份之外的大量存在的奴隶。古希腊罗马的政制从没有也无法做到保护和促进政治体内的大多数人的利益,从而它缺乏其组成人员对它的认同,

---

① [古希腊]修昔底德:《伯罗奔尼撒战争史》,谢德风译,商务印书馆1985年版,第532页。
② [古希腊]修昔底德:《伯罗奔尼撒战争史》,谢德风译,商务印书馆1985年版,第656—657页。
③ [古罗马]阿庇安:《罗马史》(下),谢德风译,商务印书馆1997年版,第52页。
④ 参见[古罗马]阿庇安:《罗马史》(下),谢德风译,商务印书馆1997年版,第572—588页。
⑤ [古罗马]阿庇安:《罗马史》(下),谢德风译,商务印书馆1997年版,第47页。
⑥ 参见[美]罗尔斯:《正义论》,何怀宏等译,中国社会科学出版社2013年版,第456、476页。

正是这种认同和维护它的倾向能形成一种力量,促使着政治体面对扰乱能在一段时间之后恢复平衡或保持接近于平衡的状态,①从而使得政治体获得一种内在的稳定性。古希腊罗马的政制缺乏这种宪政秩序所需要的稳定性,它无法应付前进中的挑战,适应内外变化,无力避免自己蜕化成一种不同的政治组织模式。

结 论

"宪政"是一个比较复杂的系统工程,单单一两个方面不足以支撑起它,认为古希腊罗马存在"宪政"的人就是犯了这样的错误:误认为古希腊罗马存在一个或两个面向上的"宪政"要素,作为一个政治体就具有宪政属性了。他们的问题还在于,他们所认为的古希腊罗马存在的"宪政"面向和真正的宪政要素相比只存在形式上的相似性,在实质上并非相似或同一,正如本文上述所揭示的:古希腊罗马的民主因素和"宪政"意义上的民主因素是不同的。

况且,"宪政"的诸要素之间并非彼此独立、互不干涉,而是相互影响、相互促进。这也就决定了真正意义的某个"宪政"要素并不是单独存在的。从较长的某个时间段来看,宪政的某个要素与其他的要素必定是同时滋长、一起壮大。从某种意义上来说,"宪政"的这些构成要素的意义并非是构成性的(constitutive),毋宁说是范例性的(examplar),通过它们我们可以得知,就政治制度的完善来说,还有哪些方面需要增进或努力。

从总体来说,"宪政"这个概念有着一种弹性,它既包括了低点,也包括了高点。它是低点的意思是"只要某政治体包含了上述所说的基本要素和结构,就可以用宪政这个概念来描述它";说它是高点是因为,"宪政"概念隐含着一种理想,对于这种理想人类从未实现或达到过,但它在那里不断地指引人类去探索和追求,而与此同时,伴随的是个体生存条件的改善,是保护个体权利和尊严方面的增进。古希腊、古罗马政制从未达到过那种低点,也不可能被作为那种高点。

A critical view of Ancient Greece and Rome having the regime of Constitutionalism

Yang Ying

Abstract: The political order of the Constitutionalism requires respect for

---

① 参见[美]罗尔斯:《正义论》,何怀宏等译,中国社会科学出版社2013年版,第459页。

the freedom of the individual, rule by rational law, real democracy, and a stable political structure. In ancient Greece and Rome, the country's power and require take precedence over individual rights. The country was ruled by the people, not ruled by the rational law. It lacked of the homogeneity and identity of the rulers and ruled as well as governors and the governed. The political system of ancient Greece and Rome is far from the democracy. Because of lacking stable political structure, the ancient Greek and Roman had difficult to cope with conflicts of the internal and external, which easily led to the regime transformation. Therefore it is wrong to apply the concepts of the Constitutionalism to the description of ancient Greek and Rome's political order. In clearing the concept of Constitutionalism, the article points out the real situation of ancient Greek and Roman at the same time.

Keywords: Ancient Greece; Ancient Rome; Constitutionalism

（责任编辑：艾佳慧）

行政法学

美国规章制定的规范体系

阳 李*

[摘　要]　美国规章制定的法律框架以《行政程序法》为蓝本,并随着国会其他单行法及法规的发展日趋完善,逐步形成以正式程序、非正式程序、混合程序、协商程序等程序构建而成的规章制定法律体系。静态的法律体系明确规章制定的最低程序标准,并未强制要求职能千差万别的行政机构遵循统一的规章制定程序。规章制定过程中,国会通过授权限制、节奏把控、立法否决等方式实现对规章制定的约束,OIRA作为总统的左膀右臂,结合不同时期政策导向及具体情势对规章制定之方向进行不断的行政引领,最高法院则对规章制定的程序性标准和实体性标准进行不断的修正和完善以实现司法审查。静态的法律体系与动态的调控机制构成颇具复杂面貌的美国规章制定之规范体系。借鉴美国经验对于我国规章制定体系之完善大有裨益。

[关键词]　行政机构;规章制定;规范体系

一、美国规章制定的法律框架

(一) 美国规章制定的定义

规章制定之定义以规章之定义为逻辑前提。规章①之定义由《行政程序法》界定,②系指行政机构(指美国政府的各个行政机构,包括独立管制机构)为实施、解释、贯彻法律或政策,或者对涉及行政机构组织、程序或活动的法定要求进行描述,包括批准或规定未来的收费标准、薪酬、法人结构,或财务体制及其重组、价格、设施、设备、服务或津贴等,或评估、成本计算、会计核算等,以及与上述各项事务有关

---

* 阳李,首都经济贸易大学法学院。北京:100070。
① 规章,亦称法规、规则,英文通常为 rule,regulation 等。
② 《行政程序法》(The Administrative Procedure Act)于1945年第79届国会公法404号通过,1946年6月11日由杜鲁门总统签署公布生效,1966年9月6日以公法89-554号编入《美国法典》(United States Code)第五篇《政府组织与雇员》,并在1967、1974、1976、1988年有重要修订。

的活动,而发布的具有普遍使用或特定适用性并将产生未来效力的行政文件的全部或一部分。① 规章制定是行政机构制定、修改或撤销规章的程序。② 就法律文本而言,规章制定的定义似乎较为明确。但是,《行政程序法》中其他基本概念的糅合使得规章制定的定义在实践中有时难以被准确界定,这在规章制定与行政裁决的区分中体现得尤为明显。行政裁决是行政机构制定命令的过程,③ 命令是行政机构对包括许可在内的非规章制定活动的有关问题做出的最终处置,其形式可以是肯定的、否定的、指令性的或者宣示性的。④ 显然,规章制定与行政裁决之间的区分更多是一种自我指涉和循环,二者并无准确界分的鸿沟,反而表现出交叉与混淆的复杂面相。

《行政程序法》颁布一年后,被认为是对其立法原意进行阐释的最为重要的文件——《司法部长关于行政程序法的手册》对规章制定与行政裁决之间的区别作出界定。《手册》认为,《行政程序法》是在区分规章制定和行政裁决差异的基础上制定。规章制定是一种行政活动,它通过制定一系列规章来约束组织或个人的未来行为;其本质上也是一种立法行为,不仅因为它对将来的行为产生效力,还因为其主要涉及政策考量。规章制定的目标是在将来实施或贯彻法律或政策,而不是对监管对象过去的行为进行评价。通常来说,规章制定对证据事实并无兴趣(这种事实的发现通常依赖于证人的诚实和态度),它所关注的是从事实中引申出来的政策结论。相反,行政裁决是对过去或是当前的权利或义务进行裁判。通常情况下,它涉及对过去行为是否违法的判断,因此行政裁决程序带有诉辩色彩,并会导致处分行为。或者,它涉及对特定人根据已有法律是否享有权益的判断,也就是说,他或她是否属于应当获益的那类群体。这样看来,在行政裁决程序中,事实问题通常是争论的焦点。⑤

(二) 美国规章制定的程序——以《行政程序法》为蓝本

《行政程序法》加以明确的规章制定程序有正式和非正式程序两种。正式程序适用于案卷(on the record)原则,其依据系《行政程序法》第 556 条和第 557 条。大致而言,利益相关方在行政机构工作人员或行政法官的主持下就拟制定规章之事宜进行听证,并有权对疑义或争议事项展开质询;在充分、真实披露事实之前提

---

① 5 U. S. Code § 551(4).
② 5 U. S. Code § 551(5).
③ 5 U. S. Code § 551(7).
④ 5 U. S. Code § 551(6).
⑤ [美] 杰弗里·吕贝尔斯:《美国规章制定导论》,江澎涛译,中国法制出版社 2016 年版,第 32 页。

下,行政机构根据排他性记录中的实质性证据制定最终规章。在正式程序中,任何一方均有权对行政机构工作人员或行政法官的初步决定、建议性决定或者临时决定提出异议,但不得与决策方单方面交流。正式程序与传统司法审判程序如出一辙,通常被称为审判型程序。

正式程序耗时漫长,成本极高,实施中往往给行政机构带来沉重的工作负担。在《联邦食品、药品和化妆品法》授权的规章制定正式程序中,每一个子程序的完成时间均在两年以上,仅仅涉及花生在花生酱里的含量应当是 87.5% 还是 90% 而进行的听证程序中,行政机构提供的笔录即长达近 8000 页;该正式程序最终耗时 12 年,提交给美国食品药品监督管理局的记录多达 10 多万页。① 由于不能完全适应行政机构须迅速和高效做出行政行为等行政特征,除了在设定未来税率、农业市场秩序、食品添加剂等特定领域加以适用外,正式程序在行政实践中鲜有使用。不过,布什总统在对 12866 号行政命令——《管制规划与审查》修正案所加入的一项条款表明正式程序的未来适用空间,修正案鼓励行政机构慎重考虑是否有必要使用正式程序解决复杂行政裁决问题之需要。

《行政程序法》对规章制定的非正式程序着墨颇多,尤其是对子程序的规定较为详细,基本步骤大致如下:②

1. 拟制定规章通知必须在联邦公报(Federal Register)上公告,除非受建议规章管辖的人的姓名已被指明,并且已经个别通知,或者依法律规定事实上已通知时除外。公告必须包括下述内容:(1) 公开规章制定程序的时间、地点和性质;(2) 建议规章制定的法律依据;(3) 拟制定规章的全文或主要内容,或者规章涉及的主题及问题。

2. 发布上述公告后,行政机构应提供利害关系人参加规章制定程序的机会;通过提供书面资料、书面观点、书面意见的形式,无论有无口头陈述的机会。考虑相关意见后,行政机构应在其采纳的最终规章中简要说明制定规章的依据和目的。法律规定必须以听证记录为依据制定的规章除外。

3. 除非有例外情形,最终规章文本至少应在生效之日的 30 日前公布。

4. 行政机构必须给予利害关系人申请发布、修改或废除规章的权利。

非正式程序被称为"通告——评论——公布的规章制定"程序,是规章制定程序的一般形式和典型形式。此种程序下,行政机构首先向公众通告规章制定的情况,聆听公众意见,可以采纳(也可以不采纳)公众对规章制定的评论,最后形成规

---

① See Daniel E. Hall, *Administrative Law: Bureaucracy in a Democracy*, New York: Pearson Education Inc, 2002, p. 113.

② 5 U. S. Code § 553.

章文本。

  同时,《行政程序法》做出大量的例外规定。某些符合规章定义的特定事项可以不受《行政程序法》约束,大致可分两大类:(1)联邦政府的军事或外交职能事务;(2)行政机构内部的管理或人事制度以及公共财产、贷款、补助金、保险金或合同等事务。① 还有一些规章可以不受或部分不受非正式的程序限制。除法律规定必须发布公告或者举行听证之外,下列规章在制定过程中不受《行政程序法》公告或者听证程序的限制:(1)解释性规章、政策声明、程序性规章;(2)行政机构有正当理由认为(并将此理由载入所发布规章)该项规章的公告和公共程序不能实行、没有必要或者违反公共利益。② 下列规章不受《行政程序法》生效日期的限制:(1)给予或者承认免除法律适用的实体规章或者取消限制的实体规章;(2)解释性规章或政策声明;(3)行政机构有正当理由制定的其他规章,且该理由已和规章同时公布。③

(三)美国规章制定程序的补充和完善

  《行政程序法》确立的程序框架是行政机构制定规章的一般模板,该框架随着时间的流逝亦产生新的发展。20世纪70年代前后,国会制定一系列规制性法律对规章制定的程序加以更新和补充。混合程序(Hybrid Rulemaking)是实践中逐步发展并不断完善的规章制定程序,该程序在评论或公布等子程序中增添协商、成立咨询委员会、非正式口头听证、有节制盘问等环节。所谓混合程序,即规章制定程序介于正式和非正式程序之间,较正式程序简单但比非正式程序复杂的规章制定程序。混合程序的法律渊源主要是国会针对特别机构之规章制定程序的立法,包括部分司法判例和行政机构内部的程序性规则。④ 混合程序的产生源自实践之需,正式程序的行政效率极为低下,已成为行政机构不能承受之重;非正式程序虽解决了效率问题,却无法满足利益相关人对拟制定规章的事实依据等因素的了解需要,降低了利益相关人的规章制定参与度。为了寻找两种程序优缺点之间存在的平衡点,混合程序应运而生,其主要特征在于扩充公众参与的方式和程度(但不一定必须采用此类参与方式),口头、书面、辩论等成为公众参与拟制定规章形成过程(包括评论和听证等)的方式。值得一提的是,混合程序仅适用于法律有明文规定的特定领域和行政机构,该程序的适用范围不及《行政程序法》。

---

  ① 5 U. S. Code § 553(a).
  ② 5 U. S. Code § 553(b).
  ③ 5 U. S. Code § 553(d).
  ④ See Stephen F. Williams, *Hybrid Rulemaking under the Administrative Procedure Act: A Legal and Empirical Analysis*, 42 Univ. Chic. L. Rev. 401(1975).

协商程序肇始于20世纪80年代初期,经行政机构试验数年后由1990年《协商制定规章法》予以初步承认(法案规定了六年的自动废止条款)。法案施行六年后,国会于1996年通过《行政争议处置法》,实现对《协商制定规章法》的永久批准。严格而言,协商程序并非独立的规章制定程序,而是在非正式程序的通告和评论两个子程序中添加的额外前置程序,具有补充性和选择性。简言之,在公布拟制定规章之前,行政机构设立一个协商委员会,由行政机构、被规制企业、行业协会、公民团体及其他受影响的组织和个人组成,委员会就拟制定规章举行会议并协商规章文本,若委员会达成合意,则合意文本成为拟制定规章的最终文本,随后进入通告—评论程序。[1] 由于启动协商程序需要满足的条件相对复杂,如规章产生的影响有限且可认定、利益相关人能够被充分代表且彼此力量大致均衡、规章拟规制的问题成熟且可控等,协商程序在规章制定中并未普遍适用。当然,这些条件并非绝对封闭和固定不变,在具体适用中有较大弹性和灵活性。从1982年行政会议提出最初建议直至1995年,"联邦行政机关完成了近50个协商制定规章程序。每个机关以自己的方式,运用上述条件来选择适当的规章,有时附加另外条件"。[2]

《行政程序法》对规章制定的正式和非正式程序进行细化规定,明确其最低程序标准;然而,即使是最低限度的程序标准,也并非能适用于所有的规章制定活动。甚至在满足特定条件时,任何规章制定的程序都有可能免于适用《行政程序法》的各项程序要求。这体现出该法案是在制定过程中背后多股力量相互角逐最终形成的妥协结果,反映出《行政程序法》制定者的谨慎态度,即不轻易对职能千差万别的行政机构及其行政行为施加统一的程序性约束,在一定程度上支持行政机构的自由裁量权,以对其程序进行调整使之适用于特定的规章制定活动,这正是混合程序和协商程序产生的理论与实践前提。美国规章制定的各项程序随实践的需要得到不断发展与更新,但并未仅仅停留在静态的法律框架范围内;国会、总统、法院(尤其是最高法院)对规章制定的程序性标准和实体性标准亦进行不断的动态修正和完善,逐步形塑为颇具复杂面貌的美国规章制定规范体系。

二、权力的源头——国会对规章制定的立法监督

(一)国会的授权范围限制

行政机构之规章制定权来自国会授权。在授权法中,国会一般会概括规定行政机构的权限范围。通过1988年"鲍恩诉乔治城大学医院"一案,我们可加深对授

---

[1] 5 U.S. Code. §§ 564,565.
[2] 沈岿:《关于美国协商制定规章程序的分析》,载《中南政法学院学报》1999年第2期。

权范围限制的理解。"鲍恩诉乔治城大学医院"一案涉及行政机构是否有权就具体事项制定追溯性规章。根据《医疗保险法》,政府将偿付医疗服务提供者对医疗服务受益者提供医疗服务产生的费用。其中,《医疗保险法》42U.S.C.§1395x(v)(1)(A)授权卫生和人类服务部部长(以下简称"部长")公布偿付规制成本,同时提供适宜的、有追溯性的、正确的调整,使得医疗服务提供者在任何一个财政期间内产生的总报销成本大致适度。1981年,部长发布的一项规章所公布的成本限制进度表改变了"工资指数"计算方法。"工资指数"是用来反映该国不同地区医院雇员工资水平的一个因素,根据以前规章,某一区域工资指数是用该地区所有医院的平均工资水平计算得出,但1981年规章不包括联邦政府医院支付的计算工资。联邦地区法院在哥伦比亚特区多家医院诉讼的案件中裁定1981年规章无效后,部长维持原有的工资指数计算方法。然而部长在1984年重新发布1981年规章,计划收回此前支付给各医院的补贴。在穷尽所有行政救济措施后,被调查者在联邦地方法院提起诉讼,声称追溯时间表违背《医疗保险法》因而无效。最高法院认为,行政机构的规章制定权以国会授权为限,一般而言,除非明文规定,行政机构不得制定有追溯力的规章。《医疗保险法》未明示授权行政机构发布针对支出限制的追溯性规章,故卫生和人类服务部部长发布的1984规章无效。①

另外,为弥补《行政程序法》正式和非正式程序存在的公众参与不足、机构决策程序疏漏、司法审查依据单一等缺陷,国会在大量单行法中设置了严密的规章制定约束程序。例如,《职业安全与健康法》规定,如果利益相关方对拟制定规章提交书面意见并要求就该意见举行听证会,行政机构应当举行听证会;②又如《联邦贸易委员会法》对交叉询问证人的详细规定、《消费者产品安全法》对规章草案和最终文本之差异的更为详细的说明要求等正体现了这一点。

(二)国会的节奏把控

国会对规章制定的节奏把控大多聚焦于卫生防疫、环境保护等公共安全与健康领域,试图通过对此类领域中行政机构的延迟或不作为行为施加紧箍咒,以强化行政机构的尽职履责能力,相应的节奏把控几乎贯穿于规章制定的各个过程。国会在1986年《石棉危害应急响应法》中要求,对涉及在学校建筑中使用与石棉有关材料的七个特定领域中,环保署应当在特定的时间节点制定规章:环保署启动规章制定程序后的60天内应发布拟制定规章预通知,180天内公布拟制定规章草案,360天内公布规章最终文本。③ 又如,联邦航空管理局在制定规章时,应自公众评

---

① Bowen v. Georgetown Univ. Hosp., 488 U. S. 204 (1988), para. 98.
② 29 U. S. Code § 655(b)(3).
③ 15 U. S. Code § 2643(a).

论最后一日起 16 个月内发布最终规章文本,或做出其他终局决定;如果发布了拟制定规章预通知,则应于拟制定规章通知在《联邦登记》发布之日起 24 个月内发布最终规章文本。① 据统计,仅 1970—1983 年间,国会在各种与环境有关的法律中即设立约 600 项与最后期限有关的规定。②

"锤子规定"是国会对规章制定进行节奏把控的又一利器。1984 年《资源保护和回收法》修正案规定,环保署对土地上的特定废物处置应在规定期限内发布规章,如果逾期未发布规章,"锤子"就将落下,国会的监管结果就将生效。③ 1990 年《营养标签和教育法》使用"锤子"规定加大对规章制定期限的控制,如果在法定期限内最终规章文本没有发布,则规章草案自动生效。2002 年《公共卫生安全和生物恐怖防范应对法》规定,卫生和公共服务部与食品和药品监督管理局应在 18 个月内发布关于食品进口注册的规章草案和最终文本,若在规定期限未能完成规章制定,进口商可以自愿选择是否注册。

(三) 国会的立法否决权

立法否决权并非宪法赋予国会的专项权力,而是国会在授权行政机构制定规章的法律中对其进行控制和影响的附加条款的概括化总称。通过附加的自身授权条款,国会可对行政机构制定的规章进行审查,若规章与国会授权之目的和意图不符,国会有权予以撤销。立法否决权首次使用是在 20 世纪 30 年代经济危机时期的美国。彼时,胡佛总统的保守政策无力拯救深陷于经济危机中的美国,国会通过《行政改组法案》授权总统通过行政命令改组政府机构以适应形势需要,但同时规定行政命令必须交由国会批准,参众两院在 60 天内均有否决权。随后,否决权的使用逐步扩大到多个法案。尤其是 1972 年"水门事件"后,立法否决权普遍盛行,几乎每项新授权法都附有否决权条款。仅 1970—1975 年短短 5 年中,就有 163 项否决权条款产生。到 1983 年查德哈案件发生时,全部 122 项有效法律共包含 207 项否决权条款。④ 1976 年和 1982 年,国会参众两院分别通过法案,规定所有行政立法和活动都处于国会立法否决权的控制之下,立法否决权的运用走上顶峰。国会早期的立法否决权是一种直接立法否决权,主要在否决权的行使主体和行使程序中有所体现。首先,立法否决权的行使主体非常广泛,除国会两院同时行使否决权外,参众两院之一亦可独立行使;甚至两院中的常设委员会(如拨款委员会)亦有

---

① 49 U. S. Code §106(f)(3) (A).
② See Alden F. Abbott, *The Case Against Federal Statutory and Judicial Deadlines: A Cost-Benefit Appraisal*, 39 Admin. L. Rev. 171-173(1987).
③ 42 U. S. Code § 6924((d)(1-2).
④ 吴撷英、甘超英:《美国国会立法否决权的兴衰》,载《中外法学》1989 年第 1 期。

权行使。其次,立法否决权的程序在国会内部即可完成,无须受总统行政权的制约。早期的立法否决权几乎是一种绝对权力。

在1983年"美国移民和规划局诉查德哈"一案中,国会的立法否决权受到颠覆性修正。最高法院首席法官沃伦·厄尔·伯格提交的多数判决理由认为:第一,立法否决权的性质是一种立法权,虽有助于国会对政府和行政机构的监督和控制,并提高工作效率,但未严格依照宪法规定的立法程序运行,直接干预了行政权的行使,因而是违宪的。第二,国会的活动必须严格遵守宪法第一条之规定,立法否决权按此规定应当经两院通过和总统批准的程序方能行使。其中,两院制确保立法否决权在法案形成过程中经过充分的研究和探讨,增加合理性和合法性;总统的参与则是为了保护行政权不受侵害、人民不受愚蠢的法律荼毒;同时,参众两院多数可推翻总统否决权的制度避免总统个人独断的作用空间。显然,立法否决权的运行违反上述两个程序,因而是双重违宪。①

查德哈一案后,国会对规章的立法否决权被附上重重枷锁。现在,国会对规章审查的立法否决依据是1996年《国会审查法》。法案设置的程序要求国会提出规章否决决议时须参众两院通过联合决议,并将决议提交总统签署或否决;同时,法案对重大规章的生效日期至少推迟60天,并为国会的不批准决议设置加速审议程序。由于法案设置的规章审查程序过于复杂,国会通过该法案行使立法否决权推翻的规章仅有一项,即克林顿总统执政后期,由职业安全和健康管理局所发布的一项旨在解决工作场所人机工程伤害问题的规章。② 不过,唐纳德·特朗普于2017年1月就任美国总统后,受政党政治利益的驱动,该法案重新受到重视,并焕发出新的生机。特朗普所在共和党控制的第115届国会通过一系列反对决议推翻了奥巴马政府颁布的大量规章。最终,这些决议中有14项在国会通过并签署成为法律;其中第十五项决议在众议院获得通过,但在参议院未能通过。

(四) 国会的其他约束机制

国会议员可通过一系列非正式交涉对规章制定施加影响,如国会(及议员)的声明、国会对特定规章提交的报告或建议等。在1972年华盛顿联邦公民协会诉沃尔普一案中,交通部部长根据联邦法规将一些有关特定安全和环保的结论用于批准的桥梁设计中,并将其作为州际高速公路系统的一部分。公民团体认为交通部部长的决定受到了国会不合适的影响,因而不符合法定要求。国会的影响主要来

---

① Immigration and Naturalization Service v. Chadha, 462 U. S. 919 (1983), para. 77.

② Susan E. Dudley, *Crazy After All These Years: Extending the Reach of the Congressional Review Act*, at https://www.forbes.com/sites/susandudley/2017/03/07/crazy-after-all-these-years-extending-the-reach-of-the-congressional-review-act/(visited on April 20, 2018).

自哥伦比亚特区众议院下属委员会主席——纳彻议员的公开声明,该声明表示,除非交通部部长批准建造这座桥,否则用于建造哥伦比亚特区地铁系统的资金将被扣留。虽然法院并不能确定该议员的声明是否对交通部部长的决定产生重大影响,但大多数法官认为,如果交通部部长的决定是全部或部分基于议员的压力,那么该决定无效。法院虽然要求交通部部长重新做出决定,但同时强调,法院并没有找到交通部部长所做决定是基于该议员适当或非法影响的证据,法院发回重审是让交通部部长严格且仅仅以国会的法律作为最终决定的基础。在1981年"塞拉俱乐部诉科斯特"一案中,哥伦比亚特区巡回上诉法院肯定了国会对规章制定的非正式影响,该法院认为,在一般的政策、规章制定中,国会议员代表选民利益、积极通过非正式方式对行政机构施加影响完全合适,只要国会议员不违背国会在法规中表达的目的,不破坏规章制定的程序,而是将他们的非正式影响集中在被提议规章的实质内容。

监督听证会是规章制定的正式影响机制之一。作为国会各专门委员会对规章制定进行意见反馈的一种正式而主要的渠道,监督听证会有助于行政机构在制定规章时更加符合国会授权原意及充分反映公共利益,其规则和形式与立法听证会等其他听证会基本相同。监督听证会可以在规章制定的任何阶段举行,甚至可以和立法听证会同时举行。此外,为了弥补《行政程序法》补充性和约束性的不足,国会在特定领域制定普适性的程序性法律以约束规章制定,如1969年环境领域的《国家环境政策法》、1980年减轻中小企业文书负担的《文书削减法》、1980年减轻中小企业经济负担的《灵活规制法》等。

三、权力的内部监督——总统对规章制定的行政引领

(一)管理和预算办公室的综合审查

管理和预算办公室(简称OMB)系根据《预算和会计法》在1921年成立。OMB除协助总统编制财政预算、制定财政方案以及监督和控制预算管理等财政事务外,亦有权协助总统清理和协调行政机构提出的立法建议;向总统通报行政机构拟开展的工作、实际开展情况和工作完成情况,以及完成工作的相关时间和工作成效;并以此协调作为政府分支的行政机构的各项工作,以避免国会资金的重复拨付并提高资金使用效率;尤其根据1936年2月18日第7298号行政命令之规定,OMB在必要时编制拟议的总统行政命令和公告,几乎成为总统行政政策指向的风向标。OMB成立初期对规章制定的审查呈零星状和综合状,大多通过间接的指向和控制预算对规章制定施加约束。

20世纪60年代后,国会制定大量与环境和健康等公共利益紧密相关的监管

法律，与之相对应，规章的数量和分布也出现相应的大扩张，OMB 开始在规章审查上大展拳脚。1971 年尼克松"生活质量审查"制度授权 OMB 对某些无效或成本过高的环境规章进行审查，拉开了 OMB 对规章制定之审查权的序幕。福特于 1974 年发布名为《通货膨胀影响声明》的第 11821 号行政命令，要求任何行政机构颁布规章或规则都必须附有声明以证明该法案的通货膨胀影响已得到评估，同时授权 OMB 制定可能具有重大通货膨胀影响的标准和评估程序，以对行政机构提出的规章和规则进行评估。OMB 对规章的审查制度在通货膨胀方面实现系统化。1978 年卡特政府发布名为《改善政府规章》的第 12044 号行政命令，OMB 取得更为广泛的规章审查权，除对规章进行经济审查外，还取得对联邦登记公布前的规章实施批准与否的权力。但是，OMB 毕竟是总统所辖的经济机构，自身已承担重要且艰巨的联邦管理和预算等财政功能，对于数量日益增长、专业性逐步增大的规章制定现状，逐渐显得力不从心，一个具备独立性和专业性的规章审查机构已成为时代所需。

（二）信息和规制事务办公室的专业审查

1980 年《文书削减法》设立信息和规制事务办公室（简称 OIRA），OIRA 是隶属于 OMB 的专职于信息以及行政立法审查的行政机构，其主任由总统任命。在里根时期，12291 号总统行政命令的颁布赋予 OIRA 审查联邦政府各行政机构行政立法的职权。

现在，OIRA 作为行政机构规章制定的专业审查机构，是总统的左膀右臂，其权限和职责范围的法律依据主要有三，分别是 1980 年《文书削减法》、1993 年克林顿总统 12866 号行政命令——《监管规划与审查》及 2011 年奥巴马总统 13563 号行政命令——《改进规制和规制审查》。《文书削减法》主要规定 OIRA 信息数据收集与统计、信息政策制定与修改等削减私营企业和公民文书负担方面的职能；12866 号行政命令取代里根总统 12291 号和 12498 号行政命令，确立行政机构在制定规章时必须遵循的指导原则，包括鼓励使用成本效益分析、风险评估和基于绩效的监管标准，并明确监管规划过程，还通过集中审查规章来扩大 OIRA 在规章制定中的作用。12866 号行政命令除明确重要规章的标准（如经济影响达到 1 亿美元及以上、造成行政机构之间的规制严重不一致或对其他机构的规制或计划形成干扰等）外，还授权 OIRA 有权确定哪些规章是重要的，并有权附加重要规章制定时必须满足的额外分析要求：预期的利益和成本必须尽可能量化，各机构必须为合理的替代方案提供成本效益分析，并说明为什么采纳的监管规章优于所确定的潜在替代方案。OIRA 有 90 天的时间完成规章审查，如果有需要可延长 30 天。在 OIRA 的审查完成之前，行政机构不能将该规章在联邦公报上公布，如果 OIRA 将规章返回给行政机构或要求任何形式的变更，该机构必须重新考虑制定规章，以解决 OIRA 的担忧。13563 号行政命令重申并放宽 12866 号行政命令体现的各项原则,要求行政机构使用最佳可行技术尽可能准确地量化拟议规则的预期效益和成本;在规章制定的参与载体上,指示行政机构及时在线提供规章制定文本,为公众通过互联网评论拟制定规章提供机会。

OIRA 对规章的审查大致可从宏观和微观两个角度切入。在每年的规划周期之初,副总统召开由各机构负责人和顾问参加的机构政策会议,确定机构间的优先监管事项,协调未来一年须完成的监管工作。其后,每个行政机构应将其正在制定或审查的所有规章(包括其他规制行动)形成一个议程,并以指定的时间和方式交 OIRA,形成统一监管议程。作为统一监管议程的一部分,从 1994 年开始,每个机构应制定一个作为该机构在该财政年度或之后拟制定或发布规章的监管计划,计划的内容包括规章的目标、规章的必要性、规章的大致内容和可替代方案、规章的预期成本和收益估算,规章如何降低公共卫生、安全或环境的风险,以及规章所涉风险的严重程度等。OIRA 在收到行政机构计划后的 10 个日历日内将其分发给其他受影响的行政机构和副总统,倘若行政机构负责人认为其他机构的计划管理行动可能与自己的政策或已采取或计划的行动有冲突,应及时以书面形式通知 OIRA 管理人员,OIRA 管理人员将该信函转发给相应的行政机构;如果 OIRA 负责人认为行政机构的管理行动可能与总统确定的优先事项或法律规定的原则不符,或可能与其他机构的政策或行动冲突,也应及时以书面形式通知受影响的行政机构。

在审查行政机构拟发布规章时,OIRA 首先对规章存在的重大影响性因素展开分析。重大监管行动对规章的重大影响特性进行归纳,大致包括:每年产生 1 亿美元及以上的经济影响,或对经济、经济机构、生产力、竞争、就业、环境、公共卫生和安全以及州、地方、部落政府或社区产生实质性影响;对其他机构采取或拟采取的行动形成严重的不一致或干扰;实质上产生了权利、补助金、用户费用等预算上的影响,或改变了贷款计划或贷款接受者的权利或义务;提出了超越法律或行政命令的新的法律或政策观点等。一般而言,规章产生的重大影响性直接而迅速,因而在 OIRA 的审查方式上,成本—收益分析法及成本有效性分析法是十分常用和直观的审查方法。其次是风险性分析,此外还包括特定影响分析、同行评议等审查方法。[①] OIRA 完成规章审查后得出维持并通过、修改后通过、撤回、中止审查等九种不同的处理结论。从 1980 年 OIRA 成立起直至 2018 年 4 月 16 日,OIRA 共对 87 个行政机构送交的共计 44226 部规章进行审查,其中 58.68% 的规章通过审查(未

---

① 金成波:《信息与规制事务办公室:美国行政立法的看门人》,载《国家行政学院学报》2016 年第 5 期。

作任何修正),41.32%的规章被提出修改、撤回、中止审查等修正要求。① OIRA 的审查规模异常庞大,几乎包含美国联邦绝大多数行政机构的主要规章,也就是说,联邦政府的几乎所有重大规制措施均被 OIRA 审查过。就审查效果而言,OIRA 对接收规章中近一半的规章提出修正意见。OIRA 的审查产生了积极作用,不仅增大规章的可接受性,降低机构之间的规制措施冲突,亦增进机构之间以及机构和公众之间的信息交流,使得规章的制定走向更加符合美国国家政策走向。②

四、权力的制衡——法院对规章制定的司法审查

除法律明确排除司法审查或属于行政机构自由裁量权外,③个人或团体的权利义务受到规章侵犯或不利影响时,有权要求法院对规章进行司法审查。对于司法审查之范围,《行政程序法》做出明确规定:(1)审查法院应强制执行行政机构不合法拒绝或不合理延迟的行为;(2)认定下述行为、裁定和结论不合法,并予以撤销:(a)专横、任意、滥用自由裁量权及其他不合法行为;(b)违反宪法规定的权利、权力、特权或赦免;(c)超越法定管辖权限、权力或限度,缺少法律规定的权利;(d)没有遵循法定程序;(e)适用本编第 556 节和 557 节规定的案件,或法律规定的其他依照行政机构听证记录而审查的案件,没有实质性证据作支撑;(f)没有事实依据,达到事实必须由法院重新审理的程度。④ 不难看出,《行政程序法》的司法审查标准较为原则化和宽泛化,诸如诉讼类型、程序标准和实体标准等细节均未明晰化,在具体的司法实践中,大量且具有重大影响的法院判例(尤其是哥伦比亚特区巡回上诉法院和最高法院的系列判例)成为规章制定中二次修正的主导力量。

(一)"推定可审查性"原则

1971 年"保护奥弗顿公园公民诉沃尔普"一案,⑤涉及争端是对交通部部长批准使用联邦高速公路基金修建一条横穿奥弗顿公园的州际高速公路之决定的司法审查。此案一波三折,联邦地区法院和上诉法院维持交通部的决定,最高法院则将下级法院的判决予以撤销。原告认为,根据法律规定,修建横穿奥弗顿公园的州际

---

① 参见 https://www.reginfo.gov/public/do/eoCountsSearch(访问时间:2018 年 4 月 16 日)。

② U. S. Government Accountability Office, *Federal Rulemaking: Improvements Needed to Monitoring and Evaluation of Rules Development as Well as to the Transparency of OMB Regulatory Reviews*, GAO-09-205[R], 2009, pp.18.

③ 5 U. S. Code § 701(a).

④ 5 U. S. Code § 706.

⑤ Citizen to Preserve Overton Park, Inc. v. Volpe, 401 U. S. 402 (1971), para. 70.

高速公路这样的建筑只在"没有其他可行的、审慎的替代方案时"才能采用,而且交通部部长必须考虑"一切可能的计划,以减少对公园的损害",交通部部长批准这条公路显然不符合法律规定;交通部部长认为:关于是否有"其他可行的、审慎的替代方案"的考量,属于他的自由裁量权限,法院对此没有司法审查权。最高法院认为,交通部部长的决定是一个司法审查例外情形范围的狭隘的例外。行政程序法的立法史表明它只适用于这样的例外情况,即法律使用如此广泛的词句,以致在某一具体事件上没有法律可以适用。此案不属于《行政程序法》701(a)条明文规定的两种排除司法审查的例外情形;1966 年《交通部法案》以及 1968 年《联邦援助公路法案》对于此案情形已有原则性规定:交通部部长应制订"可行、谨慎与经济的方案",因而交通部部长的决定不属于自由裁量权范围。通过对《行政程序法》701(a)条关于司法审查例外情形所做的狭义解释,最高法院明确行政行为的推定可审查性。随后,最高法院以 706(2)(A)项作为司法审查标准,对交通部部长的决定是否基于相关因素的考量且是否在判断上存在明显错误进行审查,最高法院明确审查法院的审查义务,即"尽管对事实的探寻应当谨慎且小心,审查的标准仍不宜过于宽泛,法院的判断不能取代行政机构的判断"。

奥弗顿公园案所涉行政行为是一种裁定,严格而言并非规章制定活动。然而,该案件却对规章制定的司法审查标准产生深远影响。自此以后,"推定可审查性"成为法院对规章制定的审查原则之一,该案件"详尽且谨慎"的审查标准——即"严格性"审查标准亦被法院应用于规章制定的实体性审查和程序性审查之中。

(二)"严格性"审查标准

"严格性"审查标准诞生于 20 世纪 60 年代末 70 年代初。当时,行政机构被监管对象俘获并沦为利益集团爪牙的现象在一些公共领域(以环境保护领域尤为突出)逐步显现,行政机构是否以及在何种程度能代表公共利益在委托—代理理论的拷问下显得狼狈不堪。在"监管俘获理论"(Regulatory Capture Theory)的影响下,法院对行政机构的司法怀疑主义日趋浓厚。戴维·贝兹伦法官认为,法院不应当一味服从"神秘的行政专家意见",行政行为常常涉及个人在生命、健康和自由等方面的重要权利,法院应当进行"严格的司法审查"以保护那些重要的权利免受行政滥权之侵害。[①] 哥伦比亚特区联邦巡回上诉法院另一位法官哈罗德·利文撒尔主张对行政行为进行细致审查。逐步地,"严格性"审查标准融入规章的司法审查。应当说,奥弗顿公园一案中,"严格审查"标准已经有所体现。哥伦比亚特区巡回上诉法院将"严格性"审查标准推向巅峰。20 世纪 70 年代,哥伦比亚特区巡回上诉

---

① See Patrick M. Garry, *Judicial Review and the "Hard Look" Doctrine*, 7 Nev. L. J. 162(2006).

法院在多份涉及规章制定的判决中要求,行政机构制定规章时除须遵守《行政程序法》第 553 条规定的最低程序标准外,还应遵守其他相关程序标准。[①] 1976 年"克莱普诉赛拉俱乐部"一案中,最高法院首次明确"严格性"审查标准的概念。[②]

不过,在 1978 年"佛蒙特扬基核电公司诉自然资源保护协会"一案中,最高法院对"严格性"司法审查标准的态度有所转变,它对下级法院在规章制定程序中不断"严格性"司法审查的普通法创制进行一定程度的批评,尤其对特区巡回上诉法院关于规章制定程序的判决结果提出更为谨慎的期望:一般来说,国会希望法院在审查行政机构的规章制定程序时,要求行政机构遵守《行政程序法》第 553 条设立的程序标准。但行政机构在自由裁量时,有权自主选择使用其他程序,若行政机构放弃上述权利,审查法院通常不得要求其适用。[③]

(三)"任意和武断"审查标准

在 1983 年"美国机动车制造商协会诉州农场互助保险公司"一案中[④],最高法院推翻了里根政府一项重要的减少规制决定。在该案件中,美国国家公路交通安全管理局撤销一项要求 1982 年后制造的汽车必须安装安全带的标准。该项标准系根据 1966 年《全国交通和机动车辆安全法》制定,法案要求交通部部长根据"现有的机动车辆相关安全数据",制定"满足机动车辆安全需要的可行的汽车安全标准",并切实考虑所提议标准对于特定类型的汽车而言是否"合理、可行和适当",以及这类标准有助于实现法案目的之程度。是时,基于成本考虑,交通部下属的国家公路交通安全管理局在安全带和气囊之间选择安全带作为标准。由于缺乏直接或间接证据表明驾驶员和乘客愿意自觉佩戴安全带,标准的效益值得怀疑,安装安全带的成本却高达每年 10 亿美元。据此,国家公路交通安全管理局废除原先安装安全带的标准要求。最高法院以 5 票对 4 票的比例维持联邦上诉法院的撤销判决。交通部认为取消标准等同于拒绝通过标准,但最高法院采用任意性审查标准认为,即便安全带不能带来良好效果,但气囊似乎也没有被纳入充分考量范畴,其他一些如不可拆开或连续重系的自动安全带等替代性选择亦未被充分论证。国家公路交通安全管理局在标准制定中放弃有关汽车制造公司配备安全带的要求,却未能充分解释这一令人费解的举措,因而被法院视为"危险信号"。

---

① See Reuel E. Schiller, *Rulemaking's Promise*:*Administrative Law and Legal Culture in the 1960s and 1970s*, 53 Admin. L. Rev. 1141(2001).
② Klepppe v. Sierra Club, 427 U. S. 390,411 n.21(1976), para. 60.
③ Vermont Yankee Nuclear Power Corp. v. Natural Resources Defense Council, 435 U. S. 519(1978), para. 110.
④ Motor Vehicle Manufacturers' Ass'n of United States, Inc. v. State Farm Mutual Automobile Insurance Co., 463 U. S. 29 (1983), para. 160.

最高法院在该案件适用的"任意和武断"审查标准中明确指出,行政机构必须审查相关资料并对其行为做出合理解释,包括证明其所依据之事实与所做决定之间的合理联系。对于"任意和武断"审查标准,最高法院进一步解释为:通常,如果行政机构超出国会之授权而考虑其他因素,或完全忽视问题的某一重要方面,或对所做决定加以与其先前提供之证据相反的解释,或其行为极不合理以至于无法被视为是观点不同或者专业判断的结果,它就有可能变得任意和武断。[①] 最高法院做出判决后次年,交通部制定规章要求汽车必须安装自动安全带,到 1989 年 4 月,绝大多数州通过安装安全带的州立法,绝大多数汽车制造商亦选择同时满足自动安全带加气囊的双重要求。1991 年,国会通过关于气囊要求的法律,并于 1996 年生效。

2007 年"马萨诸塞州诉联邦环保署"一案中,"任意和武断"审查标准得到进一步阐释。2003 年,以马萨诸塞州为首的 12 个州、3 个市以及部分环保组织以《清洁空气法》第 202(a)(1)条为法律依据,申请环保署制定规章以规制四种温室气体尤其是汽车尾气的排放,以保护环境及公众身体健康。环保署拒绝制定规章后,申请人对其提起诉讼。环保署的答辩理由主要有两点:首先,温室气体并非《清洁空气法》法定的"空气污染物";倘若二氧化碳属于空气污染物,以一般的逻辑进路推演,减少尾气排放的唯一有效可行方法是限制燃油。由于国会已授权交通部制定详细的节约燃油规制标准,若环保署再就尾气标准发布规章,会与已经制定的标准冲突,有违国会的立法意图。《清洁空气法》并未授予其颁布管制规章以解决气候变化的权力。其次,环保署以国家研究委员会 2001 年发布的研究报告——《气候变化:一些关键问题的分析》作为依据,认为虽然温室气体的急剧增加与地球表面气温的升高同步发生,但是不能准确确定温室气体的增加与地球表面温度升高之间存在因果关系。环保署认为,规制温室气体的排放并不明智,即使它有权制定温室气体排放的规章标准,在当下也不明智。

最高法院以 5 票对 4 票的比例通过对该案的判决。最高法院认为,交通部制定限制燃油标准的权力与环保署负责保护公众健康和福利的职责可能有交叉和重叠,但两个行政机构并非不能同时履行各自职责,且环保署的职责显然不能因为交通部之权力而得到免除。另外,环保署试图指出气候变化多种多样的不确定性并进而认为当下最好不做出规制的理由站不住脚。如果环保署不能对温室气体是否是导致气候变化的准确原因做出判断是因为科学的不确定性,那么这一点必须得到明确。然而,环保署是由于某些剩余不确定性而宁愿选择不对温室气体排放制

---

① [美]杰弗里·吕贝尔斯:《美国规章制定导论》,江澎涛译,中国法制出版社 2016 年版,第 7 页。

定规章进行管制,二者之间并无相关性。大法官史蒂文斯撰写的判决书认为:一言以蔽之,对于温室气体是否是形成气候变化的原因或对之产生了显著影响,环保署没有提供合理的解释。因而,其行为是"专断、反复无常的……"〔U.S.C.§7607(d)(9)(A)〕。本案不需要也未触及这个问题,即环保署是否必须就危害性因果关系做出判定,或者在做出相应判定的前提下,相应政策是否需要环保署采取措施制定规章。我们仅仅裁定,环保署做出或不做出行为的理由应当以法律为基础。①

(四)"合理性"审查标准

在"美国雪佛龙公司诉自然资源保护协会"一案中,②最高法院对规章制定的司法审查"合理性"标准予以明确。1977年,国会对《清洁空气法》进行修正,修正案要求未能达到环保署依照早期立法而设立的国家空气质量标准的州建立一个许可证计划,以规制空气污染"新的或修正的主要固定污染源"。除非符合严格条件,否则不得为此类来源颁发许可证。在卡特政府期间,环保署将一个固定污染源定义为产生污染的制造厂的任何设备。1981年里根当选总统后,安妮·戈索赫领导的环保署通过一项新标准,将固定污染源的定义加以改变,允许现有工厂获得不符合标准的新设备的许可证,只要工厂的总排放量不增加。自然资源保护协会对环保署的新标准提出质疑,并得到下级法院的支持,受影响的雪佛龙公司于是对下级法院的判决进行上诉。

此案的焦点是,行政机构根据对法规的独立理解制定标准,法院应当适用什么样的审查标准。最高法院认为,首先,国会是否针对当下问题给出直接意见,如果国会的意图明确,那么案件到此为止;对于法院和行政机构而言,必须实现国会明确表达的意图。然而,如果法院裁定国会没有就当下问题给出确切意见,法院也不能简单将自己的意见强加其中;相反,如果法规对于当下问题并无直接答案或答案不明确,法院的问题是确认法规对行政机构的意见是否许可。最高法院进一步认为,如果行政机构对标准的解释合理,那么法院将延迟对法规的阅读;合理并不意味着法院将会决定这个标准,虽然法院对这个标准不同意,只要行政机构能够提出制定该标准的合理理由,即便该理由并不完全具有说服力,法院也必须维持行政机构的判断。判决意见的主要起草者约翰·保罗·史蒂文生法官给出进一步解释:如果对行政机构制定规章的质疑主要针对其决策智慧,而不是其是否在国会授权范围内做出合理选择,这种质疑注定要失败。鉴于此,非民选的联邦法官有义务尊重那些有民选基础的行政机构所做的合法的政策选择。

---

① Massachusetts v. Environmental Protection Agency, 549 U.S. 497 (2007), para. 160.
② Chevron U.S.A., Inc. v. Natural Resources Defense Council, Inc., 467 U.S. 837 (1984), para. 111.

合理性与任意和武断审查标准之间存在微妙的区别。查尔斯·科克认为,合理性与任意和武断两种审查标准异化了司法审查的态度,将司法审查的感情指向相反方向。合理性审查标准下,法院支持行政机构之决定以其决定具备合理性为前提;任意和武断审查标准体现出相反的指向,只要行政机构的决定并非任意和武断,那么法院就将接受行政机构的决定。因此,要在合理性标准下维持行政行为,法院必须在某种程度上同意行政机构的决定,即使这不需要达到完全同意的程度;但要在任意性标准下维持行政行为,法院只需认为行政机构的决定不是不可容忍即可。[①] 在1997年"国家奥杜邦协会诉美国森林服务"一案中,美国联邦第九巡回上诉法院指出:"与任意和武断标准相比,合理性标准对行政机构的尊重程度相对较小……所以,如果行政决定符合更严格的合理性审查标准,那么行政决定必然不是任意和武断的决定。""相反,行政决定不具备合理性,并不必然得出行政决定是任意和武断决定的结论。"[②]然而,理论的清晰划分并不意味着合理性与任意和武断两种标准在实践中的明显区别。最高法院法官安东宁·斯卡利亚就认为两种审查标准并无实质性区别,只是"不同程度的严格或力度"标准而已。

五、对我国规章制定的启示

美国规章制定的法律框架以《行政程序法》为蓝本,并随着国会其他单行法以及行政机构各项规章等分部分项具体规定的逐步发展而日趋完善,规章制定的法律框架已成体系。然而,职能千差万别的行政机构并无完全统一的规章制定程序,规章制定体系体现出一定程度的复杂性。如果某行政机构为自变量,其规章制定所须遵循的程序性标准和实体性标准为因变量,由于不同行政机构具有不同的陪衬参数,那么因变量是一个随自变量及其陪衬参数之变化而变化的值;具体到美国行政机构之整体,规章制定所须遵循的程序性标准和实体性标准即成为一个复合函数。随着国会、总统、最高法院对规章制定程序性标准和实体性标准进行不断的修正和完善,颇具复杂面貌的美国规章制定之规范体系得以形成。

与美国规章制定之规范体系相较,我国规章制定体系存在较多缺陷及不足。首先,我国规章制定程序体系呈单一化和静态化。2000年《立法法》及2001年《规章制定程序条例》构成几乎所有行政机构(主要是国务院各部门及直属机构)之规

---

① See Charles H. Koch, Jr., *Administrative Law and Practice* (vol. Ⅲ), 2nd Ed., St. Paul, MN: West Publishing Co., 1997, pp. 15.

② National Audubon Society v. U. S. Forest Service, 4 F.2d 882 (9th Cir.)(1997), para. 72.

章制定程序的法律依据，并未考虑到行政机构所具备的不同工作秉性进而区分不同的规章制定程序；《规章制定程序条例》施行至今已逾 15 年，社会的外在客观环境已经发生天翻地覆的变化，但该条例至今未做任何修改与增补，形成静态的规章制定法律框架。其次，我国规章制定的主体代表性和参与度不足。规章制定的动议主体仅限于国务院各部门及直属机构，排除了公众的规章制定动议权；规章制定期间公众的参与度无明确保障，公众参与的程序规定如听证会、可行性论证会等并无明文强制规定，大多由行政机构自行决定。所形成的结果是，不考虑社会现实、不具备可操作性以及争夺行政权力"一亩三分地"的"独白"规章大量存在。再次，规章制定的监督和约束机制运转不佳。虽然规章的审查和修正已有明文规定，但实践中全国人大常委会及国务院法制办通过相应法律机制对规章所实施的改变和撤销凤毛麟角，大多通过行政机构制定新规章取代旧规章或自行宣布废止旧规章以纠正规章的不法行为。最后，法院仅可对规章位阶以下的政府"红头文件"等规范性文件附带性进行审查的现状使得司法系统无力对规章制定体系之完善贡献自己的力量。

美国规章制定之规范体系以美国化的理论和实践等本土因子为逻辑前提。将美国理论应用于我国规章制定实践时，需要结合我国当下实践并做出本土化改造后方可有适用空间。① 事实上，经过长期的探索与发展，美国规章制定体系背后体现的法治精神基本内涵已经展现出普遍化和一般化的一面，如非正式程序中的公众评论、司法审查序列中的严格性审查和合理性审查标准等，其背后体现出的公众参与的广泛性、规章制定的合法性与合理性等内涵均具有较强的普适性。以美国规章制定体系背后所体现的法治内涵为引领，结合其规章制定体系中的各种程序细节，用于指导和修正我国规章制定体系的不完备之处，相信对我国规章制定体系的完善大有裨益。

The normative system of American rule making

Yang Li

Abstract：The legal framework of American rule making is based on The Administrative Procedure Act, becoming more and more perfect with the development of other unilateral laws and regulations of Congress, gradually forms

---

① 部分美国规章制定理论在我国的适用空间狭窄，如协商程序。我国行业协会等社会中介自治团体发展良莠不齐，但规章适用范围广泛、影响力度深远且利害关系人繁杂，美国规章制定的协商程序在我国现阶段几无适用空间。

the legal system by the rules of formal procedures, informal procedures, hybrid procedures and consultation procedures. The static legal system defines the minimum procedural standard of rule making, but does not require the functions of thousands of administrative organs to follow the unified procedures. In the process of rule making, the Congress controls the rules and regulations by means of authorization, rhythm, and legislative veto. OIRA is a continuous administrative guide to the direction of rules and regulations in the direction of different periods of policy and the specific circumstances. The Supreme Court amended and perfected the procedural and substantive standards of rule making in order to achieve judicial review. The static legal system and dynamic regulation mechanism constitute a complicated system of rule making in the United States. Drawing lessons from the experience of the United States is very helpful for the perfection of China's rule making system.

Keywords: Administrative organ; Rule making; Standard system

（责任编辑：宋亚辉）

政府规制的基本原理研究:基于法治的视角

丁芝华*

[摘　要] 作为对微观经济活动的一种直接干预措施,政府规制是近现代法治的产物,其实施需严格遵循法治的原则和制度。从法治视角上揭示政府规制的基本原理具有重要的理论和现实意义。不能简单地把政府规制权力视为政府享有的一种理所当然的权力,政府规制存在法律上的正当性问题。政府规制的范围应与社会形势的需要相匹配,须尽可能地减少。因政府规制具有特殊性、专业性、复杂性等特点,政府规制权力更适合配置给具有专业特长的专家机构。尽管政府规制权力具有综合性,但在性质上主要还属于行政权,其行使存在固有风险,须高度重视对其行使的规范和监督,建立完善的规范和监督制度。

[关键词] 政府规制;政府规制机构;政府规制权力;法治

近些年来,政府规制颇受国内经济学、政治学、法学、管理学等诸多研究领域中的研究者的青睐,堪称学界研究的热点。[①] 政府规制简称"规制",源于英语中的"regulation",[②]不同于国内含义较广的"管制"、"监管"等,这是一个有着特定制度背景的概念。它专指政府为维护公共利益,主要凭借行政权依法对微观经济主体的活动进行的规范和制约,[③]是西方国家对经济进行干预的一种类型。[④] 作为法治的产物,它的实施须严格遵循法治的原则和制度,它也是衡量一国法治水平的一个

---

* 丁芝华,交通运输部科学研究院政策法规研究室。北京:100029。

① 在国外许多国家,在20世纪50年代末以后,它就逐步成为相关社会科学研究领域的热点,可参见 Roger G. Noll, *Breaking out of the Regulatory Dilemma*: *Alternatives to the Sterile Choice*, 51 Ind. L. J. 686(1976)。

② 尽管许多国家也有类似"regulation"的活动,但在非英语国家中大多难以找到一个与其含义相同的词语。我国也不例外,早期多把其翻译为"管制",后为"规制",实为参照了日本语的翻译方法,参见[日]植草益:《政府规制经济学》,朱绍文等译,中国发展出版社1992年版,第3页注①。

③ See Barry M. Mitnick, *The Political Economy of Regulation*: *Creating*, *Designing and Removing Regulatory Forms*, New York: Columbia University Press, 1980, p.7.

④ 按照现代政治经济学理论,国家对经济的干预包括国民收入再分配、宏观调控和政府规制三种类型。

重要方面。① 因而,从法治视角上揭示政府规制的基本原理是认识和实施它的重要前提和基础。政府规制权力属于一种特殊的国家权力,其在法治框架下的产生和运行表现出一些特点和规律,而这些特点和规律构成了政府规制基本原理的核心。由于政府规制是舶来品,下文主要以美国的政府规制及相关理论为研究对象。之所以如此,是因为该国的政府规制比较具有代表性,该国学界对其进行的研究也比较早、多、深入和系统,很长一段时间内在西方学界中都可谓独占鳌头。

一、政府规制权力的来源

政府规制常被宽泛地界定为对微观经济主体活动的一种限制或制约,②尽管从内容上看其并非仅是限制或制约。相对于政府规制前的状况而言,这种界定并不存在问题,因为相对于自由的市场,政府的介入或干预自然构成了一种限制或制约。③

英国古典经济学家亚当·斯密在其经典巨著《国富论》中所阐明和倡导的自由放任原则构成了近代资本主义国家经济制度的基石。按照该原则,在经济领域中,无论是促进的制度,还是限制的制度,都与其原本具有的自由秩序相抵触,保持这种自由秩序才是合理的,国家的职能仅在于保护整个社会免遭外来的暴力和侵犯,尽力保护每个社会成员免受其他社会成员给予的不公平对待和压迫或保证司法的完全公正,兴办必要的公用事业与设立和运行必要的公共机构。④ 它也被人们视为近现代经济领域中的自然法。⑤ 在自由资本主义时期,政府甘当"守夜人"的角色,微观经济活动主要由市场中的"看不见的手"调控,由于政府干预非常少,市场在很大程度上可看作是"自由的"。经济上的自由放任原则,再加上政治上的古典自由主义,使得政府权力主要运用于政治国家领域中,它对经济和社会领域的干预

---

① See OECD, *Government at a Glance* 2013, Paris, France: OECD Publishing, 2013, pp. 44 - 45.

② See Barak Orbach, *What is regulation?*, 30 Yale L. J. 4(2012).

③ 经济学上的芝加哥自由主义学派的拥趸们常常就把政府规制简单界定为政府对处于自然状态的市场的干预,参见 Robert C. Fellmeth, *A Theory of Regulation—A Platform for State Regulatory Reform*, 5 Cal. Reg. L. Rep. 4(1985).

④ See Adam Smith, *The Wealth of Nations*, New York: Random House, Inc., 1937, p. 651.

⑤ See Michael Les Benedict, *Laissez-Faire and Liberty: A Re-Evaluation of the Meaning and Origins of Laissez-Faire Constitutionalism*, 3 Law & Hist. Rev. 298 - 305(1985).

被限制在很小的范围内。①

然而,到了19世纪末20世纪初,资本主义社会的经济社会形势发生了很大变化,自由市场的运行出现了所谓的"失灵"问题,政府开始着力对经济领域进行一些规制。然而,政府规制的实施意味着国家权力在经济领域中的扩张,意味着对公民的权利和自由的限制。这种政策上的重大变化面临一个根本性问题——政府规制的正当性。也就是在此时期,政府规制开始受到人们的较多关注。与此同时,有关它的理论研究开始增多。

由于人们通常认为国家权力被限制在了政治领域上,政府是否有权力对经济领域进行规制,如果有的话,这种权力源于哪里,就成了法律领域探讨政府规制的正当性所要解决的基本问题。② 与欧洲国家的情况不同,美国实施的政府规制在法律领域中引起了一场轩然大波。③ 自19世纪末至20世纪30年代中后期,该国的州法院和联邦法院一直抵制政府规制,通过司法审查宣布不少政府规制立法违宪。在进入20世纪的头35年间,200多个州、联邦政府的规制立法被宣布违宪。1905年联邦最高法院在审理"洛克纳诉纽约州案"(*Lochner v. New York*)中宣布纽约州的一个有关面包师最长工作时间限制的立法违宪最受非议,因此该段时期也被称为"洛克纳时代"。通过对"正当程序原则"进行实质上的解释,法院认为政府规制立法侵犯了人们进行经济活动的自由,主要是契约自由,实现了对该国此前在经济上奉行的自由放任原则的宪法化。④ 因而,该段时期也被称为"自由放任原则的宪政主义解释论时代"。尽管司法界的做法受到了少数进步主义学者的猛烈批判,被认为是司法激进主义和滥用司法权的典型,但却得到了当时法学界主流的支持。然而到了20世纪30年代中后期后,法学界主流接受了前述少数学者的观点,一致反对自由放任原则的宪政主义解释论。这种状况一直持续到今天,尽管自20世纪70年代后一些学者对这种所谓的正统观点进行了质疑。进步主义学者以

---

① See William Waller, *The Political Economy of Laissez-Faire*, J. Econ. Issues 59 – 60 (2006).

② 其他社会科学领域也对政府规制的正当性进行了研究,如经济学上提出了著名的"公共利益理论"、"规制俘获理论"等,参见 Andrei Shleifer, *Understanding Regulation*, 11 Eur. Finac. Manag. 339 – 442(2005).

③ 关于欧洲国家的情况,可参见 Michael Les Benedict, *Law and Regulation in the Gilded Age and Progressive Era*, in John Phillip Reid, et al.(eds.), *Law as Culture and Culture as Law: Essays in Honor of John Phillip Reid*, Madison, Wisconsin: Madison House Publishers, Inc., 2000, p. 234.

④ See Gregory S. Alexander, *The Limits of Freedom of Contract in the Age of Laissez-Faire Constitutionalism*, in F. H. Buckley(ed.), *The Fall and Rise of Freedom of Contract*, Durham, N.C. and London: Duke University Press, 1999, pp. 103 – 104.

及后来的法学界主流认为,司法界对政府规制的抵制实际上是为了保护富人和企业的利益,①自由放任原则在宪法上并无合理依据,②政府基于其享有的"警察权",能对经济领域实施规制。

警察权并非美国宪法明文规定的一种政府权力。它最早出现在1827年联邦最高法院的一个判例中,用于明确联邦政府与州政府的权力范围,后逐渐被人们普遍接受。一般认为,它是指一个国家或政府享有的"为增进公共福祉而对人们的自由和财产权利进行限制和规范的权力"。③ 这里的公共福祉包括公共安全、公共秩序、公共道德、经济秩序等。与作为同样会对公民的财产造成重要影响的征用权不同,政府因警察权的行使而对公民造成的财产损失不需要提供补偿。从内容上看,警察权既包括为增进公共福祉制定法律的权力,也包括实施前述法律的权力,因而,其由立法机关和行政机关共同行使。实际上,受普通法传统的影响,在美国成立后一段时间内,警察权主要是由司法机关行使的,但因司法活动具有被动性和消极性,只在公民的财产或其他权益受到侵害时才会启动。随着该国经济和社会形势的变化,需要政府提前、主动地提供保护,该权力就逐步转移给了立法机关和行政机关。在实行联邦制的美国,一般的警察权并非由联邦政府享有,而由各州政府享有,存在于各州的"剩余权力"中,联邦政府只享有该国宪法规定的特定警察权。基于这种警察权,各州政府和联邦政府能够对人们的经济活动实施规制。

在美国,政府规制是伴随着经济和社会形势的深刻变化以及其大量的实践才逐步为人们所认识和认可。在此过程中,有关政府规制权力来源的研究非常多,也特别系统、深入。这在其他西方国家也是很少见的。这主要是因为在该国一直存在对政府权力不信任的传统和质疑以及反对"联邦主义"的思想。④ 尽管该国的情况与其他国家的存在一些差异,但这些研究仍有着重要启示。通过它们,人们不会简单地把政府规制权力视为一种理所当然的国家权力,认识到政府规制还存在法律上的正当性的问题,树立有限的政府规制权力的观念。

---

① See David M. Gold, *Redfield, Railroads, and the Roots of "Laissez-Faire Constitutionalism"*, 27 Am. J. Legal Hist. 254 – 255(1983).

② See David N. Mayer, *Jurisprudence of Christopher G. Tiedeman: A Study in the Failure of Laissez-Faire Constitutionalism*, 55 Mo. L. Rev. 54 – 55(1990).

③ See Ernst Freund, *The Police Power: Public Policy and Constitutional Rights*, Chicago: Callaghan & Co., 1904, p. iii.

④ See Marc T. Law and Sukkoo Kim, *The Rise of the American Regulatory State: A View from the Progressive Era*, in David Levi-Faur(ed.), *Handbook on the Politics of Regulation*, Cheltenham, UK · Northampton, MA, USA: Edward Elgar, 2011, pp. 113 – 117.

二、政府规制权力的范围

尽管政府有权对人们的经济和社会活动实施规制,政府规制往往也能给一个国家的经济和社会带来积极影响,但它毕竟常会限制人们的权利和自由,给人们的财产带来不利影响,有时还会成为国家权力不当扩张,甚至滥用的一个借口。为防止国家权力对公民的权利和自由的过多或不当干预,就需要对政府规制权力进行一定限制,使其保持在适当范围内。在西方社会中,由于多种因素的影响,不同国家对政府规制权力的限制及其实施的政府规制的范围都存在不少差异。

在美国,由于警察权的含义相当宽泛,[①]有关此权力的限制一直倍受人们的重视。在 20 世纪 60 年代后政府规制从经济领域扩展到较多的社会领域后,更是如此。

在 19 世纪中后期,一些自由放任原则的宪政主义解释论者就开始了对警察权限制的研究,其代表有托马斯·麦金太尔·库尔利(Thomas McIntyre Cooley)、克里斯托弗·古斯塔夫·蒂德曼(Christopher Gustavus Tiedeman)等。自由放任原则的宪政主义解释论有绝对和相对之分。前者反对政府对私人经济活动实施任何规制,而后者居主导地位,并不反对所有的政府规制,认为政府对私人经济活动实施的规制应保持在较小的范围内。[②] 按照 Cooley 的观点,除了惩治轻罪和重罪的权力外,各州出于维护社会安宁、安全和福祉的需要有权对人们行使权利的行为实施规制,由于规制的实际情况比较复杂,无法一一列举作为规制权力来源的警察权行使的各种情形,而须通过有关保护个人权利和财产的宪法原则对其进行限制。[③] 在探讨对私人公司的规制时,他提出:"普通法中的'个人财产权利的行使应以不损

[①] See James G. Hodge Jr., *The Role of New Federalism and Public Health Law*, 12 J. L. & Health 322(1997 – 1998). 实际上,在美国法学中存在三种含义不同的警察权概念,第一种是最广义的警察权,其含义等同于"剩余权力",第二种是广义的警察权,已为人们普遍接受,其含义在第一部分中已介绍,第三种是狭义的警察权,仅指政府享有的为维护公共道德、公共卫生和公共安全而对人们的自由和财产权利进行限制和规范的权力,参见 Santiago Legarr, *The Historical Background of the Police Power*, 9 J. Const. L.785 – 793(2007).

[②] See Tahany Naggar, *Adam Smith's Laissez Faire*, 21 Am. Econ. 36 – 38(1977).

[③] See Thomas M. Cooley, *A Treatise on the Constitutional Limitations Which Rest Upon the Legislative Power of the States of the American Union*, Boston: Little, Brown and Company, 1868, pp. 572 – 597.

害他人的财产权利为界'原则(*sic utere tuo, ut alienum non lædas*)[①]构成了警察权行使的基石,尽管其无法完全合理地应用于所有的规制立法情形中,但警察权却不会再扩张。"[②]尽管有一些与 Cooley 相类似的观点,但 Tiedeman 对警察权限制的研究更加系统、深入。在其 1886 年出版的一部专门研究警察权限制的著作中,他指出,按照自由放任原则,政府对个人权利和自由的干预本应被限制在很小的范围内,但由于政治形势的变化,政府干预现被人们视为了解决诸多社会问题的灵丹妙药,呈现出扩张的趋势,非常有必要依据宪法通过司法审查对政府干预进行限制。[③] 在他看来,宪法的第 1 条的第 9 和第 10 款、《权利法案》中的大部分条款,第十三至十五修正案都可直接用来限制政府干预。[④] 与此同时,他摒弃了当时人们普遍以维护公共卫生、公共安全与公共道德的规制目的来界定警察权范围的方法,与 Cooley 一样,使用普通法中 "*sic utere*" 原则来限定警察权的范围。[⑤] 他认为,"凡是不遵循该原则的法律都不能被包括在政府合理运用警察权的范围内。这些法律取消了人们享有的不会对他人的权利造成实际侵害的权利,或者其对权利行使的限制超过了维护公共福祉和安全的必要限度。它们是恶法,是政府对人们的权利和自由的赤裸裸的侵犯……"[⑥]Cooley 和 Tiedeman 的观点通常也被视为有关警察权限制的传统观点。

在洛克纳时代,以这些观点为基础形成"实质的正当程序原则"成为司法实践中限制警察权的利器,也是反对乃至抵制政府规制的基本手段。该原则实际上是

[①] 此为拉丁语,也可简化为"*sic utere*",若翻译成英文,则可为"Use your own property in such a manner as not to injure that of another",参见 Louise A. Halper, *Christopher G. Tiedeman, "Laissez-Faire Constitutionalism" and the Dilemmas of Small-Scale Property in the Gilded Age*, 51 Ohio St. L. J. 1355(1990).

[②] Thomas M. Cooley, *A Treatise on the Constitutional Limitations Which Rest Upon the Legislative Power of the States of the American Union*, Boston: Little, Brown and Company, 1868, p. 577.

[③] See Christopher G. Tiedeman, *A Treatise on the Limitations of the Police Power in the United States: Considered from Both a Civil and Criminal Standpoint*, St. Louis, Missouri: The F. H. Thomas Law Book Co., 1886, pp. vi-viii.

[④] See Christopher G. Tiedeman, *A Treatise on State and Federal Control of Persons and Property in the United States: Considered from both a Civil and Criminal Standpoint*, St. Louis, Missouri: The F. H. Thomas Law Book Co., 1900, p. 20.

[⑤] See David N. Mayer, *Substantive Due Process Rediscovered: The Rise and Fall of Liberty of Contract*, 60 Mercer L. Rev. 620 - 621(2009).

[⑥] Christopher G. Tiedeman, *A Treatise on the Limitations of the Police Power in the United States: Considered from Both a Civil and Criminal Standpoint*, St. Louis, Missouri: The F. H. Thomas Law Book Co., 1886, pp. 4 - 5.

对宪法第十四修正案的一种扩大解释。① 根据该原则,政府规制立法不但要在形式上符合法律规定的程序,而且其中的规制目的及实现其的手段要具有"合理性"。②

洛克纳时代之后,支持政府规制的进步主义学者的观点逐渐成为主流。进步主义学者尽管支持政府规制,但也同样认识到限制警察权的必要性和重要性。与自由放任原则的宪政主义解释论者不同,他们不但采用广义的警察权概念,而且认为警察权的行使不应遵循普通法中的"*sic utere*"原则,而是同样来自普通法的"人民的福祉为最高法律"原则(*salus populi est suprema lex*)。③ 进步主义学者的代表厄恩斯特·弗罗因德(Ernst Freund)在其 1904 年出版的巨著《警察权:公共政策与宪法权利》中,指出警察权概念的界定要在考察众多的规制立法及相关判例的基础上进行,作为经济、社会和政治形势变化的晴雨表,警察权必须是一个有"弹性"的概念,主张采用广义的警察权概念。④ 他对民事和刑事司法与政府规制进行了区分,把以公共福祉的保护为目的的政府规制视为公共政策的范围,指出司法应遵循普通法中的"*sic utere*"原则,但政府规制不应被限制在普通法原则的遵循上,应遵循"*salus populi*"原则。⑤ "政府代表公众动用各种公共资源,以多种方式改善民生,服务社会;政府行使自己的权力,利用传统的限制措施,实施积极主动的并不仅限于禁止违法犯罪行为的规制,限制人们的普通法权利的行使,以预防和减少危害社会的行为。正是作为后者的政府规制,才揭示出警察权的本质所在。警察权行使的最高原则在于:每个个体在行使自己的自由或财产权时必须接受诸如要求消除或减少因缺少经验、粗心大意或不遵守道德原则而滥用这些自由或权力的危险等的限制。"⑥按照 Freund 的观点,政府规制不仅可用于防止直接损害的发生,也可用于防止可能不发生的损害,或者是在普通法中并不认可的损害。⑦ 与此同时,司法界在对政府规制立法的违宪审查中也摒弃了"饱受非议"的"实质的正当程

---

① 根据该修正案,各州不得制定或施行任何剥夺美国公民的基本权利的法律,未经正当程序各州不得剥夺任何人的生命、自由或财产,亦不得否认其在法律上享有平等保护之权利。

② See David N. Mayer, Substantive Due Process Rediscovered: The Rise and Fall of Liberty of Contract, 60 Mercer L. Rev. 625 – 626(2009).

③ 此为拉丁语,可简化为"*salus populi*",如把其翻译成英文,则可为"The welfare of the people is the supreme law",参见 William J. Novak, Public Economy and the Well-Ordered Market: Law and Economic Regulation in 19th-Century America, 18 Law & Soc. Inquiry 7 (1993).

④ See Ernst Freund, *The Police Power: Public Policy and Constitutional Rights*, Chicago: Callaghan & Co., 1904, p. 3.

⑤ See id. at 4 – 6.

⑥ See id. at 6.

⑦ See Glenn H. Reynolds and David B. Kopel, The Evolving Police Power: Some Observations for a New Century, 27 Hasting Const. L. Q. 512(2000).

序原则",采用建立在"*salus populi*"原则基础上的"形势原则",即政府规制立法本身及其施行应符合当时的社会或经济形势的需要,才具有合宪性。①

由于在洛克纳时代之后各州以及联邦政府的警察权不断扩张,政府规制大量增加,②自由放任原则的宪政主义解释论一直并未被人们遗忘乃至摒弃。自20世纪80年代左右开始,不少学者开始对其重新审视,为洛克纳判例"翻案"的研究不断出现。同期,联邦政府也开始厉行政府规制改革,减少政府规制的范围。此外,司法界在对政府规制立法的违宪审查,时不时也会应用"*sic utere*"原则,甚有替代"*salus populi*"原则之势。③

在欧洲国家,由于20世纪大多数时间内政府规制一直采用不同于美国的自由主义模式的福利国家模式,政府对经济和社会领域的较多干预得到了人们的普遍接受,有关政府规制权力的范围问题直到20世纪70年代末至80年代初才逐步引起人们的关注。在福利国家模式下,政府对微观经济活动实施的规制范围较广,数量较多,对就业、医疗、住房等社会问题实施的规制也较多,不少行业实行公有制,其运营由政府直接管理。④ 之所以采用这种模式,一方面是因为欧洲国家在对国家与经济之间的关系的认识上普遍强调国家在经济运行中的作用,另一方面是因为受到政府集权程度较高的传统以及社会民主主义思想的影响。在20世纪70年代末至80年代初以后,许多欧洲国家纷纷掀起了政府规制改革的浪潮。这些规制改革受到了美国实施的政府规制的较多影响,在许多方面都借鉴了美国的制度与经验,使得欧洲国家进入了"规制国"的时代。⑤ 实践中的变革促使人们开始关注宪法在限制政府规制权力及其范围上的作用与实现途径等问题。但与美国的情况不同,这些问题并未引起足够的重视,人们更多关注的是政府规制的一般形式及相

---

① See Scott M. Reznick, Empiricism and the Principle of Conditions in the Evolution of the Police Power: A Model for Definitional Scrutiny, 1978 Wash. O. L. Q. 1 – 92(1978).

② 尽管联邦政府不享有一般的警察权,但仅仅依据该国宪法中的贸易条款(The Commerce Clause),就把其实施的政府规制扩展到了农业、医疗、能源、劳工、工业生产安全、危险物质、食品安全、交通安全、环境保护等极多的领域,参见 Kenneth R. Thomas, *The Power to Regulate Commerce*: *Limits on Congressional Power*, Washington, D. C.: Congressional Research Service, Library of Congress, 2014, pp. 1 – 2.

③ See Glenn H. Reynolds and David B. Kopel, The Evolving Police Power: Some Observations for a New Century, 27 Hasting Const. L. Q. 512(2000).

④ See Harry W. Jones, The Rule of Law and the Welfare State, 58 Colum. L. Rev. 143 – 144(1958).

⑤ See Giandomenico Majone, *The Rise of the Regulatory State in Europe*, in Wolfgang C. Müller and Vincent Wright(eds.), *The State in Western Europe*: *Retreat or Redefinition?*, Ilford: Frank Cass & Co. Ltd., 1994, pp. 77 – 101.

关法律的细节。①

在现代社会中，人们的经济、社会活动日益复杂，对其中产生的许多问题，政府非常有必要进行干预，但又不能干预得过多，如何把政府规制权力限制在适当范围内也是许多国家普遍面临的一个难题。从西方国家的情况来看，20世纪是包括政府规制权力在内的国家权力大扩张的时代，即使是在政府权力受到不少限制的美国，在此期间国家权力也被扩张到了极致。② 对政府规制权力的限制在实践中也受到了一国的政治制度、经济制度、历史传统、对国家与经济或市场的关系的认识等诸多因素的深刻影响，的确存在不少困难。但是，重视和加强对政府规制权力的限制，减少政府规制权力干预的范围，即减少国家对经济和社会活动的干预，自20世纪70年代末以后就已成为全球范围内的一种主导趋势。③

三、政府规制权力的配置

政府规制是特定的公共机构，也就是享有政府规制权力的公共机构，对经济和社会进行管理的一种活动。④ 这种公共机构可能是一般的行政管理部门，也可能是专门设立的政府机构，还可能是其他类型的公共机构。在西方社会中，一个国家要实施政府规制，往往就会通过专门的立法进行政府规制权力的配置，赋予这些公共机构特定的政府规制权力。⑤ 在法国等国，部分政府规制权力源于宪法的直接规定。因政府规制具有特殊性、专业性和复杂性等特点，把政府规制权力赋予何种类型的公共机构，具体为其配置何种性质的国家权力是进行政府规制权力配置时需处理的基本问题。

在西方，近代社会的国家权力基本上被限制在政治领域中，政府规制是在近代社会向现代社会转变时期及其后国家权力向经济和社会领域逐步扩张的产物。政

---

① See Cento Veljanovski, Privatization in Britain—The Institutional Constitutional Issues, 71 Marq. L. Rev. 575(1987-1988).

② See Glenn H. Reynolds and David B. Kopel, The Evolving Police Power: Some Observations for a New Century, 27 Hasting Const. L. Q. 536(2000).

③ See Manuel Tirard, Privatization and Public Law Values: A View from France, 15 Ind. J. Global Legal Stud. 291(2008).

④ See Philip Selznick, *Focusing Organizational Research on Regulation*, in Roger G. Noll (ed.), *Regulatory Policy and the Social Sciences*, Berkeley & Los Angeles: The University of California Press, 1985, pp. 363-364.

⑤ 这些立法被称为授权法，是行政法的基本渊源之一，参见Jack M. Beermann, *Administrative Law*, 3rd ed., New York: Aspen Publishers, 2010, pp. 1-2. 在德国，它们属于经济行政法的范围。这种行政法与国内的经济法比较类似。

府规制的对象是微观经济活动和社会活动,明显不同于传统的政府管理对象。因而,政府规制是一种特殊的政府管理活动。与此同时,它也是一种具有较强专业性的管理活动。在近现代社会中,随着技术的不断发展和变革,经济领域形成了许多不同类型的行业,每个行业都具有较强的专业性,而社会领域中的问题与经济领域具有密不可分的关系,因而也具有较强专业性。管理人员要对经济和社会领域实施规制,"就需要具备相关行业的专业知识,能够根据行业情况的变化对规制措施进行适当调整,在行业出现紧急情况时能采取有力措施。"[1]除此以外,政府规制也具有复杂性的特点。微观经济的运行具有许多自己的规律,政府规制不能违背这些规律,而需要在其基础上采取适当措施。它往往并非简单的指令式管理,而是一种互动式的管理。它的实施需要其对象的积极配合,由它们把许多措施内化为自己的行动。[2] 此外,它的一些具体措施在制定时就可能受到后者的影响,特别是一些利益集团。但是,在不同国家,人们对这些特点的认识情况存在一些差异。由于这些差异,再加上其他因素的影响,不同国家在处理政府规制权力配置的基本问题上存在差异,从而形成了两种不同的政府规制权力配置模式。

　　在美国,人们很早就对政府规制的前述特点有着较好的认识,政府规制与其他政府管理活动得到了很好的区分,政府规制权力主要被赋予一些专门设立的独立机构。这种政府规制权力配置常被称为"独立规制机构模式"。1888 年,联邦政府根据 1887 年 2 月颁布的《州际商务法》设立了第一个独立规制机构州际商务委员会。[3] 此后,主要是在进步主义时代和罗斯福新政时期以及 20 世纪 70 年代,又陆续设立了联邦储备委员会、联邦贸易委员会等多个独立规制机构。这种规制机构根据国会通过的专门立法设立,多由作为其规制对象的领域中的专业技术人员或相关专家组成,例如,工程师、医生、职业卫生师、生物学家、化学家、经济学家、物理学家、流行病学家、统计学家、会计师、律师等等,属于一种专家机构。在政府规制由经济领域扩展到诸多社会领域中后,这种性质变得更为突出。人们通常把它看作是这种规制机构能够获得独立性的现实基础。这种规制机构的独立性,主要表现在它与作为联邦最高行政长官的总统的关系上。从其所承担的职能上看,独立规制机构本应属于总统统一领导下的行政管理部门之列。但是,国会对它进行了独特的设计。"与一般的行政管理部门不同,它往往由一个多人组成的委员会领

---

[1] See James M. Landis, *The Administrative Process*, New Haven, CT: Yale University Press, 1966, pp. 25-26.

[2] See Marver H. Bernstein, *Regulating Business by Independent Commission*, Princeton: Princeton University Press, 1955, pp. 218-220.

[3] 实际上,在设立之初它只是内务部的一个内设机构,到 1889 年 3 月才变成独立规制机构。它已于 1996 年被撤销。

导,该委员会的多数成员不能来自同一个政党,每个成员分别有不同的固定任期,以免因年龄原因同时离职,所有成员非因法定事由不能被解聘。"①它的领导机构的成员的任命由总统提名,再由参议院认可,但他们并不受总统的直接领导,总统不能像对各部部长一样任意解除他们的职务。它不对总统负责,而对国会负责,因而一度被视为国会领导下的一种机构(arms of Congress)。② 由于与总统存在的这种特殊关系,独立规制机构在联邦国家机关体系中处于一个特殊而又模糊的地位上。"独立规制机构具有的这种似乎游离于联邦行政机关体系外的地位也引发了许多学者对它的设置的合宪性的思考。"③

在罗斯福新政期间,随着独立规制机构不断增多,一些学者就提出了其设置违宪的观点。他们认为,尽管宪法并没有就联邦行政机关体系的具体建立做出规定,但其应用的分权原则明确划定了总统与其他两个机关的权力范围界限:行政权归总统享有,且只由总统享有,这种权力具有完整性和统一性;负责法律实施的只是总统,而非其他机关。④ 这些观点也被称为"行政权的统一性理论"(Theory of Unitary Executive)。然而,独立规制机构承担的职能与一般行政管理部门的相同,它本应属于行政机关体系,受总统的领导,但实际上却并非如此,它不受总统的领导,相反总统还要为其承担一定的责任,同时它又不可能属于立法机关和司法机关,它俨然成为"无人领导"的政府的"第四部门",因此,它的设置违反了分权原则,破坏了行政权的完整性和统一性。⑤ 这种观点在当时就遭到了不少学者的反对。在此后的许多年里,它也未产生什么实际影响力。直到 20 世纪 80 年代后,它开始受到人们的重视,得到了不少学者的认可和支持。反对它的学者并不认同行政权的统一性理论,因为他们认为,基于宪法中有关其权力行使的便宜性的规定(necessary and proper clause),国会有权决定联邦行政机关体系的具体设置,也有权设立不在总统领导之下的行政机构。此外,他们还认为总统领导下的联邦行政机关体系受党派的政策倾向的影响较大,如果在政府规制机构的设立上采用该理论,政府规制政策必然会受到党派的政策倾向的较大影响,追求短期效果,不利于国会设

---

① See William F. Funk and Richard H. Seamon, *Administrative Law*: *Examples and Explanations*, New York: Aspen Publishers, 2009, p. 7.

② See Paul R. Verkuil, The Purposes and Limits of Independent Agencies, 1988 Duke L. J. 275(1988).

③ See Marshall J. Breger and Gary J. Edles, *Independent Agencies in the United States*: *Law, Structure, and Politics*, New York: Oxford University Press, 2015, p. 59.

④ See The President's Committee on Administrative Management, *Report of the President's Committee*: *Administrative Management in the Government of the United States*, Washington: U. S. Government Printing Office, 1937, p. 32.

⑤ See id. at 40.

定的政府规制目标的实现。①

为了保证其能较好地完成其所承担的职能,独立规制机构还被赋予了较大权力。"这种专家机构可制定法律,拘押违法者,认定案件事实,解释法律,并可作出影响当事人权利和义务的裁决。"②从性质上看,它享有的权力不仅包括行政权,也包括立法权和司法权。从职能上看,独立规制机构也是一个负责实施国会制定的法律的机构,尽管早期人们对它的认识不一,③但多数观点认为它在性质上仍是行政机构。既然它是一种行政机构,那么它只能享有行政权,但国会实际上不仅赋予其行政权,还赋予其一定的立法权和司法权。一些学者对后二者的配置提出了质疑,认为这是违宪的,④但多数学者持支持观点。

前者指出,为了防止国家权力的滥用,保护人们的自由,遵循分权原则的宪法把国家权力分为立法权、行政权和司法权,并把它们分别配置给了国会、总统和联邦最高法院三个机关,而这三种权力只能分别由这三个机关分别行使,这些机关不能放弃或向其他机关移交由自己行使的权力,也不能接受或者干预由其他机关行使的权力。⑤ 在此基础上,他们认为,独立规制机构不仅享有行政权,也享有立法权和司法权,成为一个同时有权行使三种权力的"混合型"的国家机关,这首先违反了三种权力应分别由不同机关行使的宪法规则,其次违反了国会不能把立法权授予给其他机关以及司法权不能被配置给联邦法院以外的机关的宪法规则,因而是违宪的。⑥ 后者认为前者对宪法中有关权力配置的规定及其分权原则的理解过于表面化,该原则实际上并未禁止由独立规制机构同时行使三种权力,也未禁止把立法权和司法权授予独立规制机构,这种权力配置并不违宪。⑦ 在后者中,支持罗斯

---

① See Robert V. Percival, *Presidential Management of the Administrative State*: The Not-So-Unitary Executive, 51 Duke L. J. 1012(2001—2002).

② See George Warp, *Independent Regulatory Commissions and the Separation of Powers Doctrine*, 16 Notre Dame L. Rev. 183(1940—1941).

③ 比较有趣的是,早期人们对它的认识可谓五花八门,有的认为它是国会的下设机构,有的认为它只是临时的行政管理机构,有的认为它属于纯粹的行政管理机构,有的还认为它是司法机构,如同"盲人摸象"一般,参见 Robert E. Cushman, *Constitutional Status of the Independent Regulatory Commissions*, 24 Cornell L. Q. 13-14(1938—1939).

④ 实际上早在1886年国会审议《州际商务法》时,就有观点认为该法对州际商务委员会的权力配置存在问题,甚至认为是违宪和无效的,尽管该机构早期享有的权力尚没有后来的大,参见 Robert E. Cushman, *Constitutional Status of the Independent Regulatory Commissions*, 24 Cornell L. Q. 18(1938—1939).

⑤ See id. at 15-16.

⑥ See id. at 16.

⑦ See id. at 53.

福新政的主要学者之一詹姆士·麦考利·兰迪斯(James McCauley Landis)认为,这种权力配置表面上似乎违反了分权原则,但实际上却恰好弥补了政府采用简单的三权分立结构而产生的不足,使其具有了应对现代问题的能力。① 在 Landis 看来,作为专家机构的独立规制机构大大提高了规制效率,较好地适应了现代经济的要求,与国会相比,能够对社会形势的变化做出快速响应。②

尽管这种权力配置在一定程度上存在违宪嫌疑,但却未受到司法界的否定。在第一个独立规制机构设立后的多年内,司法界的立场相当暧昧。单就立法权配置而言,尽管司法界表面上都一致反对国会将立法权授予独立规制机构,但在实际裁决中又多依据以前的判例允许进行这种授权。③ 1935 年,作为对罗斯福推行新政政策的报复,司法界终于明确了自己的立场,在汉弗莱的遗嘱执行人诉美国案(Humphrey's Executor v. United States)中,联邦最高法院首先就肯定了国会对独立规制机构授予立法权和司法权,首次正式明确了该种机构的合法地位,并依此作为基础否定了总统对联邦贸易委员会委员汉弗莱的免职。④ 审理该案的法庭认为国会授予给该种机构的并非立法权和司法权,而是准立法权和准司法权,因而对独立规制的权力配置并不违反分权原则。⑤ 由于社会形势具有不断变化的特点,基于其权力行使的便宜性规定,国会可以把这种权力授予给独立规制机构。⑥ 尽管司法上允许国会授予该种机构立法权和司法权,但并不意味着对这种权力配置没有任何限制。在司法审查中,法院会使用所谓的授权原则(Delegation doctrine)来对其进行一定限制,以防止国会授予独立规制机构过大的权力,如把其享有的司法权仅限定在一些特定类型的案件上。⑦

现在,独立规制机构属于一种特殊的行政机构以及适用于其的权力配置早已为人们所普遍接受,独立规制机构等行政机构具有制定和执行法规的权力也被视

---

① See James M. Landis, *The Administrative Process*, New Haven, CT: Yale University Press, 1938, pp. 1 - 2.

② See David Casazza, *Liberty Requires Accountability: Checking Delegations to Independent Agencies*, 38 Harv. J. L. & Pub. Pol'y 737(2015).

③ See John B. Cheadle, *The Delegation of Legislative Functions*, 27 Yale L. J. 892 (1918).

④ See Paul R. Verkuil, *The Status of Independent Agencies after Bowsher v. Synar*, 1986 Duke L. J. 781 - 782(1986).

⑤ See George Warp, *Independent Regulatory Commissions and the Separation of Powers Doctrine*, 16 Notre Dame L. Rav. 184 - 186(1940—1941).

⑥ See William F. Funk and Richard H. Seamon, *Administrative Law: Examples and Explanations*, New York: Aspen Publishers, 2009, p. 26.

⑦ See id. at 30 - 34.

为行政国的一个基本特征。

与美国不同,在许多欧洲国家,对政府规制的前述特点的认识相对较晚,在20世纪的很长一段时间内,它在很多情况下与其他的政府管理活动并无二致,①政府规制权力大多被授予给了一般的行政机关。从权力配置的内容上看,实施政府规制的行政机关主要享有执行法律的权力,与其他的行政机关相比并无特殊权力。然而,自20世纪70年代末以后,在私有化和放松规制的改革中,政府规制的基本模式从公有制逐步转为法定规制(statutory regulation),②许多国家乃至欧盟都借鉴了美国在政府规制权力配置上的做法和经验,设立了为数不少的也享有立法权和司法权的独立规制机构。③ 与美国的相比,这些机构的独立性要相对弱些。④ 伴随着这种规制权力配置模式的变革,在欧洲国家中有关规制权力配置的研究开始增多,但这些研究总体上还处于起步阶段,其对象和内容大多与美国的类似,如独立规制机构的独立性、对独立规制机构的授权等,在此不再介绍。

政府规制权力的配置是进行政府规制的首要工作,不但影响规制活动的顺利实施,而且影响规制目标的最终实现。在进行政府规制权力配置时,模式的选择尤为关键。在实践中,影响该选择的因素有很多,包括一国的政治、经济、文化、历史传统等方面的因素以及对政府规制本身的认识等。在这些因素中,对政府规制本身的认识非常重要。正是出于对政府规制的专业性的充分尊重、对其更好地维护公共利益的目的的特别强调,西方国家才普遍选择了独立规制机构模式。与第二种模式相比,这种模式与政府规制的专业性等特点有着较好地吻合,能够保证相关政策的科学性、客观性和连续性,具有比较明显的优势。近些年来,这种选择在全球范围内也已成为一种主导趋势。⑤

---

① See Giandomenico Majone, *The Rise of the Regulatory State in Europe*, in Wolfgang C. Müller and Vincent Wright(eds.), *The State in Western Europe: Retreat or Redefinition?*, Ilford: Frank Cass & Co. Ltd., 1994, pp. 77 - 78.

② See Giandomenico Majone, *From the Positive to the Regulatory State: Causes and Consequences of Changes in the Mode of Governance*, 17 J. Public Policy 143 - 144(1997).

③ See Mark Thatcher, *Regulation after Delegation: Independent Regulatory Agencies in Europe*, 9 J. Eur. Public Policy 954 - 958(2002).

④ See Giandomenico Majone, *The Regulatory State and its Legitimacy Problems*, 22 West Eur Palit 11 - 16(1999).

⑤ See Jacint Jordana, David Levi-Faur and Xavier Fernández i Marin, *The Global Diffusion of Regulatory Agencies: Channels of Transfer and Stages of Diffusion*, 44 Comp. Polit. Stud. 1343 - 1369(2011).

四、政府规制权力的行使

如前所述,在西方社会中,政府规制是国家权力向经济和社会领域不断扩张的产物。尽管在不同国家这种扩张的过程和情况有所不同,建立的政府规制制度也存在这样或那样的差异,但对政府规制权力行使的规范却普遍受到重视,以防止其被滥用而导致私人权益受到侵害,政府规制是法治实施中得到重点"关照"的领域之一。

随着政府规制的兴起,美国逐步进入了"行政国"或"规制国"的阶段。在此之前,人们就清醒地认识到了国家权力行使上产生的新风险。该国著名法哲学家罗斯科·庞德(Roscoe Pound)指出,在进入此阶段后,法律的发展呈现出从司法正义转向行政正义的现象,通过行政权的行使实现的行政正义具有恶之本性,可以看作是对无法正义(justice without law)的部分承继,因而这是从依法正义(justice according to law)向无法正义的逆行。① 由于这种风险的存在,再加上政府规制机构多享有较大权力,其权力行使对国家经济的运行和发展与个人的权利和自由有着重要的影响,该国始终高度重视对政府规制权力行使的规范,逐步建立起了相对完善的以程序法为主的规范政府规制权力行使的制度体系。由于政府规制权力大多掌握在独立规制机构手中,②对这些机构行使权力的规范是重中之重。

政府规制机构在行使其权力时必须遵守设立它的授权法的规定。立法机关以法律形式设立包括独立规制机构在内的所有行政机构,明确规定其职权的内容和范围,是美国行政法的一个最重要的基本原则。③ 政府规制机构享有的权力并非其固有权力,而是法律授予的,其必须在授权法规定的职权范围内行使自己的权力。④ 与联邦政府通常赋予政府规制机构较大、宽泛的权力不同,各州在设立政府规制机构的授权法中经常会严格限制它们的权力。在授权法中,除了有关其职权和职责方面的规定外,也会设定一些规范其行使职权的程序,这些程序可以与一般

---

① See Pound Roscoe, *Justice According to Law*, 1 Midwest Quare. 225 - 230 (1914). Pound 也认为,这是法律在无法适应社会形势的变化时产生的一种现象,通过法律制度的"现代化",法律的发展将再回归依法正义的轨道。

② 除联邦政府外,各州及其地方政府也建立了数量庞大的独立规制机构,参见 Robert C. Fellmeth, *A Theory of Regulation: A Platform for State Regulatory Reform*, 5 Cal. Reg. L. Rep.3 - 4 (1985).

③ See William F. Fox, Jr., *Understanding Administrative Law*, 4th edition, Conklin, NY: Matthew Bender & Company, Inc., 2000, p.3.

④ See William F. Funk and Richard H. Seamon, *Administrative Law: Examples and Explanations*, New York: Aspen Publishers, 2009, p.12.

法中规定的不同。① 政府规制机构在行使其权力时,也必须遵守这些程序性规定。

除了授权法外,政府规制机构在行使其权力时也必须遵守宪法和行政程序法等相关一般法的规定。对于联邦的政府规制机构,该国宪法中的正当程序条款和联邦政府颁行的《行政程序法》(APA)的规定是规范其权力行使的基本规定。1946年6月11日颁布的APA可以说是规范联邦的政府规制机构权力行使的一部最重要立法,设定了政府规制机构行使其权力的基本程序规则,明确了保护政府规制活动中涉及的个人权益的"正当程序原则"②。该法规定了政府规制机构在行使立法权、司法权和行政权时应分别遵守的具体程序,以规范前两者的程序为主体。③ 其中,规范立法权行使的程序具体包括非正式的法规制定程序和正式的法规制定程序,规范司法权行使的程序具体包括正式的行政裁决程序、非正式的行政裁决程序、行政许可程序、替代性争议解决程序等,④规范行政权行使的程序包括行政调查程序(包含行政检查程序)等。该法对适用于正式的法规制定程序和正式的行政裁决程序的听证程序进行了专门规定。受普通法传统的影响,政府规制机构可在进行行政裁决时设定具有普遍约束力的规则,即进行法规的制定,因而可在法规制定程序和行政裁决程序间进行选择。⑤ 从总体上看,该法规定的程序受司法程序的影响较大,有些甚至可视为司法程序的移植,如正式的行政裁决程序。这主要是因为在美国人们多认为司法程序是法律应用和实现社会正义的基本模式。⑥ 除了APA外,相关的一般法主要包括《国家环境政策法》、《弹性化政府规制法》、《联邦

---

① See id. at 13.

② See Mathew D. McCubbins, Roger G. Noll and Barry R. Weingast, *The Political Origins of the Administrative Procedure Act*, 15 J. Law Econ. Qrgan. 182(1999).

③ 关于该法的基本结构,可参见 Martin Shapiro, *A Golden Anniversary: The Administrative Procedure Act of 1946*, 19 Regulation 41-42(1996). 该法规定的规范立法权和司法权行使的程序也构成了两种基本的行政程序模式,参见 Stephen G. Breyer, et al., *Administrative Law and Regulatory Policy: Problems, Text and Cases*, 5th edition, New York: Aspen Law & Business, 2002, p. 641.

④ 根据该法的规定,行政许可属于行政裁决的一种。与国内行政法理论中对行政裁决的狭义理解不同,美国行政法及其理论中的行政裁决含义广泛,大多数行政执法活动(enforcement)都包括行政裁决的部分,参见 Donald L. Carper and John A. McKinse, *Understanding the Law*, 6th edition, Mason, OH: South-Western, Cengage Learning, 2010, pp. 209-210.

⑤ See William Burnham, *Introduction to the Law and Legal System of the United States*, 4th edition, St. Paul, MN: West Publishing Co., 2006, p. 201.

⑥ 司法化是该国行政程序的一大特点,在20世纪70年代后这种趋势更为突出,参见 Alfred C. Aman, *Informal Agency Actions and U.S. Administrative Law—Informal Procedure in a Global Era*, 42 Am. J. Comp. L. 669-670(1994).

咨询委员会法》、《文书精简法》和《信息质量法》。由于联邦的法律并不适用于各州设立的政府规制机构，其权力行使时需要遵守的是其所在州的宪法和行政程序法等相关一般法。与联邦的情况类似，各州的行政程序法对于规范其政府规制的权力行使也起到重要作用。为了规范其设立的规制机构的权力行使，各州相继制定了自己的行政程序法。在联邦政府颁布 APA 数月后，美国统一州法全国委员会也公布了一个《模范州行政程序法典》，以指导各州制定自己的行政程序法。后来，许多州要么直接采用了该法典，要么把其核心部分纳入自己原有的行政程序法中。① 尽管各州的行政程序法存在差异，但其基本内容都与 APA 类似，主要包括法规制定程序、行政裁决程序与司法审查三个方面，也受司法程序的影响较大。需要指出的是，各州管辖的一些郡、市等地方政府享有较大的自治权，其设立的政府规制机构并不属于州的政府规制机构，不受所在州颁行的行政程序法的约束。

政府规制机构在行使其权力时不但受到前述法律的约束，而且受到自己颁布的法规的约束。对于某一政府规制机构而言，授权法和一般法经常只是规定其应当遵守的最低标准和要求，其可在自己的权限范围根据实施法律的需要按照规定程序制定一些法规。② 这些法规可以是实体性的，也可以是程序性的。它们对于政府规制机构权力行使的规范也起到一定作用。

除了制定法外，普通法在对政府规制机构权力行使的规范上也具有不可或缺的地位。法院对政府规制机构的活动实施的司法审查，不但能为政府规制对象提供法律救济，而且能通过创设一些原则或规则规范政府规制机构的权力行使，防止其滥用权力。这些原则或规则既可以是实体性的，也可以是程序性的。③

在该国建立的规范政府规制机构权力行使的制度体系中，程序法的内容居于主导地位，主要包括授权法中的程序性规定、行政程序法的规定、政府规制机构制定的程序性法规、宪法中的相关程序规定与判例中设定的程序性原则或规则五个方面。④ 其中，以前三个方面为主。这些内容非常重要，对规范政府规制权力的行使，保障个人的权益起到重要作用。其作用具体表现为保证制定法中的有关规定

---

① See William F. Fox, Jr., *Understanding Administrative Law*, 4th edition, Conklin, NY: Matthew Bender & Company, Inc., 2000, pp. 3 – 4.

② See id. at 5.

③ See Stephen G. Breyer, et al., *Administrative Law and Regulatory Policy: Problems, Text and Cases*, 5th edition, New York: Aspen Law & Business, 2002, pp. 489 – 639.

④ See Jack M. Beermann, *Administrative Law*, 3rd edition, New York: Aspen Publishers, 2010, p. 2.

得到遵从、提高事实调查的准确性、改善政策制定的质量、保障政府规制对象的权利等。①

在欧洲国家,随着包括政府规制权力在内的现代行政权的形成和发展,人们很早就认识到其与司法权在行使上存在的差异,认识到其对公民的权利和自由存在的威胁,开始重视对其行使的规范。② 在19世纪,以法治来规范和限制行政权的行使就已经成为欧洲大陆国家的主导思想,③强调立法的重要作用,通过立法明确行政权的内容和范围成为规范其行使的主要方法,行政法因而在欧洲大陆得以形成和发展。自该世纪末后,与美国一样,欧洲许多国家也逐步进入了政府规制大发展的阶段,尽管其政府规制模式与美国的存在差异。在英国,随着政府规制的不断推进,行政法也逐步形成和发展。与此同时,政府规制的不断推进也大大地促进了欧洲大陆国家的行政法的发展。自20世纪60年代以后,欧共体以及后来的欧盟的大量立法对欧洲国家的政府规制权力行使的规范也起到了重要作用。尽管自20世纪70年代末至80年代初以后,欧洲国家纷纷推行了政府规制改革,学习和借鉴美国的政府规制模式,但从总体上看规范政府规制权力行使的方式和方法并未发生大的变化。④ 与美国的相比,尽管都是行政法在起着主要作用,但是欧洲国家更注重实体性的行政法,即使是在英国,它们对程序性的行政法的重视程度都远不如美国,⑤尽管其中许多也都制定了行政程序法。例如,在德国人们更多关注的一直

---

① See Stephen G. Breyer, et al., *Administrative Law and Regulatory Policy: Problems, Text and Cases*, 5th edition, New York: Aspen Law & Business, 2002, p. 642. 自20世纪80年代后,伴随着政府规制改革的推进,程序法也更多地被用于减少政府规制的成本和提高政府规制的成效上,参见 Alfred C. Aman, *Informal Agency Actions and U.S. Administrative Law—Informal Procedure in a Global Era*, 42 Am. J. Comp. L. 669 – 671(1994).

② See Bernardo Sordi, *Révolution, Rechtsstaat, and the Rule of Law: Historical Reflections on the Emergence of Administrative Law in Europe*, in Susan Rose-Ackerman and Peter L. Lindseth, *Comparative Administrative Law*, Cheltenham, UK · Northampton, MA, USA: Edward Elgar, 2010, pp. 23 – 36.

③ See Michael Les Benedict, *Law and Regulation in the Gilded Age and Progressive Era*, in John Phillip Reid, et al.(eds.), *Law as Culture and Culture as Law: Essays in Honor of John Phillip Reid*, Madison, Wisconsin: Madison House Publishers, Inc., 2000, p. 233.

④ See Anthony Ogus, *Comparing Regulatory Systems: Institutions, Processes and Legal Forms in Industrialised Countries*, in Paul Cook, et al.(eds.), *Leading Issues in Competition, Regulation, and Development*, Cheltenham, UK · Northampton, MA, USA: Edward Elgar, 2004, p. 155.

⑤ See Stephen G. Breyer, et al., *Administrative Law and Regulatory Policy: Problems, Text and Cases*, 5th edition, New York: Aspen Law & Business, 2002, p. 642.

是行政行为的结果,行政程序只是使该结果符合实体正义的一个保障而已。[1]

对政府规制权力行使的规范是防止其被滥用从而保障个人的权利和自由的基本方法,注重从事前角度上对其进行控制,相对于司法审查、行政诉讼等从事后角度上对其进行的控制方法,具有成本低、效率高的优势,更应受到重视。从西方国家的实践来看,多数国家主要通过实体法来进行规范,少数国家主要通过程序法进行规范。对于这两种方式,侧重于实体法的方式比较简捷,但由于作为非专家机构性质的立法机关制定的法律只能是原则性和框架式的,自然会给政府规制机构留下较大的权力空间,增加了限制政府规制权力的难度,而侧重于程序法的方式比较复杂,但通过该方式的规范能较好地从过程上控制政府规制机构的活动,能够较好地限制政府规制权力。从发展趋势上看,尽管各国采用何种方式规范政府规制权力的行使受到很多因素的影响,但程序法的重要作用正在受到越来越多的国家的重视。

五、政府规制权力的监督

在政府规制的实施中,对政府规制权力的监督也是其一个重要的组成部分。这种监督能够保证政府规制目的的实现,更重要的是,它是法治框架下对政府规制权力限制的另一个重要方面。这种监督主要是一种外部监督。在西方社会中,随着政府规制的兴起,政府规制机构不断增多,如果不能对其拥有的权力进行有效监督,可能就会对公民的权利和自由造成大量的不当干涉乃至非法侵害,因而,对政府规制权力的监督在许多国家也都受到了高度重视。

在美国,自政府规制兴起之始,即主采独立规制机构模式。在以该模式占主导的政府规制权力配置下,政府规制机构往往被授予包括立法权、司法权和行政权在内的较大权力,且在这些权力行使上享有较大自由裁量权,[2]另一方面,政府规制权力大多掌握在非经选举产生的政府官员手中,这与近现代民主制度的设计存在差异,[3]加强对政府规制权力的监督一直备受关注。早在1916年,该国著名律师和杰出政治家伊莱休·鲁特(Elihu Root)就强调,尽管政府规制发展的趋势不可阻

---

[1] See Michael Fehling, *Comparative Administrative Law and Administrative Procedure*: Annual Report - 2011 - Germany, Torino, Italy: Ius Publicum, 2011, pp. 5 - 6.

[2] See Charles H. Koch Jr., *Judicial Review of Administrative Discretion*, 54 Geo. Wash. L. Rev. 469 - 471(1986).

[3] 按照该设计,政府机构制定和执行公共政策必须对选民负责,参见 Ernest Gellhorn and Ronald M. Levin, *Administrative Law and Process*, St. Paul, MN: Thomson/West, 2006, p. 35.

挡,但作为一个有限政府,必须加强对政府规制机构本身的监管,明确公民在政府规制活动中的权利和自由。① APA在一定程度上就是为了妥善解决对政府规制权力的监督问题,制定该法的基本目的之一就是以制定法的形式明确有关法院对包括政府规制机构在内的所有行政机构的活动的司法审查的规则。② 在有限政府思想的主导下,该国逐步建立了相对完善的主要包括司法审查和政治监督两种方式的政府规制权力监督制度。

司法审查是监督政府规制权力的基本方式之一,在性质上属于法律监督。普通法院有权对包括政府规制机构在内的行政机构的活动进行司法审查最早是由著名判例"马伯里诉麦迪逊案"确立的。③ 除了普通法外,制定法也为法院对政府规制机构的活动的司法审查提供了明确依据,如APA就其申请条件、范围、程序、内容、标准等进行了一般性规定。这里的司法审查与宪法领域中的存在一些差异。④ 当个人认为自己的权益(包括宪法上规定的权利和自由)因政府规制机构实施的行政行为而受到侵害,且穷尽行政救济手段而未能获得救济时,就可以向具有管辖权的法院提出对该行为进行司法审查的申请。当申请人对其提出司法审查的行政行为属于可审查的范围时,法院将会依据该政府规制机构发布的法规、命令等对该行为进行合法性和合理性审查,⑤并做出处理。在申请人提出有关违宪的司法审查时,如认为政府规制机构违反了宪法第十四修正案中有关正当程序原则的规定而提出等,法院将会进行违宪审查。⑥ 传统观点认为,司法审查对于限制政府规制权

---

① See Elihu Root, *Address to the American Bar Association*, in Elihu Root, *Addresses on Government and Citizenship*, Cambridge, MA: Harvard University Press, 1916, p. 535.

② See United States Department of Justice, *Attorney General's Manual on the Administrative Procedure Act*, Holmes Beach, Florida: Wm. W. Gaunt & Sons, Inc., 1973, p. 9.

③ See John D. DeLeo, Jr., *Administrative Law*, New York: Delmar Cengage, 2008, p. 174. 该判例因确立了普通法院对国会立法的违宪审查权而闻名,实际上其还确立了普通法院享有的对行政行为的合法性进行审查的权力,参见 William F. Funk and Richard H. Seamon, *Administrative Law: Examples and Explanations*, New York: Aspen Publishers, 2009, p. 213. 法院能够对行政机构的活动进行司法审查的原则也构成了该国行政法的基石之一,参见 Nicholas Bagley, *The Puzzling Presumption of Reviewability*, 127 Harv. L. Rev. 1286(2014).

④ See Stephen G. Breyer, et al., *Administrative Law and Regulatory Policy: Problems, Text and Cases*, 5th edition, New York: Aspen Law & Business, 2002, p. 227.

⑤ See William Burnham, *Introduction to the Law and Legal System of the United States*, 4th edition, St. Paul, MN: West Publishing Co., 2006, p. 206.

⑥ See John D. DeLeo, Jr., *Administrative Law*, New York: Delmar Cengage, 2008, pp. 173 - 195.

力起到非常重要的作用。① 其一,它能矫正和防止玩忽职守、不作为、以权谋私等滥用政府规制权力的行为,为个人维护自己受到侵害的权益提供一个救济途径。其二,它能促使政府规制机构在授权范围内行使自己的权力,为政府规制目的的实现提供保障。其三,它能促使政府规制机构遵守普通法中为其设定的要求。尽管如此,但一般也认为,受一些因素的影响,司法审查的作用具有相当大的局限,它只能提供保证政府规制活动的公正性和合理性的最低标准。②

与司法审查相同,政治监督也是监督政府规制权力的基本方式。就联邦的政府规制机构而言,对它享有的权力的政治监督包括国会实施的监督和总统实施的监督两个方面。在政府规制活动中,国会可以说是居于一个核心的位置上。③ 除了进行政府规制活动的总体设计和组织,为其提供经费等外,国会还监督着政府规制机构的活动。国会设有许多的专业委员会,主要由它们专门负责监督政府规制机构的活动。它们最初是因立法的复杂化和专业化而设立的,后才被用于政府规制机构的监督,它们也都是由相关领域中的专家组成,避免政府规制机构利用它们的专业特长而逃脱管束。④ 它们可以通过人员任命听证、事故调查听证、丑闻调查听证以及要求政府规制机构提交相关报告等多种方式监督政府规制机构的活动。⑤ 除了这种监督活动外,国会一度还通过所谓的"立法否决权"来监督政府规制机构的活动。立法否决权,是指国会基于相关立法规定而享有的否决政府规制机构或其他行政机构实施诸如颁布法规等某些行政行为的权力。为了限制某些政府规制机构或其他行政机构的自由裁量权,国会在相关立法中规定动用此权力的程序,要求实施某些行政行为时需要经过其批准,若其不批准,则不能实施这些行政行为,但国会批准的方式往往不是通过颁布新法,而是通过其设置的委员会做出的决定,其两院中某一院做出的决定等。⑥ 1983 年,联邦最高法院在 INS v.

---

① See John J. Coughlin, *The History of the Judicial Review of Administrative Power and the Future of Regulatory Governance*, 38 Idaho L. Rev. 92 – 93(2001).

② See Ernest Gellhorn and Ronald M. Levin, *Administrative Law and Process*, St. Paul, MN: Thomson/West, 2006, p. 75.

③ See Ferrel Heady and Eleanor Tabor Linenthal, *Congress and Administrative Regulation*, 26 Law Contemp. Probl. 238 – 260(1961).

④ See William Burnham, *Introduction to the Law and Legal System of the United States*, 4th edition, St. Paul, MN: West Publishing Co., 2006, p. 214.

⑤ See John D. DeLeo, Jr., *Administrative Law*, New York: Delmar Cengage, 2008, pp. 271 – 277.

⑥ See Jonathan B. Fellows, *Congressional Oversight Through Legislative Veto After INS v. Chadha*, 69 Cornell L. Rev. 1244 – 1245(1983—1984).

Chadha 一案中裁定国会以这些方式动用立法否决权的做法违宪。① 实际上在此前很长一段时间内，对国会动用立法否决权的做法就存在很多争议。② 为避免出现违宪的问题，国会于 1996 年专门制定了《国会审查法》，对法规审查的程序进行了充分完善。此外，国会还可以通过颁布新的法律来改变政府规制机构制定的法规，从而实现对其权力的监督。与国会一样，总统在对联邦的政府规制权力监督上也起到重要作用。总统对政府规制权力的监督主要通过两种方式，一种是通过人事任免，另一种是通过行政命令。就前者而言，对行政机构主要人员的人事任免权是宪法赋予总统的权力，通过该权力，总统可对行政机构的权力进行一定的监督。就后者而言，总统可通过该方式向包括独立规制机构在内的所有行政机构下达正式指示，这些机构必须遵照。因联邦的政府规制机构的性质、地位、职能等的不同，总统对它们享有的权力的监督也不尽相同。③ 相比而言，总统对隶属于联邦行政机关系统的政府规制机构的权力的监督手段比较多，其力度也比较大，但其对独立规制机构的权力的监督受到很大限制。各州对其政府规制权力的政治监督与联邦的类似，也包括立法机关的监督和州长的监督两个方面，在此不再深入探讨。

从个人权利保护的角度上看，在这两种监督方式中，司法审查能促使政府规制机构在法律的授权范围内按照法定程序实施政府规制活动，做出合理、合法的决策或决定，更侧重对个人权益的保护，为人们提供了一个较好的法律救济途径，与此同时，"它是一种经常性、局外的、有严格程序保障的、具有传统权威性的监督"，④ 因而，它成为该国政府规制权力监督的最主要方式。

在欧洲，无论是在 20 世纪 70 年代末 80 年代初进行的大规模政府规制改革之前，还是其后，对政府规制权力的监督都是法国、德国、英国等国家厉行法治的重要内容之一。从方式上看，这种监督与美国的有些类似，也主要分为政治监督和法律监督两种。因各国的政治制度、法律制度、历史传统等存在诸多差异，它们在这两种监督方式的具体应用上也有不少差异。⑤ 但从个人权利保护的角度上看，法律

---

① See E. P. Krauss, *Unchecked Powers: The Supreme Court and Administrative Law*, 75 Marquette L. Rev. 807(1991—1992).

② See Jonathan B. Fellows, *Congressional Oversight Through Legislative Veto After INS v. Chadha*, Cornell L. Rev. 1245(1983—1984).

③ See William Burnham, *Introduction to the Law and Legal System of the United States*, 4th edition, St. Paul, MN: West Publishing Co., 2006, p. 213.

④ 王明扬：《美国行政法》，中国法制出版社 2005 年版，第 563 页。

⑤ See Anthony Ogus, *Comparing Regulatory Systems: Institutions, Processes and Legal Forms in Industrialised Countries*, in Paul Cook et al.(eds.), *Leading Issues in Competition, Regulation and Development*, Cheltenham, UK · Northampton, MA, USA: Edward Elgar, 2004, pp. 153 - 154.

监督在各国都是最主要的方式。法国、德国等在 19 世纪末就建立起完善的行政法院系统,主要由其负责对包括政府规制机构在内的所有行政机构的权力的法律监督。① 在英国,采用与美国相类似的司法审查。但是,无论是法国、德国等的行政诉讼,还是英国的司法审查,都与美国的司法审查存在一个比较大的差异。后者进行的是实质性的司法审查,不仅审查行政行为的合法性,也审查行政行为的合理性。②

无论是从维护公共利益的角度出发,还是从保护个人权利的角度出发,都需要重视和加强对政府规制权力的监督,以督促政府规制机构尽职尽责地履行自己的职责,合理、合法地行使权力,防止其滥用权力。但从西方社会的实践来看,这也是一个比较棘手的问题。一方面,政府规制活动具有较强的专业性,大多数政府规制机构正是凭借其专业特长去实施政府规制活动的,来自外部的、非专业机构的监督往往会给其权力行使带来不当的干涉,妨碍其更好地完成政府规制任务,但如果对其太顺从,就容易导致其权力的滥用。另一方面,作为法律的实施者,政府规制机构负责经济和社会的具体管理,需要具有较宽松的权力行使空间和较大的便宜管理权,如果对其权力的监督过多、过严,太多的束缚会使其无法很好地完成政府规制任务。因而,在政府规制权力监督制度的设计和运行上,需要在充分尊重政府规制活动的专业性的基础上把握好政府规制权力监督的"度"。

当前,我国正在加快建设社会主义法治国家的步伐,而实现政府规制抑或市场监督的法治化是该建设的一个极其重要的组成部分。从法治视角上认识和把握政府规制,是使其走上法治化轨道的前提和基础。尽管它是近些年来国内学界研究的热点,但从法治视角上全面揭示其产生和运行的规律的研究并不多。前述研究意在弥补此不足,但由于政府规制是个非常宏大且深奥的研究课题,无论从哪个学科或视角上对其研究都是如此,它们在很大程度上只是浅尝辄止地探讨了其一些框架性的内容,初步揭示出其在法治框架下产生和运行的一些基本特点和规律,很多方面都还需要进一步的拓展和深入。

---

① See Michael Les Benedict, *Law and Regulation in the Gilded Age and Progressive Era*, in John Phillip Reid, et al.(eds.), *Law as Culture and Culture as Law: Essays in Honor of John Phillip Reid*, Madison, Wisconsin: Madison House Publishers, Inc., 2000, pp. 233 - 244. 这种特殊的公法法院也是大陆法系和英美法系在此方面上的一个显著差异,参见 Stanley A. de Smith, et al., *Judicial Review of Administrative Action*, 5th edition, London: Sweet & Maxwell, 1995, p. 156.

② See René Seerden and Frits Stroink (eds.), *Administrative Law of the European Union, Its Member States and the United States: A Comparative Analysis*, Antwerpen-Groningen: Intersentia Uitgevers, 2002, p. 78; 126.

On Basic Principles of Government Regulation: From the Perspective of Rule of Law

Ding Zhihua

Abstract: As a direct intervention by the state in microeconomic activities, government regulation is the product of the development of rule of law in modern society, and it should be conducted seriously according to the principles and system of rule of law. To discover basic principles of government regulation from the perspective of rule of law is an important premise to understand and conduct it. Regulatory power cannot be regarded as a natural power of the government, and the legitimacy of government regulation should be considered. The scope of government regulation should be suitable for the demand of social situations and reduced as possible. Government regulation is featured by particularity, specialization and complexity, so it is appropriate to allocate regulatory power to expert agencies with expertise. Although regulatory power is a type of combined power, it mainly belongs to administrative power in nature and inherent risk exists in exercising it, it is necessary to highlight the regulation and supervision of exercising the power, and to establish related system of regulation and supervision.

Keywords: Government regulation; Regulatory agencies; Regulatory power; Rule of law

（责任编辑：宋亚辉）

经济法学

韩国《垄断规制法》对滥用市场支配地位经营者的规制[*]

[韩] 李奉仪[**] 著　陈　兵[***] 译

[摘　要]　韩国《垄断规制法》对具有市场支配地位经营者滥用其支配地位的行为,重点规定了滥用市场支配地位行为在法教义学上的概念与分类。然而,《垄断规制法》却没能有效应对具有市场支配地位的经营者的各种类型的滥用行为。造成这种情况的主要原因,在一定程度上是由于公平交易委员会与理论工作者都未能对滥用的本质提出一个充分的解释。基于此,本文试图从韩国社会政治与经济环境的逐步演化中,厘清滥用概念的内涵及其适用,以期揭示出滥用概念的本土化特征。

[关键词]　韩国;《垄断规制法》;滥用市场支配地位;剥削性滥用;排他性滥用

---

[*]　原文信息为: Bong-Eui Lee, *Prohibition of Abuse of Market-Dominant Undertakings under the Monopoly Regulation and Fair Trade Act*, 4 J. Korean L. 61‐81(2005).在翻译时,根据新近发展,从便于中国同行理解的角度,调整了原文的部分内容,以期能准确客观地介绍韩国法上规制滥用市场支配地位的基本内容。在有些地方加入了译者对相关历史背景和基础理论的解释,希望尽量不使读者误读原意。为此,在必要处都做了说明。如有意思传导不当甚或错误,归咎译者。需要说明的是,从译者在韩国学习研究的经验看,虽然,韩国在早期很大程度上借鉴和吸收了域外理论与实践经验,尤其是德国模式与美国模式对垄断规制法影响很大,但是历经了近40年的法学研究与法律实践的洗礼,韩国已经走上适合本国国情的发展之路,特别是在处理滥用市场支配违法行为方面。浦项(Posco)案作为一个标志性案例确立了韩国对规制滥用市场支配地位的考量基准和裁判模式,是韩国垄断规制法上特别值得关注和研究的一个理论结点和实践争点。由此,推动了韩国学界和实务界对规制滥用市场支配地位行为理论与实践的不断研讨,也是基于此使得韩国在规制滥用市场支配地位违法类型上形成了自身特征,非常关注域外理论与实践经验的本土创新转化。

[**]　李奉仪,韩国首尔国立大学法学院。首尔:08826。

[***]　陈兵,南开大学法学院,韩国仁荷大学法学院。天津:300350。本译文为中国博士后基金2015—2017年度国际交流计划派出项目"全球化下中韩反垄断法实施比较研究"(20150029);南开大学第四批百名青年学科带头人培育计划(2017—2023)"中国反垄断法实施问题研究"的阶段性成果。

自由市场经济的发展需要自由与开放的市场竞争秩序,进而保障私人自治得以实现。从本质上说,私人自治的内涵是"契约自由",即与谁进行交易,决定是否进行交易以及交易的条件是什么都由其自行选择和决定。因此,一个通过设定强制义务来进行协调的体系,在市场经济中是难以维持的。①然而,如果放任契约自由与自由竞争,不加以合理限制,其本身也会面临被破坏的危险。长期以来,现代法律体系大多通过对显著经济权力的行使,设定一些限制以应对自由放任主义可能带来的风险。其中一个典型的对私人自治加以限制的例子是当缔约方之间缺乏平等关系时,对所谓自治予以合法限制。竞争法旨在防止反竞争行为,从这个意义来看,也是尝试通过限制私人自治与市场支配力来保证契约自由的实质性实现。

大多数工业化国家将个别经营者经济权力集中视为一种危害,故此,它们通过法律来合法规制拥有这种权力的经营者的行为。美国反托拉斯法通过"垄断"这一概念来表达对具有市场支配地位的经营者之行为的限制,然而,与美国不尽相同的是几乎其他的竞争法域,包括韩国在内,在实践中都使用"滥用"这一概念来规范对具有市场支配地位的经营者滥用经济权力的违法行为。譬如,韩国《垄断规制与公平交易法》(以下简称《垄断规制法》)第3-2条就对占有市场支配地位的经营者设定了一些特定义务。

从理论上讲,对具有市场支配地位的经营者潜在地会损害契约自由与消费者福利的反竞争行为,公共执法机构设定的一些规制方法是可行的。一种是事前监管,它通过对价格、产量以及其他交易条件的直接管制来达到保护公共利益的目的。另一种是事后监管,即对具有市场支配地位的经营者,只有当其行为违反法律所设定的特定性禁止规范时,公共执法机构才对其进行规制。韩国《垄断规制法》采用了第二种规制模式,这也是竞争法体系所普遍采用的。《垄断规制法》试图通过规制经济社会中被滥用的权力来保证企业自由活动的空间,其中一个最主要的手段就是禁止具有市场支配地位的经营者滥用其市场支配地位。

上述提及的两种规制方法,除了有一些共同的目标,从根本上讲是不同的。②它们从不同的概念和理论背景中发展而来;它们根植于不同的法律传统,尤其反映在经济活动中政府所扮演的角色这一层面上。它们在不同的社会和政治压力下形成;它们的执行也是基于不同的法律体系。③因此,对于那些非常熟悉美国反托拉

---

① See Bong-Eui Lee, *Illegality of Unfair Trade Practices from the Viewpoint of Contract Order*, Fair Trade and Rule of Law, No. 1, November, 658-659(2004).

② 相比较言,美国反托拉斯法与欧洲竞争法对具有显著经济权力的界定是相似的。See Gerber, *Law and the Abuse of Economic Power in Europe*, 62 Tul. L. Rev. 57-107(1987).

③ See Edwards, American and German Policy Toward Conduct by Powerful Enterprises: A Comparison, 23 *Antitrust Bull*, 83-146(1978).

斯法的律师而言,通常会误读在其法律语境下"滥用"的概念以及它在个案中的涵义。缺乏对"滥用"概念的准确理解,最重要的是会损害韩国律师和竞争主管机构对复杂的企业经营活动进行有效回应的能力。此外,不仅是具有市场支配地位经营者自身,也包括那些想与之进行交易或竞争的其他经营者,都会在对自己的行为进行预判时受到困扰,导致无法对合规行为予以准确理解,滥用诉讼,浪费诉讼资源等。故此,本文拟将通过分析滥用市场支配地位这一法律概念来解决理解上存在的困惑。本文的重点是厘清模糊的"滥用"概念到底应作何解,以及如何使其体系化。在分析韩国规制滥用行为的同时,还会清晰地阐释韩国公平交易委员会(以下简称"KFTC")和法院审裁该类违法行为的特征。

一、有关"市场支配地位"的规范解读

滥用市场支配地位的概念由两部分构成,即"滥用"与"市场支配地位"。前者规定了行为标准,后者界定了哪些经营者的行为才会受制于这些标准。只有当一个经营者占有市场支配地位时,才可以去判定其行为是否属于"滥用"行为。《垄断规制法》规定:"市场支配地位经营者"是指在特定的交易场所作为供应者或者需求者,能够单独或与其他经营者一起决定、维持或变更所属领域的商品或服务的价格、数量、质量或者其他交易条件的经营者。[①]第 2 条第 7 款进一步强调,支配地位可由经营者单独地或者和其他经营者共同地形成,即存在两种市场支配地位形式。由此,可以推断《垄断规制法》承认——虽然很含蓄——所谓的"共同市场支配地位"。然而,这一概念却从未被韩国公平交易委员会和法院使用过。此外,在何种情形下可以推断存在共同支配地位,目前仍不清楚。

《垄断规制法》第 3-2 条的措辞都指向具有市场支配地位的经营者,而不是垄断或者寡头垄断。在这一规范用词下,一个具有市场支配地位的经营者是指通过结构性指标的测量,譬如,市场份额、进入壁垒等,具有支配或排他性地位的经营者。这种对支配地位的理解,恰巧与《谢尔曼法》第二章中对垄断的概念的理解不谋而合。

(一)相关市场的界定

要认定经营者具有市场支配地位,首先必须要界定相关市场。《垄断规制法》中的"特定的市场范围",即相关市场是指在一个商品、交易时间或交易的地理区域内存在或者可能存在竞争关系的范围。[②]相关商品市场是指当一种特定的交易商

---

① Article 2 No. 7 of the Act.
② Article 2 No. 3 of the Act.

品或服务的价格显著且非临时性地增长时,其消费者转向具有替代性的其它商品或服务的总和。相关地域市场的界定方法与相关商品市场的界定类似,其基本标准仍是从消费者角度出发,考虑商品或服务在特定地域市场内的替代性。①

(二) 支配地位的认定

一般来说,占有市场支配地位被定义为处于拥有相当大经济权力的位置。然而,它不应该被视为一个绝对的概念,作为一个程度的问题,更该被视为一个相对概念。在具体案件中,占有市场支配地位通常由竞争主管机构(即 KFTC)结合其竞争政策中的一些基本考量因素予以推定。具体而言,在认定经营者占有市场支配地位时,KFTC 会综合考虑市场份额、市场进入壁垒以及其难易程度、经营者的竞争对手的相对规模等。这些因素都规定在《滥用市场支配地位行为审查指南》②(以下简称《审查指南》)关于相关市场结构的第三章中,其中最主要的因素是被审查经营者的市场份额。

然而,对 KFTC 来说,认定经营者是否具有市场支配地位是非常复杂的。事实上,就市场上的经营者而言,它们往往也不能预测自己的行为是否构成滥用行为,以及在什么情况下会受到规制。为克服这种法律的不确定性,同时也为减轻 KFTC 举证负担的一个方法是通过市场份额来推定经营者的市场支配地位。③根据《垄断规制法》第 4 条的规定,在特定交易领域,经营者的市场份额满足以下任何一种情况,则可以推定其占有市场支配地位:

(1) 一个经营者的市场占有率达到或超过 50%;或者

(2) 三个及以上经营者市场占有率达到或超过 75%;其中单个经营者占有率在 10%以下的除外。

《垄断规制法》上提及的"市场份额"是指,相关经营者在作出具有违反《垄断规制法》第 3-2 条嫌疑的行为终止日所属的营业年度内,其供应或购买国内商品或服务的价格金额与国内该商品或服务的价格总额的比率。然而,当市场份额难以用金额计算时,则可根据产量和生产能力标准核定。

应该注意的是,在适用推定和禁止条款时,经营者及其下属关联公司应当被视为一个整体。例如,现代汽车公司(Hyundai Motor Company)及其下属的起亚汽车公司(Kia Motor Company)在国内汽车市场中占有约超过 70%的市场份额,所以不论其他竞争者占有多少市场份额,它们会被视为一个整体经营者并被推定为

---

① In details See Sai-Ree Yoon, *Regulation of Business Combination under the Anti-monopoly and Fair Trade Act with Emphasis on the Case Law*, 2 J. Korean L.10-18(2002).

② KFTC Notification No. 2002-6 (2002.5.16).

③ Oh-Seung Kwon, *Economic Law*, 4th ed., Seoul, Beopmunsa, 2002, p.159.

占有市场支配地位。①

二、关于"滥用"行为的法教义学解读

在韩国《垄断规制法》上并没有明确规定滥用市场支配地位定义是什么,以及在什么情况下可以认定经营者存在滥用市场支配地位。在过去三十余年的实施过程中,关于滥用概念的本质仍然存在一些不确定之处。其中一个原因是KFTC的决定和法院的判决数量过少,以至于不能从中形成一个清晰的指引。②另一个原因是滥用概念本身存在不确定性。

现行《垄断规制法》第3-2条详尽地规定了以下五种不同的滥用行为:

1. 不当决定、维持或变动商品或服务价格的行为;
2. 不当调整销售或提供劳务的行为;
3. 不当妨碍其他经营者经营活动的行为;
4. 不当限制新的具有竞争关系的经营者进入相关市场的行为;和
5. 为排除竞争对手而实施的不当交易行为或有可能显著侵害消费者利益的行为。

滥用行为的分类及其认定标准由总统令和指南进一步规定。2001年修订后的总统令引入了一个有些棘手的滥用类型,作为上述第三、四种不当妨碍和不当限制进入的子类型,即拒绝使用必要核心设施。在这个概念下,总统令禁止在无正当理由情形下,具有市场支配地位的经营者拒绝、中断或限制其他经营者或新进竞争者使用或适用生产、供应、销售商品或服务所必需的核心设施的行为。③目前KFTC还没有一个根据这个所谓的"必要核心设施理论"明确作出决定的滥用案例,因此该类型滥用在实践中的具体标准还需要进一步明确。

在这一规范体系下,普遍认为第3-2条中的"滥用"从概念上讲被分为两类:剥削性滥用(exploitative abuses)和排他或妨碍性滥用(exclusionary or hindering abuses)。剥削性滥用是指具有市场支配地位的经营者的行为,虽然没有直接损害市场上的其他竞争者,但是却剥削了由市场力所提供的交易机会和削减了消费者福利。消费者福利的减少或剥削性效果可呈现为多种形式,譬如,超高定价、削减产品数量、抑制创新等(分别对应第3-2条第1项第1、2、5号)。相对于剥削性滥

---

① KFTC Decision, No. 99-130 "Hyundai Motor/Kia Motor" (1999.9.3). The KFTC acknowledged that their aggregate market share for bus and truck would amount to respectively 74.2% and 94.6%.

② 目前,KFTC对约30个滥用案件采取了救济措施。

③ Presidential Decree Article 5 No. 3 and 4.

用,排他或妨碍性滥用并不是基于一般的商业行为,而是可能损害具有市场支配地位经营者的竞争对手的市场地位,即扭曲或破坏相关市场结构,把竞争对手从市场中完全阻止或排除(第3-2条第1项第3、4、5号)。从效果和目的上讲,排他性滥用会维持或加强具有市场支配地位经营者的支配地位,实现垄断或独占的效果,这必将导致对它的交易相对人和终端消费者的长期损害。正是基于这个原因,有时可以说剥削性滥用会紧随排他性滥用而发生。

(一) 关于"滥用"行为的法解释探析

1. "滥用"行为的目的性解释

《垄断规制法》的主要目的是为了促进公平和自由的竞争,从而鼓励创新的企业家精神,保护消费者,为国民经济的均衡发展而努力。一般而言,竞争有利于消费者福利和国民经济的发展。①但是当它与其他非竞争利益发生冲突时,只要豁免条款(如第7条第2项反竞争性集中的豁免,第19条第2项反竞争性卡特尔的豁免)的要件被充分满足,KFTC也可以考虑予以豁免。②然而,这并不是说《垄断规制法》是为了保护在竞争发生之前的竞争者的利益或者是为了保护竞争秩序受到损害后的消费者的利益,而是因为该法的目的是保护作为基本经济秩序的竞争,而不仅是保护竞争者或消费者的私人利益。竞争具有双重功能,一个是宪法上的保障功能,另一个是私法上对私权的保护功能。为此,有很多批评者反对那些仅有助于保护低效率竞争者的禁止滥用垄断力的条款。

但与此同时,学界也普遍认为具有市场支配地位的经营者须承担"特殊责任"③,即不能让自己的行为损害现行竞争秩序。事实上,对具有市场支配地位的经营者来说,任何进一步的市场结构的集中都会增强其市场力量,其试图加剧市场集中的行为可以被视为一种排他性滥用。在某些情况下,对一个竞争者的妨碍或者排挤是由一个具有市场支配地位经营者的单方滥用市场力行为所致,这足以让KFTC认定该行为具有排除、妨碍竞争后果。在这种情况下,对此类滥用行为的禁止表面上看是为了保护一个特定的竞争者,但实质上它意在防止进一步的市场集中,是对现

---

① Article 1 of the Act.

② In details See Bong-Eui Lee, *Goals of the Korean Anti-monopoly Act and illegality of anti-competitive conducts*, Case Study on Economic Law, 1-16(2004, No.1).

③ ECJ, Case No. 322/81 "Michelin" (1983.11.9). "A finding that an undertaking has a dominant position is not in itself a recrimination but simply means that, irrespective of the reasons for which it has such a position, the undertaking concerned has a special responsibility not to allow its conduct to impair genuine undistorted competition on the common market." 在KFTC的决定中,尚未明确发现对具有市场支配地位的经营者施加如此严格责任的内容,但是在《垄断规制法》第3—2条中规定了对这类经营者的特别处理。

行竞争秩序的保护,与此同时竞争者们从中间接受益。

2. 关于适用合理规则的讨论

对具有市场支配地位经营者的滥用行为的禁止在《谢尔曼法》第二章中有其对应的规定,即非法垄断或试图垄断。与此同时,一些韩国评论者认为应使用美国反托拉斯法上的合理规则来规制滥用行为。该合理规则是由美国判例发展而来,用以区分《谢尔曼法》第一章中非法的或者是正常的交易限制。① 根据这一规则,只有当通过竞争主管机构,譬如 KFTC 认定具有市场支配地位的经营者的某一反竞争行为不太可能产生任何补偿效率或者提高消费者福利时,该反竞争行为才会被认定为构成滥用行为,并处以制裁。②

然而,仅就《垄断规制法》上的具体规范言,无法明确肯定韩国法上已完全接受了适用合理规则来判定"滥用"的一般做法。正如欧盟或者德国的竞争法,《垄断规制法》并不阻止任何垄断或者企图垄断,它只禁止占有市场支配地位的经营者滥用其支配地位的行为。在这里,"滥用"的范畴包含了不从事剥削性或排他性滥用行为的特定责任。③ 与此同时,韩国法上"滥用"这一概念并没有给适用本身违法规则留下空间。在"滥用"概念下,可以推断,在韩国具有市场支配地位的经营者行为之违法性的可能,比其在美国的反垄断规制范畴下更广泛,更易达致违法性基准。

此外,应当注意的是在美国反托拉斯法上普遍接受的本身违法规则和合理规则是在分配举证责任的过程中发展而成的,不是基于法律规定的规范要件而直接认定的。如果涉及适用《垄断规制法》中规定的禁止性条款,那么举证责任则须来源于法律文本自身。根据《谢尔曼法》第二章的规定,原告、司法部或者联邦贸易委员会应该排除涉嫌违法的行为是否存在任何显著的效率增加或者实际上的积极效果;而在韩国,一旦 KFTC 假定《垄断规制法》第 3—2 条第 1 项中列举的一种滥用行为存在,则涉嫌违法的经营者应承担证明自己的行为具有正当目的或积极影响的举证责任,最终由 KFTC 依据所有可采信的信息作出裁定。

简言之,虽然美国反托拉斯法上的垄断概念在一定程度上与韩国相对应的部分有相似性,但是并不完全相同。《垄断规制法》上的"滥用"对具有市场支配地位

---

① See Sang-Seung Yi and Seung-Wha Chang, *Regulation Tying Computer Software under the Fair Trade Act - An Analysis of the Competitive Effects of Incorporating Windows Messenger into Windows XP*, 43 Seoul Law J. 301,372,380(2002).

② See Sang-Seung Yi and Seung-Wha Chang, *Regulation Tying Computer Software under the Fair Trade Act - An Analysis of the Competitive Effects of Incorporating Windows Messenger into Windows XP*, 43 Seoul Law J. 374,379(2002).

③ See Bong-Eui Lee, *Illegality of Unfair Trade Practices from the Viewpoint of Contract Order*, Fair Trade and Rule of Law, 672-673(2004,No.1,November).

的经营者的单方面违法滥用行为持以更加严格的态度。由于判断的标准并不是完全基于经济分析,更大程度上是依赖于平衡一些相互矛盾的价值诉求,故此,必须承认,在韩国法中经营者在预判其何时以及在什么情况下自身的行为会受到否定性评价,在实际案件中面临着很大的困难。①

综上,在韩国《垄断规制法》上对规制滥用市场支配地位的行为,既没有严苛地适用本身违法规则也没有积极采纳合理规则。相反,如果可以通过客观事实被证明是合理的,则具有市场支配地位的经营者之行为将不会被认定为滥用。譬如,KFTC不会去质疑一个具有市场支配地位的经营者的任何内部成长,除非它是由不公平的竞争方式产生的。

此外,还应区分正当理由与豁免的不同。一旦非常严格的豁免条件被满足,则豁免可以由KFTC予以授予。而正当理由则仅被视为在KFTC判定被质疑行为的合法性的整个自由裁量过程中的一个抗辩理据,与豁免有着明显的不同。韩国最高法院进一步明确,假设一个行为是不正当的,则证明该行为之效果和目的上没有实际意义上的反竞争影响的举证责任应当由被质疑的经营者承担。②这就意味着,即使一个具有市场支配地位的经营者在实际或潜在的竞争中可能限制、排除甚至损害其他经营者或直(间)接损害消费者的利益也可能不被制裁,只要被质疑的经营者能够成功证明它的清白或能带来更多利益。③

(二) 规制"滥用"行为在体系上存在的问题

1. 注意区分滥用行为与不公平交易行为

在《垄断规制法》颁布实施后的几十年间,相关文献或判例法中有关"滥用"条款的实操性并没有得到充分讨论。其中一个原因在于实践中KFTC只在很少的案件中对占有市场支配地位的经营者的滥用行为适用过第3-2条,尽管存在着很多根据滥用市场支配力条款都应该属于被认定为受严格规制的滥用行为。相反,KFTC更加青睐于适用不公平交易行为条款来禁止前述滥用行为。可以说,与对滥用行为的规制相比,不公平交易行为条款似乎在适用于行为人和行为类型上具有更广的适用性。④

与此同时,在韩国普遍接受的是,涉及禁止不公平交易行为时,禁止滥用行为

---

① See Supreme Court Decision, September 8, 1998 (96 nu 9003); Supreme Court Decision, December 11, 2001 (2000 du 933).
② Supreme Court Decision, December 11, 2001 (2000 du 833).
③ Seoul High Court Decision, August 27, 2002 (2001 nu 5370) "Posco".
④ 《垄断规制法》第23条适用于所有经营者,无论其规模或市场份额,并且几乎谴责所有不公平、不正当竞争甚至经营集中过程中的不当行为。

应当被视作其特别法。① 事实上,如果区分以上两种规范所保护的利益,就能够解释为什么具有市场支配地位的经营者的行为应当主要受到禁止滥用行为条款的规制,而不是适用不公平交易行为条款。② 前者的目的首先是要保护公平与自由的竞争,尤其是现有的竞争秩序和市场结构,因为在一个具有市场支配地位的经营者起作用的相关市场上,有效竞争会由于这种支配地位的滥用而缺乏。换言之,"滥用"规范的主要目的是规制结构性限制竞争,以防止利用市场力的反常手段导致进一步的市场集中。与规制滥用相比,不公平交易行为条款的规范目的根据具体情况而有所不同:譬如,反对不公平的竞争手段(不公平地引诱顾客,强制交易或干涉其他经营者经营活动),反竞争行为(拒绝交易,歧视性对待,排挤竞争对手,限制交易),固定不公平的交易条件(歧视以支持附属公司,滥用优势地位)和企业集团过度集中(对其他附属公司的不合理补贴)等,其要保护的合法利益并非局限于竞争秩序本身。③

由此可见,具有市场支配地位经营者抑制有效竞争的行为都应归属于规制滥用的范畴。故此,(可通过以下市场环境基准来区分滥用行为与不公平交易行为的认定——译者注),在一个被垄断的市场中,应当在第 3-2 条之下考虑现有竞争是否会被削弱或者其他上下游的市场是否会因垄断力的滥用而出现竞争抑制。在一个存在有效竞争的市场中,要考虑可能涉嫌违法的行为是否有损害公平自由竞争秩序的可能,进而使该市场上出现具有市场支配地位的经营者,这一类行为将归属于第 23 条"不公平交易行为"所规定的类型。(即区分滥用市场支配地位行为与不公平交易行为的关键在于该涉嫌违法的行为是在何种市场环境下发生的——是在已经形成了垄断结构的市场环境下发生抑或在尚未出现垄断结构的市场环境下发生,或者说该行为是由具有市场支配地位的经营者单独做出,还是由其他经营者做出——译者注)

2. 对一般条款的理解

由于《垄断规制法》以穷举方式列举了滥用行为的类型,KFTC 似乎已准备对形式上不属于滥用行为的其他类行为适用第 23 条。事实上,这种穷举列举的不足是能够通过第 3-2 条第 1 项第 5 号"禁止排挤其他竞争经营者或有可能显著侵害

---

① Oh-Seung Kwon, *Economic Law*, 4th ed., Seoul, Beopmunsa, 2002, pp. 309-310.

② 对于批判的观点参见, Bong-Eui Lee, A Refusal to Deal as an Abusive Interference of Market-Dominant Position, 565 Korean Lawyers Ass.J. 119, 125-127(2003).

③ See Bong-Eui Lee, *Study on Issuing Guidelines on Unfair Trade Practices under Article 23 of the Korean Fair Trade Act*, in *2003 KFTC Research Project Report*, p.2, p.5; in detail, also see Ho-Yeol Jung, *Prohibition of Unfair Trade Practices*, in *Lecture on Fair Trade Law*, 2002, pp. 388-395.

消费者利益的行为"来予以弥补的,将第 3-2 条第 1 款第 5 项解释为一个隐含的一般条款,其理由如下。①

第一,具有市场支配地位的经营者的滥用行为的目的或者影响一般会潜在或实际地损害消费者的利益。在定价过高或限制产量的情况下,其直接导致了零售价格的增加而有损消费者利益。如果一个行为妨碍或排挤相关竞争者,那么从长远来看,该行为通过市场力的维持或加强可能间接地增加消费者福利的净损失。

第二,第 3-2 条第 1 款中所穷举的禁止滥用行为类型尚不能有效回应以技术为本的经济中复杂的和新近产生的滥用行为。在某些行业,如软件、通讯、广播、新闻等领域,出现了经济一体化的趋势。经济一体化往往会引发所谓的搭售问题,这不太容易通过滥用行为和不公平交易行为这种传统的二分法规制模式予以解决。第 3-2 条第 1 款第 5 项的设置,则为 KFTC 对技术性搭售的成功规制预留了空间。典型的案例如微软将它的 Windows Messenger 和 Windows Media Player 嵌入到 Windows XP 操作系统就属于这种情况。②

第三,应当注意的是第 3-2 条第 1 款第 1 项规定尚不能有效规制各种形式的剥削性滥用。现实中有必要规制那些不能够完全基于成本或价格分析去认定的剥削性滥用行为,然而,从整体上看该类行为确实具有剥削的本质。为了保护消费者的利益不受市场支配地位者滥用其市场力带来的伤害,有必要使用第 5 号规定作为穷举体系下的兜底条款,以回应通过限制技术进步或中小企业创新能力,而很可能严重侵害消费者利益的反竞争性滥用行为。在这种情况下,KFTC 针对不能适用第 3-2 条第 1 款第 1 项的过高定价行为而发布强制令的做法就能够理解了。③

三、规制"滥用"行为的法律适用

自《垄断规制法》于 1980 年颁布后的三十多年间,第 3-2 条很少被使用。在某种程度上而言是由于在 20 世纪 70 年代至 80 年代间,在政府大力驱动下经济得以快速增长,超过一半的韩国产业经历了高度集中的发展状态。这导致 KFTC 从一开始就避免在一些垄断的产业内积极适用规制"滥用"这一概念,尤其是对国有

---

① See Bong-Eui Lee, *Illegality of Unfair Trade Practices from the Viewpoint of Contract Order*, Fair Trade and Rule of Law, No.1,2004,662-664(2004).

② See Bong-Eui Lee, *Tying as an Abuse of de facto Monopolist*, Microsoft, 27 Korean Journal of Law & Society,331,340-369(2004).

③ See KFTC Decision, No.99-130, Hyundai Motor/Kia Motor. 在该案件中,KFTC 判定现代公司和起亚公司的巴士及卡车在国内的涨价行为属于滥用,原因是尽管出口价格下降或持平,但是两者在有效竞争不起作用的情况下仅仅降低了国内巴士及卡车的价格。

经营者(public-owned undertakings)。相反,KFTC 大多情况下倾向使用第 23 条第 1 款来规制各种形式的不公平交易行为。此外,KFTC 不情愿适用"滥用"概念,特别是该概念本身就具有很大的模糊性。这种不确定性容易导致法院推翻 KFTC 所做出的纠正措施的风险增大,这也是 KFTC 不愿意积极适用"滥用"这一概念的主要原因。目前为止,实务界和学术界还没有拿出适用"滥用"概念较为具体基本的解释框架。

(一) 剥削性滥用

剥削性滥用的概念源于奥尔多自由主义中的"假想竞争"理论。它主要用来阻止具有市场支配地位的经营者通过把价格提高到超出竞争市场允许的水平来剥削与他们进行交易的消费者,以及阻止他们在没有任何正当理由且不符合竞争市场供需现实的情况下降低他们的产出。

剥削性滥用在韩国法上主要被视为一种打击在消费过程中过高定价的手段。[1]然而,在适用第 3-2 条第 1 款第 1 项和第 2 项时,很可能发生尊重经济自由与实施纠正措施有效性之间的冲突。譬如,如果只是针对具有市场支配地位的经营者收取高于竞争价格这一行为而颁布禁止令,那么 KFTC 实际上阻止此类过高定价行为的能力在实践中就变得十分有限(因为具有市场支配地位的经营者往往有能力控制或调整现实中的竞争价格水平,仅仅以竞争价格为参照,并不足以有效规制过高定价行为及其危害,还需要结合其他市场环境予以综合考虑,譬如,持续时间和实际效果等——译者注)。此外,如果 KFTC(在缺乏充分理由和考量下——译者注)对具有市场支配地位的经营者颁布禁令,禁止经营者将价格提高至超过竞争价格一定水平的行为,很可能被视为是干涉经营者经济自由的国家干预行为。基于此,虽然《垄断规制法》规定 KFTC 有权降低价格(对价格实施管控——译者注),但是迄今为止,KFTC 是否能够准确界定降低价格的程度仍存在争议。

法院也一直没有机会处理直接的剥削滥用行为,即过高定价行为。韩国最高法院只处理过两件关于间接剥削行为的案件。1997 年至 1998 年国际货币基金组织危机期间,在奶粉和大豆油市场上分别占有支配地位的生产商对其产量的限制行为受到了 KFTC 的质疑。[2]由于 KFTC 的分析存在错误,以及经营者行为存在正

---

[1] 在《垄断规制法》出台之前,当局针对独占垄断与寡头垄断企业实施广泛地价格管控是很普遍的做法。进一步论述参见 1975 年价格调控法案。KFTC, 20 Year History of Fair Trade in Korea (2001.7), pp. 19-25.

[2] See Supreme Court Decision, December 24, 2001 (99 du 11141); Supreme Court Decision, May 24, 2002 (2000 du 9991).

当理由,该案被法院驳回。事实上,早在1992年,KFTC就处理过变相实施过高定价的案件。[1]案件涉及煎饼的销售价格略高于其在一个竞争市场中可能被出售的价格。该案中经营者以减轻煎饼重量的方式变相提高煎饼价格。KFTC发现减轻重量是另一种形式的提高价格行为,并且价格增加率高于成本增加率。基于此分析,KFTC下令经营者要么降低售价,要么按特定比率增加煎饼的重量。为了在有关剥削滥用行为的案件中适用第3-2条第1款第1项和第2项规定,竞争主管机构必须设定一个假想的竞争价格,然而,如何建立相关标准尚缺乏一个令人信服的解释,这就是剥削性滥用概念在韩国很少被适用的主要原因。

(二)排他性滥用

当剥削性滥用概念的适用被证明效果有限时,竞争执法活动的重点日益转向排他性滥用。其主要目的是通过规制具有市场支配地位的经营者利用其市场力妨碍、排除或拒绝实际或潜在的竞争者,从而实现自由竞争的市场秩序。然而,目前关于应用于排他性滥用行为的分析方法和解释理论仍然存在较大争议。

适用此类型滥用概念的核心问题在于如何区分不当滥用行为与正当竞争行为。顾名思义,排他性滥用行为是指具有市场支配地位的经营者试图通过排除、妨碍其他竞争者的竞争来维持或加强其市场支配地位,获得在竞争市场结构中无法获得的非正当经济利益。具体认定基准,可以从滥用行为的特点和竞争效果中窥见一斑。

排他性滥用理论被描述为用来规制具有市场支配地位的经营者在与其他经营者的竞争中利用其经济力优势来实现不公平竞争,譬如掠夺性定价、无正当理由拒绝交易等。其行为的典型特征是利用经济力优势从事不公平竞争行为。与此同时,具有反竞争效果,特别是对现有竞争的限制和对相关市场结构的影响——维持或加强经营者市场垄断地位。试图排除或拒绝竞争者并不是成立排他性滥用行为的必要条件,但是可以被视为一个间接证据。在实践中,如何区分合法竞争与反竞争是非常困难的,KFTC和法院都没有一个很好的解决方法。

譬如,在主张对掠夺性定价行为适用第3-2条时,就面临着基于一些正当理由可能会使价格低于成本销售的行为具有客观合理性,如基于清货的需要或者满足竞争者更具吸引力的报价。在第3-2条下,除了试图从上游或下游市场上妨碍或者拒绝其他竞争者外,如果有合理的商业理由,具有市场支配地位的经营者拒绝交易的行为并不会被认定为滥用。当然,这种有关竞争效率的考量,只有在具体案件的审裁中才能发挥有限的作用。

---

[1] See KFTC Decision, No. 92-1 "Haitai Bakery"; No.92-2 "Lotte Bakery"; No. 92-3 "Crown Bakery" (1992.1.15).

譬如，在 Posco① 案中，首尔上诉法院认定韩国浦项钢铁公司(Posco)拒绝向下游终端产品市场的新进入者 Hysco 公司供应一种中间产品"热盘管"的行为违法。在此案中，在热盘管相关市场上，占有市场支配地位经营者 Posco 完全垂直一体化经营，它本身也生产最终产品。法院并没有重点关注被拒绝的 Hysco 公司是现代汽车公司(Hyundai Motor Company)的子公司，Hysco 公司大部分钢铁产品都供给现代公司的分公司，以及如果 Posco 公司向 Hysco 供应"热盘管"，它有可能失去它最大的客户这两个事实。事实上，Posco 在这里是可以提出部分抗辩的，法院并没能综合考虑如何处理垂直一体化企业集团公司间的竞争问题。

再如，在 Yeong-Ⅱ Chemical 案②中，Yeong-Ⅱ 公司作为被告，是一家从事进口和销售农药(Methyle Bromide，简称 MB)的经营者，以拒绝提供 MB 的方式，没有任何正当理由不合理地排除了希望进入进口植物灭绝服务市场的新竞争者。虽然，被告提出自身与 16 个灭绝服务公司中的 11 个签订了长期合同，它有义务保证充足的库存来维持 MB 的稳定供应，但是，KFTC 并没有接受此抗辩，最终裁定这种拒绝交易行为构成违法。

（由此可见，在韩国《垄断规制法》上关于排他性滥用的适用，无论是法院抑或 KFTC 都处在进一步摸索实践规律的路上，尚未形成成熟的具有普遍性的方法论和解释论，而且适用的基准也受到具有市场环境的变化而变动。这一点跟韩国的经济体制和经济结构不无关系。——译者注）

四、结 论

韩国《垄断规制法》实施已三十余年。然而，如上所述，关于滥用概念的许多问题并没有得到很好地解决。主要体现在对具有市场支配地位的经营者的市场行为的合法性认定上，仍然存在很大程度的分歧。由于滥用概念具有较大的模糊性，有些人担心太宽泛的解释会使 KFTC 拥有较大的自由裁量权，从而对经营者的市场行为产生不当干预，且容易导致对效率低下的竞争者而不是竞争秩序起到不必要的保护作用。事实上，在某种程度上讲，这种担忧已经浮现，只不过是通过法院在司法活动中积累的对滥用概念之适用标准的经验有效限制了滥用概念的适用范围。

究其原因，在一定程度上主要是由于韩国国内的部分学者和实务人士过分依赖于美国反托拉斯法上对垄断概念的理解，从单纯经济力滥用的层面理解和定义韩国法上的"滥用"概念，而忽视了韩国竞争法律体系自身的特征和历史背景，即韩

---

① See Seoul High Court Decision, August 27, 2002 (2001 nu 5370) "Posco".
② See KFTC Decision, No. 2001-22 "Yeong-Ⅱ Chemical" (2001.1.11).

国竞争法律体系是从政府强烈干预市场的社会与政治背景下发展出来的,滥用市场支配地位的概念是规制经济权力行使的一个主要法律工具。(这里的经济权力来源并不局限于经营者,这在一定程度上也就解释了为什么"滥用"概念自诞生起,其发展和适用十分缓慢,甚至处于停滞状态,这与韩国的经济体制、经济结构以及产业发展模式不无关系。——译者注)因此,对于"滥用"概念的解释和适用十分有利于理解自由经济活动及其在韩国的运行。

综上,KFTC 和法院有关滥用行为的法律实践仍没有明晰地划定市场支配地位经营者合法行为与滥用行为的边界。从法律的确定性与经营者的可预见性来看,KFTC 和法院在未来应当制定或解释出具体的、一致的以及在文本上明确的认定标准,用以区分滥用行为与合法竞争行为的界限。

Prohibition of Abuse of Market-Dominant Undertakings under the Monopoly Regulation and Fair Trade Act

Bong Eui Lee

Abstract: This article discusses the basic issues in the prohibition of abuse of market dominant undertakings in Korea with emphasis on the dogmatic definition and systematic of abuse. In the process of rapid development of the Korean economy, the concentration of large scale industries has been increased. Through recent changes in market opening and deregulation, the pressure of market competition is becoming fierce. Simultaneously, the risk that market dominant undertakings try to hinder, foreclose or exclude actual or potential competitors grows. However, the Monopoly Regulation and Fair Trade Act has not effectively responded to various types of abuse committed by market dominant undertakings. The main cause of this situation appears to be that the Korea Fair Trade Commission and commentators have failed to provide sufficient explanations about the nature of abuse. This article tries to make clear how to understand, interpret and apply the abuse concept that has evolved in the social and political context of Korea. This approach is expected to reveal some interpretative characteristics of abuse.

Keywords: Korea; Monopoly Regulation and Fair Trade Act; Abuse of market dominant; Exclusive abuse of market dominant; Explosive Abuse of market dominant

(责任编辑:宋亚辉)

诉讼法学

论互联网电子证据的保管*

冯姣**

[摘　要]　互联网电子证据的出现,对现有的证据保管制度提出了新的挑战。从规范层面来看,存在证据保管制度程序性要件说明的缺失;从实践来看,各地证据保管实践存在良莠不齐的情形。以快播案为例,其在接收、鉴定以及保管过程中均无法确保互联网电子证据的原始性和完整性。互联网电子证据保管制度的确立,可以确保证据的同一性、完整性和可靠性,借此提高诉讼的效率。我国互联网电子证据保管制度的完善,需要从程序性和技术性两方面展开。

[关键词]　互联网电子证据;保管制度;保管链

一、问题的提出

随着网络犯罪的盛行,越来越多的互联网电子证据在司法实践中得到适用。对互联网电子证据进行收集后,随之而来的,是互联网电子证据的保管问题。"证据的保管链是指从获取证据时起至将证据提交法庭时止,关于证据的流转和安置情况,以及保管证据的人员的沿革情况。"[①]从证据保管链的功能角度分析,其对于保障证据的同一性发挥巨大的作用。但与此同时存在的悖论在于,很少有学者对证据的保管链进行研究。[②]　其中,可能的原因在于,传统对证据的研究,大多从证据的"取证、举证、质证、认证"四个视角出发。在此过程中,对于证据内容真实性的

---

*　国家社科基金重点项目"中国特色社会主义司法制度的模式、规律与改革方向研究"(14AKS009)。

**　冯姣,法学博士,浙江财经大学法学院讲师。杭州:310018。

①　陈永生:《证据保管链制度研究》,载《法学研究》2014年第5期。

②　以期刊论文为例,现有对证据保管制度进行研究的论文很少。以证据链为题的论文,发表在法学类核心期刊上的只有陈永生教授的《证据链保管制度研究》,载《法学研究》2014年第5期;其他有些论文,虽然亦对证据的保管链制度进行了论述,但大多只是在提到相关问题时稍加阐述。其中的文章包括:陈瑞华教授的《实物证据的鉴真问题》,载《法学研究》2011年第5期;熊秋红教授的《刑事诉讼涉案财物处置程序检视》,载《人民检察》2015年第13期等。

关注,远多于对证据保管链条的形式性的关注。经由快播案①,互联网电子证据保管中的短板,已为公众认悉。

互联网电子证据的保管,具有不同于一般证据保管的特性。如有学者指出,相比于一般证据的保管链条,互联网电子证据的保管链条尤为重要。以传统犯罪中枪支的保管为例,如果该枪支在短时间内的保管链条断裂,其固然会在法庭中受到质疑,然而,该枪支作为证据的本质并不会受到影响。但如果互联网电子证据的保管链条在短时间内断裂,其则可能被完全擦除和修改而不留痕迹。② 在 United States v. Bradley③ 一案中,被告人被指控从事网络未成年人淫秽物品传播活动。在论及该案互联网电子证据保管的问题时,法官指出在涉及互联网电子证据时,政府在防止证据损毁方面的利益尤为突出。其主要理由在于上述证据具有内在的短暂性以及易毁灭性。互联网的技术性和开放性特征,亟须理论界对互联网电子证据的保管问题作出回应。

那么,对于互联网电子证据而言,其保管制度包含哪些基本要素?从司法实践来看,互联网电子证据在保管过程中存在何种问题?互联网电子证据保管制度的诉讼价值何在?在我国,应当建立何种互联网证据保管制度?这些就是本文试图研究的问题。

二、互联网电子证据保管制度的基本要素

(一)电子证据保管制度的双重要素

对于刑事诉讼中电子证据保管链条,国内很少有学者研究。对国外学者的研究进行解读发现,电子证据保管链条的要素,主要包括两个层面:

首先,是程序性方面。这主要是对电子证据收集、运输、分析、保管以及处理过程的记录。电子证据容易被更改,因此在对电子证据验真过程中,对于电子证据保管链条的证明就显得尤为必要。具体而言,电子证据保管链条的记录主要包括以下几个部分④:电子证据的内容是什么;电子证据从何处被收集;何人曾与电子证

---

① 参加北京市海淀区人民法院网站:http://bjhdfy.chinacourt.org/zhibo/(2016 年 12 月 1 日最后登陆)。本文中有关快播案的描述,均来自该庭审直播笔录。

② See Robert Moore, Cybercrime: *Investigating High-Technology Computer Crime*, Boston: Anderson Publishing, 2011, p.223.

③ 488 Fed. Appx. 99, 2012 WL 2580807, p.103.

④ See Ćosić, Jasmin, and Miroslav Bača., Improving chain of custody and digital evidence integrity with time stamp, MIPRO - Proceedings of the 33rd International Convention, 2010, p 1.

据有过接触；其使用电子证据的目的是什么；电子证据何时被开示、检验或者运输；电子证据如何被使用。

从程序性视角出发，电子证据保管链条的设立，是为了确保电子证据保管过程的连续性。其主要用途在于记录所有与电子证据有过接触的个人，以便在庭审过程中对电子证据产生怀疑时，可以使相关个人出庭作证。在证据保管链条设立过程中，确定证据保管链条的长度显得至关重要。证据保管链条的破裂，会对证据的真实性造成影响。从证据保管链条的起点而言，对其争议集中在证据保管链条的起点应当是在有争议的事实发生之时抑或是证据被侦查机关开始接收之时。[1] 若证据保管链条的起点始于有争议的事实发生之时，则会对侦查人员施予过多的苛责，因为其无法对不在其掌控下的电子证据进行保管；若证据保管链条的起点始于证据被接收之时，那就无法确保证据被接收之前的完整性与可靠性。从证据保管链条的终点而言，证据保管链条要求侦查机关对证据进行妥善保管直到其在法庭中被出示。

但电子证据保管链条的设立，只能证明特定的个人是否对电子证据有过接触，而无法证明电子证据的内容是否发生了变更。因此在电子证据保管链条中，还须采取技术性的手段，确保电子证据实质上的完整性。

其次，是技术性视角。这主要是对电子证据完整性维护，其是指电子证据在运输或者储存过程中并未被更改。从技术上来看，对于电子证据完整性的维护，主要有如下六种方式[2]：

方式	长度	简介	优势	不足
循环冗余检查[3]	16字节；32字节；64字节	通常在文档转移时使用，用于验证文档的转移是成功的	方便；迅速	无安全的散列函数；信息分析时可能发生问题
加密散列函数	128字节；160字节；224/256字节；384/512字节	将输入的数据，根据散列的算法，产生一个固定的数值	方便；加密，安全性得以保障	可能导致数据的冲突

---

[1] Paul C. Giannelli, *Chain of Custody*, at http://scholarlycommons.law.case.edu/faculty_publications/345 (visited on December 14, 2016).

[2] See Jasmin Cossic, etc., *An Ontological Approach to Study and Manage Digital Chain of Custody of Digital Evidence*, 35 Journal of Information & Organizational Sciences, 4-5(2011).

[3] 原文为 Cyclic Redundancy Check。

续 表

方式	长度	简介	优势	不足
数字签名	根据散列函数	通过加密的方式被编码。文档的完整性通过散列函数及密码的方式得以保证	将身份与完整性绑定	使用缓慢;实施时具有复杂性
时间戳①	根据散列函数	通常用于与日志相关的活动;在文件中的时间戳是指文件被创建或者修改的日期和时间;可信的时间戳是指对文件的创建和修改的时间进行追踪的程序	将日期和时间与完整性绑定	具有复杂性;需依据第三方
编码	根据算法	指使用特定的算法将信息转化,使其无法被除知道特定密码外任何人阅读的程序。编码可以保护信息的秘密性	安全	使用缓慢;实施和维护复杂
水印	根据算法	将特定信息嵌入另一个对象或标记中;将数据的散列函数与数字水印相结合	安全、方便	使用者无法实质性地改变任何文件,除非其牺牲数据的质量和可用性

从上表可以发现,每种方式都有其缺陷和不足。在具体使用过程中,通常需要将各种不同的方式结合。从上述技术的功能来看,其使得侦查人员以及相关的证据保管人员在出庭作证时,可以对相关的电子证据于何时何地发生何种改变作出精确的阐述。

在电子证据的保管链条中,程序的细致化以及技术的精确化,是发展的趋势。"在现有的实践中,仅仅知道电子证据的散列函数、电子证据的位置以及特定有过接触的人员的姓名,已经无法满足法院的需求。每份电子证据的电子签名、其被操作时的正确位置、其被接触时的准确时间、所有与该证据有过接触的个人的准确身份以及所有交易信息的完整描述,都需要提供给法官。"②

---

① 时间戳(time stamp)是使用数字签名技术产生的数据,签名的对象包括原始文件信息、签名参数、签名时间等信息。时间戳机构(TSA)对此对象进行数字签名产生时间戳,以证明原始文件在签名时间之前就已经存在。GB/T 20520-2006.

② See Giova G., *Improving chain of custody in forensic investigation of electronic digital systems*, 11 Int. J. Comput. Sci. Net Secur. 1(2011).

（二）互联网电子证据保管的要素：挑战及应对

互联网的发展，对现有的电子证据保管制度提出了更大的挑战。首先，从证据保管的程序性要件来看，对于一般电子证据的保管，要记录电子证据形成的时间、地点、接触的人员、储存的区域等要素，相对容易。在互联网背景下，以云环境为例，很多时候侦查人员根本无法得知相关虚拟服务器的物理位置，这导致互联网电子证据的形成地点成疑；侦查人员可以通过网络对相关的信息加以收集和保管，但侦查人员的物理位置与虚拟服务器的物理位置可能在不同的时区，在此情况下，互联网电子证据的形成时间就存疑；云环境的开放性，使得很多个人可以对其加以访问，这就导致互联网电子证据的接触人员不特定；此外，在云环境的背景下，其包含着海量的互联网电子证据，此时，确定通过何种方式对相关的互联网电子证据进行保管，存在一定的问题。

其次，从证据保管制度的实质性要素来看，以云环境为例，有学者指出：在云环境中，要确保相应证据未受到更改和污染非常困难。因为在云环境中，一个单个的数据，可能会有多个并且可变的储存区域。[①] 因此，互联网电子证据的完整性很难得到确保。在云环境中，同一个储存区域会有不同的信息，因此互联网电子证据的相关性也很难得到保障。此外，还存在的一个问题在于，有些时候，"侦查人员只能依赖于云服务提供商的证言，证明特定的互联网电子证据以合适的方式获取。但证据收集过程中的任何问题以及数据的任何出错，都会造成证据保管链中的严重问题"。[②]

通过扣押储存媒介，如手机、网络服务器等方式保管的互联网电子证据，若将其联网，由于互联网的开放性，会导致其内部数据通过网络被更改。"移动电话和无线互联网功能带来了另一个挑战：如果这些设备在被执法人员保管的时候仍然处于开启状态，则它们还能够被犯罪嫌疑人远程进入和改变；"[③]若对其采取切断电源、切断网络的方式进行保管，则会导致相关日志信息、登录信息的灭失。其中主要包括储存在非持久内存中的数据，如关于网络连接的程序和信息；以及在持久

[①] The Harvard Law National Security Research Group, *Cloud Computing & National Security*, at http://ent.cs.nccu.edu.tw/drupal/files/Cloud-nationalSecurityLaw.pdf (visited on December 4, 2016).

[②] See Gertuida Meyer and Adrie Stander, *Cloud Computing: The Digital Forensics Challenge*, Proceedings of Informing Science & IT Education Conference, 2015, p.293.

[③] 美国国家科学院国家研究委员会：《美国法庭科学的加强之路》，王进喜等译，中国人民大学出版社2012年版，第189页。

内存中储存的临时信息,如应用文件错误信息以及网页浏览日志。①在某些时候,"在入侵调查或使用加密软件的案例中,这一不稳定的信息可能成为成功分析和起诉的关键。"②

有学者指出:对于互联网电子证据的保管,一般而言,需要遵守三个原则:尽可能地不改变证据;以可验证的方式收集证据;对于互联网电子证据有合适的保管链条。③ 互联网电子证据的保管,需要根据其收集和固定时互联网电子证据的样式不同,采取不同的保管方式。从司法实践来看,互联网电子证据的固定方式主要有三种:

一是纸质化的固定方式,这主要是指对交易记录等的提取。如涉及淘宝平台上的犯罪活动时,侦查人员通常需要到阿里巴巴公司对相应的交易记录、付款记录等进行提取。阿里巴巴的技术人员对相关互联网电子证据提取后,对其打印并加盖公章。对于以纸质形式固定的互联网电子证据的保管,只须遵循相关的程序性规定,对证据的运输、分析、保管以及处理过程进行记录。

二是电子化的固定方式。这种方式主要在涉及大量互联网电子数据的情况下使用,比较典型的是对犯罪嫌疑人、被告人电子邮件等的提取。在这一提取过程中,侦查人员通常会使用光盘等媒介。对于以电子化方式固定的互联网电子证据,对其保管需要借鉴一般电子证据的保管,即一方面须对相关电子证据的运输、保管以及鉴定等程序进行记录,另一方面须采取不同的技术手段确保电子证据的完整性和可靠性。

三是对媒介的扣押。这主要是指对互联网电子证据的媒介进行扣押,如网络服务器、手机、计算机等。对上述互联网电子证据的媒介进行保管过程中,一方面需要尽可能地切断上述设备的网络连接。互联网的移动性和开放性,使得相关的技术人员,可以通过远程的方式,对位于相关的媒介中的互联网电子证据进行修改和删除。另一方面则须在切断网络连接和电源前,对相关的日志信息和登录信息进行提取。

---

① See George Grisspos, Tim Storer and William Bradley Glisson, *Calm Before the Storm: The Challenges of Cloud Computing in Digital Forensics*, 4 Int. J. Digital Crime Fo.20(2012).

② 美国国家科学院国家研究委员会:《美国法庭科学的加强之路》,王进喜等译,中国人民大学出版社 2012 年版,第 189 页。

③ Todd G.Shipley, *Collecting Legally Defensible Online Evidence*, at http://veresoftware.com/uploads/CollectingLegally DefensibleOnlineEvidence.pdf(visited on September 16,2017).

三、互联网电子证据保管制度的法律规定和实践评析

(一) 法律规范：程序性要件说明的缺失

从规范层面来看，我国对互联网电子证据保管制度的规定，主要集中在《关于办理刑事案件收集提取和审查判断电子数据若干问题的规定》（以下简称"刑事案件电子数据规定"）。其对互联网电子证据的保管制度，作出如下三个方面的规定：第一，是电子数据原始储存介质的封存。① 在封存过程中应当保证在不解除封存状态的情况下，无法增删或者修改电子数据。封存手机等具有无线通信功能的储存介质，应当采取信号屏蔽、信号阻断或者切断电源等措施。第二，涉及对提取的电子证据的保管。对于通过网络在线提取的电子证据，通过计算电子数据完整性校验值的方式进行保管。② 第三，是对互联网电子证据的冻结。③ 在对互联网电子证据进行冻结后，对其保管主要采用3种方式：通过计算电子数据的完整性校验值、锁定网络应用账号以及其他防止增加、删除、修改电子数据的措施。

从上述规定可以看出，我国对互联网电子证据保管制度的构建，强调其内容不被更改，而对保管链条中程序性要件，并未加以说明。从刑事诉讼法的其他规定来看，其对证据保管链条的规定也较为零散。其中主要有《公安机关办理刑事案件程序规定》第230条的规定、《公安机关办理伤害案件规定》第27条的规定以及《人民检察院刑事诉讼规则》第240条的规定。对这三条规定的解读可以发现，公安机关和检察机关均意识到了对证据进行"妥善保管"的重要性。但何为"妥善保管"，法律并未加以阐明。从《公安机关办理伤害案件规定》第27条的规定可以看出，从其构成要件来看，"妥善保管"至少需要三个要素：证据保管责任人、证据保管室以及证据保管制度；从其目的要件来看，其是为了保证证据不被损毁、污染、丢失或者消磁。

此外，不论是对原始介质的封存抑或是对提取的电子证据的保管，在切断相关信号的前提下，侦查人员通过程序性规定的遵守和技术性措施的使用，可以确保所获取的互联网电子证据的同一性和完整性。但对互联网电子证据冻结时，相关的互联网电子证据仍然存在网络上。在此背景下，由于网络的开放性和技术性，如何确保相关互联网电子证据的完整性，现有的规范并未给出明确的解答。

---

① 具体参见刑事案件电子数据规定第8条。
② 具体参见刑事案件电子数据规定第9条。
③ 具体参见刑事案件电子数据规定第10条。

（二）良莠不齐的司法实践

从我国司法实践[①]来看，对于证据的保管，各地公安机关在具体操作过程中存在不少问题。首先，某些地区缺乏相关的证据保管室。"许多侦查机构都缺乏足够的物证存放空间或者足够的设施，从而无法对物证进行正确的存放。这种情况导致的后果是，后勤警察不得不将现场物证放在物证存放柜或者档案柜上面，或者将之放置于装有数百件同类物品的大厨柜之中。"[②]其次，证据保管制度并未落实。在司法实践中，某些地方虽然建立了证据保管室，但是相关的证据保管规则，并未得到细化。在陕西，两名办案民警被指控玩忽职守罪。其原因就在于"刀子和手绢上的血迹因保管不善已灭失，无法与其他检材进一步比对"。[③]在某些时候，由于案件长期无法结案，因为登记、移交、保管等管理不严，导致证据遗失。如在彭某涉嫌故意杀人案中，提取的血衣因保管不善丢失，导致无法证明彭某的犯罪嫌疑。[④]

对于互联网电子证据的保管，需要以原有的物证保管制度为基础，再加以符合互联网电子证据特性的技术性规范。以 H 市公安局的做法为例，对于互联网电子证据，在收集之后，其会使用 MD5 算法[⑤]，用以保障电子证据的完整性；从程序上来看，H 市公安局建立了相对完善的证据保管制度，对于相关互联网电子证据的取用，都必须进行严格的登记。因此，参与访谈的网警认为：就 H 市公安局而言，互联网电子证据的保管制度相对完善，司法实践中也并未出现因互联网电子证据保管不善而导致的排除。

从对 483 个浙江省刑事互联网电子证据案例的研读发现，有三个案件的被告人对互联网电子证据的保管链条提出了质疑。在黄某贩卖毒品案（法宝引证码：CLI.C.22862201）中，被告人提出微信截图的保管过程未作说明，存在瑕疵。法院最终对该份证据排除。在彭某甲案（法宝引证码：CLI.C.22303582）中，被告人及其辩护人认为该案鉴定意见的检材来源不明、送检程序瑕疵，鉴定意见不能作为本案的证据。法院经审理后认为，送检的服务器的流转过程全程均有同步录像，检材来

[①] 本部分的材料来源极为有限，主要来源于期刊、报纸以及接受访谈的网警的口述。主要原因是公安机关认为不少内容属于涉密内容，不能公开。

[②] 刘静坤：《证据动态变化与侦查阶段证据保管机制之构建》，载《山东警察学院学报》2011年第 1 期。

[③] 永某某等玩忽职守案，(2015)定中刑二终字第 2 号。

[④] 贺恒扬、吴志良：《对 73 起重大疑难命案的实证分析——从刑事证据的收集、固定、审查判断和运用的角度》，载《西南政法大学学报》2008 年第 1 期。

[⑤] MD5 算法是世界上最广泛使用的散列函数。MD5 是基于迭代结构和压缩函数设计的加密算法。其分组长度是 128bit，密钥空间是 512bit。

源与送检过程合法。在金碧娥案（法宝引证码：CLI.C.2281195）中，辩护人认为互联网电子证据的鉴定过程存在瑕疵，法院最终认为电子证据提取有侦查机关的远程勘查工作记录、提取电子证据清单等，与其他证据能相互印证，该辩护意见不予采纳。从对案例的分析可以看出，被告人及其辩护人虽然对互联网电子证据的保管链条提出了质疑，但其提出的质疑多集中在程序性方面，并未深入对互联网电子证据技术性方面提出质疑。

以快播案为例，在该案中，侦查机关通过对快播服务器扣押的方式对互联网电子证据进行提取和固定。快播案中互联网电子证据保管过程中的问题主要体现在以下几个方面：首先，证据接收之时无法确保证据的原始性。在该案中，北京市公安局海淀分局认为该案四台网络服务器系刑事案件涉案物证，向北京市版权局调取该物证。北京市版权局将四台服务器移交，并称在上述四台服务器由其保管期间，该局并未对其进行过任何数据的修改。但在此过程中，公安机关调取的服务器的原始状态没有勘查记录。由此而导致的结果，是相关的互联网电子证据，在被侦查机关接收之时，就已经无法确保其是否被更改。程序性记录的缺失，使得对案件调查过程的回溯性审查，成为不能。

其次，鉴定之时无法确保检材的一致性。海淀分局田村派出所的工作说明显示，该局从北京市版权局调取涉案服务器后，在当日将相关服务器移交给北京市公安局治安管理总队进行鉴定，在此期间并未进行任何操作。而后，鉴定人员鉴定所依据的检材，是文创动力公司提供的硬盘。硬盘是技术人员从服务器中倒出来的。在鉴定过程中，鉴定人员有偶尔离开的情况。《司法鉴定程序通则》第12条规定：委托人委托鉴定的，应当向司法鉴定机构提供真实、完整、充分的鉴定材料，并对鉴定材料的真实性、合法性负责。鉴定只是证据保管链条中的一个环节。"在鉴定委托中，鉴定机构只对来样（送检的检材）负责，这是鉴定机构开展工作的基本原则。"[①]在本案中，鉴定人员的偶尔离开，无法排除检材受到污染和更改的可能性。

最后，证据保管过程中侦查人员的缺失无法确保检材是否被更改。在快播案中，存在文件的转码问题。北京市公安局治安管理总队委托文创动力公司提供专业技术支持。文创动力公司的技术人员经过四天的研发解析出快播的文件。在这四五天的时间内，服务器在文创动力公司保管，执法人员无法全程跟随。服务器四五天的无人监管，导致其证据保管链条的断裂。

从快播案中服务器的保管链条来看，在下图中①②③④⑤各个阶段，都无法排除相关的电子数据被更改的可能性。在阶段①和②，只有行政机关和公安机关自身出具的情况证明，用以验证其并未对相关的电子证据进行操作；在阶段③，鉴定

---

① 麦永浩主编：《电子数据司法鉴定实务》，法律出版社2011年版，第99—100页。

机构委托第三方公司进行技术支持,第三方公司在对证据保管过程中,是否对电子证据进行操作,亦无从得知;在阶段④,鉴定人员依据第三方公司转化的电子数据进行鉴定,相关的电子数据在拷贝过程中是否发生删减,亦无从证明。在该案中,侦查机关一方面未对互联网电子证据的保管链条进行完整的监控;另一方面,侦查机关亦未对互联网电子证据的完整性进行完整性校对。证据流转过程中的随意性,导致互联网电子证据的相关性、合法性、真实性等,均受到一定程度的质疑。

对我国互联网电子证据保管的法律规范和实践分析可以发现,我国互联网电子证据在保管过程中存在不少问题。这些问题的存在,一方面是因为现有的法律规范对于证据保管制度的规定极为稀少。缺乏可操作性规则的原则性宣示,导致各地在具体落实过程中,存在良莠不齐的怪象。现有的学术研究,也并未对证据保管制度赋予足够的重视。结果导向的逻辑怪圈,使得一些程序性规范,受到不必要的冷落。另一方面是因为各地经济发展水平的限制,导致各地证据保管室的设立、证据保管人责任制的落实等方面都存在一定的差异。

四、互联网电子证据保管制度的诉讼价值

在刑事侦查中,证据保管链一般被作为一种书面记录,记明某特定物品从被警察发现到检控方在庭审中向事实认定者及作证辨认证据的证人出示这两个时间点期间,参与了该证据的扣押、控制、检验、测试或与该证据有过其他形式接触的每一个人、每一个机构。[①] 在互联网背景下,互联网电子证据保管制度的构建,具有极大的诉讼价值。

(一) 同一性的保障:基于程序性的记录

"证据的收集提取与法庭审理会有一个时间间隔,而经过这一间隔,实物证据的真实性可能会发生变化,实物证据的同一性可能会引起合理的怀疑。"[②]

---

① 杜国栋:《论证据的完整性》,中国政法大学出版社2012年版,第164—165页。
② 陈瑞华:《刑事证据法的理论问题》,法律出版社2015年版,第215页。

互联网电子证据,根据其最终固定和转化的形式不同,其对同一性的保障也不同。具体而言,对于以电子形式固定的互联网电子证据,需要保障其内容的一致性;对于通过扣押互联网电子证据存储介质固定的互联网电子证据,需要保障其储存介质和其储存内容的一致性。

从证据保管制度的要求来看,其要求从证据采集到结案的过程中,一定要由关于证据保存的详细记载,即何人对证据进行的收集,在不同的时间段里,证据由何人负责保管。① 在司法实践中,通过设立精细的保管链条,确保每个与相关的互联网电子证据有过接触的人员都进行记录,可以在很大程度上保障互联网电子证据载体上的一致性。

(二)完整性和可靠性:基于技术性手段的适用

在司法实践中,通过散列函数的设置,可以在一定程度上保障电子证据的完整性和可靠性。在互联网的背景之下,由于网络的技术性和开放性,使得互联网上的很多内容,都可以通过技术手段加以更改。在物证保管室的环境之下,通过切断网络信号等方式,可以在一定程度上确保互联网电子证据的可靠性。

从美国的司法实践来看,为确保互联网电子证据的完整性,当侦查机关向网络服务商提取互联网电子证据时,侦查机关需要记录特定的电子文件创设的日期;提供特定的互联网电子证据的工作人员的姓名;描述被获取的证据的形态;描述提取的互联网电子证据从 A 处转移到 B 处的原因;记录任何一个对互联网电子证据有过接触的个人;并在接收到相关的互联网电子证据之时进行签名。②

根据刑事案件电子数据规定,在必要的时候,侦查人员可以对相关的网络账号进行冻结。对于冻结的互联网电子证据,侦查机关将特定互联网电子证据的保管权限,完全赋予特定的互联网公司。在此种情况下,侦查机关至少可以采取以下几个程序,确保互联网电子证据的完整性和可靠性:(1)对相关互联网电子证据原始状态的记录,主要包括特定的互联网电子证据的数量、原始状态等;(2)出具冻结通知书,要求互联网公司对特定的互联网电子证据进行冻结;(3)要求互联网公司出具证明,证实特定的互联网电子证据在冻结期间并未进行修改;(4)在将冻结的互联网电子证据提交法庭使用时,将其与原始状态的记录进行对比,以确保互联网电子证据内容的完整性。

---

① [美]雷蒙德·默里:《源自地球的证据:法庭地质学与犯罪侦查》,王元凤、金振奎译,中国人民大学出版社 2013 年版,第 46 页。

② See Erik Laykin, *Investigative Computer Forensics: The Practical Guide for Lawyers, Accountants, Investigators, and Business Executives*, Hoboken: Wiley, 2013, pp. 69-85.

(三)争议的减少:基于效率的考量

在对互联网电子证据验真过程中,需要对互联网电子证据的收集、保管以及出示各个过程进行检验。互联网电子证据的保管制度,连接着互联网电子证据的收集制度和出示制度,而且其跨越的时间相对较长。

由于互联网的技术性、开放性等特征,对于互联网电子证据内容更改的质疑,更为集中;对其是否更改的判定,往往需要技术人员的介入。在司法实践中,通过规范的证据保管链条的设置,可以对互联网电子证据的同一性、完整性、可靠性等要素进行推定。推定属于法律上的拟制,是证明过程的中断。①"推定是根据已经证明的事实,假定特定事实存在。在证据法中很多属于推定规则,即除非另一方当事人提出其他证据,否则认定特定事实的存在。从其本质上看,推定属于证明责任的转移。"②在此背景之下,庭审只需围绕相关互联网电子证据的实质内容展开,看其是否足以与其他的证据形成相互的印证,对案件的事实起到一定的证明作用。证据保管链条的设立,对于促进互联网电子证据在庭审过程中的采纳,起到重要的作用。

五、互联网电子证据保管制度之建构

互联网电子证据保管制度的构建,具有极大的诉讼价值。结合互联网电子证据的特点,我国的互联网电子证据保管制度的构建,可以从如下几个方面展开。

(一)程序性视角的构建:保管链条的起点之争

互联网电子证据保管制度程序性的构建与一般实物证据的保管,存在一定的重合之处。但是由于互联网电子证据的特殊性,其仍存在一定的区别。

首先,在对互联网电子证据接收时,需要对相关的互联网电子证据进行登记、编号和装袋。在此过程中,一个首要的问题在于是否有必要在侦查机关内部将办案部门和保管部门分离。将办案人员与证据保管人员分离,一方面有助于促进证据保管人员的专业化程度;另一方面,两者相分离,可以保证证据保管人员与案件事实无涉。这就促使证据保管人员能以更为中立和客观的立场,对相关的证据进行保管,在一定程度上减少侦查人员人为修改证据的可能性。在此存在的问题,是如何保证证据从收集到接收这期间互联网电子证据保管链条的完整性。其次,在接收互联网电子证据之后,就需要对其进行保管。在保管过程中,一方面,证据保

---

① 张保生:《推定是证明过程的中断》,载《法学研究》2009年第5期。
② See Bryan A. Garner, *Black's Law Dictionary*, New York: Thomson Reuters, 2009, p.1304.

管人员需要对与特定的证据有过接触人员进行记录。为了保障证据的完整性和可靠性,原则上不应当使得任何人有单独与证据进行接触的机会;另一方面,在非必要的情况之下,不应当允许相关的人员将证据带离证物保管室。最后,在互联网电子证据处理过程中,涉及对互联网电子证据的鉴定和检验。为此,需对互联网电子证据进行提取。对互联网电子证据的提取,亦须形成规范性的记录。从程序性视角展开,在接收、保管和提取各阶段,均须对互联网电子证据的移转过程进行记录。具体而言,在接收阶段,需要载明互联网电子证据的数量、案由等;在保管阶段,须载明与互联网电子证据有过接触的个人的信息、时间、理由等;在提取阶段,须载明提取互联网电子证据的理由、提取人员、提取目的等。

  从美国的司法实践来看,对证据的保管,其已形成相对规范的做法。① 这主要包括如下七个要素:(1)以法定的程序对犯罪现场的证据进行收集,以确保证据并未被污染;(2)在犯罪现场,所有的证据都被合适地进行标记;(3)所有的证据都被完整地描述其内容以及收集的地点;②(4)对所有的证据保留完整和明确的保管链条;③(5)将所有证据包装并运送至实验室,在运输过程中确保并未对证据造成损害;④(6)将所有证据都密封在证物袋,使得所有对证据的污染都能被检测;(7)在证物室为证据设置安全的区域,在储存和检验期间限制对其接触。

  在证物运送至实验室后,实验室工作人员需要将证物的内容与证据保管链的记录进行对比。如果两者不一致,需要对此进行汇报。如果两者一致,则在证据保管链条上签名。⑤ 当证物在实验室时,也需要遵守一系列程序:(1)证据需被保管在一个安全的区域,该区域可以是保险箱或只能由特定人员进入;(2)检验员在需要检验的时候必须亲自获取证据,且不得同时进行两个案件的检验;(3)证据由检验员保管时,其必须遵守特定的程序;(4)检验员对特定的证据进行检验并书写报

---

  ① See Ronald N Morris, *Evidence*, 12:2 Int' Rev. L. Comp. & Tech. 281(1998).
  ② 此外,其还需要包括证据收集者和收集的时间。对证据进行描述是为了确保证据的独一无二。如果只对证据有总体性的描述,该描述通常被视为是不可接受的。
  ③ 证据保管链还必须记录特定的证据被储存的地点。如果证据被储存在侦查人员的保险柜,其需要说明保险柜的具体地点。在此过程中,通过条形码或者特定电脑技术的设计来对此问题作出回应。
  ④ 在运送至实验室检验的过程中,证据会被放置于密封的证物袋,用特殊的胶带将其密封以确保证据在一般情况之下不会掉出。在证据运输过程中,也需要确保证据链条的完整性。从运输方式上来看,任何可控、可追踪的方式都是可接受的。
  ⑤ 在特定情况之下,如果证据保管链条记录并未附上,实验室需要自行创设证据保管链记录。其主要内容包括:(1)送交检验的物品的数量;(2)负责检验的检验员;(3)负责检验的日期;(4)案件的编号;(5)其它实验室内部管理需要的信息。

告;(5)报告中必须包含如下要素:对送检的证物的精确描述;①对检验工作的描述;对检验结果的阐述;对证物处理结果的精确阐述。②

从对美国证据保管链条的分析可以看出,其在证据保管过程中,主要关注四个要素:一是证据独特性,这主要是指对证据特性的完整描述,以便将其辨别;二是证据可监控性,这主要是指确保证据在任何时候都处于特定责任人员的监控之下;三是证据可接触性,这主要是指只允许特定人员对证据进行接触;四是证据完整性,这主要是指通过密封等方式,尽可能地减少证据毁损的可能性。

在快播案中,证据独特性无法得到确保(侦查人员在对服务器签收时,无法确保服务器的真实性);证据可监控性和证据可接触性未得到遵守(快播服务器有4天时间放置在文创动力公司);证据完整性无法确认(鉴定人员依据的检材是文创公司转码后的文件而并非原始文件,且一台服务器已经受损)。快播案反映出的我国证据保管链条中的短板,值得理论界和实务界的重视。

在对一般的电子证据进行保管时,证据的保管链条从特定的证据被侦查人员收集之后开始。其理论依据在于:在政府没有占有证据之时,不能要求政府对证据的保管情况负责。③ 在互联网的背景下,对于互联网电子证据的调取,侦查人员大多通过出具证据调取通知书的方式,由互联网服务公司进行协助。在此种情况下,互联网电子证据的保管链条,需要从侦查机关签发证据调取通知书之时开始计算,④主要原因有以下几点:第一,从证据独特性的角度而言,当侦查机关签发证据调取通知书时,其已对相应的互联网电子证据进行了确定。因此,互联网电子证据的独特性已经可以得到保障。第二,从互联网电子证据的可监控性以及可接触性的角度出发,在互联网电子证据调取通知书出具之后,将所有与互联网电子证据有过接触的个人进行记录,可以在一定程度上确保相应的互联网证据并未被更改。第三,从证据法的原理而言,特定个人需要出庭作证,因为其对案件的特定要素,具有亲身知识。侦查人员的出庭作证,就是基于这一原理,以其亲身知识,对证据的

---

① 对其的描述,必须足以单独对特定的证物进行辨认,而不再需要证物保管链中的信息。
② 如果特定证物被归还,其必须使用认可的包装技术和证据保管链要求;如果特定的证据被保留以进行之后的检验,特定的包装及证据链要求亦需要被遵从,以确保证据并未受到损毁。
③ Zupp v. State, 283 NE 2d 540, 1972, p.630.
④ 这一点,也得到美国司法实务界的印证。在互联网环境中,计算机系统很可能会受到黑客攻击,因此司法人员必须明确证据的收集和储存过程,同时识别互联网电子证据的收集工具和方法。在涉及企业的情况下,侦查人员需要记录下与相关的互联网电子证据有过接触的个人的姓名、职务等,将其作为互联网电子证据保管链的组成部分。参见[美]肖恩·博因:《电子证据的相关问题》,张爱艳、肖燕译,载《证据科学》2016年第2期。

保管链条加以说明。在互联网背景下,如果被告人对于证据的保管链条存在疑问,互联网公司的技术人员亦须出庭作证,对证据的整个提取过程进行说明。如果互联网电子证据的保管链条仍然从侦查人员收集证据开始,那么互联网公司技术人员的出庭作证,就缺乏证据法上的正当性基础。

(二) 技术性视角的构建:网络公证平台的适用及云环境下的双重加密

从技术性视角来看,在互联网电子证据保管过程中,需要通过散列函数的设置,从而确保互联网电子证据的完整性。在网络公证平台快速发展以及相对成熟的背景下,为确保互联网电子证据的完整性和可靠性,可以适当将特定的互联网电子证据通过网上公证平台加以保管,以佐证公安机关保管的互联网电子证据的完整性。

但网络公证平台在刑事诉讼中的适用,具有一定的限制性。这主要取决于如下几个因素:一是网络公证平台的保密性程度。不少互联网电子证据,涉及犯罪嫌疑人以及被告人的通信信息以及隐私信息。由此,网络公证平台是否能对相关的互联网电子证据进行充分保密,使其不为无关第三者所知,将会决定其在刑事案件中可适用的范围。二是刑事案件的性质。侦查阶段仍属证据收集阶段,在这一过程中,证据尚未固定并形成完整的证据链条。故此,如果侦查人员保管的证据为犯罪嫌疑人所知,则可能会引起其对其他证据的破坏,不利于刑事诉讼打击犯罪的目的的实现。三是网络公证平台的稳定性和可靠性程度。某些云服务平台,在服务合同中声明其不对数据的完整性负责。① 云数据的更改或毁损,很有可能致其不具可采性;如若被更改的数据能够充分验真并被采纳,其亦会被法官赋予极低的证明力。② 网络公证平台的服务范围,亦决定其适用范围。

但对于一般电子证据及网络服务商提供的互联网电子证据而言,散列函数的加密,已经足以确保其完整性。司法实践中常用的 MD5 加密算法,如下图所示:③

---

① See Terms of Service,DROPBOX,at http://www.dropbox.com/terms(visited on January 12,2017).

② See Major Scott A. McDonald, *Authenticating Digital Evidence from the Cloud*, 6 Army Lawyer 40(2016).

③ 图片来源于申甲:《一种基于 MD5 算法的 B/S 通信加密系统》,载《信息技术》2010 年第 11 期。

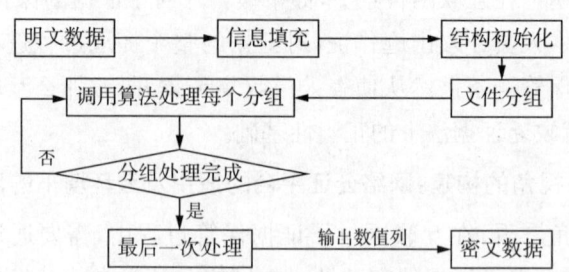

在互联网和云计算的背景下,有学者认为单纯的加密技术已无法保证互联网电子证据的完整性,因此提出了双重加密的算法。其具体算法如下图所示:[1]

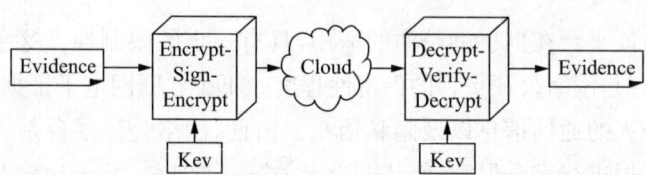

上述两种模式,各有优劣。从互联网电子证据保管的目标来看,其是为了保障相应的互联网电子证据的完整性、可监控性以及可接触性。双重加密的模式,由于增加了数字签名这一环节,可以使相应的互联网电子证据处于特定的侦查人员的监控下,不被其他人员所接触。从这个角度上而言,双重加密的模式,更有利于保管目的的实现。此外,互联网电子数据通常包含了大量的个人信息,双重加密模式的设置,可以严格控制与互联网电子证据接触的个人。故此,双重加密模式更有利于对被告人隐私权的保护。但从操作的便利性角度来看,MD5 算法相对方便。在司法实践中,具体采用何种技术对互联网电子证据保管,取决于侦查人员的裁量和判断。

(三)互联网电子证据保管链的证明:基于争议的回应

证据保管链的环节由从犯罪现场发现到证据在法院出示的整个期间经手该证据的人组成。完整的证据保管链需要所有经手证据的保管者出庭作证指认证据,并提供证明证据交接情况及证据在其掌管期间存放于安全地点的证明。[2]

在刑事诉讼中,当被告人及辩护人未对互联网电子证据保管链提出质疑时,则

---

[1] See Mahmoud M.Naereldin, etc., *Digital Forensics Evidence Acquisition and Chain of Custody in Cloud Computing*, 12 Int. J. Computer Sci. I. 159(2015).

[2] [美]约翰·W.斯特龙主编:《麦考密克论证据》,汤维建译,中国政法大学出版社 2004 年版,第 220 页。

可推定互联网电子证据保管链条的完整性。在 United States v. Allen[①]一案中，法院指出，当没有证据显示存在对证物的污染时，法院推定政府公职人员已经正确地履行其职能。采取上述的处理方式，主要有两个方面的考量：首先，是出于对公职人员的信任。从行政法的原理上而言，如果行政人员在履行行政职责的过程中，与行政相对人之间仅存在一对一的证据，法官在判决时通常会采纳行政人员的证言。其背后的原理主要是认为在大多数时候，行政执法人员缺乏作伪证的动机。[②]对互联网电子证据的保管，属于侦查机关的常规事务。通过程序性规则的制定，可以推定侦查人员行为的合法性。其次，是出于对司法经济性的考量。互联网电子证据的保管链条，从其签发证据调取通知书开始，至证据提交法院时止。在此过程中，涉及的人员包括侦查人员、第三方公司的技术人员、保管人员、鉴定人员、检察官等；其涉及的技术，包括散列函数的设置、电子签名技术的运用等。若在庭审过程中，侦查人员需要对每个互联网电子证据的保管链条加以证明，则会导致庭审效率的极度低下。

然而，当被告人及辩护人对互联网电子证据的保管链条提出异议后，侦查机关应当对互联网电子证据保管链条加以证明。从被告人及辩护人异议的证明标准来看，其仅需要提供初步的证明，证明互联网电子证据保管链条存在断裂。这主要有两个方面的原因：第一，被告人及辩护人能初步证明互联网电子证据保管不善的问题，表明其已付出了相应的调查成本，可免除其恶意拖延诉讼之嫌。第二，从证据可得性角度而言，互联网电子证据的保管，由侦查机关负责。对于互联网电子证据保管链条的实施过程，侦查人员掌握大量的信息。对于互联网电子证据保管过程中程序性规则的适用、技术性措施的适用，被告人及其辩护人难以得到充分的信息。此时进行举证责任的倒置，更有利于公平的实现。

从证明人员的范围来看，在保管链证明过程中，需要从互联网电子证据产生之时所有与其有过接触的个人，对证据的保管过程进行说明。此过程中涉及的人员主要包括：(1) 互联网电子证据的提取人员。在很多时候，互联网电子证据的提取人员并非侦查人员。如对支付宝交易记录、电子邮件的提取，通常是由公司的技术人员进行。[③] (2) 侦查人员。侦查人员主要证明相关的互联网电子证据在运送过程中并未发生更改。(3) 保管人员。保管人员主要对在其保管期间，对互联网电

---

① 106 F.3d 695, 1997, p.700.

② 参见杜国栋：《论证据的完整性》，中国政法大学出版社2012年版，第184页。

③ 《刑事案件电子数据规定》第7条规定：收集、提取电子数据，应当由两名以上侦查人员进行。这一条，在实践中已经异化成为收集、提取电子数据，由互联网公司的技术人员在两名侦查人员的监督之下进行。实践中的操作是否具有违法性之嫌，值得理论和实务界的进一步深究。

子证据有过接触的个人进行记录。(4)鉴定人员。鉴定人员需要证明在鉴定过程中,相关的互联网电子证据并未得到删减和替换。(5)其他人员。如互联网电子证据运输过程中相关人员的证言等。

从证明方式来看,根据证据链的原理,其要求在证据保管过程当中与证据有过接触的任何个人都出庭指认证据、说明证据交接情况以及证据存放于安全地点的说明。从对证明过程的要素解析发现,其主要包括"指认"和"说明"。从司法实践来看,侦查人员很少出庭作证,其通常通过出具情况说明的方式,完成对于证据保管链条的证明。出具情况说明,可以达到"说明"的目的,却无法达到"指认"的目的。在互联网背景下,由于互联网的开放性,任何个人都可以对相关的互联网电子证据进行获取。若与证据有过接触的个人不出庭,就无法达到对证据"指认"的目的。而在互联网背景之下,对于互联网电子证据"同一性"的认定,恰是司法实践中的难题。

出具情况说明,属于传闻证据的一种形式。在我国,传闻证据规则尚未确立。从现有的规定来看,对于侦查人员[①]和鉴定人员[②]的出庭,刑事诉讼法作出不同的规定。从文义上进行解读,侦查人员的出庭义务,仅限于对证据的收集过程进行说明;鉴定人员的出庭,仅限于对鉴定意见的内容以及鉴定程序等问题进行说明。出庭对证据保管链进行说明这一义务,尚未在刑事诉讼法中得到明确地设立,也并未在司法实践中得到该有的重视。

在我国司法实践中,确立一定程度上的传闻证据排除规则,可以对"情况说明"盛行的现状起到显著的改善作用。具体而言,在互联网电子证据的保管链条存在明显的缺失的情况下,如果与互联网电子证据保管制度相关的个人仍只是出具"情况说明",那么就可以借鉴传闻规则的要素,对相关的互联网电子证据进行排除。

证据保管链条的证明目标,是为了证明相关的互联网电子证据,在保管过程中,其存储介质和内容均未变更。当互联网电子证据的存储介质发生变更时,则需证明其内容未发生变更。如快播案中,为对互联网电子证据解码,其存储介质从服务器硬盘转变成U盘。在一审中,侦查人员无法就存储介质的变化与互联网电子证据内容的变更作出合理的解释。而后,通过鉴定的方式,侦查人员证明互联网电子证据的内容并未发生变更,以此完成对缺失的证据保管链条的说明。

从证明标准来看,有学者将证明标准分为十个梯度:绝对确定;排除合理怀疑

[①] 对于侦查人员的出庭,参见《刑事诉讼法》第57条规定。

[②] 对于鉴定人员出庭,参见《刑事诉讼法》第187条的规定。对人民法院通知后不出庭的鉴定人所作出的鉴定意见进行排除,在一定程度上属于传闻证据规则的雏形。从传闻证据的三个要素来看:鉴定意见是鉴定人的陈述;鉴定意见是在法庭之外所作出;鉴定意见用于证明案件的特定事实。

的有罪确认;明晰可信的证据;相当理由;优势证据;合理怀疑;怀疑;合理疑点;直觉;无信息。① 刑事案件的定罪标准,各国之间有所不同。在我国,2012 年的刑事诉讼法规定,证据达到确实、充分,并且排除合理怀疑,方能认定被告人有罪;在美国,其通常是排除合理怀疑。② 那么对于证据保管链条的证明,是否也应当设置如此高的证明标准呢?笔者认为,对于证据保管链条的证明,属于程序性事项的证明,其的证明标准,只需要达到优势证据标准即可,即"比不可能更可能"。主要理由如下:首先,从证据法目的来看,其鼓励的是采纳证据,而非排除证据。互联网电子证据,如聊天记录、云数据等,通常对案件的事实起着极为重要的证明作用。案件的事实需要借助证据得以重构。设置过高的证明标准,会使大量相关证据被排除,从而导致案件事实无法得到充分重构。从这个意义上而言,排除证据就意味着排除正义。其次,从互联网电子证据的保管链条来看,其保管链条比一般证据的保管链条长。对侦查机关苛以过高的义务,亦不利于事实真相之查明。此外,互联网电子证据属于新生的事物,相关的程序规则仍在发展过程中。保管链条过程中的瑕疵,只要未对相关的互联网电子证据的实质性造成影响,就不应当对其排除。

六、小结:在"封闭"与"开放"之间

互联网电子证据的保管,兼具"封闭"与"开放"的双重属性。无论是互联网电子证据保管过程中的程序性记录的记载,抑或是散列函数等技术性手段的适用,其实质都反映了保管制度中"封闭"的这一面向。其主要目的是为了尽可能地隔离互联网电子证据,以防止不相关人员的行为可能导致的对互联网电子证据实质性的修改。

然而,当被告人及其辩护人对互联网电子证据的保管提出质疑时,证据保管制度的"开放性"面向得以显现。这主要体现在对证据保管过程中程序性记录和使用的技术手段的公开,以及侦查人员和与互联网电子证据有过接触的个人出庭说明情况。

在"封闭"与"开放"的双重面向之下检视我国的互联网电子证据保管制度,可以发现我国互联网电子证据的保管尚未得到应有的重视。这主要表现为证据保管过程中程序性记录的缺失以及侦查人员、鉴定人员等出庭作证的稀缺。上述乱象

---

① [美]罗纳尔多·V.戴尔卡门:《美国刑事诉讼——法律和实践》,张鸿巍等译,武汉大学出版社 2006 年版,第 93 页。

② 通常认为,排除合理怀疑的量化标准是 95%。其背后的依据在于,美国的实证研究显示,刑事案件的错判率在 3.5%—5%之间。

的存在与证据保管制度的属性显得格格不入。此外,在互联网时代对于网络公证平台有选择性地适用,亦符合证据保管制度的双重性特征。网络公证平台本身的开放性与运作过程的封闭性,可以在司法公信力不足的当下,提高互联网电子证据的真实性。

"封闭"与"开放"之间,反映出司法制度对于程序性问题的重视程度。对于互联网电子证据保管制度的关注,在确保互联网电子证据真实性的同时,亦有助于纠正我国以往对于程序性问题的错误认知。

On the Custody of Internet Evidence

Feng Jiao

Abstract:The emerging of Internet evidence has challenged the current evidence custody system. The regulations have not paid enough attention to the custody procedures; and different places frequently have different ways to deal with the custody issues. In the Qvod case, during the process of investigation, forensics and custody, the integrity and primariness cannot be ensured. By setting up sophisticated custody system, the reliability, integrity and oneness of Internet evidence would be guaranteed, and it will definitely improve the judicial efficiency. To advance the custody system, procedural and technical perspectives should be deliberated.

Keywords:Internet Evidence; Custody System; Chain of Custody

(责任编辑:艾佳慧)

国际法学

论领土争端解决中主权行为与条约的关系

宋 岩*

[摘 要] 条约和主权行为是领土争端解决中较为常见的主张,国际法庭频繁面临着解决条约与主权行为关系的问题。并不是所有的主权行为都能够得到国际法庭的考虑,当事方必须以主权者名义对领土具体、持续、和平和公开地展示主权。此外,国际法庭在考虑主权行为之前,将优先考虑合法权利依据,特别是条约权利。当存在条约权利时,与条约存在冲突的主权行为不具有法律效力。一致的主权行为可以作为嗣后协定及嗣后惯例参与和证实对条约的解释。如果条约无法解决争端,通过权衡和比较当事方对争议领土实施的主权行为可以弥补合法权利的空白。如果原权利所有国承认或默认了其他国家实施的主权行为,则有可能变更条约权利,关键是判断双方是否通过行为达成了变更条约权利的合意。

[关键词] 领土;条约;主权行为;默认

2017年6月,印度边防人员在中印边界锡金段越过边界线进入中方境内,阻挠中国边防部队在洞朗地区的正常活动。对此,外交部发布了《印度边防部队在中印边界锡金段越界进入中国领土的事实和中国的立场》,阐明我国的立场和依据,其中最重要的主张就是中印边界锡金段已由1890年《中英会议藏印条约》划定。① 尽管该事件最终以印度撤出人员和设施告终,但背后反映出主权行为与条约之间的冲突。在领土争端解决中,当事方会提出各种主张,其中条约和主权行为较为常见。条约最突出的特征是能够产生国际法规定的权利和义务,② 在领土争端解决

---

* 宋岩,法学博士,外交学院国际法系讲师。
① 外交部《印度边防部队在中印边界锡金段越界进入中国领土的事实和中国的立场》,第1页,第1段。
② Anthony Aust, *Morden Treaty Law and Practice*, Cambridge University Press, 2002, pp. 14-20.

中,条约具有很高的效力,构成了一种合法权利来源。① 除条约之外,当事方在多数案件中也提出了对争议领土所实施的主权行为,强调对领土的管理和主权展示,国际法庭通过权衡和比较双方的主权行为,将领土判予能够做出更具优势主张的一方,通过此种方式做出的裁决近年来逐渐增多。②

国际法庭频繁面临着如何处理存在相互冲突的条约与主权行为的问题,在实践中逐渐形成了处理该问题的基本原则。在1986年布基纳法索和马里"边界争端案"中,国际法院分四种情况分析了两者之间的关系:第一,如果行为符合法律,那么,主权行为的作用只是确认具有合法依据的权利的行使;第二,如果行为不符合法律,也就是一国没有合法权利但有效管理了争议领土,应当给予权利持有方优先性;第三,如果主权行为不与任何合法权利同时存在,那么必须考虑主权行为;最后,如果合法权利不能准确证明相关领土的范围,主权行为将发挥关键作用说明如何在实践中解释适用合法权利。③ 法院关于该问题的意见得到了之后国际司法和仲裁实践的遵循。尽管如此,仍然需要研究哪些行为能够得到国际法庭的认可从而对争端解决具有法律效力,判断条约能否解决争端的具体标准,以及是否存在主权行为变更条约权利的可能性等。本文将以国际司法和仲裁判例为基础,对上述问题进行研究。

一、国际法庭对主权行为的判断和识别

为了证明领土主张,当事方经常提出各种对领土实施的主权行为,例如,国际法院在2007年尼加拉瓜诉洪都拉斯"领土和海洋争端案"中指出,构成以主权者名义实施的行为和活动包括但不限于:立法或行政控制行为、适用和实施法律的行为、移民管理行为、渔业或其他经济活动管理行为、海军巡航以及搜救等。④ 主权行为明示或者默示地表明了国家对争议领土的主张,这些行为从立法、行政或司法

---

① 在1986布基纳法索和马里"边界争端案"中,国际法院认为合法权利来源(legal title)通常并不限于书面证据,实际上,当事方对该词的使用通常具有不同的含义,既可以包括确定权利存在的证据也包括权利实际来源的证据。See *Frontier Dispute* (*Burkina Faso/Mali*), Judgment, I. C. J. Reports 1986, p. 564, para. 18.

② 在国际法院审理的15个领土案件中,有6件全部或部分依据了主权行为,其中4件是在2002年之后做出的。

③ *Frontier Dispute* (*Burkina Faso/Mali*), Judgment, I. C. J. Reports 1986, pp. 586 - 587, para. 63.

④ *Territorial and Maritime Dispute between Nicaragua and Honduras in the Caribbean Sea* (*Nicaragua v. Honduras*), Judgment, I. C. J. Reports 2007, pp. 713 - 722, paras. 176 - 208.

等方面主张对争议地区的权利。① 然而,并不是所有的行为都对解决领土争端具有法律意义,必须满足特定的条件才会得到国际法庭的认可。由于主权行为的多样性,无法做到穷尽列举,所以,关键在于总结主权行为的一般特征。根据国际法庭的实践,得到认可的主权行为一般具有以下特征:

第一,主权性。在1933年丹麦诉挪威"东格陵兰法律地位案"中,常设国际法院认为根据持续的主权展示而主张权利,关键要素之一就是"作为主者行事的意图和愿望"②,在随后的判例中,国际法庭强调相关行为应当构成以主权者名义的行为(activities à titre de souverain)。③ 由于难以判断国家实施主权行为的内在心理要素,所以应当根据行为的外部表现进行判断。④ 国际法庭要求主权行为应当是国家实施的,或者是得到官方规定或授权的自然人或法人所实施的。⑤纯粹由私人主体实施的行为对于判断主权归属没有法律意义。早在1904年巴西和英国"圭亚那边界仲裁案"中,仲裁员就指出,国民以个人名义在不属于任何国家的地区发现新的贸易途径,本身并不能授予该国取得该地区主权的有效权利;为了取得主权,必须以国家的名义占领领土。⑥

第二,具体性。在1928年美国和荷兰"帕尔马斯岛案"中,仲裁员休伯指出,如果主权主张是根据持续、和平的国家权力展示,那么必须证明展示事实与争议领土存在确切关系。⑦因此,主权行为应当直接针对争议领土,而不能仅仅在大致地理范围内涉及,⑧一般要求主权行为应当明确提到争议领土的名称和具体范围,否则

---

① *Decision regarding Delimitation of the Border between Eritrea and Ethiopia*,13 April 2002, R. I. A. A., Vol. XXV, p. 116, para. 3.29.

② *Legal Status of Eastern Greenland*(*Denmark v. Norway*),Judgment of April 5,1933, P.C.I.J., Ser. A/B, No. 53, pp. 45 - 46.

③ *Sovereignty over Pedra Branca/Pulau Batu Puteh*, *Middle Rocks and South Ledge*(*Malaysia/Singapore*),Judgment, I.C.J. Reports 2008, p. 96, para. 276;*Territorial and Maritime Dispute*(*Nicaragua v. Colombia*),Judgment, I.C.J. Reports 2012, p. 657, para. 84.

④ *Sovereignty over Pedra Branca/Pulau Batu Puteh*, *Middle Rocks and South Ledge*(*Malaysia/Singapore*),Judgment, I.C.J. Reports 2008, p. 61, para. 149. 13. 黄瑶,凌嘉铭:《从国际司法裁决看有效控制规则的适用》,载《中山大学学报(社会科学版)》2011年第4期。

⑤ *Sovereignty over Pulau Ligitan and Pulau Sipadan*(*Indonesia/Malaysia*),Judgment, I.C.J. Reports 2002, p. 683, para. 140.

⑥ *Guiana Boundary case*(*Brazil*, *Great Britain*),Decision of 6 June 1904, R. I. A. A., Vol. XI, p. 21.

⑦ *Island of Palmas case*(*Netherlands/United States of America*),4 April 1928, R. I. A. A., Vol. II, p. 857.

⑧ 宋岩:《国际法院在领土争端中对有效控制规则的最新适用——评2012年尼加拉瓜诉哥伦比亚"领土和海洋争端案"》,载《国际论坛》2013年第2期。

将难以满足具体性的要求。例如,在 2007 年"领土和海洋争端案"中,洪都拉斯认为它的三部宪法(1957 年、1965 年和 1982 年)能够支持对争议岛礁的主权,宪法虽然列举了属于部分洪都拉斯岛屿的名称,也概括地提到了其他"在历史上、法律上和地理上属于洪都拉斯的大西洋岛屿",但都没有具体提到该案所涉争议岛礁的名称,也没有证据表明洪都拉斯对争议岛礁具体适用了相关法律文件。因此,法院认为洪都拉斯的宪法不能证明岛礁归属。①

第三,持续性。对领土实施主权行为需要经过合理必要的期间,在 1928 年"帕尔马斯岛案"中,仲裁员认为,"如果……主张是基于实际行使主权,那么仅在某一时刻有效取得了领土主权并不足以确立当事方的权利,还必须表明领土主权持续存在,并且在对于争端解决关键的某一时刻实际存在。"②然而,关于取得主权所必需的具体期间,学者和国际法庭都没有给出明确的答案,该问题需要结合案件的具体情况,包括领土的自然特征以及是否存在其他国家的竞争主张。③ 例如,1928 年"帕尔马斯岛案"主要考虑了帕尔马斯岛的地理位置和特征。荷兰 18 世纪和 19 世纪早期的主权行为数量并不多,并且在持续展示证据方面还存在相当多空白。尽管如此,仲裁员认为,主权展示是针对面积较小并且偏远的岛屿,其上只有当地人民居住,因此,不能苛求荷兰频繁地实施主权行为,也没有必要要求主权展示应当追溯到更久远的时期。④

第四,和平性。和平性要求主权主张不得侵犯他国已经存在的权利,并且不应存在其他竞争主权行为,⑤最为直接的标准就是考察实施主权行为之后,其他国家是否在合理期间内对此提出抗议。⑥ 此外,根据 1928 年《非战公约》、《联合国宪章》第 2 条第 4 款以及联合国安理会第 242 号决议,通过使用武力或威胁使用武力的方式取得领土也不符合和平性的要求。

---

① *Territorial and Maritime Dispute between Nicaragua and Honduras in the Caribbean Sea* (*Nicaragua v. Honduras*), Judgment, I. C. J. Reports 2007, pp. 713 - 714, paras. 177 - 181.

② *Island of Palmas case* (*Netherlands/United States of America*), Award of 4 April 1928, R. I. A. A., Vol. II, p. 839.

③ Malcolm N. Shaw, *International Law*, 7th edn, Cambridge University Press, 2014, p. 760.

④ *Island of Palmas case* (*Netherlands/United States of America*), Award of 4 April 1928, R. I. A. A., Vol. II, p. 867.

⑤ C. Waldock, *Disputed Sovereignty in the Falkland Islands Dependencies*, 25 Brit. Y.B. Int'l L. 335(1948).

⑥ *Island of Palmas case* (*United States of America v. The Netherlands*), Award of the Tribunal, 4 April 1928, R. I. A. A., Vol. II, p. 868. 曾皓:《试论领土法的新发展——有效占领制度》,载《法学评论》2010 年第 3 期。

第五,公开性。通过权衡和比较双方对争议领土所实施的主权行为来确定具有相对优势的权利,该过程不仅考虑一方当事方的行为,还需要结合另一方的作为与不作为。在通常情况下,一国决定是否做出反应以及做出何种反应的前提条件是需要知晓对方的行为或主张,所以要求当事方实施的主权行为必须是公开的,对方能够获知,而不是秘密行为。公开性也是判断原权利所有国是否可能因不抗议或不作为而构成默认的必要条件之一。①

二、条约优先于主权行为

条约在国际争端解决中发挥重要作用,《国际法院规约》第 38 条明确将"不论普通或特别国际协约,确立诉讼当事方明白承认之规条者"列为审理争端所应当依据的国际法渊源之一。领土对于国家至关重要,为了确定各自的领土范围,条约是重要的划界工具,实践中存在大量由国家缔结的划界、定界条约及其他相关条约。② 根据条约必须遵守原则,在发生领土主权争端时,如果存在合法有效的边界或领土条约,应当以此为依据,条约本身可以作为权利的来源。③ 虽然《国际法院规约》第 38 条没有规定各种国际法渊源的效力位阶,但是国际法院在审理争端时,会优先考虑对当事方有约束力的具体条约规定,只要该条约不与国际强行法相冲突。④

在实践中,国际法庭特别重视领土和边界条约,尽量维护条约所确定边界的稳定性和终局性。⑤ 首先,边界的效力独立于条约效力。在 1994 年利比亚和乍得"领土争端案"中,1955 年代表乍得的法国和利比亚王国签订《睦邻友好条约》(后简称"《1955 年条约》"),其中部分条款划定了边界,同时第 11 条规定该条约的有效期为 20 年。国际法院认为虽然存在第 11 条的规定,但《1955 年条约》仍然建立了永久性边界。《1955 年条约》的规定并没有表明议定的边界是临时或者暂时的,相反

---

① *Sovereignty over Pedra Branca/Pulau Batu Puteh, Middle Rocks and South Ledge (Malaysia/Singapore), Dissenting Opinion of Judge Simma and Abraham*, I. C. J. Reports 2008, p. 122, para. 17.

② J. G. Merrills, *The International Court of Justice and the Adjudication of Territorial and Boundary Disputes*, 13 L J T L 889(2000).

③ Malcolm N. Shaw, *Title, Control and Closure? The Experience of the Eritrea – Ethiopia Boundary Commission*, 56 Int'l & Comp L. Q. 761(2007).

④ Thomas Buergenthal, Sean Murphy, *Public International Law*, 5th edn, West, 2013, p. 24.

⑤ *Case concerning the Temple of Preah Vihear (Cambodia v. Thailand)*, Merits, Judgment, I. C. J. Reports 1962, p. 34.

却表明了双方终结争端的意图。从开始起,建立边界的事实具有自身的法律生命,独立于《1955年条约》的命运,否则将违反边界稳定性的基本原则。因此,根据条约确定的边界具有永久性,尽管条约本身并不必然永久有效。① 除此之外,根据1969年《维也纳条约法公约》第62条的规定,对于确定边界的条约不适用情势变迁原则;根据1978年《国家在条约方面继承的维也纳公约》②第11条,国家继承不影响根据条约确定的边界;第12条,对领土的国家主权的变化不影响其他领土制度。

如果当事方提出可能解决领土争端的条约,即使同时也提出了包括主权行为在内的其他主张,国际法庭一般都会优先考虑条约的效力和相关性,然后根据案件的具体情况决定是否需要分析主权行为。③ 主要原因在于,相比于其他领土主张,条约最直接和客观地反映了当事方关于争议领土的立场。④ 以国际法院的司法实践为例,最终依据条约解决争端的案件包括:1959年比利时和荷兰"某些边界土地主权案"、1994年利比亚和乍得"领土争端案"、1999年纳米比亚和博茨瓦纳"卡西基里/塞杜杜岛案"以及2002年喀麦隆诉尼日利亚"陆地和海洋边界案"。尽管在部分案件中,国际法院最终依据主权行为做出裁决,但仍然优先考虑了条约,在认定条约无法解决争端之后才考虑了主权行为,包括:1953年法国和英国"明基埃和埃克荷斯案"、2002年马来西亚和印度尼西亚"利吉坦和西巴丹岛屿主权案"以及2012年尼加拉瓜诉哥伦比亚"领土和海洋争端案"。从数量上可以清楚地发现条约在解决领土争端中的优先和重要作用。

在部分案件中,在裁定条约能够确定领土主权归属之后,国际法庭认为没有必要考虑当事方提出的主权行为证据,实质上完全排除了主权行为的效力。例如,在1994年"领土争端案"中,国际法院首先立足《1955年条约》,通过分析文本、上下文、目标和宗旨、当事方的嗣后惯例以及条约的准备工作和文件,法院认为该条约对双方当事方有约束力,实际划定了边界。因为条约已经确定了边界,法院认为没有必要考虑利比亚的其他主张,对相关地区占有的有效性以及占有是否持续、和平

---

① *Territorial Dispute（Libyan Arab Jamahiriya/Chad）*, Judgment, I. C. J. Reports 1994, p. 34, paras. 72 - 73.

② 《国家在条约方面继承的维也纳公约》(Vienna Convention on Succession of States in respect of Treaties),1978年8月23日通过,1996年11月6日生效,19国签署。

③ *Sovereignty over Pulau Ligitan and Pulau Sipadan（Indonesia/Malaysia）*, Judgment, I. C. J. Reports 2002, p. 643, paras. 32 - 33.

④ Brian T. Sumner, *Territorial Disputes at the International Court of Justice*, 53 Duke L. J. 1808(2004).

并得到普遍认可不是需要决定的问题。① 该案表明,主权行为不得超越合法权利,如果存在有效确定领土主权归属的条约,存在冲突的主权行为将构成违法行为(acts contra legem),难以取代已经建立的合法权利。②

三、主权行为对条约的补充和变更

(一) 主权行为解释条约

对于根据条约解决的案件,关键问题在于对条约的解释。在条约解释方面,1969年《维也纳条约法公约》第31条和第32条构成习惯国际法。③ 第31条第3款规定,在解释条约时,应当结合上下文,考虑到条约之外的某些事项,如当事方嗣后订立的关于该条约解释或适用的协议,当事方在条约适用方面的嗣后惯例以及适用于各个当事方之间关系的有关国际法规则。④ 作为解释条约时连同上下文一并考虑的嗣后协议或嗣后惯例,并不要求一定具有书面形式,可以根据当事方的行为做出推断。当事方缔结条约之后,它们的作为与不作为,以及对其他缔约国采取行为的反应,都可以用于阐明条约用语,反映当事方关于条约项下权利与义务的理解。⑤ 例如,在2002年厄立特里亚和埃塞俄比亚"边界仲裁案"中,《1908年条约》确定了东段边界,边界与海岸相平行。划界委员会注意到当事方在条约签订后实施的主权行为基本上支持了条约边界,例如,修建公路和铁路、铺设电话线和设置岗哨等,⑥进一步支持了委员会对《1908年条约》解释的结论。这表明如果主权行为与条约一致,那么可以参与条约解释或者证实对条约解释的结论。

(二) 主权行为弥补条约权利的空白

条约对于解决领土争端的实践意义重大,是确定合法权利的重要依据。尽管

---

① *Territorial Dispute（Libyan Arab Jamahiriya/Chad）*, Judgment, I. C. J. Reports 1994, pp. 36-40, paras. 75-76.

② *Land and Maritime Boundary between Cameroon and Nigeria（Cameroon v. Nigeria: Equatorial Guinea intervening）*, Judgment, I. C. J. Reports 2002, p. 353, para. 68; p. 415, para. 223.

③ *Maritime Delimitation and Territorial Questions（Qatar/Bahrain）*, Jurisdiction and Admissibility, I. C. J. Reports 1995, p. 18, para. 33.

④ [英]詹宁斯、瓦茨修订:《奥本海国际法》(第九版)(第一卷第二分册),王铁崖等译,中国大百科全书出版社1998年版,第664页。

⑤ I. C. MacGibbon, *The Scope of Acquiescence in International Law*, 31 Brit. Y. B. Int'l L. 182(1954).

⑥ *Decision regarding Delimitation of the Border between Eritrea and Ethiopia*, 13 April 2002, R. I. A. A., Vol. XXV, p.169, para. 6.25.

有学者认为,如果条约规定了边界线或划分了领土归属,在没有明确相反证据的情况下,应当尽可能宽泛地解释条约来解决任何冲突。① 然而,现实情况是,国际法庭有时根据当事方提出的条约并不能确切判断争议领土的归属。关于条约,国际法庭需要考虑和适用的主要问题包括:第一,条约是否对当事方有约束力,这涉及条约效力的问题;第二,条约能否确定具体争议领土的主权归属,这涉及条约相关性的问题。在判断标准方面,国际法庭主要依据《维也纳条约法公约》的相关规定对条约进行解释和适用,特别是关于条约效力和解释方面的规定。

《维也纳条约法公约》第 46 条到第 53 条具体列明了条约无效的情形,包括:明显违反国内法关于缔约权限的规定、错误、诈欺、贿赂、强迫以及违反国际强行法。当事方在实际争端中也常主张条约无效,例如,在 1959 年"某些边界领土主权案"中,荷兰以错误为由主张划界条约无效;② 在 1962 年"柏威夏寺案"中,泰国以违反缔约权限和错误为由主张附件 1 地图无效;③ 在 2012 年"领土和海洋争端案"中,因为美国军队的干涉,尼加拉瓜主张与哥伦比亚签订的《1928 年条约》无效,等等。④ 在 1962 年柬埔寨诉泰国"柏威夏寺案"中,国际法院认可了泰国关于缔约权限的主张。在该案中,代表柬埔寨的法国与泰国 1904 年签订条约,第 1 条约定了边界的大致位置,第 3 条规定边界应当由联合委员会划定。委员会之后进行了实地调查并确定了边界,但会议记录表明委员会在 1906 年 12 月之后再没有讨论过相关争议边界,而本案的争议焦点——附件 1 地图是法国在泰国的要求下于 1907 年绘制的。因此,国际法院认为该地图并没有得到联合边界委员会的正式批准,也没有记录表明地图是依据委员会的决定或指令而绘制,因此,附件 1 地图在出版之时并没有拘束力。⑤ 尽管如此,国际法庭会对证据进行严格的审查,很少接受条约无效的主张,更强调条约的作用。⑥ 例如,对于错误的主张,法院认为如果错误并不是无

---

① *Sovereignty over Pulau Ligitan and Pulau Sipadan*（*Indonesia*/*Malaysia*），*Dissenting Opinion of Judge Franck*，I. C. J. Reports 2002，p. 692，para. 6.

② *Case concerning Sovereignty over Certain Frontier Land*（*Belgium*/*Netherlands*），*Judgment*，I. C. J. Reports 1959，pp. 226 - 227.

③ *Case concerning the Temple of Preah Vihear*（*Cambodia v. Thailand*），*Merits*，*Judgment*，I. C. J. Reports 1962，pp. 26 - 27.

④ *Territorial and Maritime Dispute*（*Nicaragua v. Colombia*），*Preliminary Objections*，*Judgment*，I. C. J. Reports 2007，p. 859，paras. 79 - 80.

⑤ *Case concerning the Temple of Preah Vihear*（*Cambodia v. Thailand*），*Merits*，*Judgment*，I. C. J. Reports 1962，p. 21.

⑥ Nico J. Schrijver, Vid Prislan, *Cases Concerning Sovereignty over Islands before the International Court of Justice and the Dokdo/Takeshima Issue*, 46 Ocean Dev. & Int'l L. 290 (2015).

法避免的,或者是因为主张错误的一方的原因导致的,并且主张错误的一方长期对此表示接受,没有提出过质疑,将不支持对错误的主张。①

条约不能解决争端的更为常见的理由是,条约与具体争议领土缺乏相关性。在确定相关性时,国际法庭需要探究当事方在缔结条约时是否将争议领土纳入条约的适用范围中,如果发现当事方并没有考虑争议领土的归属问题,甚至根本就不知晓争议领土的存在,那么仅凭条约将肯定无法解决领土争端。在这种情况下,国际法庭可能会考虑主权行为,将争议领土判予能够做出更具优势主张的一方。在判断条约是否具有相关性时,最直接和最关键的证据就是考查条约是否明确提到争议领土,并且此种提及必须反映出相当程度的具体性,不能仅在大致范围内提到较为广泛的地理区域。例如,在2012年"领土和海洋争端案"中,尼加拉瓜和哥伦比亚签订了《1928年条约》和《1930年议定书》。根据《1928年条约》第1条的规定,尼加拉瓜承认哥伦比亚对于圣安德烈岛(San Andrés)、普罗维登西亚岛(Providencia)和圣卡塔丽娜岛(Santa Catalina)以及其他构成圣安德烈群岛的岛屿、小岛和礁石的主权;《1930年议定书》进一步明确圣安德烈和普罗维登西亚群岛向西不超过西经82°经线。法院认为《1928年条约》第1条并没有详细说明圣安德烈群岛的组成部分,并且《1930年议定书》只是确定了该群岛的西部界限为西经82°经线,而没有说明群岛在西经82°以东的具体组成部分。所以,无法确定该案的争议岛礁是否属于圣安德烈群岛的组成部分,因此,仅仅凭借该条约和议定书的规定无法确切判断领土主权的归属。② 之后法院考虑了两国对争议岛礁所实施的主权行为,认为哥伦比亚的主张更具优势。③ 这表明在缺乏有效解决领土争端的条约时,国际法庭才会考虑当事方实施的主权行为。在缺乏绝对权利依据证明领土主权归属的情况下,通过权衡和比较当事方实施的主权行为,依据相对优势弥补绝对权利的空白。④

(三)主权行为变更条约权利

尽管与条约存在冲突的主权行为是违法行为,但在部分领土案件中,国际法院仍然继续分析了冲突的主权行为,其目的在于判断当事方是否通过行为达成了新

---

① Case concerning the Temple of Preah Vihear (Cambodia v. Thailand), Merits, Judgment, I. C. J. Reports 1962, pp. 26 - 27.

② Territorial and Maritime Dispute (Nicaragua v. Colombia), Judgment, I. C. J. Reports 2012, pp. 648 - 649, paras 52 - 56.

③ Territorial and Maritime Dispute (Nicaragua v. Colombia), Judgment, I. C. J. Reports 2012, p. 657, para. 84.

④ 黄德明、黄赟琴:《从白礁案看领土取得的有效控制原则》,载《暨南学报(哲学社会科学版)》2009年第5期。

的合意,从而变更了之前的条约权利,重点在于分析条约权利所有国是否承认或默认了其他国家的主权行为。承认是指一国对特定情势表示接受的积极行为;[①]而默认是一个消极的概念,是指默示同意,对于另一国的行为,需要做出反应以表达不同意或反对的情况,一国单方面地沉默或不作为,由此推断出该国表示了同意。[②] 承认和默认具有提供合法性和排除不法性的作用,能够提供更为客观和实际的判断标准。[③] 即使是存在条约确定的权利,当事方也可能因承认或默认他国主张而丧失该权利,例如,在 2002 年"喀麦隆和尼日利亚陆地和海洋边界案"中,根据 1913 年《英德条约》,巴卡西半岛(Bakassi)属于独立后的喀麦隆。但尼日利亚提出了许多对巴卡西半岛实施的主权行为,在数量和种类上显然要多于喀麦隆。国际法院认为根据主权行为判断领土主权归属的法律问题,不同于主权行为能否取代已经确定的条约权利的问题,案件的关键在于判断喀麦隆是否因默认尼日利亚的行为而丧失了根据 1913 年《英德条约》而获得的领土主权。[④] 尽管如此,仍然需要进一步分析的问题是原权利所有国丧失权利的具体判断标准。

  2002 年厄立特里亚和埃塞俄比亚"划界决定案"明确指出承认或默认主权行为能够改变条约确定的边界。[⑤] 意大利 1890 年建立了厄立特里亚殖民地,与埃塞俄比亚签订了 3 份划界条约。关于中段边界,委员会首先根据《1900 年条约》及其所附地图确定了该段边界的位置,然后考虑当事方的随后行为以及承认对条约边界的影响。在答辩状中,埃塞俄比亚承认部分领土属于厄立特里亚,尽管根据《1900 年条约》这部分领土属于埃塞俄比亚,委员会认为应当考虑埃塞俄比亚的承认。此外,根据条约属于厄立特里亚的萨拉姆贝萨市(Zalambessa),埃塞俄比亚当局对其实施了较多的管理行为,并且厄立特里亚海关和外交官员承认萨拉姆贝萨市属于埃塞俄比亚。根据承认以及主权行为,委员会调整了《1900 年条约》边界线。[⑥] 该案表明,即使是根据划界条约明确规定的边界,也可能因当事方之后的行

---

  ① Malcolm N. Shaw, *International Law*, 7rd ed., Cambridge University Press, 2014, p. 767.

  ② Nuno Antunes, *Aquiescense*, in Rüdiger Wolfrum (ed.), *Max Planck Encyclopedia of Public International Law*(Online version), Oxford University Press, para.2.

  ③ I. C. MacGibbon, *The Scope of Acquiescence in International Law*, 31 Brit. Y. B. Int'l L. 145(1945).

  ④ *Land and Maritime Boundary between Cameroon and Nigeria*（*Cameroon v. Nigeria: Equatorial Guinea intervening*）, Judgment, I. C. J. Reports 2002, p. 415, paras. 222 - 223.

  ⑤ *Decision regarding Delimitation of the Border between Eritrea and Ethiopia*, 13 April 2002, R. I. A. A., Vol. XXV, p. 111, para. 3.9.

  ⑥ *Decision regarding Delimitation of the Border between Eritrea and Ethiopia*, 13 April 2002, R. I. A. A., Vol. XXV, pp. 134 - 136, paras. 4.69 - 4.78.

为而发生改变,而变化的主要原因在于当事方在案件审理过程中做出的明确承认。

根据国际法庭的相关实践,对领土实施主权行为的国家在权利方面甚至可能超越拥有"书面"权利的国家,只要能够证明后者同意变更领土主权。① 双方当事方达成的合意可以变更领土主权,然而国际法并没有限定合意的表现形式,国际法院在2008年"白礁、中礁和南礁主权案"中指出,合意可以表现为条约,也可以根据当事方的行为进行推断,关键在于判断当事方的意图。② 如果根据当事方的行为,能够明确地推断出它们已对既有权利做出了变更,那么即使存在条约确定的边界,该条约也并不必然构成划界的终点。③ 正如菲茨莫里斯法官(Judge Fitzmaurice)在1962年"柏威夏寺案"中指出的那样,泰国和柬埔寨对附件1地图的接受行为,此种情况相当于当事方通过行为达成了新的合意,取代并变更了之前的合意,无论是否符合之前的条约规定。④

尽管原权利所有国对其他国家主权行为的承认和默认可能变更领土主权,但是国际法庭仅在数量相当有限的案件中认可了此种效力,并且争议性较强。⑤ 在大多数案件中,国际法庭一般支持原权利所有国,强调国家主权和领土完整,只要原权利所有国仍然主张领土的主权,对争议领土有限地展示权威,对非法行为进行抗议,就不能推定它承认或默认了权利转移,即使另一方实施了再多的主权行为也无济于事。诚如2008年"白礁、中礁和南礁主权案"中国际法院的观点:"国家领土主权以及主权的稳定性和确定性在国际法和国际关系中具有核心价值……任何因当事方行为而导致的主权变更,都必须根据该行为以及相关事实清楚无疑地展示,特别是一国放弃部分领土主权的情形。"⑥

---

① Roger O'Keefe, *Legal Title versus* Effectivités: *Prescription and the Promise and Problems of Private Law Analogies*, 13 Int'l Comm. L. Rev.176 - 177(2011).

② *Sovereignty over Pedra Branca/Pulau Batu Puteh, Middle Rocks and South Ledge (Malaysia/Singapore)*, Judgment, I. C. J. Reports 2008, p. 50, paras. 118 - 121.

③ Malcolm N. Shaw, *Title, Control and Closure? The Experience of the Eritrea - Ethiopia Boundary Commission*, 56 Int'l & Comp L. Q. 796(2007).

④ *Case concerning the Temple of Preah Vihear (Cambodia v. Thailand), Separate Opinion of Judge Sir Gerald Fitzmaurice*, I. C. J. Reports 1962, p. 56.

⑤ *Sovereignty over Pedra Branca/Pulau Batu Puteh, Middle Rocks and South Ledge (Malaysia/Singapore), Dissenting Opinion of Judges Simma and Abraham*, I. C. J. Reports 2008, p. 122, paras. 18 - 19.

⑥ *Sovereignty over Pedra Branca/Pulau Batu Puteh, Middle Rocks and South Ledge (Malaysia/Singapore)*, Judgment, I. C. J. Reports 2008, p.51, p.122.

四、结 论

在 2002 年之后的多个领土争端中,国际法庭考虑了当事双方对争议领土实施的主权行为,将领土判予能够做出更具优势主张的一方。但同时也可以发现,并不是所有当事方提出的行为都会得到国际法庭的认可,需要满足主权性、具体性、持续性、和平性和公开性的要求。除此之外,条约也是当事方提出的常见主张之一,国际法庭经常需要面对条约权利与主权行为之间的冲突。面临此种矛盾,国际法庭会优先考虑条约权利,首先分析条约的效力和相关性,这是因为条约能够更直接和客观地反映出当事方关于领土归属的共同意志。为了维护领土关系的稳定性,国际法庭主张边界的效力具有独立性,情势变迁和国家继承都不能影响条约的效力。与条约相符的主权行为可以用于条约解释,或者证实条约解释的结论。与条约权利存在冲突的主权行为属于违法行为,难以取代和变更条约权利。尽管如此,如果条约权利所有国承认或默认了其他国家对领土实施的主权行为,将有可能变更条约权利,原权利所有国的承认或默认将违法行为合法化。如果条约因无效或缺乏相关性而无法解决领土争端,国际法庭将通过权衡和比较当事方对争议领土实施的主权行为做出判决,主权行为确立的相对权利将有效弥补条约权利的空白。

我国作为一个幅员辽阔的国家,目前尚与部分邻国存在领土或边界争端,上文对主权行为和条约关系的论述对于我国维护领土主权以及解决领土争端具有一定的借鉴意义。首先,有效且相关的条约权利要优先于主权行为,所以应当重视与周边国家的谈判,早日缔结条约约定主权归属,在缔结条约时一定要进行详细、具体的规定,特别是对于地处偏远、无人居住的领土,例如岛屿,要明确规定相关领土的名称和地理范围,而不能仅在大致范围内粗略提及。尽管如此,实践中也存在条约权利被取代的可能性,权利不仅可以根据正式的法律行为而变更,也有可能因疏于管理以及不抗议等不作为而丧失。这要求我国一方面应当重视对领土的管理和使用,特别是边境地区,采取立法、司法和行政手段,以国家的名义针对具体领土持续、和平和公开展示国家主权,维护我国的领土主权;另一方面,也要密切关注周边国家的行为和立场,一旦出现损害我国国家主权和领土完整的行为,作出及时、有效的抗议,防止因默认或承认而丧失合法权利。而在中印边界锡金段越界事件中,通过发布《印度边防部队在中印边界锡金段越界进入中国领土的事实和中国的立场》表明我国的主张和依据,抗议印度的非法行为就是有效的方式之一。

The Relationship between Activities *à Titre de Souverain* and Treaties in the Settlement of Territorial Disputes

Song Yan

Abstract: Treaties and activities *à titre de souverain* are commonly claimed by the Parties in territorial disputes, therefore the relationship between these two claims constitutes a frequent issue to be settled by international tribunals. However, not all the activities submitted by the Parties would be accepted by international tribunals, since State is required to show it has exercised specific, continuous, peaceful and public display of sovereignty upon the disputed territory. Moreover, before taking such activities into account, international tribunals will give priority to legal title, particularly treaty-based title. The existence of a treaty-based title will invalidate conflicting activities *à titre de souverain*, while consistent activities can be used as a subsequent agreement or practice to confirm the interpretation of a treaty. When no settlement can be reached by treaties, activities *à titre de souverain* will be assessed to fill in the blank of legal title. Nevertheless, the recognition or acquiescence of the State possessing a treaty title in activities *à titre de souverain* exercised by another State may cause the transfer of title. The decisive factor of such transfer lies upon whether the Parties intend to reach a new agreement to amend the previous treaty through their conducts.

Keywords: territory; treaties; activities *à titre de souverain*; acquiescence

美国单边主义税收措施域外管辖的运行机理及其启示
——以FATCA法案为例

葛 辉[*]

[摘 要] 美国《海外账户合规法案》（FATCA法案）要求外国金融机构向本国税务当局披露美国人的海外账户信息，具有明显的域外管辖效力。美国FATCA法案的成功国际化展示了一个拥有中心市场的国家，如何利用市场的力量在国际层面推行本国法律，同时又利用国际法机制将本国法律国际化的过程和机制。研究美国等发达国家在国际税收领域造法的策略，有助于非市场中心国家批判性地对待相关的国际标准和项目计划。

[关键词] 单边主义税收措施；FATCA法案；资本市场；跨境法律过程

税收主权是一国主权的核心要素之一。自20世纪20年代末期以来，各国主要通过双边协商的方式进行税收主权的分配，以减少国家间的主权冲突，降低跨国企业的税收遵从成本，避免双重征税和逃避税。然而，2008年国际金融危机以后，美国越来越多地借助于单边主义而非双边或多边主义来解决诸多财税金融问题，美国《海外账户合规法案》（Foreign Account Tax Compliance Act，以下简称"FATCA法案"）的出台正是这股国际法美国化潮流中重要一簇。该法案要求外国金融机构向美国税务当局披露美国人海外账户信息，具有明显的域外管辖效力。这一回避国际协作的做法，不仅冲击了现有的国际税收法律秩序，还可能侵害其他国家的税收主权。值得注意的是，美国的这一做法虽然遭到其他国家的反对，但在短期内取得了成功。本文所要讨论的是美国的单边主义措施何以在他国的反对中得以成功实施，其成功机理及其局限性如何，美国单边主义税收措施的成功国际化是否构成国际税制发展的一种新趋势，抑或只是特定国家的特例做法，不具有

---

* 葛辉，南京大学法学院。南京：210093。

可复制性。

一、美国单边主义税收措施的成功实施

对各国税收征管当局而言，在征税管辖权既定的前提下，对纳税人税收信息的获取直接影响到能否有效打击国际逃避税行为以提高征税效率。在2008年国际金融危机发生之前，美国政府利用国内或国际手段获取税收情报，但效果并不理想。[①] 2010年3月，美国国会通过FATCA法案，力图利用单边主义税收措施获得美国人海外账户信息，打击日益猖獗的国际逃避税行为。[②]

通过对源于美国的支付威胁征收30%预提税的方式，FATCA法案要求非在其国境内注册或甚至与本国毫无任何交易关联的外国金融机构（Foreign Financial Institution，FFIs）以及非金融外国实体（Non-Financial Foreign Entity，NFFEs）提供美国纳税人信息，这是有史以来第一个以国内税法方式建立全球税收遵从体制的尝试。[③] 有别于一般税收法律，FATCA法案意图规制绝大部分的金融机构、金融账户、金融交易等，影响面极为广泛。

表面上，FATCA法案所建构的是一个自愿报告机制，即允许外国金融机构或非金融外国实体有权在提供信息与被征收30%预提税之间作出选择。如果外国金融机构选择提供信息，则该外国金融机构应与美国国税局签订FATCA法案合规协议，并根据协议要求承担税收信息报告义务；如果非金融外国实体选择提供信息，则应按照FATCA法案的规定向相关预提机构提供税收信息。反之，如果外国金融机构或非金融外国实体选择不提供信息，则其源于美国的相关收入将被征收30%的预提税。由于30%的预提税税率较高，且可预提支付（withholdable payment）的范围极广，该预提税规则实际上是一个获取税收信息的执行机制，而非一般的税收征收机制。通过征收预提税，美国政府可以有效地迫使那些希望进入美国资本市场的外国金融机构与美国国税局合作，或惩罚那些拒绝加入FATCA法案合规计划的外国金融机构。因此，通过FATCA法案，美国试图建立一个第三方税收信息报告制度，以期获得美国人海外金融账户的信息，进而打击美国人的海外

---

① See Nina E. Olson, *Minding the Gap: A Ten-Step Program for Better Tax Compliance*, 20 Stan. L. & Pol'y Rev. 7-8(2009).

② FATCA法案是指美国国会颁布的《刺激雇佣以恢复就业法案》（HIRE Act）第501条至第541条中的13款内容，包含了《美国联邦税法典》第4章的全部条款（第1471条至第1474条）。

③ See Scott D. Michel, and Rosenbloom H. David, *FATCA and Foreign Bank Accounts: Has the US Overreached? Tax Analysts*, May 30, 2011, pp.709-713.

逃避税行为。①

2014年7月1日,FATCA法案全面生效。尽管FATCA法案给各类金融机构施加了巨大的合规成本,并与离岸金融中心地的法律存在冲突,却出乎意料地在短期内取得成功,并在很大程度上推进了全球税收情报自动交换制度的突飞猛进。在其生效之日,全球共有超过8万家外国金融机构在美国国税局网站注册,并表示愿意根据FATCA法案的要求向美国国税局提供情报。②全球已有110多个国家或者已经与美国签订协定,或者正在与美国积极磋商签订协定,以期在政府与政府层面实施FATCA法案。③FATCA法案的实施标志着美国政府获取本国人境外账户信息进入一个新时代,在境外拥有未申报账户的美国纳税人很难再依赖避税地的银行保密法来防止其账户信息被泄漏。可以认为,在完成其预期目标方面,FATCA法案基本上是成功的。

二、美国单边主义税收措施的成功机理分析

(一) 单边主义税收措施的法律强制性

尽管国际层面的制度架构和打击国际逃避税行为的共识为FATCA法案的国际化提供了土壤,但将FATCA法案的成功归结为迎合了国际税收合作的多边主义浪潮显然有失稳妥。美国坚持利用建设性单边主义税收措施推动国际税收体制的美国化,④FATCA法案成功的机理分析必须要考虑到美国的比较优势。

相对于多边磋商和合作而言,单边主义措施的相对比较优势在于其强制性。多边磋商与合作植根于所谓的合同主义理论(contractualism theories),认为通过国际合作可以降低市场失灵,促进帕累托最优的达成。问题是,一些参与磋商的国家,诸如瑞士、卢森堡、奥地利等需要废除本国的银行保密法,并且向他国交换税收情报才能满足当前二十国集团以及经合组织(Organization for Economic Co-op-

---

① U. S. Treasury Department Office of Public Affairs, Fact Sheet: FATCA Amendments and Coordination Regulations, at 1 (Feb 20, 2014).

② FATCA foreign financial institution (FFI) priors months' lists, at https://www.irs.gov/busi-nesses/corporations/fatca-foreign-financial-institution-ffi-prior-months-lists. (visited on Jan 12, 2017).

③ Treasury Notes, Online Resources on the Foreign Account Tax Compliance Act (July 2, 2014), at http://www.treasury.gov/connect/blog/Pages/FATCA- Resources.aspx.(visited on Jan 12, 2017).

④ See Reuven S. Avi-Yonah, and Haiyan Xu, Evaluating BEPS, 10 Erasmus L. Rev. 10 (2017).

eration and Development,OECD)倡导的自动情报交换国际标准。对于这些传统避税地国家而言,不仅它们的金融部门将承担巨大的调整成本,其对于外国投资者特别是富有个人的吸引力也将锐减,由此可能导致本国就业、工资水平以及财政收入等下滑。因此,OECD 在 1998 年发起的针对有害税收竞争运动最终并不成功。长期以来,瑞士一直拒绝按照 OECD 的标准,应他国请求提供税收情报,欧盟大国也很难迫使卢森堡和奥地利就其他欧盟居民的储蓄利息信息进行自动情报交换,[1]而打破这一僵局的是美国单边主义强制措施。

在主权平等的国际法体系之中,单边主义措施的要义不是一国强行要求外国遵守本国的法律法规,而是利用本国法律对被规制对象的强制适用性,间接地排除外国法律的适用。因此,表现上看,这一法律适用行为并不直接针对外国政府,但实际上却起到了对该政府行为规制的效果。

在整个 FATCA 法案的制度设计中,30%预提税具有强制性,而税收情报交换并没有出现在 FATCA 法案条文之中。由于外国金融机构所有来源于美国的可预提所得均可能受制于该 30%的预提税,这就迫使相关金融机构"选择"同美国国税局签订税收情报报告协议。问题是,在执行该税收情报协议的过程中,相关外国金融机构有可能违反所在国的银行保密法。为解决这一"左右违法"的难题,外国金融机构所属国政府必须出面与美国协商。表面上,这一协商满足了主权国家平等的形式要件,实际上,外国金融机构所属国政府只能与美国政府就如何更好地实施 FATCA 法案进行谈判。由此,借助国内法的强制性,美国得以将自身的意志施加于他国之上。虽然与多边主义全球治理的形式不同,这一单边主义国内治理因为成功地避开了主权国家间的协调行动难题,[2]同样具有全球治理的效果。

(二)资本市场的无可替代性

根据市场的集中度,国际经济市场可大致分为三类,并对应着不同的经济活动。第一类市场为分散市场,主要发生在国际贸易领域,根据大卫李嘉图的比较成本优势说,任何国家均可通过国际贸易行为获得利益,这也意味着不管一国市场规模有多大,均不能具有无可替代性。在此类市场下,市场主体之间进行相互选择,一国很难利用本国市场获得支配性的权力,与此同时,每一国家均拥有一定的谈判

---

[1] See Thomas Rixen and Peter Schwarz, *How Effective is the European Union's Savings Tax Directive? Evidence from Four EU Member States*,50 J.Common Mark. Stud.151-168 (2012).

[2] 在一定程度上,可以将税收情报视为一种国际"公共物品",而美国的单边主义措施具有迫使所有国家参与情报交换、提供"公共物品"的功能。关于集体行动的逻辑问题,参见[美]曼瑟尔·奥尔森:《集体行动的逻辑》,陈郁、郭宇峰、李崇新译,格致出版社、上海三联书店、上海人民出版社 1995 年版,第 8—13 页。

筹码来限制他国滥用优势市场地位。

第二类市场为相对集中市场,主要发生在国际投资领域。就国际投资而言,一个普遍的现象是,一国在很长一段时间内或为资本输出国或为资本输入国,由于接受投资的发展中国家的身份很难在短期内改变,这就使资本输出国与资本输入国之间存在着较为尖锐的冲突。尽管资本输出国相对集中,但很难说某几个国家能够占据国际投资的绝对主导地位。在此情况下,各国主要通过双边投资协定来协调投资者权利保护与东道国规制权之间的关系。

第三类市场为高度集中市场,主要发生在国际金融领域。20世纪70年代布雷顿森林体系崩溃之后,各国相继开放本国资本市场,由此迅速形成了国际资本市场。由于金融体系主要通过市场和机构两大途径来促使资本在时间和地点上形成最优配置,而资本市场形成相对于金融机构的设立而言更少受到政府事前的管制,在此情况下迅速形成了以纽约和伦敦为核心的国际金融中心。

根据金融产品价值内嵌于法律制度之中的原理,法律与金融密不可分,金融请求权唯有得到法律充分的保护才能具有可流通的市场价值。[1]因此,市场规模越大,金融产品的流通性越强,就越能吸引更多的国际资本进入该国际金融中心。与前两类市场不同,国际金融中心所在国因为拥有无可替代的资本市场而无须通过国际磋商机构来维护投资者的权利。既然全球主要的资本交易发生在本国的资本市场之内,则该国完全可以采取单边立法的形式为全球资本交易设定规则。在一定程度上,金融中心地的国内法构成了事实上的国际金融法。

当前美国GDP遥遥领先,其拥有的公开上市公司的市值远远超过其他国家,纽约证券交易所和纳斯达克证券交易所均是世界上最大的证券交易所之一。对于避税地国家的金融机构来说,美国资本市场具有不可替代性。而FATCA法案的要点在于将外国金融机构转化为美国国税局的税收情报中介,因此,FATCA法案不仅属于税法部门,也属于金融法部门。按上述国际金融法的原理分析,美国对外国金融机构的规制因为美国金融中心的存在而具有了国际金融法的效应。显然,如果这一单边主义措施不是出自美国,而是来自某一个尚未拥有国际金融中心的国家,除非收益大于成本,避税地国金融机构完全可以通过拒绝为该国客户提供服务的方式绕开该国的强制性法律。在存在其他国际资本市场作为替代性选择的情况下,该国对外国金融机构的规制很可能引发金融机构外逃。由此导致,该国不仅不能获得设想的法律效果,还可能引发资本市场的异动,有损本国金融资本市场稳定和经济的发展。但是,当他国政府与美国政府就FATCA法案的国际实施问题进行谈判时,这些政府面临着三种选择,即(1)与美国政府达成协议;(2)不与美国

---

[1] See Katharina Pistor, *A Legal Theory of Finance*, 41 J. Comp. Econ. 315–330(2013).

政府达成协议而由美国政府对本国金融机构实施 FATCA 法案;或者(3)告诫本国金融机构远离美国市场,并远离那些可能将这些金融机构卷入 FATCA 法案管辖的其他机构。[①]考虑到国际金融已经深度全球化和一体化的现实,一国要求本国金融机构远离美国资本市场不仅有损于特定金融机构的利益,也会限制本国利用国际资本市场发展经济的能力。由于国际金融围绕着国际直接融资市场和国际大型金融机构而运转,即使一国金融机构远离美国境内,也会因为 FATCA 法案的转手付款的规定而被迫承担信息报告义务,否则将承担 30%的惩罚性预提税。在此情况下,可以认为,即使一国与美国进行了磋商,并签订了政府间协议,该协议只不过是执行美国单边主义立法的国际工具而已。不容否认,美国在国际社会中占据显赫地位,并且其霸权也在一定程度上获得了国际社会的认可。

(三)跨境法律过程的单向性

尽管对于国际法的理解存在着多种理论面向,美国在将 FATCA 法案推向全球的过程中,大体遵循了政策定向学派(又称纽黑文学派,New Haven School)及其最新理论发展所描述的法律过程。纽黑文学派与法律现实主义思潮密切相关,它并不是通过国际法和国内法的两分法来分析决策过程,也不认为在两个规则体系之间存在着优先和劣后顺位,而是将国际法视为权威决策的过程。[②]该学派的代表人物认为,国际法实际上是一个权威沟通的过程,也是一个作出集体决策的过程,在这一过程之中,不同的集体和个人会利用其拥有的权力基础对这一程序施加不断变革和要求稳定的压力,且这一过程也不断屈服于权威的有效权力的要求。[③]

新纽黑文学派赞同政策定向学派的基本观点,并使用了计算机时代的术语加以重新表述。即法律规则可通过"上传"的方式进入到国际法体系之中,同时也可以通过"下载"的方式进入到国内法体系之中。而"上传"与"下载"主要是通过"互动——解释——内化"来加以完成。[④]尽管新旧纽黑文学派并没有特别指出美国在权威决策法律过程中的地位和作用,但是,鉴于权威决策过程所涉及参与人员、理

---

① See Sean Denealt, *Foreign Account Tax Compliance Act: A Step in the Wrong Direction*, 24 Ind. Int'l & Comp. L. Rev. 729 – 756(2014).

② See Eisuke Suzuki, *The New Haven School of International Law: An Invitation to a Policy-Oriented Jurisprudence*, 1 Yale Stud. World Pub. Ord. 1 – 49(1974). W. Michael Reisman, Siegfried Wiessner, and Andrew R. Willard, *New Haven School: A Brief Introduction*, 32 Yale J. Int'l L. 575(2007); Siegfried Wiessner, *The New Haven School of Jurisprudence: A Universal Toolkit for Understanding and Shaping the Law*, 81 Asia Pac. L. Rev.45(2010).

③ 万鄂湘、王贵国、冯华健主编:《国际法:领悟与建构》,法律出版社 2007 年版,第 16 页。

④ See Harold Hongju Koh, *Is there a 'New' New Haven School of International Law?* 32 Yale J. Int'l L. 55(2007).

念面向、运作场域、权力基础、策略运用、决策成果以及互动成效均不可避免地受制于国家实力影响,该法律理论可以被认为是为美国政府处理对外关系而量身定制的,既描述了美国处理对外关系的过程,也为美国运用单边主义措施处理对外关系提供了合理说明。

美国对于国际法的认识与欧洲及其他国家对国际法的认识并不相同。在美国人看来,国际法在很大程度上是"他治"的法律,主要约束美国以外的其他国家。而美国之所以主张例外主义,一个非常重要的原因在于,美国并不认为美国式的国家主义与美国式民主政治存在问题。[1]在此情况下,国际法被视为一个持续不断的决策过程,国际成员通过此过程确定、厘清与实现共同利益,以试图建立一个最基本的世界秩序和最适当的世界秩序。其中,为了建立一个最基本的世界秩序,在必要的范围内,美国参与多边过程,并接受国际法的约束;但是对于所谓最适当的世界秩序,美国采取相对克制态度,虽然积极参与相关国际标准的制定,但不轻易做出多边主义承诺。

就 FATCA 法案而言,美国积极参与了多边主义行动,如美国是二十国集团的成员,也是 OECD 的成员,对于二十国集团利用 OECD 专业技术为全球设立税收情报交换标准的做法,美国基本持赞同态度。但是,基于邻避原则,美国的相关规定可以被"上传"到国际法体系之中,成为其他成员应当遵守的国际标准,但是二十国集团或 OECD 在国际层面上达成的规则并不必然可以被"下载"到美国国内法体系之内。因此,总体而言,FATCA 法案以及与之相关的政府间协议所参与的跨境法律过程具有单向性特征。[2]这意味着,国际税收制度可以被 FATCA 化,但 FATCA 法案仍保持其独立性。

总而言之,尽管 FATCA 法案及其执行表现出强烈的单边主义特征,但这并没有给国际社会成员造成太多困扰。之所以如此,一个重要的原因在于,国际金融监管法律体系主要由国际软法和国内硬法所构成,而国内硬法之于国际软法的关系在很大程度上由一国是否拥有国际金融事务的话语权所决定。正是因为美国拥有无可替代的国际资本市场,其才有可能利用强制性的单边主义法律将本国的规则"上传"到国际层面,然后再通过国际软法机制,如二十国集团和金融稳定委员会(Financial Stability Board,FSB)的政治权威、OECD 的专业优势,巴塞尔银行监管委员会(Basel Committee on Banking Supervision,BCBS)、国际证监会组织

---

[1] See Anu Bradford, and Eric A. Posner, *Universal Exceptionalism in International Law*, 52 Harv. Int'l L. J. 1-10(2011).

[2] See Alberto Gil Soriano, *Toward an Automatic but Asymmetric Exchange of Tax Information: the US Foreign Account Tax Compliance Act(FATCA) as Inflection Point*, 40 Intertax 540-555(2014).

(International Organization of Securities Commissions，IOSCO)、国际会计准则理事会(International Accounting Standards Board，IASB)以及国际保险监督官协会(International Association of Insurance Supervisors，IAIS)等跨政府网络的国际协商等，将相关国际规则"推销"给各主要国家，并由这些国家的监管部门将国际规则"下载"到本国法律体系内，从而转化为具有可强制执行性的国内规则。从国际税法的角度来看，在FATCA法案下，外国金融机构成为美国国税局的税收中介固然是一种"制度创新"，但鉴于美国已经在国内和国际层面建立起对外国金融机构实施金融监管的严密网络，从国际金融法的角度来看，这一税收中介的"制度创新"只不过是美国将对外国金融机构的常规监管适度扩张至税收领域的结果而已。因此，总体上而言，美国FATCA法案的成功机理依赖于美国对国际金融法的掌控和运用。

三、美国单边主义税收措施的局限性

(一) 美国国内政治形势对单边主义税收措施的影响

尽管在理论上很难预测美国未来政治形势对FATCA法案的具体影响，但是考察FATCA法案出台前后的政治形势可为我们提供一个类比分析的线索。

1. 克林顿政府与打击有害税收竞争

克林顿政府时期，美国政府考虑采取措施打击可能侵蚀美国税基的外国有害税收竞争政策，并在七国集团内部发起了相关讨论。1998年，OECD发布的关于有害税收竞争报告基本上采纳了美国政府的建议，并加以细化。克林顿政府承诺在国内法中体现OECD报告的建议。美国政府宣称，不仅要求所有流向OECD所认定的避税地的支付均要报告，而且，还对这些避税地已缴纳税收终止税收抵免。为此，在1998—2001年绿皮书中，财政部提出若干制定法律和实施协助的计划，其中有一些条款旨在将OECD的建议"下载"到国内法，使之具有可操作性。然而，在一开始，克林顿政府所提出的相关立法建议就遭到了美国国内跨国公司的强烈反对。在国内政治压力下，克林顿政府暂时搁置在国内实施OECD有害税收竞争计划。

2. 布什政府与应请求税收情报交换

乔治·W·布什政府期间，美国对打击有害税收竞争的态度发生了极大的改变，在美国政府的反对下，OECD的有害税收竞争项目去除了所谓的实质经济联系标准和隔离指标，只剩下税收透明度和税收情报交换两个实质内容。在OECD将有害税收竞争项目的重点转移到税收透明度和税收情报交换之后，仍主要由美国政府源源不断地向OECD"上传"各类理念、目标和方法，从而决定了OECD有害税收竞争项目的发展和可能取得的成就。主要体现为两点：

其一，就应请求税收情报交换问题。美国认为应通过应请求税收情报交换来打击国际逃避税行为，这样既可使一国执行本国的税法，又不会扼杀税收竞争。① 美国政府的观点很快体现为 OECD 的软法。2002 年，OECD 重新调整工作重点，公布了《税收情报交换协定范本》，从而为国际层面的双边和多边行政互助设立的国际标准。②

其二，就非合作管辖区的制裁问题。布什政府并没有直接否认对那些不合作的管辖区实施制裁，但指出，除非 OECD 的成员如瑞士和卢森堡也实施相关国际标准，才有必要对其他非 OECD 成员避税地实施协调防御性措施。这一拖延策略直接降低了 OECD 制裁的威胁性。由此导致的结果是，直至第二任布什政府届满，卢森堡和瑞士一直对应请求交换税收情报作出保留，OECD 直至 2009 年才发布新的避税地黑名单。③

布什政府之所以提倡税收情报交换，主要原因在于税收情报交换的对象主要是个人账户信息，不会影响到跨国公司的税收筹划。在应请求交换的体制下，只有极少数的信息会被传递，根本不会威胁到离岸地私人银行业的发展。因此，先是通过将重点转移到透明度和情报交换，然后设计一套很难发挥实际效果的应请求税收情报交换制度，布什政府成功地埋葬了 OECD 的有害税收竞争项目。

3. 奥巴马政府与自动税收情报交换

奥巴马政府上台后，通过立法形式打击国际逃避税行为被提上了日程。当白宫发布声明，准备针对跨国公司和富有个人利用避税地逃避税行为实施全面规制时，美国跨国公司立即表示反对。由此导致的结果是，奥巴马政府的大多数建议并没有变成议案，或者即使成为议案，也在委员会讨论阶段被否定掉。④最终成为法案的仅仅是现行 FATCA 法案所包含的部分。更为重要的是，FATCA 法案只是对此前已经存在的合格中介计划做出了修订，并没有影响到美国跨国公司的税收

---

① See P. H. O'Neill, *Treasury Secretary O'Neill Statement on OECD Tax Havens*, in C. Levin and J. L. Lieberman (eds.) *What Is the U.S. Position on Offshore Tax Havens? Senate Hearing 107-152*, Washington, DC: Government Printing Office, 2001, pp. 83-85.

② OECD, *Agreement on Exchange of Information on Tax Matters* (2002), at http://www.oecd.org/ctp/harmful/2082215.pdf (visited on Jan 12, 2017).

③ OECD, *A Progress Report on the Jurisdictions Surveyed by the OECD Global Forum in Impleme-nting the Internationally Agreed Tax Standard*, 2009, at http://www.oecd.org/ctp/42497950.pdf (visited on Jan 12, 2017).

④ See K. Drawbaugh and A. Sullivan, *Insight: How U.S. Treasury's Tax Loophole Mistake Saves Companies Billions Each Year*, at http://www.reuters.com/article/2013/05/31/us-usa-tax-checkthebox-insight-idUS BRE94T17K20130531 (visited on Jan 18, 2017).

筹划能力。不仅如此,由于 FATCA 法案给外国金融机构施加了高昂的合规成本,反而有利于美国金融业获得相对竞争优势。①在没有触及美国金融机构以及非金融跨国公司根本利益的情况下,FATCA 法案顺利出台。

FATCA 法案的出台直接影响到国际税收合作的格局。当美国当局利用 LGT 案和 UBS 案持续向瑞士政府施压,要求其提供所请求的税收情报时,OECD 在二十国集团的支持下开始采用黑名单制度,迫使避税地国家符合应请求税收情报交换的国际标准。2014 年后,随着执行 FATCA 法案的政府间协议的各类版本出台,国际社会也渐渐转向了自动情报交换体制。

因此,可以认为,如果没有奥巴马政府的上台,很可能就没有 FATCA 法案,而没有 FATCA 法案,很可能就没有当前的国际税收情报交换体制。②在这一系列实践中,FATCA 法案的顺利出台至关重要。

4. 特朗普政府与新一轮的税收竞争

自 2017 年 4 月 26 日,特朗普政府第一次公布其税改纲要,到 2017 年 12 月 22 日,美国总统特朗普签署《减税和就业法案》,并于 2018 年 1 月起正式实施,特朗普政府的税改引发了国际社会的广泛关注与强烈反响。此次税改被称为美国历史上最强的税改方案,其核心内容是降低企业所得税、个人所得税,和大幅减免对企业海外利润征的税,其中企业所得税的最高边际税率从目前的 35% 大幅削减为 21%,降幅接近一半;而个人所得税最高边际税率由 39.6% 降为 37%,同时也提高了扣除额。

对于国际社会而言,美国作为全球第一大的经济体,该"历史上最强的税改方案"必将对全球经济和资本市场产生重大影响。美国的减税政策极有可能会带动全球减税效应,引发新一轮的税收竞争。其原因在于,首先,美国的减税将可能导致美元大幅上涨,对其他国家的货币形成巨大的压力,为了将货币间的压力降低,其余国家也将跟随着减税;其次,美国的减税政策让美国成为新的税收负担洼地,资本追逐高地,对其他国家的资本将产生相对效应,从而改变现有的资本流动格局。

在特朗普政府推出税改方案后,一些国家已经开始着手应对,新一轮的国际税

---

① GPO, *Foreign Bank Account Reporting and Tax Compliance 2009*, at http://www.gpo.gov/fdsys/pkg/CHRG－111hhrg63014/pdf/CHRG－111hhrg63014.pdf(visited on Jan 18, 2017).

② See Joanna Heiberg, *FATCA*:*Toward a Multilateral Automatic Information Reporting Regime*, 69 Wash & Lee L. Rev. 1685－1689(2012).

收竞争已初现端倪。①从国际税收制度变迁的角度来看,美国历届政府对有害税收竞争、情报交换等的税收政策持有的不同态度可被解读为美国政府的出尔反尔,但从美国国内政治形势分析,可将新一届政府的行为视为是根据美国利益对前一届政府政策的调整。

(二) 美国成为避税地的可能性

如前所述,为在国际层面实施FATCA法案美国与其他国家签订了政府间协议。根据情报交换的具体程序和内容,这些政府间协议可分为三类:1型互惠式政府间协议、1型非互惠政府间协议以及2型政府间协议。其中,2型政府间协议在一定程度上相当于弃权协议,即签订该协议的政府承诺,不会因为本国金融机构向美国国税局提供美国人账户信息而追究其法律责任。显然,在这一类型的政府协议下,美国金融机构无须承担对等的信息报告义务。这意味着,如果该外国国民将相关资产转移到美国,则可以达到隐匿资产信息的目的。1型非互惠政府间协议在本质上与2型政府间协议相一致,只不过相关的美国人账户信息不能直接由外国金融机构提交给美国国税局,转而由该外国政府提交。由于2型政府间协议并不需要美国金融机构或美国政府提供该外国人在美国金融机构的账户信息,理论上,美国依然可以成为其他国家富有个人的避税地。

考虑到美国关于税收透明度和情报交换的标准有可能低于OECD倡导的国际标准,在与越来越多的国家签署政府间协议之后,美国财政部主张修订国内立法,以在情报交换工作方面实现真正的互惠。②奥巴马政府也的确在2013年和2014年财政预算报告中提及要修改相关法律。③然而,要求美国承担对等的义务意味着美国金融机构也要承担类似于外国金融机构的规制成本,并削弱其相对于外国金融机构的比较优势。当美国政府建议美国银行向美国国税局报告针对非居民外国人的利益支付的情报时,该建议遭到了美国银行业的反对。美国银行协会认

---

① 如英国首相特蕾莎·梅就已正式批准了进一步下调企业税的政策,承诺到2020年将企业税下调至17%。欧盟各国尽管对美国税改持反对态度,但也在紧锣密鼓地筹谋自己的减税方案。法国政府在2017年财政预算案中提到要新推出28%的中档企业所得税税率,这一税率适用于38120欧元至75000欧元年收入区间。2016年的9月,荷兰公布税改方案,中小型企业和大多数个人将获得减税,某些特定事项的办税程序也将得到简化。

② US Treasury, *Model Intergovernmental Agreement to Improve Tax Compliance and to Implement FATCA*, 2012, at https:// www.treasury.gov/press-center/press-releases/Documents/reciprocal.pdf(visited on Jan 20, 2017).

③ US Treasury, *General Explanations of the Administration's Fiscal Year 2015 Revenue Proposals*, Washington, 2014, at http://www.treasury.gov/resource-center/tax-policy/Documents/General-Explanations- FY2015.pdf(visited on Jan 20, 2017).

为:"仅仅为了向美国国税局提供信息这一目的,该建议将对银行信息技术职员和预算造成进一步压力,特别是,很多银行会因为非居民外国人客户的流失而丧失数十亿美元的存款。"[①]由于要求金融机构承担税收情报报告义务要经过联邦和州层面的多重立法,可以预见特朗普政府很难在短期内将 OECD 所倡导的国际标准转化为国内法。

随着越来越多的国家实施 OECD 倡导的国际标准,美国银行机构取得了相对制度优势,在金融业务的竞争中,美国银行机构更容易俘获两类客户:一是此前利用外国金融机构隐匿资产信息的美国客户。随着税收透明度的提高和税收情报交换的落实,这些美国人没有必要再利用外国金融机构的特殊服务了。二是希望进一步隐匿资产信息的外国人客户。由于外国金融机构需要向客户所属国税务当局报告账户信息,而美国金融机构却无须承担类似义务,一些国家的富有个人转而将其资产转移到美国金融机构之中。

在此背景下,美国政府在国际层面推行自动情报交换,但不加入《多边主管当局协定》(MCAA)也就有了合理的解释。美国之所以推行自动情报交换,主要在于防止美国人将资金转移到拒绝参与自动情报交换的管辖区之内;之所以拒绝加入多边主管当局协定,主要在于国内的政治形势不允许美国政府作出其不能履行的国际承诺。两相结合,美国反而(至少对于拉美国家而言)成为重要的国际避税地。

四、美国单边主义税收措施的启示

美国 FATCA 法案颁布后,引起了各国政府以及全球金融机构的强烈关注,中国亦不例外。针对 FATCA 法案的出台及其对中国的影响,学术界展开了研究探讨,考察学者们的研究成果,主要集中在两个方面:一是辨析美国实施 FATCA 法案的国家战略意图以及其对国内法的影响,[②]有学者认为 FATCA 法案实质上是美国政府通过扩大本国法的域外效力,主导国际税收秩序的话语权,重塑国际税务合作的新模式;二是针对 FATCA 法案的实施讨论中国政府的应对之策,如有的学者分别从合理性(效率)和合法性(话语权)的角度提出建议——中国应积极推行自己

---

① F. Mordi(American Bankers Association,2011), *IRS Proposed Regulations on Reporting Interest Paid to Nonresident Alien Individuals* at http://www.aba.com/aba/documents/news/NRaliens4811.pdf(visited on Jan 20,2017).

② 参见张泽平、杨金亮:《美国〈海外账户税收遵从法案〉及其背后的战略意图》,载《涉外税务》2013 年第 4 期。

的 FATCA 法案版本,在全球建立自动情报交换网络。①

与学术界的研究态度相比,实务界采取了相对务实的态度,FATCA 法案一经颁布,专业会计师事务所和金融机构即刻进行了翻译解读,探讨 FATCA 法案对中国金融机构的影响以及金融机构参与 FATCA 法案存在的问题,②为 FATCA 法案可能影响涉及的机构、纳税人提供咨询指导建议。

从学术界和实务界对 FATCA 法案的不同态度中可以看出,学术界基于主权平等观点对 FATCA 法案提出批评的同时,也对中国推行自己 FATCA 法案提出了热望,而实务界对于学界的批评和建议基本不予回应。之所以出现如此大的反差,一个重要的原因在于,学术界并没有完全认识到,FATCA 法案的独特性——美国税法的单边主义扩张最终需要依赖于美国拥有国际金融中心这一客观事实。通过对 FATCA 法案成功实施的机理进行研究与探讨,有助于中国在当前国际税制的重塑中积极应对,赢得主动。

(一)以市场中心为原则

FATCA 法案的成功在一定程度上展现了拥有核心资本市场的国家利用单边主义措施进行全球治理的能力。随着经济全球化和国际经济一体化程度的加深,市场原则在现代法律体系中比以往更具支配性,并逐渐将与之相并存的国家原则和共同体原则"殖民化",而拥有核心市场的国家倾向于借助本国市场力量推行本国的单边主义措施,从而达到全球治理的目标。

市场类型不同,其集中度也有所不同。依据市场集中度和影响力的不同,在全球治理能力方面,主权平等的国家被区分为核心国家、外围国家或者半外围国家。一国经济规制法的全球化因本国在全球市场中的不同地位而表现为两种形式之一:全球化的地方主义和地方化的全球主义。其中,核心国家基于自身利益的考虑致力于全球化的地方主义,而外围国家则被迫选择了地方化的全球主义,两者相互配合,构成了事实上"全球化"的法律网络。③与相对分散的货物贸易市场相比,金融资本市场更容易集中。由于金融制度内嵌于法律制度之中,与核心金融资本市场所在地相配套的一系列经济规制法律法规更具国际影响力。其中,全球金融中

---

① 参见崔晓静、熊昕:《FATCA 政府间协议范本对中国的影响及对策》,载《税务研究》2013 年第 12 期;冯辉:《国际税收监管协作的新发展:以美国〈海外账户税收合规法〉的推行为中心》,载《环球法律评论》2014 年第 3 期。

② 参见季伟:《〈海外账户税收遵从法案〉的影响及中国金融机构的应对之策》,载《金融纵横》2014 年第 3 期。

③ [英]威廉·退宁:《全球化与法律理论》,钱向阳译,大百科全书出版社 2009 年版,第 284 页。

心所在地国家的一系列经济规制法律法规在国际经济交往中占据着首要位置。而FATCA法案恰恰抓住了美国金融资本市场之于外国金融机构的不可替代性,通过对外国金融机构的规制将本国法推向了全球。

当前,OECD在国际层面推行反税基侵蚀和利润转移(BEPS)15项行动计划,以图解决跨国公司滥用避税措施的行为。随着中国经济实力的提升,在国际税改中,中国能够以OECD合作伙伴身份的参与BEPS行动计划,并且,对此行动计划,中国官方持充分肯定态度,"15项行动计划成果的完成,为国际税收领域通过多边合作应对共同挑战提供了良好范例"。在理论上,中国与OECD国家享有同等权利和义务的机会;在实践中,2013年至2015年,国家税务总局共参加BEPS相关会议86次,向OECD提交的中国立场声明和建议多达1000多条。据国家税务总局官网介绍,"其中很多意见得到采纳并体现在最终成果中,为该项目所遵循的核心原则的确立和推动各项成果顺利完成作出重要贡献,也为发展中国家和新兴经济体提升规则制定的话语权、维护税收权益发挥了独特作用"。[①]其中最突出成果是,中国基于自身的巨大市场和世界工厂的地位,一直强调税款的征收要与经济活动和价值创造相一致,最终这一主张在BEPS行动计划中得以体现,"利润应在经济活动发生地和价值创造地征收"成为BEPS行动计划的原则。可以说,中国通过OECD成功地"上传"了自己的主张与理念,"上传"之后能否被其他国家"下载"转化有待考察。

应当注意的是,就具体的税收领域而言,国际税收的全球治理仍以每一国家国内税收治理为基础。BEPS行动计划所针对的跨国公司逃避税行为异常复杂,而缺乏了对投资市场的核心控制力,一国就没有能力通过单边主义行为对跨国公司实施严格的税收管制措施。如在直接投资领域,没有一个国家在投资领域占据绝对主要优势,而税收优惠措施(包括宽松的税法执法措施)恰恰是一些国家吸引外资的方式之一。任何限制这些国家将其税收主权商业化的行为均可能招致反对。[②]当一国率先对跨国公司实施严格税收制度时,极有可能引发本国跨国公司改

[①] 国家税务总局办公厅:"国家税务总局发布OECD/G20税基侵蚀和利润转移项目2015年最终报告中文版",http://www.chinatax.gov.cn/n810219/n810724/c1836574/content.html(访问日期2017年1月29日)。

[②] See Michael Keen and Jenny E. Ligthart, *Information Sharing and International Taxation: A Primer*, 13 Int. Tax Public Finan. 81–110(2006).

变国籍,或他国跨国公司避开本国市场的情况。①因此,如果一国尚无能力或动力采取类似于美国的单边主义措施,在将国际共识引入国内法律体系之前,应该密切关注相关措施在其他国家的具体实施情况,并灵活调整自身的实施计划。

(二)以多边合作为手段

核心国家凭借其中心市场优势地位强制推行本国法律的做法虽然行之有效,但因为含有霸权主义色彩一直饱受诟病。长期以来,各国主要通过两种机制来限制单边主义措施的过度扩张:国内法机制和国际法机制。无论是国内法机制还是国际法机制,其内部均存在诸多变数,由此导致对于不同领域的单边主义措施,存在着不同的国内法和国际法组合,并呈现出不同的全球治理效果。由于市场集中度不同,在不同的国际经济法领域,单边主义立法的国际法进程并不完全一致。比如,在市场相对分散的国际贸易法领域,一国的单边主义立法受到了国际法的严格限制,而在市场相对集中的国际金融法领域,单边主义治理模式往往盛行于世。②

就FATCA法案而言,美国政府在执行FATCA法案的时候已经注意到利用国际条约机制来缓和他国对本国主权受到侵害的担忧。为在国际层面得以实施,美国与其他国家签订了政府间协议。但是,在本质上所谓的政府间协议(IGA)只不过是执行FATCA法案的工具而已。③其中2型IGA更是淋漓尽致地展现出政府间协议附属于FATCA法案的实质。

鉴于FATCA法案以及相关的IGA以美国利益为核心,并不能完全代表其他国家的利益。同时,美国之外的其他国家也没有足够的金融实力确保本国类似国内法能够取得预期效果。在此情况下,借助国际社会的力量,通过多边合作的方式履行国际义务、维护本国利益,成为其他国家的首选策略。在OECD和G20倡导的国际税改中,中国不仅是一个有力的支持者,更是一个积极的参与者,中国的支持与参与在充分展现中国负责任的大国形象的同时,更具有积极的现实意义。或许中国尚无能力或动力采取类似于美国的"邻避式单边主义"处理对外关系,但中国应充分利用现有的国际税收治理平台,积极输出本国税收治理理念,并通过多种途径促使国际社会予以承认和接受,以减少国内外税制差异,从而在中国和平崛起

---

① See Julie H. Collins, and Douglas A. Shackelford, *Corporate Domicile and Average Effective Tax Rates:The Cases of Canada,Japan,the United Kingdom,and the United States*,2 Int. Tax Public Finan. 55–56(1995).

② See Chris Brummer, *Why Soft Law Dominates International Finance—and Not Trade*, 13 J. Int'l Econ. L. 623–643(2010).

③ See Sean Denealt, *Foreign Account Tax Compliance Act:A Step in the Wrong Direction*, 24 Ind. Int'l & Comp. L. Rev. 729–755(2014).

的过程中,实现从"参与式国际主义"到"主导式国际主义"的蜕变。

五、结 论

FATCA法案的成功在根本上是因为美国拥有无可替代的资本市场,而美国政府巧妙地借助该资本市场对外国金融机构的吸引力,以规制金融机构的方式达到获得税收情报的最终目的。①国际金融资本市场具有高度的集中性,拥有国际金融中心的国家就如何规制金融事项取得了相对垄断地位。因此,主要金融中心所在地国通过国际软法机制协调彼此之间的关系即可,而无须通过国际硬法机制限制本国规制国际金融的能力。②因此,FATCA法案具有浓厚的美国特色。也正是因为如此,FATCA法案的实施将受到美国国内政治形势的影响,具有一定的不确定性。更为重要的是,因为美国坚持采用与国际标准不一致的税收情报收集和交换制度,这可能导致美国成为其他采用自动情报交换国家的避税地国。

税收情报自动交换的全球化运动乃至当前国际税制的重塑,都是由欧美主要发达国家所主导的。鉴于美国在OECD占据重要的地位,以及国际税收制度的施行必须依靠大国的强制执行力,当一项方案不是美国主导,或得不到美国支持时,很难想象此类方案可在全球获得推广和实施。发展中国家积极参与到国际税制的重塑之中,固然可以从税收透明度中受益,但潜在的成本和风险也应该引起重视,在国际规则的"下载"过程中,必将带来规则与现行法律制度的衔接等问题,发展中国家应做好充分的应对准备。

The Operational Mechanism of Extraterritorial Jurisdiction of U.S. Unilateralist Tax Measures and Its Implications
—Illustrated by the FATCA

Ge Hui

Abstract: The U. S. FATCA, with clear extraterritorial jurisdiction, requires foreign financial institutions to disclose information on Americans' overseas accounts to their tax authorities. The success of the U.S. FATCA dem-

---

① See Ralph Cunningham and Matthew Gillean, *International Tax Review at 25*: *What Has Changed in a Quarter of a Century*, 25 Int. Tax Rev.14(2014).

② See generally Chris Brummer, *Why Soft Law Dominates International Finance—and Not Trade*, 13 J. Int'l Econ. L. 623 - 643(2010).

onstrates the processes and mechanisms how a country with a central market can use the power of the market to implement its own laws at the international level and at the same time use the international law mechanism to internationalize of its own laws. Revealing the United States and other developed countries in the field of international taxation strategy, will help non-market center countries to critically treat the relevant international standards and project plans.

Keywords: Unilateral tax measures; FATCA; Capital market; Transnational legal process

（责任编辑：吕炳斌）

论联合国军事维和人员犯罪的刑事管辖与豁免

蒲 芳*

[**摘 要**] 个别联合国维和人员在维和地区的犯罪损害了维和行动的声誉,受到国际社会的一致谴责。依法追究其刑事责任有助于严肃维和纪律、恢复联合国的形象、赢得当地的民心,并获得东道国对维和行动的支持和信赖。军事维和人员是维和人员最主要的组成部分。与东道国可以管辖的其他类别维和人员不同,派遣国对本国军事维和人员犯罪拥有专属管辖权,从而使其豁免于东道国的刑事管辖。军事维和人员在东道国享有的刑事管辖豁免成为东道国对其进行追诉的法律障碍。由于缺乏监督和制约派遣国行使管辖权的有效机制,惩治军事维和人员犯罪的管辖权制度存在缺陷。应限制军事维和人员享有的刑事管辖豁免,其私人行为构成的犯罪由东道国管辖。此外,还可采用由国际刑事法院管辖部分罪行,以及在东道国进行实地审判等方法,解决军事维和人员犯罪派遣国专属管辖的困境。

[**关键词**] 军事维和人员;专属管辖权;刑事管辖豁免;维和部队地位协定

一、问题的提出

维和行动是联合国为履行维护国际和平与安全的职责,在实践中形成和发展起来的一项制度。该制度在和平解决地区冲突、恢复和维持冲突地区的和平与稳定等方面发挥了重要作用。维和行动已成为当代调整国际关系的主要制度之一。[①] 然而,近年来个别联合国维和人员(以下简称"维和人员")在维和地区的犯罪行为严重损害了维和部队的信誉、部队派遣国的声誉和联合国的形象,更给东道

---

* 蒲芳,华东政法大学研究生教育院博士研究生。上海:200042。
本文为国家社会科学基金重大项目"构建中国特色军事法治体系的核心问题研究"(14ZDC035)阶段性成果。

① [法]罗纳德·哈托:《从维持和平到建设和平:和平行动中联合国作用的发展与演变》,李强译,载《红十字国际评论》,法律出版社2015年6月版,第11页。

国及其人民带来无法弥补的伤害。① 联合国维和行动部发布了多项纪律文件对其行为加以规范,对维和人员进行部署前的培训和部署后的培训,并使其了解东道国的法律,但维和人员犯罪行为依然屡禁不止。维和人员被指控的犯罪行为主要包括欺诈、偷窃、人身伤害、性骚扰、强奸、嫖娼、酷刑、谋杀、交通肇事、暴力、贩卖人口、严重违反联合国规章和条例的行为等。② 犯罪维和人员的类别涉及军事人员、警察以及文职人员。③ 维和人员的犯罪行为除了由联合国和派遣国承担责任外,其个人如果不承担相应的刑事责任,不但会使动乱的当事方排斥维和行动,而且容易导致维和部队纪律涣散。迄今,国内已有学者探讨维和人员犯罪后派遣国和联合国之间的责任划分和承担④及国际刑事法院对维和人员犯罪的管辖问题,⑤但鲜有关注国内法院对维和人员犯罪的管辖问题。大多数维和行动主要由军事维和人员组成,⑥被指控犯罪的军事维和人员数量远远多于其他类别的维和人员数量。⑦ 根据联合国有关文件及实践做法,军事维和人员在东道国享有刑事管辖豁免,其在东道国的任何犯罪由派遣国专属管辖。⑧ 东道国不能对军事维和人员违反本国刑法的犯罪进行管辖。由于缺乏监督和制约派遣国行使管辖权的有效机制,实践中很少有派遣国起诉本国犯罪的维和人员。⑨ 即使派遣国起诉并审判了本国维和人员,量刑明显畸轻。例如,在1993年的第二期联合国索马里行动中,多名加拿大维和人员将一名16岁的索马里平民折磨致死,经过两级法院审理,最终相关涉案人员有的仅被加拿大法院判处了三个月的监禁、一年的有期徒刑等较轻的刑罚,有的仅受到被部队开除、降级等纪律措施的处罚,有的被宣告无罪,有的被法庭认为不

---

① 《防止性剥削和性虐待的特别保护措施秘书长公报》,ST/SGB/2003/13。
② 《追究联合国官员和特派专家的刑事责任秘书处说明》,UN.Doc.A/62/329,第6页。
③ 潘基文:《维和人员实施的性剥削和性虐待正在玷污联合国的公信力》,http://www.un.org/chinese/News/story.asp? NewsID=25804(2018年4月15日访问)。
④ 孙萌:《联合国维和行动的违法责任研究》,知识产权出版社2006年版,第6页。
⑤ 李海滢:《试论国际刑事法院对维和人员犯罪的管辖》,载《吉林大学社会科学学报》2013年第4期。
⑥ 联合国维和行动部:《冷战后迅速发展》,http://www.un.org/zh/peacekeeping/operations/surge.shtml(2018年4月15日访问)。
⑦ 《防止性剥削和性虐待特别保护措施秘书长报告》,UN.Doc.A/69/779,第19段。
⑧ 《联合国与东道国之间维持和平行动部队地位协定范本草案》(以下简称《草案》)第47(b)条。
⑨ General Assembly Sixth Committee, *Criminal Accountability of United Nations Officials, Experts on Mission Critical to Organization's Credibility, Legal Committee Stresses in Debate*, at http://www.un.org/press/en/2014/gal3485.doc.htm(visited on April 15,2018)。

适合出庭受审。① 同样是在 1993 年联合国索马里行动中,比利时伞兵部队的维和人员将一名索马里男孩放在火上烧烤致使其严重烧伤。比利时军事法庭在对本国涉案维和人员进行审理后将其无罪释放。② 2014 年联合国在中非的维和行动中,21 名刚果(金)维和人员被指控强奸当地妇女。至今为止,刚果(金)国内法庭只开始审理了三名涉案维和人员,③且因为种种原因,审判程序在 2016 年 6 月中止,目前法庭处于休庭状态。④ 与对军事维和人员犯罪的管辖不同,东道国政府在一定条件下可对其他类别维和人员的犯罪行为行使刑事管辖权。⑤ 军事维和人员犯罪刑事管辖权规定的不合理性使军事维和人员的刑事管辖与豁免问题更为突出。因此,本文仅限于探讨军事维和人员犯罪的刑事管辖和豁免问题。

二、军事维和人员刑事管辖豁免权的理论分析

军事维和人员在东道国具有完全的刑事管辖豁免,此种豁免已构成东道国对其进行刑事追诉的主要障碍,需要分析此种刑事管辖豁免的法律依据及合理性问题。

(一)军事维和人员刑事管辖豁免权的法律依据

由于联合国没有自身的武装部队和警察,所以其依赖会员国自愿提供人员、装备和资金开展维和行动。在部署维和部队前,联合国通常需要分别与东道国和派遣国签署相应的协定。1990 年联合国秘书处编写了《联合国与东道国之间维持和平行动部队地位协定范本草案》⑥(以下简称《草案》)。1990 年第四十五届联大会议上,时任联合国秘书长佩雷斯·德奎利亚尔提交了题为《维持和平行动部队地位协定范本》的秘书长报告,附件中包含《草案》。《草案》规定了维和部队及其成员的

---

① See Geert-Jan Alexander Knoops, *The Prosecution and Defense of Peacekeepers under International Criminal Law*, 11 (2004), quoted from Shayna Ann Giles, *Criminal Prosecution of UN Peacekeepers: When Defenders of Peace Incite Further Conflict through Their Own Misconduct*, 33 Am. U. Int'l L. Rev. 170 - 173(2017—2018).

② *Photos Reveal Belgian Paratroopers' Abuse in Somalia*, at http://edition.cnn.com/WORLD/9704/17/belgium.somalia(visited on April 15, 2018).

③ *Central African Republic Abuse: UN Troops Tried in DR Congo*, at http://www.bbc.com/news/world-africa-35968296(visited on April 15,2018).

④ See Human Rights Watch, *World Report - Events of 2016*, 2017, pp. 177 - 178.

⑤ 《草案》第 47(a)条规定,东道国政府在与秘书长特别代表或维和部队指挥官达成协议后可对维和行动中的文职人员行使刑事管辖权。

⑥ 《维持和平行动部队地位协定范本草案》,UN.Doc.A/45/594.

地位、便利、特权与豁免,涉及所有有关人员的管辖权问题、各类争端的解决等事项。《草案》供作联合国和东道国之间订立个别协定时的起草基础,根据双方达成的协议可对其个别条款进行修改。

1991年秘书处又制定了《联合国与提供联合国维持和平行动人员和装备的会员国之间的协定范本草案》①。该范本经过2007年和2011年两次修订,目前各派遣国适用最新修订的范本。2011年修订后的范本名称为《联合国和向联合国维持和平行动捐助资源的参加国之间的谅解备忘录》②(以下简称《谅解备忘录》)。

在2011年联合国第五委员会第六十六届会议上,时任特遣队所属装备问题工作组主席的胡安·巴勃罗·帕尼奇尼(Juan Pablo Panichini)在给第五委员会主席的信中,向联合国大会转递了2011年版的《参加维持和平任务的部队/警察派遣国特遣队所属装备的补偿和控制政策与程序手册》(以下简称《特遣队所属装备手册》)。《特遣队所属装备手册》的第九章即是《谅解备忘录》。根据联大第59/298号决议,《特遣队所属装备手册》作为联合国文件以六种正式语言进行分发,《谅解备忘录》由此成为联合国正式文件的一部分。《谅解备忘录》规定了维和行动的法律性质、提供的人员和装备的行政和财务事项、司法权、争端解决等事项。《谅解备忘录》供作联合国和派遣国之间订立个别协定时的起草基础,根据双方达成的协议可对其个别条款进行修改。

《草案》第47条b款规定:"联合国维持和平行动军事部门的军事人员在东道国领土内如犯任何刑事罪行,应由该员所属的参加国行使其专属管辖权。"《谅解备忘录》第7.22条也有类似的规定,再次确认了《草案》第47(b)条的内容。根据两个协定范本的规定,派遣国对本国军事维和人员的犯罪享有专属性的刑事管辖权。这两个条款确定了军事维和人员在东道国特殊法律地位,其在东道国境内任何犯罪都享有免于当地司法管辖的权利,由派遣国专属管辖。派遣国的专属管辖权,是派遣国享有的、对本国被指控犯罪的军事维和人员排除他国法院管辖的权利,是一种排他性的属人管辖权。

派遣国的专属管辖权只是相对于东道国而言的,对第三国无效。《草案》规定其自身仅限于在东道国境内适用。③ 东道国之外的第三国基于保护本国的受害人等管辖依据可以主张对犯罪军事维和人员的管辖权。

虽然《草案》和《谅解备忘录》是以联大会议文件的形式通过的,不具有法律效

---

① 《联合国与提供联合国维持和平行动人员和装备的会员国之间的协定范本草案》,UN. Doc.A/46/185。
② 《联合国和向联合国维持和平行动捐助资源的参加国之间的谅解备忘录》,UN.Doc.A/C.5/66/8,第9章,第173—234页。
③ 《草案》第2条。

力,但是联合国在同会员国签订具体协定时是以《草案》和《谅解备忘录》作为蓝本的。《草案》和《谅解备忘录》是在总结了联合国维和行动几十年实施过程中所形成的惯例,并参考借鉴了大量已有协定的基础上编写而成的。① 通常联合国在建立维和部队之前,分别会与东道国签订《维和部队地位协定》,与派遣国签订《联合国与派遣国之间的协定》。这两个协定中很多条款,尤其是派遣国对于军事维和人员犯罪刑事专属管辖权条款,基本上与《草案》和《谅解备忘录》中的规定保持一致。而这两个协定是具有法律拘束力的双边条约。实践中有时因情况紧急,安理会依据《联合国宪章》第七章作出决议部署维和行动前,联合国来不及与东道国签订协定,或者由于东道国境内已不存在合法有效运行的政府等原因而无法签订协定。此时安理会决议中通常会规定,在具体的《维和部队地位协定》签订前,对维和部队及其成员临时适用《草案》。② 安理会的决议对会员国具有法律约束力。此种维和行动是在联合国授权下部署的,未征得东道国的同意。安理会决议中临时适用《草案》的条款在一定程度上赋予了《草案》法律效力。

(二) 军事维和人员刑事管辖豁免权的理论基础

军事维和人员既不是外交人员,也不同于传统国际法上的域外驻军,其在东道国享有刑事管辖豁免权的理论,主要有两种观点,"职务必要说"和"东道国同意说"。

1."职务必要说"

目前学界的主要观点是,军事维和人员在东道国享有刑事管辖豁免是基于履行职务的需要。③ 1945 年《联合国宪章》(以下简称《宪章》)第 105 条规定,联合国会员国之代表及本组织之职员,应享有独立行使职务所必需之特权与豁免。

1946 年《联合国特权与豁免公约》(以下简称《公约》)以明确列举的方式规定了三类人员享有特权与豁免:会员国的代表、联合国的官员和负有联合国使命的专家。在某种意义上说,《公约》是对《宪章》第 105(2) 条系统化的阐释。然而《公约》并未对三类人员进行明确的定义,造成了实践中适用的模糊。由于制定时并未预见到战后维和行动的蓬勃发展,因此《宪章》和《公约》都没有规定是否适用于维和

---

① 1956 年英国、法国和以色列入侵埃及,联合国在苏伊士运河区部署紧急部队。次年联合国和作为东道国的埃及签署了第一个部队地位协定,该协定第 11 条规定,联合国紧急部队成员对其在埃及境内的任何刑事犯罪受各自派遣国的专属管辖。

② See Zsuzsanna Deen-Racsmany, "Exclusive" Criminal Jurisdiction over UN Peacekeepers and the UN Project(s) on Criminal Accountability: A Self-Fulfilling Prophecy, 53 Mil. L. & L. War Rev. 255(2014).

③ See Roisin Burke, Status of Forces Deployed on UN Peacekeeping Operations: Jurisdictional Immunity, 16 J. Conflict & Sec. L. 63(2011).

人员。虽然《宪章》和《公约》没有明确规定是否适用于维和人员。《草案》规定维和行动队作为联合国的附属机构,《公约》适用于维和行动及其人员,[1]说明《草案》在制定时是将维和人员比照联合国工作人员来规定的。《草案》规定,军事维和人员享有范本专门规定的特权与豁免,[2]包括为执行维和任务和执勤时,得以配备和携带武器;[3]在执行维和任务期间所发表的口头或书面言论和所实施的一切行为豁免于法律程序。[4]《公约》第5条第20节和第6条第23节规定,特权和豁免是为了联合国的利益,而非为了联合国官员和特派专家个人的利益而给予的,在必要时可由秘书长放弃。结合以上几点可知,维和人员就其执行公务的行为享有特权与豁免。所有维和人员所享有的特权与豁免是基于执行维和任务的需要,这种特权和豁免是为了执行维和行动的目的而给予的,不是为了维和人员个人的利益而给予的。但此种观点无法解释军事维和人员因私人行为引发的犯罪为何也可以享有东道国的刑事管辖豁免。

2."东道国同意说"

少数学者认为军事维和人员在东道国享有刑事管辖豁免主要是由于东道国在具体的《维和部队地位协定》中同意并放弃管辖权,而由派遣国行使管辖权。[5] 在东道国政府无力解决国内武装冲突或国内局势动荡,急需联合国维和部队介入予以维持和平或重建和平,联合国又没有专门的武装部队,依赖会员国提供人员、设备和资金进行维和的背景下,东道国的同意往往也是不得已而为之。正如有学者所指出的,为了设立维和行动,必须有一个复杂的法律交易。[6]

《维和部队地位协定》是联合国与东道国之间签订的双边条约,派遣国与东道国之间并没有直接的法律关系。虽然《联合国和派遣国之间的协定》也规定了派遣国对军事维和人员的犯罪具有专属管辖权,依据条约法中的条约相对效力原则,这一要求东道国放弃刑事管辖权对东道国施加义务的条款,对东道国而言是不具有拘束力的,更多是对《维和部队地位协定》中相关条款的确认和重申。"东道国同意说"能够解释给予军事维和人员的私人行为刑事管辖豁免的原因。但是这一学说

---

[1] 《草案》第15条和第3条。
[2] 《草案》第27条。
[3] 《草案》第37条。
[4] 《草案》第46条。
[5] See William Thomas Worster, *Immunities of United Nations Peacekeepers in the Absence of a Status of Forces Agreement*, 47 Mil. L. & L. War Rev. 279(2008).
[6] See Shayna Ann Giles, *Criminal Prosecution of UN Peacekeepers: When Defenders of Peace Incite Further Conflict through Their Own Misconduct*, 33 Am. U. Int'l L. Rev. 155 (2017).

忽视了军事维和人员依然是维和人员的一部分,他们负有执行维和任务国际使命的事实。

(三)军事维和人员享有刑事管辖豁免权的限度

军事维和人员在东道国境内的任何犯罪都享有刑事管辖豁免,由派遣国专属管辖,是东道国无法行使管辖权的主要障碍。需要对其享有刑事管辖豁免的程度及合理性进行分析。

1. 军事维和人员不应享有比联合国官员和特派专家更多的刑事管辖豁免

军事维和人员分为高级军事维和人员和普通军事维和人员。高级军事维和人员包括维和行动特派团团长、军事部队指挥官和秘书长特别代表,是联合国秘书长指派的军事外交人员,享有外交特权与豁免,享有绝对的刑事管辖豁免。普通的军事维和人员是各派遣国提供的军事分遣队成员,[①]是联合国会员国派遣参加维和行动的现役军人。普通军事维和人员不是外交人员,也不属于联合国的官员和特派专家。联合国的官员是联合国的工作人员,担任联合国某一职务并行使相关职权。普通军事维和人员个人与联合国没有直接的合同关系。联合国特派专家是为了完成联合国托付的某个具体任务,由联合国秘书长个别任命的具有高水平专业技能的人。[②] 普通军事维和人员不是由秘书长个别任命的。

在联合国体系中联合国官员和特派专家的地位是高于普通军事维和人员的。《公约》规定,联合国官员和特派专家豁免其因公务之言论及行为而生之诉讼。[③]该两个条款表明,联合国官员和特派专家仅就其职务行为免于刑事管辖。《草案》规定,军事维和人员享有范本专门规定的特权与豁免,[④]军事维和人员在东道国的任何犯罪都由派遣国行使专属管辖权。[⑤] 该款显然包括私人行为构成的犯罪。军事维和人员的地位不如联合国官员和特派专家高,在东道国却享有比他们更多的刑事管辖豁免是明显不合理的。

2. 军事维和人员与公务行为无关的犯罪不应享有刑事管辖豁免

为了执行维和任务,军事维和人员通常会在东道国持续驻扎一段时间。军事维和人员在驻扎期间的行为分为执行维和任务的行为和非为执行维和任务而实施

---

① See *Legal Status of Members of the National Military Contingents Serving in United Nations Peacekeeping Operations-Model Status of Forces Agreement*, United Nations Juridical Yearbook, 1996, p. 450.

② 李赞:《论联合国专家地位的确定》,载《中国国际法年刊(2010)》,世界知识出版社2011年版,第195页。

③ 《联合国特权与豁免公约》第5条第18节和第6条第22节。

④ 《草案》第27条。

⑤ 《草案》第47(b)条。

的行为,即公务行为和公务行为之外的行为。普通军事维和人员享有在执行公务时的特权与豁免。此种豁免属于职务性豁免,是为了便于他们执行公务的需要。军事维和人员执行公务之外的行为应接受东道国的管辖。实践中军事维和人员的大量犯罪行为与维和行动并没有关联。为了使军事维和人员犯罪管辖权的规定更加合理,有必要修改《草案》和《谅解备忘录》,按照"职务必要说"为管辖豁免设定更多的限制。如果军事维和人员的违法犯罪行为与公务行为有关,则享有刑事管辖豁免;与公务行为无关则不应享有刑事管辖豁免。

如何判断某一行为是公务行为,由谁来判断、判断的标准是什么?按照联合国法律事务厅对《关于维和人员在执勤时间外行为所涉及赔偿问题的备忘录》的解释:"……确定维和人员是否是在执行公务的首要因素是,其在行为发生时是否以公务或非公务身份行事,而不是其是否身着军装还是平民服装,同时也并不限定行为发生的区域。"需要指出的是,每一案件的事实情况各不相同,因此,确定维和人员是否是在执行公务,可能部分取决于个案的具体情况,并需要参考部队司令部或参谋部的意见。① 在和平时期域外驻军的情形下,对于判断职务行为的标准,派遣国和接受国可在双边协定中作出明确的规定。② 然而在维和行动中,派遣国与东道国彼此之间并非缔约对方,除非两国之间为此专门签订一个双边条约。因此,为了保证对职务行为判断的准确和合理,对于一系列被指控的犯罪行为中哪些属于职务行为、哪些不属于职务行为,联合国在分别与东道国签订《维和部队地位协定》、与派遣国签订《联合国与派遣国之间的协定》时可对"执行公务"一词下一个定义,在两个协定中尽量保持定义的一致性,在发生争议时还应适当参考维和部队司令或指挥官的意见。

三、派遣国不积极行使专属管辖权的原因分析

如前所述,军事维和人员被指控犯罪后,有时并未受到相应的惩处,刑罚偏轻甚至逍遥法外。有多种因素影响了派遣国积极行使专属管辖权,需要逐一分析。

(一)派遣国不能行使专属管辖权

军事维和人员的犯罪行为由派遣国专属管辖意味着被指控的行为是否构成犯罪、证据是否充分、起诉所依据的实体法和程序法,以及能否对被告进行羁押等问题,都只能适用派遣国的法律。把这些因素综合起来考虑,是否能够提起诉讼,有

---

① 《联合国法律年鉴》(1986年),第300页。
② 田世臣:《"客军法"初探》,载《中国国际法年刊(2007)》,世界知识出版社2008年版,第252页。

很大的偶然性。①

并非所有的派遣国都具有追究军事维和人员犯罪的完善立法和实践。一些派遣国缺乏必要的国内立法进行军事审判或其他程序,距离因素也使派遣国的管辖非常困难。② 例如,各国关于本国刑法域外适用的规定是不同的。有的派遣国未将其刑法的适用范围扩大到在东道国境内发生的罪行。有的派遣国法律规定,本国刑法可以适用于执行国家公务的人员在境外实施的犯罪,但不适用于具有本国国籍的国际公务员。③ 联大通过决议要求会员国修改本国刑法使之能够域外适用于维和人员犯罪。各国刑法中规定的犯罪构成要件不同,某一被指控的行为依据东道国的法律构成犯罪,依据派遣国的法律可能不构成犯罪。④ 有的派遣国的刑法规定,东道国法律和本国法律都视为犯罪的行为,本国法院才可以管辖。⑤

联合国对维和人员犯罪调查机制的缺陷,影响了派遣国有效行使专属管辖权。派遣国行使管辖权时,疑犯的羁押、移交、调查、取证、起诉、审判等环节都需要与联合国开展合作,分享有关资料和信息。接到针对军事维和人员的指控后,联合国先进行初步调查。一些派遣国选择与联合国内部监督事务厅合作调查有关犯罪的指控。⑥ 派遣国也会派专家前往东道国调查取证。在派遣国的专家到达前,由联合国进行行政调查获取的证据如果不符合派遣国法律的规定,则不能提起司法诉讼或进行军法审判,例如取证的方法如果违反派遣国的法律,则该证据不能被派遣国司法机关所接受。考虑到可能会被第三方用来向联合国索赔,联合国调查的卷宗一般也不会交给派遣国。⑦ 这些因素都影响了派遣国积极行使管辖权。

(二) 派遣国不愿行使专属管辖权

一些派遣国不愿公开承认本国军事维和人员的过失行为,缺少把被指控的罪

---

① 《在联合国维持维和行动中消除性剥削和性虐待的综合战略》,UN.Doc.A/59/710,第88段。

② See Roisin Burke, *Central African Republic Peacekeeper Sexual Crime, Institutional Failings: Addressing the Accountability Gap*, 14 NZJPIL 125(2016).

③ 《追究联合国官员和特派专家的刑事责任秘书长报告》,UN.Doc.A/63/260,第4段。

④ 《在联合国维持维和行动中消除性剥削和性虐待的综合战略》,UN.Doc.A/59/710,第3段。

⑤ 《确保追究派出执行任务的联合国工作人员和专家在维和行动中所犯罪行的责任秘书长说明》,UN.Doc.A/60/980,第23段。

⑥ *Investigations*, at http://conduct.unmissions.org/enforcement-investigations/(visited on April 15, 2018).

⑦ 《在联合国维持和平行动中消除性剥削和性虐待的综合战略》,UN.Doc.A/59/710,第28段。

犯送上军事法庭的意愿。① 即使派遣国行使了管辖权,由于军人犯罪往往涉及国家利益甚至军事利益,派遣国不愿对本国军事维和人员的管辖受到外界干涉,不愿意公开案件的审理。

一些派遣国为保护本国维和人员,甚至为其寻求获得国际刑事法院的管辖豁免。历史上美国曾积极支持联合国维和行动。然而,自1993年"摩加迪沙事件"后,由于美军维和部队遭受了重大损失,美国政府转变维和策略,极力避免直接派兵参加联合国维和行动,转而鼓励区域组织或有关国家集团在解决地区冲突中发挥作用,以此来保持美国的行动自由。② "9·11事件"后,美国政府为了维护自身的安全利益,调整其维和政策,加大了对联合国维和行动的支持力度,并派遣少量军警人员赴东道国执行维和任务。③ 因为担心行为向来不检点的美国维和士兵很容易成为受审的对象,为谋求美国维和人员在国际刑事法院的永久豁免权,美国以不再支持和参加维和行动为要挟,向安理会施压。布什政府甚至威胁要否决联合国在波黑等地的维和计划,以迫使安理会给予美国维和士兵豁免权,给联合国维和行动带来极大的压力。④ 在美国多年来的压力下,安理会不得不做出妥协,至今已接连在六个决议中纳入豁免条款,赋予参与安理会设立或授权的行动、且不是《罗马规约》缔约国的人员免受国际刑事法院管辖的豁免权。⑤ 此外,美国还与其他国家缔结双边豁免协定限制国际刑事法院对美国国民行使管辖权。⑥ 此种双边协定也可适用于美国派出的维和人员。

一些派遣国不公开专属管辖权行使的过程及结果,案件的审理缺乏透明度。派遣国不愿意公开对涉嫌犯罪的本国军事维和人员的调查和随后采取相应措施的信息,不向联合国通报案件的处理结果,不利于对受害人的保护及外界对案件审理的监督。除了联合国维和部队在海地和中非的性侵犯丑闻被公众和媒体广泛关注,来自刚果(金)等国的多名涉案士兵被遣送回国,由其国内军事法庭进行审

---

① 《在联合国维持维和行动中消除性剥削和性虐待的综合战略》,UN.Doc.A/59/710,第67段。
② 赵磊:《冷战后美国维和政策的演变及特征》,载《美国研究》2011年第4期。
③ 刘铁娃:《中美联合国维和行动比较与合作空间分析》,载《国际政治研究》2017年第4期。
④ 况守忠:《美国维和行动研究》,中国社会科学出版社2012年版,第113页。
⑤ 伍俐斌:《联合国安理会对国际刑事法院管辖权的限制》,载《政法论坛》2017年第1期。
⑥ 伍俐斌:《限制国际刑事法院管辖权的美国双边豁免协定的合法性问题》,载《当代法学》2011年第4期。

判,①其余案件的处理都鲜为人知。② 为此,联大通过决议要求派遣国主动、定期地向秘书长通报案件处理进程,包括调查、起诉和采取惩戒行动的情况,然而收效甚微。③

(三)联合国缺乏监督和制约派遣国行使管辖权的有效机制

联合国对不积极行使管辖权的派遣国,缺乏有效的制约措施。作为规定派遣国专属管辖权的主要法律文件,《草案》和《谅解备忘录》中都没有规定派遣国如不惩处本国犯罪的军事维和人员就要承担相应法律责任的条款。联合国对派遣国行使管辖权的约束主要体现在《草案》第 48 条,秘书长将要求派遣国政府保证愿意对本国军事维和人员可能犯下的罪行行使管辖权。然而目前实践中联合国已不再要求派遣国提供这种保证,④使派遣国对军事维和人员行使管辖权的义务更加不受约束。派遣国出于对自身利益的考虑,怠于追究和惩治在东道国犯罪的本国军事维和人员时,联合国的应对措施较为软弱。实践中联合国没有制裁过不积极行使管辖权的派遣国,担心因此触犯了派遣国而失去维和人员的来源。⑤ 对军事维和人员犯罪,国内管辖的有效性在很大程度上取决于派遣国有关当局行使管辖权的意愿和能力。2016 年 3 月 12 日,联合国安理会通过了首个旨在严惩维和人员性侵犯行为的决议,授权联合国在派遣国不采取任何措施调查以及惩处犯有相关罪行的维和人员时,联合国秘书长可以替换该国所有维和人员。⑥ 由此可见,对于不积极行使管辖权的派遣国,目前联合国所能做的仅仅是替换该国所有的维和人员,而无法对派遣国采取进一步的制裁措施。

四、在国际法中派遣国不负有刑事管辖义务

军事维和人员在东道国享有刑事管辖豁免有些类似于外交官的刑事管辖豁免。外交官因享有刑事管辖豁免权,东道国对其犯罪行为不能予以管辖和刑事处

---

① 《涉性侵联合国驻中非维和人员受审》,载《扬州晚报》,2016 年 4 月 6 日,第 A23 版。

② See Roisin Burke, *Central African Republic Peacekeeper Sexual Crime*, *Institutional Failings*: *Addressing the Accountability Gap*, 14 NZJPTL 116(2016).

③ 《和平行动问题高级别独立小组的报告》: UN.Doc.A/70/95 - S/2015/446,第 286 段。

④ 《在联合国维持和平行动中消除性剥削和性虐待的综合战略》,A/59/710,第 5 页。

⑤ See Alexandra R. Harrington, *Victims of Peace*: *Current Abuse Allegations against U. N. Peacekeepers and the Role of Law in Preventing Them in the Future*, 12 ILSA J. Int'l & Comp. L. 139(2005).

⑥ S/RES/2272(2016),para.10.

罚时，派遣国具有管辖和惩处犯罪外交官的国际法义务。① 如果派遣国拒不惩处犯罪的外交官，该外交官的犯罪行为所造成的损害后果可归因于派遣国，由派遣国承担国际法律责任。② 派遣国在什么情况下对军事维和人员犯罪承担国家责任？派遣国有没有进一步管辖和惩处犯罪军事维和人员国际法上的义务？

（一）派遣国仅对有效控制下的军事维和人员犯罪承担责任

军事维和人员在东道国具有特殊的法律地位，具有双重身份。各国派出的军事分遣队成员受联合国统一的指挥和控制，为联合国的利益开展维和行动。同时作为身处域外的军人仍要受所属部队的管理以及军队纪律、军事法律法规的限制，③仍受派遣国的管辖。军事分遣队作为武装部队，是派遣国的国家机关。维和行动是联合国的附属机构。因此，他们同时构成各国和国际组织的机关。派遣国或联合国应为军事维和人员在维和行动中实施的犯罪行为承担责任。由于冲突局势的复杂多变，实践中维和行动也较为复杂，不同维和部队的指挥和控制结构有所不同。在确定应由哪一主体承担责任时，通常依据《国际组织责任条款草案》第7条，该条规定，交由国际组织支配的一国机关的行为应视为国际组织的行为，如果该组织对该行为行使有效控制。国内法院已在关于维和人员行为归责的多个判例中适用了"有效控制"标准。④

2011年荷兰海牙上诉法院在审理 Nuhanovic 案中适用了"有效控制"标准。⑤ 在该案涉及的1995年斯雷布雷尼察大屠杀中，荷兰维和人员将三名波斯尼亚人从荷兰营驻地赶出，致使该三人被杀害。被害人的亲属向荷兰法院提起诉讼。一审海牙地区法院只是泛泛提及"有效控制"标准。⑥ 上诉法院赋予"有效控制"以广泛的含义，包括防止发生的能力。认为荷兰是能够不让受害人从营地被赶走的，判定荷兰政府应对此承担责任。⑦ 该案是国内法院首次使用"有效控制"标准判定派遣国对联合国维和行动中本国军事分遣队成员的不法行为承担责任，代表了在国际

---

① 王虎华：《论外交官的刑事管辖豁免及其国际法处治》，载《法学》2010年第9期。
② 白桂梅：《国际法》，北京大学出版社2010年版，第121、124页。
③ 薛洪：《军人域外犯罪刑事管辖特点探析》，载《西安政治学院学报》2014年第6期。
④ ［法］保罗·帕尔凯蒂：《多国行动中国际不法行为的责任分配》，徐建平译，载《红十字国际评论》，法律出版社2015年6月版，第223页。
⑤ *Nuhanovic v. Netherlands*, (*Case No. 265615/HA ZA 06-1671*), Court of Appeal The Hague, Judgement of 5 July 2011, para 5.8 and 5.9.
⑥ *Nuhanovic v. Netherlands*, (*Case No. 265615/HA ZA 06-1671*), District Court in the Hague, Judgement of 10 September 2008, para. 4.8.
⑦ *Nuhanovic v. Netherlands*, (*Case No. 265615/HA ZA 06-1671*), Court of Appeal The Hague, Judgement of 5 July 2011, para 5.8 and 5.9.

组织指挥下违反人权的行为归因于一个国家,由国家承担责任的理论和实践的发展。①

(二)派遣国不负有行使管辖权的国际习惯法义务

派遣国对其有效控制下的军事维和人员犯罪应承担国家责任,那么在国际习惯法上派遣国有无管辖和惩处本国犯罪军事维和人员的义务值得进一步分析。

联合国维和部队与国际法上的域外驻军虽然在很多方面有很大差异,但是二者也有很多相似之处。关于域外驻军司法管辖权的分配,早期在国际法上主要有两种理论:旗国法理论和领土至上理论。旗国法理论认为东道国同意外国军队进入其领土就默示赋予了外国驻军完全的刑事管辖豁免,不受当地的司法管辖。派遣国对其军队成员的犯罪享有专属管辖权。领土至上理论认为东道国对本国境内的外国军队享有管辖权,除非明示放弃管辖。当代域外驻军刑事管辖问题主要是采用1951年《北大西洋公约组织武装部队地位协定》(以下简称《北约部队地位协定》)中的管辖权分配模式。很多国家在签订《部队地位协定》时借鉴了《北约部队地位协定》中管辖权条款的规定。② 然而,在不同情形下签订的部队地位协定的内容差异很大。很难认定《北约部队地位协定》中刑事管辖权的分配条款已成为国际习惯法规则。

经常有学者主张,《草案》和《谅解备忘录》中派遣国对其军事维和人员享有专属刑事管辖权的条款已构成国际习惯法规则。③ 派遣国的专属管辖权只是相对于东道国而言,对第三国无效。《草案》第2条明确规定,其仅限于在东道国境内适用。依据《草案》签订的《维和部队地位协定》不能拘束非缔约国。《谅解备忘录》中不含有任何条款将其适用范围扩展至非缔约方。此外,联合国的维和行动发展至今也只有几十年的时间,该规则尚未获得足够的国家实践和法律确信支持,不能认为该规则已成为国际习惯法规则。《草案》和《谅解备忘录》中派遣国对其军事维和人员享有专属刑事管辖权的条款尚未成为国际习惯法规则。实践中很少有派遣国积极行使专属刑事管辖权,对此尚未形成一致的国家实践。派遣国也不认为管辖和惩治犯罪军事维和人员是其应承担的法律义务,缺乏必要的法律确信。由此可

---

① See Mahir Muharemovic, *The Application of Jus Cogens Norms in UN Peacekeeping Missions: A Possible Source of Conflict with the UN Charter*, 3 Soc. Persp -J. Legal Theory & Prac. 153(2016).

② See Zsuzsanna Deen-Racsmany, *Exclusive Criminal Jurisdiction over UN Peacekeepers and the UN Project(s) on Criminal Accountability: A Self-Fulfilling Prophecy*, 53 Mil. L. & L. War Rev. 273(2014).

③ Ibid., p. 269.

以认为,在国际习惯法上派遣国没有管辖和惩治其犯罪军事维和人员的义务。

(三)未加入国际罪行人权条约的派遣国不负有管辖义务

在国际习惯法上派遣国没有管辖和惩处其犯罪军事维和人员的义务,在国际条约法中,派遣国是否负有此种义务?

维和行动是联合国集体安全制一个重要组成部分,旨在维持和平与安全、保护人权。然而维和人员的某些犯罪行为却严重侵犯了当地人权。① 有学者指出,《海牙公约》和《日内瓦公约》的规则应适用于联合国维和部队。② 派遣国负有在维和行动中尊重和保护人权的义务。安理会曾作出决议要求派遣国在维和行动中充分履行有关人权和人道义务,要求派遣国对本国维和人员进行人权保护培训。③

国际人权条约为缔约国创设了在国内尊重、保护和促进人权的义务。有学者提出,国际人权条约中有三种条款规定了国家对严重侵犯人权的事件负有调查和惩处的义务:④第一,一些有关国际罪行的人权条约规定了国家对国际罪行进行调查和惩处的义务。例如,《禁止酷刑公约》。⑤ 第二,一般性的人权条约中虽然没有直接规定国家调查和惩处的义务,但条约中国家的"保证义务"条款中包含了调查和惩处的义务。美洲人权法院在判例中指出,《美洲人权公约》中"尊重和保证"条款包含了国家对严重侵犯人权的行为负有防止、调查和惩处的积极义务。⑥ 第三,一些人权条约规定,受害者有获得有效国内司法救济的权利,从而使国家负有调查和起诉的义务。例如,《公民权利和政治权利公约》第2(3)条。⑦ 该条规定了缔约

---

① See Marco Odello, *Tackling Criminal Acts in Peacekeeping Operations: The Accountability of Peacekeepers*, 15 J. Conflict & Sec. L. 389(2010).

② See Julianne Peck, *The U.N. and the Laws of War: How Can the World's Peacekeepers Be Held Accountable*, 21 Syracuse J. Int'l L. & Com. 309–310(1995).

③ S/RES/1325 (2000), para.8.

④ See Naomi Roht-Arriaza, *State Responsibility to Investigate and Prosecute Grave Human Rights Violations in International Law*, 78 Calif. L. Rev. 462(1990).

⑤ 《禁止酷刑公约》第12条规定,每一缔约国应确保在有理由认为在其管辖领土内有施行酷刑的行为时,主管当局应立即对此进行公正的调查。

⑥ See Velasquez Rodriguez Case, Inter-Am. Ct. H.R.35, OAS/ser. L/V/Ⅲ. 19, doc.13, app. Ⅵ (1988). quoted from Naomi Roht-Arriaza, *State Responsibility to Investigate and Prosecute Grave Human Rights Violations in International Law*, 78 Calif. L. Rev. 469(1990).

⑦ 《公民权利和政治权利公约》第2(3)条规定:本公约每一缔约国承担:(甲)保证任何一个被侵犯了本公约所承认的权利或自由的人,能得到有效的补救,尽管此种侵犯是以官方资格行事的人所为;(乙)保证任何要求此种补救的人能由合格的司法、行政或立法当局或由国家法律制度规定的任何其他合格当局断定其在这方面的权利;并发展司法补救可能性;(丙)保证合格当局在准予此等补救时,确能付诸实施。

国在国内法律体系内向受害人提供救济的义务,但并没有具体列出救济的范围和措施。在公约的起草过程中,人权委员会认为该救济义务包括对违反公约的行为进行调查和追诉的义务。① 第一种条款中的义务是条约中明确规定的。派遣国如加入了有关国际罪行的人权条约,当有理由认为其军事维和人员被指控的行为有可能构成条约所规制的罪行时,派遣国负有调查和惩处的义务,否则就是违反条约,要承担相应的国家责任。第二、第三种条款中的义务在条约中都没有明确规定,属于由对人权条约的解释而得出的,并未获得国际社会的普遍接受。因此,很难说依据一般性的人权条约,缔约国对严重侵犯人权事件负有调查和惩处的义务。派遣国也并非会加入所有的人权条约。

综上所述,派遣国应对其有效控制下军事维和人员的犯罪承担国家责任,然而是否积极行使管辖权、进行有效的调查和惩处仍属于派遣国的主权行为。派遣国完全可以在承担国家责任后,不予惩处犯罪的本国维和人员。有关派遣国负有管辖义务的国际习惯法规则尚未形成。在条约法中,尚未有条约明确规定,派遣国负有管辖和惩治犯罪军事维和人员的义务。仅在一些有关国际罪行的人权条约中规定了国家的管辖义务。派遣国只有加入了该人权条约才负有管辖义务。而且,军事维和人员的犯罪大多数属于国内法上的犯罪,不构成国际罪行。因此,适用有关国际罪行的人权条约,使派遣国负有积极管辖义务的情形是非常少见的。也许正是因为在国际法上不负有管辖的义务,派遣国对犯罪军事维和人员的调查和惩处才更加随意和任性。

五、解决派遣国专属管辖困境的路径选择

为解决军事维和人员犯罪国内管辖困境的问题,联合国近年来也在倡议由派遣国以外的国家来管辖②以及派遣国在东道国进行实地军事审判等多种途径。③结合上述分析及联合国的倡议,提出以下几种解决方法,并分析其可行性。

(一)在派遣国和东道国之间合理划分刑事管辖权

《北约部队地位协定》是历史上较为全面规定驻在友邦国家领土上的一国军队

---

① See Naomi Roht-Arriaza, *State Responsibility to Investigate and Prosecute Grave Human Rights Violations in International Law*, 78 Calif. L. Rev. 477(1990).

② 《确保追究派出执行任务的联合国工作人员和专家在维和行动中所犯罪行的责任秘书长说明》,UN.Doc.A/60/980,第40—42段。

③ 《在联合国维持和平行动中消除性剥削和性虐待的综合战略》,UN.Doc.A/59/710,第35段。

法律权利和义务的部队地位协定。① 该协定第 7 条详细规定了派遣国与东道国之间刑事管辖权划分的方法：专属管辖权和共同管辖权。② 专属管辖权只能由一个国家行使。共同管辖权是指，如果双方都有权管辖，一个国家有权优先行使管辖权，在其放弃或不行使管辖权时，另一个国家才可以行使管辖权。这一条款尊重了派遣国的国家主权，将与军队活动有密切联系的某些罪行的管辖权给予派遣国，将其余大多数罪行的管辖权留给了东道国。《北约部队地位协定》对许多国家订立类似协定产生了重要影响。③

虽然在部队使命、组成人员、法律依据、指挥机关等方面有很大差异，但是维和部队与国际法上的域外驻军有很大的相似之处，例如没有交战对方、获得东道国的同意而入驻等。《北约部队地位协定》是在地位相对平等的国家之间签订的，各缔约国大多是发达国家，政治、经济、文化发展水平相近，④相互间既是潜在的派遣国又可能成为东道国。该协定更好地兼顾了各方利益，充分尊重了东道国的主权。⑤而维和行动的派遣国和东道国之间缺乏这种基础。因此，联合国大会今后修改《草案》和《谅解备忘录》的相关条款时，不能简单地照搬《北约部队地位协定》第 7 条，但可以将军事维和人员享有的刑事管辖豁免限于执行公务的范围，私人行为构成的犯罪交由东道国管辖。

（二）由国际刑事法院管辖

军事维和人员被指控的谋杀、酷刑、强奸、性奴役等行为如构成国际刑事法院管辖的罪行时，在有关国家不能或不愿行使管辖权时，国际刑事法院似乎可对其行使管辖权。国际刑事法院管辖国际社会广泛关注的最严重国际罪行，包括战争罪、灭种罪、危害人类罪和侵略罪。研读《国际刑事法院规约》（以下简称《规约》）、《犯罪要件》和《坎帕拉修正案》对法院管辖罪行的定义和构成要件可知，灭种罪的主观要件决定了维和人员的行为几乎不可能构成灭种罪。危害人类罪客观上都要求犯罪的发生具有相当的规模，有大量的受害人和罪犯，绝非零星、偶然的个别现象。主观上要求行为人明知其个别犯罪行为构成对当地平民大规模有系统犯罪的一部分。战争罪客观上要求是在国际和国内武装冲突中严重违反《日内瓦公约》和惯例

---

① See Steven G. Hemmert, *peace-keeping mission SOFAs：U.S. interests in criminal jurisdiction*, 17 B. U. Int'l L. J. 217(1999).
② 1951 年《北大西洋公约组织武装部队地位协定》第 7 条。
③ See Steven G. Hemmert, *Peace-keeping mission SOFAs：U.S. interests in criminal jurisdiction*, 17 B. U. Int'l L. J. 227(1999).
④ 1951 年《北约部队地位协定》的缔约国有：美国、英国、加拿大、法国、意大利、比利时、卢森堡、荷兰、葡萄牙、丹麦、挪威、冰岛。1959 年的《补充协定》增加了联邦德国。
⑤ 薛茹：《国际上和平时期域外驻军的法律问题》，载《西安政治学院学报》2016 年第 4 期。

的行为。① 个别犯罪行为是作为实施一项计划或政策的一部分,或作为大规模犯罪的一部分。军事维和人员的犯罪一般缺乏《规约》所要求的"广泛性或系统性",但仍有可能构成国际刑事法院管辖的危害人类罪或战争罪。例如,根据联合国内部事务厅在布尼亚的调查,维和人员与当地妇女和女孩的接触是定期的而不是偶然的,通常以实物或少量的金钱作为交换条件。调查人员认为维和人员在布尼亚的性剥削和性虐待行为构成"广泛性"。② 前南国际刑事法庭已有将强奸作为酷刑的一种形式并将性奴役作为危害人类罪进行定罪的实践。③ 侵略罪必须是由"能够有效控制或指挥一个国家的政治或军事行动的人"所实施,普通军事维和人员显然不具有实施侵略罪的能力。

需要指出的是,《规约》旨在追究对组织、策划、实施国际刑事法院所辖罪行负主要责任的国家领导人或高级军事指挥官的个人刑事责任。如将普通军事维和人员犯罪纳入法院的管辖范围,将会极大增加国际刑事法院的工作负担。此外,法院只对缔约国国民实施的犯罪以及缔约国境内或接受法院管辖的国家境内犯罪有管辖权。如果东道国和派遣国都是非缔约国,都没有接受法院的管辖,安理会也没有提交有关罪行的情势,国际刑事法院则不能行使管辖权。因此,国际刑事法院能够管辖的仅是符合其管辖条件的很少一部分罪行,对大量的尚未构成国际罪行的犯罪不能管辖。

(三)在东道国进行实地军事审判

联合国倡议派遣国派出军事法官在东道国进行实地军事审判,向东道国当地民众表明派遣国严惩违法犯罪军事维和人员的态度,赢得东道国和当地民众的信任,使东道国和受害人能够了解案件的审理情况。派遣国派出军事法官和检察官在东道国进行实地军事审判,可以及时地在东道国接触证人、收集和保存证据,还可以防止被指控犯罪的军事维和人员因为轮换回国而逃避审判和处罚。虽然在东道国进行军事审判需要东道国政府的同意,但是对这一有利于东道国的派遣国行使管辖权的方式,东道国往往会同意。此外,《草案》第47(b)条允许派遣国行使专属管辖权,也包含了在东道国实地审判的情形,实际上东道国已默许了这种做法。④

派遣国派出军事法官在东道国进行实地军事审判是十分敏感的问题。大多数

---

① 潘晓琳:《战争罪的内涵及相关问题(上)》,载《兰州大学学报(社会科学版)》2011年第1期。
② 李海滢:《试论国际刑事法院对维和人员犯罪的管辖》,载《吉林大学社会科学学报》2013年第4期。
③ *Crimes of Sexual Violence*, at http://www.icty.org/sid/10312(visited on April 15, 2018).
④ 《在联合国维持和平行动中消除性剥削和性虐待的综合战略》,UN.Doc.A/59/710,第35段。

派遣国对此十分谨慎,仍然坚持通过本国国内司法程序解决这些问题。① 一些派遣国的法律不允许在外国当地进行实地军事审判。联合国建议那些决心继续参加维和行动但本国法律不允许进行实地军法审判的国家,考虑修改有关国内立法。② 进行实地军事审判有时也需要东道国修改国内立法,允许派遣国在本国境内行使司法主权。迄今为止已有个别派遣国在东道国进行实地军事审判。例如,针对刚果(金)维和行动中发生的严重性剥削和性虐待案件,联合国曾要求有关国家派出军事法官在东道国当地设立军事法庭进行审理,南非共和国就同意在刚果(金)设立军事法庭,审判那些在刚果(金)执行维持和平任务时有违法犯罪行为的本国军人,并且已经有了实践和成案。③ 此外,在 2006 年两个派遣国在维和任务区完成了设立军事法庭的工作,并向当地民众提供司法服务,为联合国和派遣国赢得了当地人民的信任。④ 因此,尽管困难重重,在联合国的积极倡导和推动下,对联合国军事维和人员的犯罪行为,由派遣国在东道国进行实地军事审判仍是有一定可能的。

六、结　语

《草案》及《谅解备忘录》有关军事维和人员犯罪派遣国享有专属管辖权的不合理规定,以及缺乏监督和制约派遣国行使管辖权的有效机制,是造成军事维和人员犯罪难以被杜绝的根源。联合国在修改《草案》及《谅解备忘录》时,可以考虑将军事维和人员的刑事管辖豁免限于执行公务的范围,私人行为引发的犯罪交由东道国管辖。派遣国对其有效控制下的军事维和人员犯罪承担国家责任。由国际刑事法院管辖部分案件并尝试在东道国进行实地军事审判的可能性,以解决派遣国对军事维和人员犯罪实施专属管辖的困境。

我国派出军警人员参加联合国维和行动已有二十多年。我国维和部队纪律严明、作风良好,受到各国高度评价,还曾受到联合国的表彰。⑤ 至今尚未有我国派出的维和部队官兵在任务区或东道国发生违法犯罪行为的相关报道。然而,我国现行法律中对派出的军事维和人员缺乏相应的管辖权条款。我国的《刑法》《刑事诉讼法》和 2012 年《中国人民解放军参加联合国维持和平行动条例(试行)》中都没有关于我国维和人员在境外犯罪刑事管辖权的规定。作为联合国安理会常任理

---

① 盛红生:《联合国维持维和行动法律问题研究》,时事出版社 2006 年版,第 180—181 页。
② 《在联合国维持和平行动中消除性剥削和性虐待的综合战略》,UN.Doc.A/59/710,第 35 段。
③ 盛红生:《联合国维持维和行动法律问题研究》,时事出版社 2006 年版,第 180—181 页。
④ 《安理会第五三七九次会议临时逐字记录》,UN. Doc.S/PV/5379(2006),第 6 页。
⑤ 李祥辉、李镇东:《中国赴马里维和部队首次轮换完毕曾受联合国表彰》,http://news.ifeng.com/a/20140927/42099860_0.shtml,2018 年 4 月 15 日访问。

事国,尽管我国派出的维和部队有高度严明的军纪,但是我国国内法缺乏对军事维和人员犯罪刑事管辖权的明文规定,要取得东道国的信任就缺乏实证性依据。同时也不排除一旦有刑事犯罪管辖权争议的事项出现,容易使我国丧失管辖权的主动权。从完善我国法律制度的角度,应尽快在相应法律中做出明确规定以模范引领派遣国维和行动的规范化。

On the Criminal Jurisdiction and Immunity of United Nations Military Peacekeepers

Pu Fang

Abstract: Individual crimes of the United Nations peacekeepers in host countries damaged the reputation of peacekeeping operations. They were unanimously condemned by the international community. Pursuing criminal responsibility on them can help to restore the image of the United Nations, rectify peacekeeping discipline, and win the hearts of the local people and host countries' supports and trusts. Military peacekeepers are the most important components of peacekeepers. Unlike other categories of peacekeepers, the sending country has exclusive jurisdiction over the crimes committed by its military peacekeepers. It becomes a legal obstacle to prosecute military peacekeepers in the host country, because they enjoy full exemption from criminal jurisdiction of hosting countries. What is more, the lack of effective mechanisms for supervision and restriction on sending countries in the active exercise of jurisdiction cause defects in the jurisdiction system of punishing criminal military peacekeepers.The criminal jurisdiction immunity enjoyed by the military peacekeepers should be limited, and the crimes arising from their private conducts should be subject to the jurisdiction of the host countries.Moreover, ways like letting the International Criminal Court govern part of the crimes and setting field trials in the host country could solve the plight of the exclusive jurisdiction of contributing States.

Keywords: Military peacekeepers; exclusive jurisdiction; criminal jurisdictional immunity; SOFA

《南京大学法律评论》稿约及投稿格式

《南京大学法律评论》系中文社会科学引文索引(CSSCI)来源集刊,每年分春、秋两季号,由南京大学出版社出版。

本评论拟登载高质量的法学学术文章。竭诚欢迎中外法律学人踊跃投稿。对所有来稿实行匿名评审制度,如决定刊用来稿,编辑部将在两个月内予以答复。一经刊用,即致稿酬。两个月后未接到用稿通知者,可自行处理稿件,编辑部将不再另行通知,切勿一稿多投。

翻译稿请自行处理好版权转让事宜,投稿时,须附上翻译原件及相关签名同意翻译刊用资料。

投稿格式要求

一、来稿须采用 word 文档格式或者与之兼容的格式。

二、一律使用新式标点符号,除破折号、省略号各占两格外,其他标点均占一格。书刊及论文均用"《 》"号,此点尤请投稿人留意。

三、文章以及标题序号用"一、二";二级序号用"(一)、(二)……";三级序号用"1.、2.……"

四、数字用法

1. 表示公元纪年及公制度量衡值,用阿拉伯数字;纪年书写要完整如 1980 年,不可写成 80 年;"年代"前须标明世纪如"20 世纪 90 年代"……

2. 夏历及清代以前纪年一律用中文数字,提及帝王年号,须加公元纪年如"康熙二年(1633 年)……"中华民国纪年用公历阿拉伯数字。

3. 杂志卷、期、号等用阿拉伯数字。

4. 惯用语、缩略语、词组、约数等,用中文数字如"八国联军""一二·九运动""五年来""五六人"。

五、注释体例

1. 一律使用脚注,每一页重新编号。用自动插入的"○"内"1,2……"序号。序号在标点符号之后。

2. 报刊引用,依次标明注号、作者、篇名、报刊名、年代卷次、出版日期如"金克木:《主题学的应用》,载《读书》1986 年第 3 期"……报纸须注明到第×版;不同地点出版的同一报刊,应在报刊前加注出版地如"天津《大公报》"……

3. 引用书籍首次出现时,依次标明注号、作者、书名、出版单位、出版年、版次、页码。再次出现时可不标明版本。

4. 译著须标明序号、作者国别、作者、书名、译者、出版单位、出版年月、版次、页码等。如"[美]本杰明·卡多佐:《司法过程的性质》,苏力译,商务印书馆2007年版,第×页"。

六、投稿须附300字左右的中英文摘要、关键词及题目的英文翻译。

七、本刊文章将提供给相关期刊数据网,以便读者检索、引用。投寄本刊作者,视为同意此约定。凡不符合本刊投稿格式要求者,作为无效稿件处理。

八、**本刊采用自动投稿模式,请登录 http://njfl.cbpt.cnki.net 投稿**。

编辑部地址:南京市汉口路22号南京大学法学院,210093;编辑部电话:025-83594109。

英文注释体例

一、著作

注明：作者，文献名（斜体），版次（如有），出版社，出版时间，页码。

〔1〕H.L.A. Hart, *The Concept of Law*, 3rd ed., Oxford University Press, 2012, p.10.

编著在编者姓名后加"(ed.)"（一人）或"(eds.)"（多人）。

〔2〕Jules Coleman & Scott Shapiro(eds.), *Oxford Handbook of Jurisprudence and Philosophy of Law*, Oxford University Press, 2004, pp.23-26.

译著在文献名后注明译者。

〔3〕Hans Kelsen, *Pure Theory of Law*, trans., Max Knight, The Law Book Exchange, 2009, p.260.

二、论文

期刊文章注明：作者，文献名（斜体），卷号 期刊简写 页码（年份）。

〔4〕Richard A. Posner, *The Law and Economics of Contract Interpretation*, 83 Tex L. Rev.1581, 1590(2005).

文集文章注明：作者，文献名（斜体），编者，文集名称（斜体），出版者，出版时间，页码。

〔5〕D.N. MacCormick, *Rights in Legislation*, in P.M.S. Hacker & J. Raz (eds.), *Law, Morality and Society: Essays in Honour of H.L.A Hart*, Clarendon Press, 1977, pp.189-196.

三、外国法规及判例

遵照其本国常用注释体例，例如：

——美国法院案例注释体例

〔6〕Beanstalk Group, Inc. v. AM Gen. Corp., 283 F.3d 856, 859 (7th Cir. 2002).

——欧盟法院案例注释体例

〔7〕Case C-137/12, *Commission v. Council*, EU:C:2013:675, para.58

——国际法院案例注释体例

〔8〕*LaGrand (Germany v. USA)*, Judgment, ICJ Reports 2001, p. 466, para.88.

四、辞书

注明:辞书名 页码(版次和出版时间)。

〔9〕 Black's Law Dictionary 402 (10th ed. 2014).

五、研究报告

注明:报告题目(斜体),文件发布机构及编号,发布日期,页码或段落。

〔10〕 *Protection of Civilians in Armed Conflict*, *Report of the Secretary General*, S/2018/462, 14 May 2018, para.10.

六、互联网资料

注明:作者姓名(如有),文章名称(斜体,首字母大写),+at+网址+括号(括号内注明访问具体时间)。

〔11〕 Michael Schmitt, *Precision Attack and International Humanitarian Law*, at https://www.icrc.org/en/international-review/article/precision-attack-and-international-humanitarian-law (Last visited on 6 August, 2018).

图书在版编目(CIP)数据

南京大学法律评论.2018年.春季卷/解亘主编.
—南京:南京大学出版社,2019.1
ISBN 978-7-305-20880-5

Ⅰ.①南… Ⅱ.①解… Ⅲ.①法律—文集 Ⅳ.
①D9-53

中国版本图书馆 CIP 数据核字(2018)第 197698 号

出版发行	南京大学出版社
社　　址	南京市汉口路 22 号　邮　编　210093
出 版 人	金鑫荣

书　　名 南京大学法律评论(2018 年春季卷)
　主　　编　解亘
　责任编辑　潘琳宁　　　　　　编辑热线　025-83592401
　照　　排　南京紫藤制版印务中心
　印　　刷　南京鸿图印务有限公司
　开　　本　718×1000　1/16　印张 23.75　字数 450 千
　版　　次　2019 年 1 月第 1 版　2019 年 1 月第 1 次印刷
　ISBN 978-7-305-20880-5
　定　　价　78.00 元

网址:http://www.njupco.com
官方微博:http://weibo.com/njupco
销售咨询热线:025-83594756

* 版权所有,侵权必究
* 凡购买南大版图书,如有印装质量问题,请与所购
　图书销售部门联系调换